天

Borderless

下

天下，在乎正义和你

谨以此书献给范心怡女士

天
Borderless
下

法律文化研究文丛

“活法”
宋元明法律文化研究

[美]蓝德彰 著
吴艳红 姜永琳 编校

法律出版社 LAW PRESS·CHINA
北京

著作权合同登记号
图字：01-2023-3084

作者简介

蓝德彰（Dr. John D. Langlois, Jr.）

美国著名中国史研究专家。1942 年出生于纽约。普林斯顿大学东亚系学士；哈佛大学东亚系硕士；师从著名明史学家牟复礼（Frederick Mote）先生，1973 年获普林斯顿大学东亚系博士学位。蓝先生曾在美国柏德文大学（Bowdoin College）任教，获终身教席。曾任普林斯顿大学兼职教授，在经济系和东亚系授课。曾在美国 J.P. 摩根 (J.P. Morgan) 银行、中国农业银行等任副总裁、董事等。2010 年辞世。蓝先生主要的研究领域为元史、明史，特别是这一时期的思想史、政治史和法律史。他曾主编《蒙古统治下的中国》（*China Under Mongol Rule*）等著作；是《剑桥中国明代史》上、下卷（*The Cambridge History of China,* Vol.7 and Vol.8）的作者之一，在《亚洲研究学刊》(*Journal of Asian Studies*)、《哈佛亚洲研究学刊》（*Harvard Journal of Asiatic Studies*）等学术期刊上发表论文数十种。

主编者言

《法律文化研究文丛》自1996年始，先后由中国政法大学出版社和广西师范大学出版社出版，收有海内外学者专著、文集、译著约二十种，内容涉及法律理论、法律史、比较法、法律社会学、法律人类学等诸多领域。如今，这套丛书转由法律出版社出版，编者不改初衷，将通过本丛书的编撰，继续坚持批评和反思的学术立场，倡导和推动法律的跨学科研究，为深入探究和理解中国法律与社会的历史、文化和现实，改善中国的法学研究，推进中国的法治事业，略尽绵薄。

梁治平

己亥年冬月

目　录

第三编　司　　法

编者序：蓝德彰先生学术纪念

吴艳红

2010 年 8 月 19 日，蓝德彰先生（Dr. John D. Langlois，Jr.）在纽约去世。他的辞世给家人和朋友带来莫大的伤痛，使美国的中国史研究蒙受重大的损失。蓝德彰先生集中国史学者与银行家的双重身份于一身，本文集中论述蓝先生学术发展的道路以及在中国史方面的研究成果，以为纪念。

一、学术生平

1942 年，蓝德彰先生出生在纽约长岛一个典型的美国中产阶级家庭。1960 年，在长岛读完中学，蓝先生进入当时美国最为优秀的男校普林斯顿大学（Princeton University）。经过最初的专业彷徨，到本科的后期终于确定以东亚为专业方向，从此开始了他一生的东亚学习与研究的历程。

1964 年，蓝先生从普林斯顿大学本科毕业，同年进入哈佛大学（Harvard University）东亚系学习，两年之后，获得东亚系的硕士学位。1966 年到 1969 年，蓝先生参加了“普林斯顿在亚洲”（Princeton in Asia）的项目，在中国台湾地区东海大学教授英语。这三年时间在蓝先生的学术和生活中具有重要的意义。从学术上说，这是蓝先生首次与东亚文化的直接接触，对于中国的历史文化第一次有了直观的印象。这三年在台湾地区的工作和学习，使他的中文水平大有精进，为他以后流畅自然的中文表达打下了坚实的基础。从生活上说，他在这一时期，结识了毕业于东海大学的范心怡女士，两人于 1968 年结婚，从此为伴终身。

1969 年，台湾地区的项目结束之后，蓝先生回到美国，再次进入普林斯顿大学，攻读东亚系的博士学位，师从著名明史学家牟复礼先生（Frederick Mote）。牟先生精通中文、日文，不仅是美国明史学界的泰斗，也是普林斯顿大学东亚系的元老。蓝先生当年在本科的时候“投身”东亚，据说就和牟先生上课的魅力有关系。这时，师生之缘再续，直到 2005 年牟先生辞世为止。

从 1969 年到 1973 年，蓝先生在普林斯顿大学东亚系学习，这四年的学术训练为蓝先生以后在中国历史研究领域的脱颖而出准备了条件。1973 年蓝先生完成博士论文的答辩，获得位于美国东北部缅因州的柏德文大学（Bowdoin College）的教职，在之后的十年时间内，他获得终身教授职位，担任历史系主任职务。蓝先生承担历史系所有与东亚方面有关的课程的教学，对于柏德文大学的东亚历史学科的发展起到了关键的作用。同时，在蓝太太教授中文和中国餐饮的配合下，他们的住所成为当地以中国历史文化为主题的聚会中心，在 20 世纪 70 年代的美国，在积极传播中国文化方面功不可没。

从个人的研究来看，从 1978 年开始到 1983 年的五年间，蓝先生有七种学术作品发表。其中有四篇学术论文在《亚洲研究学刊》（*Journal of Asian Studies*）和《哈佛亚洲研究学刊》（*Harvard Journal of Asiatic Studies*）等美国亚洲研究的顶级期刊上发表。他主编的

《蒙元统治下的中国》（*China Under Mongol Rule*）一书在1981年由普林斯顿大学出版。该书与1982年由陈学霖（Hok-lam Chan）和狄百瑞（Wm. Theodore de Bary）主编、蓝先生也参与写作的《元代思想》（*Yuan Thought*）一书被学界誉为这一时期美国对元史研究具有重要影响的精彩之作。[1]

蓝先生在柏德文大学执教十年，其间多次申请到研究基金。在这些研究基金的支持下，1974年，他到哈佛大学法学院学习一年，对于他日后从事法制史的研究具有重要的意义；1977年，他到日本京都大学做访问；1978年，他率领柏德文大学学生及社会人士访问了中国大陆，对于中国的历史和社会有了更深入的了解，同时也认识到法制史研究对于理解中国社会的重要性；1982年，蓝先生再次造访日本，在日本东京大学法学院研究中国法制史。同年他再次来到中国，到中国社会科学院法学研究所访问，得到国内法史学专家刘海年、张晋藩等先生的热情接待。

也就在这个时候，蓝先生决定改行进入银行界。1982年，蓝先生进入J. P. 摩根（J. P. Morgan）。为了在这一领域的长足发展，他攻读并获得了纽约大学的工商管理硕士学位（MBA）。从1986年开始，受J. P. 摩根委派，蓝先生转战日本、英国、中国香港等地，创下卓越的业绩，并因此被提升为该银行副总裁。之后，蓝先生又曾担任摩根士丹利（Morgan Stanley）亚洲投资银行主任，中国中信银行、深圳发展银行、南京银行、上海银行和中国农业银行的董事会成员。从2009年1月开始，任中国农业银行独立董事。

但是，蓝先生对中国历史研究的热情显然并没有因为转行而中

---

[1] 关于Francoise Aubin and Donald Holzman的评论，参见*Pacific Affairs* 57（1），1982，103-104。

断。从20世纪80年代后期直到2009年，蓝先生均有重要的学术研究成果问世，其中包括收入著名的《剑桥中国史》之《明史》上、下卷中的著述。他在中国史学界仍然十分活跃：2000年前后他曾经受邀在明尼苏达大学（University of Minnesota）历史系、哈佛大学东亚系等发表有关明史研究的演讲。2006年他参加了在香港举办的关于朱元璋的专题研究研讨会。

二、元史与元代知识分子的研究

蓝德彰先生的学术贡献首先体现在元史研究领域。在中国历史上，蒙元是第一个由少数民族统治的统一王朝。这样的政治现实对于中国传统文化的发展具有怎样的影响，更具体来说，对于一直以文化传承为己任的儒家学者具有怎样的影响，这样的问题很早就得到了历史学者的关注。蓝德彰先生对于元史以及元代儒家知识分子的研究兴趣受到中国台湾地区东海大学孙克宽先生和普林斯顿大学牟复礼先生的影响。他的博士论文题目为《蒙元统治下的金华儒学》，以浙江金华儒士为代表，讨论蒙古族入主中原对中国的士大夫带来的影响以及士大夫面对这一政治现实而采取的应对措施。

在博士论文中，蓝德彰先生一方面以儒学在宋元的发展为背景，讨论金华学者在这一时期儒学发展中起到的关键作用；另一方面，文章以南宋灭亡、蒙古族入主中原为背景，讨论了金华学者在蒙元政府中的作为。论文的核心部分则在描述和分析两者之间的关联，亦即金华学者在儒家修身养性与参与异族统治的政权之间的游刃有余及其原因。作者认为，从南宋后期以来，金华学派把朱熹以来以伦理道德为中心的儒家思想逐渐发展为以功利为中心的实用主义的儒家思想，从而为他们在元朝政府中的积极作为提供了依据。在这样的理论依据下，在金华学派看来，积极参与少数民族入主的政府，成为一场儒家文化的保护运动，体现的是他们对于文化的忠诚。蓝先生在博士论文中已经显示出一般讨论与个案研究相结合的研究特征。博士论文围绕金华学者吴莱展开，通过对于吴莱的思想、其父亲的职业、吴莱的学生以及门徒宋濂的思想的分析，具体展示金华儒士如何在思想和行为的层面积极回应蒙古入主中原的政治现实。通过描述浦江郑氏家族以及吴莱的父亲吴直方与元朝大臣脱脱的亲密关系，讨论元代的金华儒士在政府中的作用及其保存和发展儒家文化的努力。

以博士论文的研究为基础，在之后的几年里，蓝先生从不同的角度出发，阐述和发展以上主要史学观点。1978 年发表在《亚洲研究学刊》的《虞集与他的蒙古统治者》一文[1]以汉人学者虞集在元文宗朝的政治活动为个案，企图发现这样一个学者群体的动机、仕宦模式以及具体的历史背景，追问的还是这样的问题，即为什么汉人学者会服务于一个像元朝这样的以少数民族为征服者的王朝。文章认为虞集等学者赖以依托的还是其文化上的追求和对于儒家文化的忠诚。他们在元朝政府的参与有在元朝政府创立和维持儒家政治的因子这样的目的。作者对于虞集和他代表的儒家学者这样的努力所带来的政治和社会效果进行了相对肯定的评论。

而之后发表的《汉文化主义与元代的类比：17 世纪的视角》一

[1] John Langlois, 1978. “Yü Chi and his Mongol sovereign”, *Journal of Asian Studies* 38 (1): 99-116. 已经收入本文集。

文[1]则采用了一个更有趣的角度来审视这一问题。该文章讨论的主题仍集中于儒家士大夫与少数民族政权的关系，却从康熙年间的两位汉臣，即宋荦和顾嗣立，对元朝和元朝统治下汉臣的讨论文字入手。作者认为满族统治下的汉人学者和元代的汉臣在思想和行为上具有相似性。在这些汉臣看来，他们虽然被异族所征服，但是他们所归属的文化却具有顽强的生命力，可以超越政权的更替而具有延续发展光大的特征。换言之，他们认识到文化的广泛和长久性超越了狭隘的政权更替。作者认为，这样一种“文化主义”的态度，这样一种对于文化的维护和保存、发展和认同的态度，成为汉臣服务和参与少数民族政权的最主要原因。

1981 年，蓝德彰先生主编的《蒙元统治下的中国》一书由普林斯顿大学出版社出版。该书在 20 世纪 80 年代初的美国中国史学界产生了重要的影响。英国著名中国史研究专家柯律格（Craig Clunas）指出这是一个可以让我们对蒙元的统治整体有更全面评价的“最有用的专集”,[2] 陆宽田（Luc H. Kwanten）也认为所有中国史的学者都能得益于这本优秀的学术论文集。[3]《蒙元统治下的中国》收入蓝德彰先生《蒙古统治下金华儒士的政治思想》一文[4]，其中，蓝先生继续关注蒙元统治下的金华学派，集中探讨他们的政治思想。他在文章中注重的是金华学派“真儒”的观念。“真儒”同时具备学者和官僚的特征，在思想层面上，“真儒”则融合了朱熹的

---

[1] John Langlois，1980. “Chinese Culturalism and the Yüan Analogy：Seventeenth-Century Perspectives”，*Harvard Journal of Asiatic Studies* 40（2）：355-398. 已经收入本文集。

[2] 关于 Craig Clunas 的书评，参见 *Journal of the Royal Asiatic Society of Great Britain and Ireland*，No. 1，1982，223-224。

[3] 关于 Luc H. Kwanten 的评论，参见 *The Journal of Asian Studies* 42（1），1982，138-139。

[4] John Langlois. 1981. “Political Thought in Chin-hua under Mongol Rule”，in John Langlois ed. China Under Mongol Rule，Princeton University Press，p. 137-185. 已经收入本文集。

道德教育和浙东学派陈亮等人的事功学说。在“真儒”看来，统治者可以不是圣贤，但只要这些统治者允许“真儒”代表或者协助他们来进行管理，天下仍可有序。

与金华学派对于法律的关注和对有序统治的法律基础的强调有关，蓝德彰先生开始涉及法制史的研究。1981 年发表的《宋元法学中的“活法”》[1] 是当时具有相当影响力的文章。十几年后，仍被认为是美国学者论述中国法制史的代表性论著，在高道蕴等主编的《美国学者论中国法律传统》中被翻译出版。[2]

在法制史的研究中，律法的稳定性与现实生活不断变化的特征，律法的有限性与现实生活的丰富性，是经常被提及的矛盾，因此成文法与司法实践之间的关系是法制史学者关注的重要课题。《宋元法学中的“活法”》讨论的就是这一问题。文章主要利用宋代律学博士傅霖的《刑统赋》以及在宋元时期形成的对该书的注解，即《刑统赋疏》等，分析宋元律家对以上问题的讨论。作者指出宋元律家已经关注到法律与人情的关系，司法中注重案件发生时的各种具体因素，理解司法中的自由裁量，允许法律的灵活运用等。文章再以宋代的阿云案为例，具体展示宋元法律实施中根据现实状态进行调整的“活法”的特征。

值得指出的是，蓝先生在这一具体法律史问题的讨论背后，关注的仍然是儒学、士大夫与政治的交错问题。作者想强调的是，以上宋元律家对于“活法”的讨论，正体现了士大夫对于政治和法律的态度。儒家的政治家并不完全信任法律，他们认为要保证一个法

---

[1] John Langlois, 1981. “‘Living Law’ in Sung and Yüan jurisprudence”, *Harvard Journal of Asiatic Studies* 41 (1): 165-217. 已经收入本文集。

[2] 高道蕴等主编:《美国学者论中国法律传统》，中国政法大学出版社 1994 年版，第 302—349 页。

律体系的正常运转，需要有训练并有道德的个人担任司法官吏。这样的司法官吏才能处理好有限的、基本的成文法典与不成文的、抽象的公正的要求，道德的理念和具体的状况之间的矛盾关系。

《元代政治思想中的律法、经世与〈春秋〉学》一文[1]也具有同样的性质。该文讨论的是法律的问题，其核心仍在讨论蒙元统治下士大夫的政治思想。元朝废弃金朝的泰和律，终元一代没有成文的法典。文章仔细检索了元代汉臣，尤其是著名的胡祇遹、吴澄、欧阳玄等人对于元代律典缺失的反应以及他们对于律典的态度。作者认为，在元代的士大夫看来，“律”作为一个朝代的根本大法，确定了天子生杀、赏罚的权力，而天子的权威与对皇权的掌控是朝廷安危与天下治乱的基础。总之，在汉族的士大夫看来，儒家化的法律是传统中国政治的核心。文章指出，元代的士大夫不断地建议朝廷修订律典，但是在努力无望之后，则开始寻找与律典类似的法的渊源，这就是《春秋》。元代士大夫讨论《春秋》，强调君主掌控权力，通过法律建立一种儒家的统治标准，以达到长治久安的目的。Francoise Aubin 和 Donald Holzman 在他们对于《元代思想》一书的评论中特意提到蓝德彰先生的这篇文章，认为该文章是这一论文集中对于元代中国政治传统的讨论最有启发性的两篇文章之一。[2] 而美国著名明史学者司徒琳（Lynn Struve）也认为蓝德彰先生在文章中有关律法、法家传统与儒家传统的不同侧重，以及两者在中国传统政治中的影响的论述相当精彩。[3]

---

[1] John Langlois, 1982, “Law, Statecraft, and the Spring and Autumn Annals in Yüan Political Thought”, in Hok－lam Chan and Wm. Theodore de Bary, eds ., *Yüan Thought*: *Chinese Thought and Religion under the Mongols*, Columbia University Press, p. 89－153. 已经收入本文集。

[2] 关于该评论，参见 *Pacific Affairs* 57（1），1984，104。

[3] 关于司徒琳的评论，参见 *The Journal of Asian Studies* 43（4），1984，738。

总体来看，蓝德彰先生对于元史的研究紧扣元朝政治的核心特征，即这是一个少数民族入主中原的政府，而他关注的则是中国传统政治力量的主体，即儒家的士大夫，在这一政治现实面前的态度及其原因。他把两者的互动置于中国文化，或者说儒家文化发展的历史中进行考察，亦即把政治史和文化史相结合，从现在看来，研究角度仍然新颖。而他从一系列文章中得出的结论，即元朝的统治并没有给中国的文化发展带来灾难，相反，因为儒家士大夫的努力，在有元一代，中国的传统文化反而得到了更多的关注、研究和保护，为明代中国传统文化的进一步发展奠定了基础。这样的观点，在20世纪70年代末80年代初的元史学界是非常清新和具有启发性的。

三、明代政治史与法制史的研究

从元史的研究开始，通过金华学派的脉络和法律发展的过程，蓝德彰先生从20世纪80年代初开始了明史的研究。蓝先生的明史研究主要集中在政治史和法制史两个方面。就政治史而言，前期的研究主要集中在明初，后期则以王世贞为中心，开始对明代中后期，主要是嘉靖、隆庆和万历的历史出现研究的兴趣。

关于明初的政治史，蓝先生最主要的成果集中体现在1988年由剑桥大学出版社出版的《剑桥中国史》之《明史卷》上册（第七卷）。该书第三章，即《洪武之治，1368—1398年》，由蓝德彰先生撰写。[1] 这一章讨论的是明洪武一朝的政治史。作者把洪武朝的政

[1] 1992年该书中文版出版时，作者的名字被翻译成“小约翰·D. 郎洛瓦”。参见牟复礼、崔瑞德主编：《剑桥中国明代史》第七卷，中国社会科学出版社1992年版，第118—200页。

治分成了三个阶段进行叙述，即从1371年到1380年的帝国的巩固和稳定的阶段，1380年的过渡和改组之年，以及从1383年至1392年的监视和恐怖加剧的年代，显示出作者对于洪武朝政治史的独特理解。作者对于1380年，即洪武十三年印象深刻，认为在胡惟庸案发生之后，朱元璋取消宰相制度，改组御史台和大都督府，充分加强了皇帝的权威。作者在上述的讨论中，充分吸收了西方、日本和中国的研究成果；同时也引用了丰富的原始资料，包括《明实录》《御制文集》与明初的大臣如宋濂的文集等展开对明初历史的讨论。另外还值得指出的是，作者在历史的叙述中加入了很多的图表，比如南京城市规划图、明代诸王封地图、1371年四川之役、洪武时期就国的明代诸王子等图表，给读者提供了直观的丰富的历史信息。

在明初政治的研究中，明初统治集团的核心人物得到作者集中的关注。1358年，即元至正十八年，浙东著名学者宋濂和刘基投奔朱元璋。这两位学者先前都曾经赞颂过元朝的统治，为什么在这一时期会放弃元朝，追随并无多少儒家文化训练的军事首领朱元璋呢？作者在《1358年宋濂和刘基投奔朱元璋的前夜》一文中[1]梳理宋濂、刘基和朱元璋的交往，对宋濂和刘基在1358年至1360年表达的有关政治统治的理念进行仔细的文本分析，指出宋濂、刘基和朱元璋的互相吸引在于他们在儒家传统政治思想方面的交集。此外，蓝先生还关注到朱元璋对于宗教的利用。在与中国台湾地区东海大学孙克宽先生合作的文章《三教合一与明太祖的思想》一文[2]中，作者专门检索朱元璋与佛教、道教，与神灵的关系，指出朱元璋儒、

[1] John Langlois, 2009. “Song Lian and Liu Ji on the Eve of Joining Zhu Yuanzhang”, *Asia Major* 22 (1): 131-162.

[2] John Langlois, 1983. “Three Teachings Syncretism and the Thought of Ming T'ai-tsu”, *Harvard Journal of Asiatic Studies* 43 (1): 97-139. 已经收入本文集。

释、道三教合一的主要标准和目的就在于建立和维护其统治的权威。

在蓝德彰先生学术生涯的后期，他开始对明代中后期即嘉靖、隆庆和万历朝政局和朝中的士大夫群体产生研究的兴趣。2000 年前后，蓝德彰先生在明尼苏达大学历史系和哈佛大学东亚系的演讲均以对王世贞的研究为中心。在此基础上，2006 年，《王世贞父亲的死罪平反》一文在美国明史研究专刊《明史研究》上发表。[1] 该文章描述王世贞的父亲王忬在嘉靖年间因为庚戌之变得罪被斩，王世贞兄弟为其四处鸣冤，在隆庆即位之初，王忬终于得到平反的历史经过。这一平反的事件是一个法律问题，更是一个政治问题。王忬得罪至于遭受极刑，终嘉靖一朝不得平反，是嘉靖皇帝个人的决定，而其时严嵩的在位，更导致了平反成为一个不能完成的任务。而隆庆即位之初，平反之所以相对顺利地实现，也与当时的政局和王世贞本人的声望等有密切的关系。因此，作者虽然在文章中试图展示中国古代司法实践的复杂和丰富，但正如他的文章开头指出的，中国古代的平反，不仅涉及法律机制和程序的问题，而且是家族和经济的问题，是道德比如孝道的问题。文章的精彩之处正是在通过王世贞为其父亲平反的事件展示嘉靖朝政的复杂性。因此，文章中得罪和被平反的是王忬，作者讨论的核心实际是王世贞，或者说是以王世贞为代表的明代中后期的士大夫群体。中国的士大夫，他们在不同的政治处境中会以不同的态度予以回应，蒙元统治下的士大夫面对的是少数民族入主中原的大政局，而嘉靖时期，年轻的王世贞面对的是家庭的变故和朝廷的纷乱。通过王世贞为父亲平反这一事件，作者要审视的其实正是明代中后期像王世贞这样杰

[1] John Langlois, 2006. “The Reversal of the Death Verdict against Wang Shizhen’s Father”, *Ming Studies* 53：72-98. 已经收入本文集。

出的知识分子的政治应对。

蓝德彰先生对于明代研究的另一主要贡献在明代法制史的研究。1998 年，《剑桥中国史》第八卷出版，为《明史》下卷，讨论明代典制和社会经济文化生活的各方面，其中《明代的法律》一章由蓝德彰先生撰写。[1]《明代的法律》是对于当时学界有关明代法制史研究已有成果的一个重要总结。文章充分吸收了美国学者如范德（Edward Farmer），中国学者如黄彰健、杨一凡等人的成果。同时，作者对于明代法制史的独特思考和深入研究也得到了充分的体现。文章首先讨论的是明代律法的特征，其中关于明代《大明律》与条例关系的考察十分深入。在有关明代司法体系的论述中，作者涉及了明代的刑罚体系、三法司的机构、军队司法、省级和地方司法等。而有关明代法律程序的讨论，包括的内容更为丰富，“诬告与人命”“关于程序的规定”“有关妇女的法规”“奸淫犯罪”“威逼人自杀”“经济犯罪”等方面的法律规定与司法现实均进入了讨论的范围。作者把明代法律放置于前近代中国法制发展的整体背景下进行考察，在比如论及“诬告”等问题时，均与前朝比如唐律相关条目进行对比。作者在文章中专门设“法律教育与法律的职业化”一节，具体讨论官箴书与律注对于法律教育与法律职业化的影响。为方便读者的利用，作者还将明代主要律注与官箴书的书目附录于该章节之后。这样的结构编排充分体现了作者在明代法制史研究中采用的开阔和独特的视角。最值得指出的是，在蓝先生做以上研究的时期，明代判例案牍的发现和利用还没有提上日程，但是作者已经

[1] 以下引文均取自 Langlois, John, 1998, “Ming Law”, in Denis Twitchett and Frederick W. Mote, eds., *The Cambridge History of China*, Vol. 8, Cambridge University Press, p. 172–213。

注意到明代法律研究中材料的多样化，除了国家颁发的《大明律》与条例等法规，他强调了律注、官箴书、讼师秘本、判例案牍等在明代法制研究中应该具有的重要作用。在有关妇女法规的讨论中，作者已经引用了1452年兵部尚书王骥奏疏中的案例来说明相关条文的内容以及时人对这些条文的理解和运用。在“法律教育与法律的职业化”一节中，作者也以海瑞和他听断的徐继案为例，说明当时法律的职业化程度与法律知识的运用。现在看来，这样的研究方式具有很强的前沿性。

与以上成果相关，蓝先生有《〈大明律〉与明代的权宜立法》一文[1]专门梳理有明一代成文法典《大明律》作为“常经”与洪武一朝的“《大诰》”和“法外用刑”以及后来的“先例”“条例”等权宜之法之间的关系。从思路上来说，这与作者早期对于宋元法律的“活”的性质的分析，即对成文法典的有限性及其在丰富的社会生活中如何落实问题的关注是相连续的。从内容上来说，这是作者对于明代《大明律》与条例的关系的一个系统全面的讨论与分析。作者指出明太祖在这一问题上的矛盾之处；检索了成化、弘治时期国家在解决这一问题上的种种努力。作者以明代复杂的赎刑制度为例，展示成文法、《问刑条例》与现实生活的复杂性之间的矛盾。

在蓝先生的法制史研究成果中，还值得一提的是他的《家法中的权威：郑氏规范》一文。该文章被收入 Dieter Eikemeier 和 Herbert Franke 主编的《东亚的国家与法律》（*State and Law in East Asia*）

[1] John Langlois, 1993. “The Code and ad hoc Legislation in Ming Law”, *Asia Major* 6（2）: 85-112. 已经收入本文集。

一书中。[1] 在当代美国大学的一些东亚系中，该文章仍被列入学生的阅读书目。文章集中讨论元明之际浙江浦江郑氏家族的家规——《郑氏规范》，关注的是郑氏家规的权威性问题。作者讨论这些家规内在的权威性的获得，讨论家规对于促进家族凝聚力的途径与效果，颇具新意。其中讨论郑氏家规与国家法律之间的关系一节更值得关注。在这一节中，作者把家规置于国家的范围内进行考察，为家规的研究提供了一个崭新的视角，也为审视“国家法”与“民间法”之间的关系提供了具体的个案。作者认为家规扮演了地方政府与个人之间的桥梁。在地方政府力所不及的领域提供了包括刑法、监管、财产等方面的“法规”。家族法中吸收了国家法律的精神，即家长有约束家族成员义务，家族成员犯罪，家长具有一定的法律责任。家族法还直接吸收了国家法律的条目，比如“不孝”。因此，作者认为，家族法与国家法不仅不冲突，两者之间可以有很好的互补作用，家族法分担了政府的责任，家族法因此也得到政府的支持。

与他在元史领域的研究相比较，蓝德彰先生在明史方面的研究思路更加开阔，对政治史和士大夫的研究兴趣之外，对法制史本身的研究更为深入。他在《剑桥中国史》之《明史》下卷中关于明代法律的讨论显示出他对于明代法制研究全面的思考和充分的准备。按照他的计划，他从银行界退休之后会彻底回归明史研究，尤其是明代法制史的研究，若天假以年，他丰厚的学术素养和长期对明代法制的关注一定会给明代法制史学界带来更多的惊喜。

蓝德彰先生在中国更多地以一个洋人银行家的形象出现，但是

[1] John Langlois, 1981. “Authority in Family Legislation: The Cheng Family Rules”, in Dieter Eikemeier and Herbert Franke, eds., *State and Law in East Asia* (Wiesbaden: Otto Harrassowitz), p. 272-299. 已经收入本文集。

他在中国的史学界和法学界的影响不可低估。他在元史方面的研究成果很早就受到国内学者的关注。[1] 当《宋元法学中的“活法”》一文被翻译成中文介绍到中国后，他的研究在中国的法史学界则产生了更大的影响。[2] 苏力赞赏蓝德彰先生围绕阿云之狱的争论所做的分析“相当细致精彩，细微剔透”。[3] 苏力甚至还担心如果国内学者过分强调学习西方学者的研究路数，中国历史上作为自在的法律传统就会变形，就可能沦落为一些材料，而被纳入另一种文化之中。这样的担心是否真实可以再做讨论，但是蓝先生对于中国法律传统的独特思考，对于中国法史学界形成的冲击和影响却由此可见一斑。21 世纪初，《剑桥中国史》第八卷被翻译成中文出版。国内明史学者对《明代的法律》作出了很高的评价，对于作者在其中涉及内容的广泛，特别是对法律职业化和法律教育这些中国学者当时关注较少问题的关注给予充分的肯定。而蓝先生一般讨论与个案研究相结合的研究方式更得到学者的好评，认为这是“新的研究理念在通史编纂中的实验”。[4]

(原文发表于《明史研究》第 12 辑，黄山书社 2012 年版。收入本文集时做了简单的修改。)

---

[1] 参见萧启庆：《论元代蒙古人之汉化》，载彭卫、张彤、张金龙等主编：《20 世纪中华学术经典文库・历史卷》，《中国古代史卷》，兰州大学出版社 2000 年版，第 596 页；姚大力：《中国历史上的民族关系与国家认同》，载《北方民族史十论》，广西师范大学出版社 2007 年版，第 263 页。

[2] 参见梁治平：《在边缘处思考》，法律出版社 2003 年版，第 232 页；曾宪义、马小红：《中国传统法的“一统性”与“多层次”之分析》，载《人大报刊复印资料》之《法理学、法史学》2004 年第 4 期。

[3] 苏力：《阅读秩序》，山东教育出版社 1999 年版，第 107 页。

[4] 赵世瑜：《彼时彼地与此时此地——评〈剑桥中国史〉7-8 卷（明史）》，载《燕京学报》2004 年第 17 期。

第一编

政治与法律哲学

第一章

汉文化主义与元代的类比：17世纪的视角*

在公元1644年以及以后的年代里，随着满族人进入中原并建立起对中国的统治，第二个非汉族统治中国的时代拉开帷幕。第一个这样的时代当然是元代（1271—1368），彼时蒙古人是中国至高无上的统治者。任何一个生活在17世纪的汉人都会好奇如何在非汉族统治下生活，元朝对此提供了最为明显的类比。虽然，以中国王朝的标准看，元朝为期不长，其幅员却最为广大。虽然蒙古人与满人颇为不同，但却都以军事手段征服了中国的疆域。

清代，中国文士表现出对元代以及其他非汉王朝的强烈兴趣。[1] 好奇心以及普遍的求知欲当然是对这种强烈兴趣的充分解释。但是，人们也许会合理怀疑，是否有其他动机或条件因素，促使清代汉士人对元代加以研究。这样的动机和条件将是本文讨论的

---

* 本文原载 *Harvard Journal of Asiatic Studies* 40.2（1980）：355-398。本文作者衷心感谢 Yan-shuan Lao 教授、F. W. Mote 教授、Willard Peterson 教授与 Frederic Wakeman 教授对本文的建议与修正。当然，本文的错误之处完全由作者本人负责。

[1] 关于清代学者对元代的研究成果，可参见：内藤湖南『支那史学史』，编入内藤湖南『内藤湖南全集』卷11（筑摩書房，1969年），328—329頁，343—344頁，401頁，409頁之后；李思纯：《元史学》，华世出版社1974年版；郑鹤声：《清儒对于元史学之研究》，载《史地学报》1924年第4期以及1925年第5期。钱大昕（1728—1804）是一位重要的清代元史学家，他的著述在内藤湖南的书中有所讨论。钱大昕的生平可参见 Tu Lien-che 所著传记，收入 Arthur W. Hummel，ed.，*Eminent Chinese of the Ch'ing Period*，Washington：U. S. Government Printing Office，1943-1944，p. 152-155。

题材。简言之，这些题材意味着，在满人治下生活的汉人，通过以元代作为类比，找到了一种心理的慰藉和补偿。通过对元代的研究，汉人文士们发现，尽管中国疆域为蒙古所征服，但汉文化却继续繁荣演进。进一步讲，他们的研究得以确认汉文化的正当性，因为汉文化经受住了异族征服与统治的考验。蒙古人的军事武力曾势不可当，汉制的宋王朝就在这种武力面前土崩瓦解，但汉文化却依旧延续。传统的存续弥补了汉文化秩序下明显的军事弱势。因此，当蒙古人最终无力统治中国，并且失去天子大权后，存续的汉文化可以重建政体。这是因为，在社会底层延续的汉文化传统，并未被蒙古人的军事征服所破坏。

这种观念明显引起了满人治下的汉人的强烈兴趣。这里没有明确提到汉文化，因为汉文化被视为文明史的主流。从我们现代人的观点来看，汉文化缺乏普遍性；但是从我们本文要讨论其观念的这些个人的角度而言，汉文化已经超出了一个族群的传统。在汉人精英们的信念中，正统的“儒家”文化传统是一种普遍合理的“文明”，对这一文化传统的拥有是一个人成为文明人的标志，这种对儒家文化传统的信念是前现代中国文化主义的根本元素。[1] 第二个重要元素是，在汉人精英们眼中，中国文化传统，自上古三代便一直延续，不绝如缕且颠扑不破。因而，汉文化主义意味着，文化传统

[1] 对于中国文明而言，文化主义被认为是很自然而然的。John K. Fairbank，Edwin O. Reischauer，Albert M. Craig，*East Asia*：*Tradition and Transformation*（Boston：Houghton Mifflin，1973）将其与民族优越感、排外主义、内视相联系，参见是书第 177—179 页；在该书第 195 页将其与朝贡体系相关联；在该书第 200 页将其与有关抑制商业的内容相联系。这些观点对 Joseph Levenson，*Confucian China and Its Modern Fate*：*A Trilogy*，California University Press，1968 一书有很多借鉴，参见该书第七章，第 95—108 页。然而，我们必须注意，在实践中，文化主义也包括非汉族人群与风俗的同化，作为其结果，主流的汉文化日益丰富广博。关于这一观点的简单陈述，参见 Charles O. Hucker，*A Dictionary of Official Titles in Imperial China*，Stanford University Press，1985，p. 14-15。

的延续比维护一个族群统治另一个族群这种相对短期的王朝政体重要得多。从这样的视角来看，“异族征服”的可怕之处几乎消失殆尽。实际上，相对于中国的整体优势，对蒙古人或满人使用“征服”一词，并不恰当。

然而，这种观念只是被征服的汉人在事后对现状进行合理化的观点，具有补偿性特征。蒙古人与满人通过军事征服，在汉地建立统治。汉人的反抗亦如其他族群的反抗一样。汉文化主义的价值观并不意味着汉士人对蒙古人或满人支配的政体漠不关心，而是当反抗活动结束后，文化观念促使汉士人投身于新的满汉政体，全身心落实他们对于文化具有普遍性和持续性的信仰。

汉文化的价值观念并不指向对新政权的必然参与。然而，这些价值观念却很容易导致人们在如何实践和解释这些价值观念时产生相互矛盾的行为。在对所构建的秩序进行合法性解释的过程中，人们运用的政治理论常常回避民族因素。中国被非汉族所征服这一事实也不一定意味着新秩序是非法的。例如，在脱胎于元代的明朝的创立者明太祖朱元璋看来，蒙古皇帝是中华王朝的正统君主。正如明太祖利用文化主义观念宣扬其统治的合法性那样，他同样不否认作为少数民族或种族的蒙古人对中国统治的正统性。[1] 从汉文化主义的价值观念来看，蒙元治下的汉人，无论其参与或不参与元朝政府，都是合理的。

对这个问题的经典诠释来自许衡（1207—1281）与刘因

---

[1] 参见 John W. Dardess，“Ming T'ai-tsu on the Yüan：An Autocrat's Assessment of the Mongol Dynasty”，*Bulletin of Sung and Yüan Studies* 14（1978）：6-11。Dardess 同样注意到了明太祖会根据受众的不同而运用不同的说辞。但总体上，明太祖并不否认蒙元历代皇帝的正统性。我们在《明太祖御制文集》中可以看到，明太祖在给元顺帝妥懽帖睦尔（1341—1368 年在位，1370 年去世）之子爱猷识理答腊的信中，称其为“元幼主”。参见《明太祖御制文集》卷五，学生书局 1965 年版，第 1、3 页。

(1249—1273)[1] 间的一次对话。这次对话也许是后人伪述，但这次对话的观点却被世人广泛接受。许衡在元朝为官，对元朝忠心耿耿且贡献卓著。他本人也是程朱理学的代表学者之一。许氏对自己投身元廷的合理解释是“不如此则道不行”。他行道的方式是积极投入蒙元政府中为官，并肩负重任。然而，据称刘因对许衡的解释颇不以为然，并以“不如此则道不尊”为信条，与蒙元政府保持疏离。这次对话本身真假难辨，但对话的内容却使对于非汉族统治的相对立的观念具体化。这两种针锋相对的见解同等有效，同等合理也同等公正。刘因与许衡忠于他们的汉文化。政治环境是他们各自决策的大背景，但这种背景并不是他们形成各自特定行为的必要条件。

就像汉士人可以从汉文化主义价值中寻找自己投身或疏离异族政治统治的合理依据一样，非汉族统治者也可以从中为其领主地位找到理由。在某种程度上，非汉族统治者也可以借助天命观以伸张自身统治的合法性。以地方军阀起家而君临天下的皇帝，都会利用文化主义资源为其统治的合法性寻求依据。无论是汉族抑或非汉族皇帝，都被普遍认为会将儒家文化为己所用。在非汉族皇帝中，只有“文明程度很高”者，才有能力体察到文化主义的可观优势，正是这种文化主义长期以来把中华文明团结一处。在这方面，与蒙古人、契丹人相比，女真人与满人更加老练与巧妙。[2] 但所有民族的

---

[1] 这次对话的第一手材料来自陶宗仪：《辍耕录》，世界书局 1963 年版，第 37 页。陶宗仪生平可参见 L. C. Goodrich & C. Y. Fang, eds., *Dictionary of Ming Biography* (1368–1644), Columbia University Press, 1976, p. 1268–1272。这次对话的记载也可参见孙克宽：《元儒刘静修学行述评》，载氏著：《蒙古汉军及汉文化研究》，东海大学出版社 1970 年版，第 75—87 页。以及 F. W. Mote, “Confucian Eremitism in the Yuan Period”, in Arthur F. Wright, ed., *The Confucian Persuasion*, Stanford University Press, 1960, p. 236–238。

[2] 有关“两类”非汉族王朝的区别，参见 Karl A. Wittfogel and Feng Chia-sheng, *History of Chinese Society: Liao*, American Philosophical Society, 1949, p. 16。

统治者都理解这样的统治原则。

本文中，我将会借助于对两名忠于康熙的清代士人的讨论探究文化主义思想在实际中的一些应用。为了在历史文本的脉络中展现他们的观点，我首先会简短地讨论生活于他们时代之前的一些士人的观念，以作为绪论。通过研究，我对于以元代作为比较对象的这个方式深感兴趣。我希望本文的研究可以推进对同时为非汉族统治者所接受，而且也得到汉士人所支持的思想机制的理解。

一

晚明时期，中国士人的历史研究开始出现批判的意识。[1] 而满人的军事征服也恰在此时到来。越来越多的晚明学者们逐渐地视上古三代以后为一个长时期的增长和发展时期，世俗主义思潮开始涌现。学者们越发倾向认为上古时代的圣贤完美但高不可攀，而像诸葛亮（181—243）这样的历史上的英雄人物们，他们的功绩却是世俗而务实的，他们的事例与当时不甚理想的现实生活具有更直接、更有意义的相关性，因此具有更为重要的意义。服膺于这股潮流的学者们，开始重新评价如元代等为人所忽视的王朝时代。人们发现，那些王朝有着自身的时代成就，这些成就体现在如绘画、诗歌、戏剧等多个领域中。著名的哲学家如王夫之（1619—1692）、黄宗羲（1610—1695）、顾炎武（1613—1682）、李贽（1527—1602）、吕留良（1629—1683）和其他人都表达出“生活于当下”的态度并强调

[1] 接下来的论述基于 Wm. Theodore de Bary，“Neo-Confucian Cultivation and the Seventeenth-Century Enlightenment”一文的研究与分析。是文参见 Wm. Theodore de Bary, ed.，*The Unfolding of Neo-Confucianism*，Columbia University Press，1975，p. 141-216。

上古三代与“当代”之间一脉相承。对于较近时期的研究，包括历史、制度、艺术、文学以及哲学，成为晚明时期日益突出的思想活动。而且，晚明时期对元代重新评价的潮流方兴未艾，这尤其体现在时人对元代诗歌的研究方面。

在这样一个过渡的时期，满人的军事征服进一步刺激了对于蒙元统治下汉文化所取得的成就进行评判，因为元代与清代具有基本的相似性。[1]

虽然李贽在许多方面都表现得离经叛道与标新立异，[2] 但在其汇编的重要著作中则强调历史的延续性和相对性。正如他在《藏书》一书的序言中所解释的：“人之是非，初无定质；人之是非人也，亦无定论。”接着，他写道：“虽使孔夫子复生于今，又不知作何是非也。”[3]《藏书》是个人评传的汇编，其所及时代上起春秋，下迄元代。[4]《藏书》分《世纪》和《列传》两个部分，在《世纪》部分中，每一个时代都以此时代的特征命名，元代的标题为“华夷一统”。李贽认为，非汉族统治时期亦不过是治乱循环所导致的时代变迁过程的一个阶段。同样，学者顾炎武遍历了历史文献，并记录下他认为有价值的与值得记录的内容和观点。顾炎武的学生潘耒

[1] Richard John Lynn, “Tradition and the Individual: Ming and Ch’ing Views of Yüan Poetry”, *Journal of Oriental Studies* 15.1 (1977): 1-19.

[2] De Bary 将李贽描述为“在晚明的个人主义与人文主义思潮”中的“极端的个人主义者（arch individualist）”，参见 de Bary, “Individualism and Humanitarianism in Late Ming Thought”, in de Bary, ed., *Self and Society in Ming Thought*, Columbia University Press, 1970, p. 145-240；以及 de Bary, “Li Chih: A Chinese Individualist”, *Asia* 14 (1969): 51-68。也可参见萧公权为李贽所写的传记，参见 L. C. Goodrich & C. Y. Fang, eds., *Dictionary of Ming Biography* (1368-1644), p. 807-818。

[3] 译文参见萧公权为李贽所写的传记，参见 L. C. Goodrich & C. Y. Fang, eds., *Dictionary of Ming Biography* (1368-1644), p. 811。[原文可参见（明）李贽：《藏书》，中华书局 1962 年版，第 7 页。——译者注]

[4] 北京中华书局 1959 年版《藏书》有索引，该书 1974 年第三次印刷。

（1646—1708）在顾氏所著《日知录》的序言中，将顾氏之学称为“实学”，并称“实学”是自宋迄元的学者们主要崇尚的学术方向。[1] 顾炎武认为晚明学风颓废，他的“实学”部分是对此的反击。潘耒认为，顾炎武的学术高于明代以来的学术，顾氏可与宋元时代的名儒齐名。

用这样的相对主义的观点来看待元代，元代为非汉族统治这个因素并不特别重要。这一重要性只是事实上的，因为统治者的族群身份只是其众多身份中的一个。这里基本不存在贬损的意味。正如黄宗羲在其所著《明文案》的序言中提到，唐、宋、金、元诸大家文章很难匹敌。在黄宗羲眼中，韩愈（768—824）、杜甫（712—770）、欧阳修（1007—1072）、苏轼（1036—1101）、元好问（1190—1257）、姚燧（1239—1314）和虞集（1272—1348）为评论明代诸家的成就设定了标准。[2] 因此，在对相关历史时期评价的过程中，文化主义以及历史的相对主义，是优先于民族或种族的考虑的。金、元二代士人的文化成就得到了公正评价。

有趣的是，与这种中立的、相对主义的观念潮流一同出现的是，一些文人写作中浸润着强烈的民族与文化优越感，这尤其体现在他们关于“中国”的定义方面。这种优越感在王夫之的文章中展现得最为鲜明。王夫之对于汉文明有一种文化主义的信念，但是他也认为，非汉族王朝的统治从根本上破坏了汉文明的延续与真正的演进。

王夫之观念的主旨是传统的“夏”与“夷”的观念。这种观念

---

[1] 关于潘耒的生平，可参见 Arthur W. Hummel，ed.，*Eminent Chinese of the Ch'ing Period*（1644-1912），U. S. Government Printing Office，1943，p. 606-607。关于潘耒的序文，可参见顾炎武：《日知录》，世界书局 1972 年版，第 1—2 页。

[2] 黄宗羲：《南雷文案》卷一，四部丛刊本，第 20 页。

在古代文献中可以找到。《孟子》一书曾经提到，华夏文化有以夏变夷的能力，孟子不希望以夷变夏的情况出现。[1] 传统中国对“夷狄”的观念建立在对华夏文化中心地位、优越感的假设之上。《尚书》的《禹贡》篇对之有生动的描述：

> 五百里甸服，百里赋纳总，二百里纳铚，三百里纳秸服，四百里粟，五百里米。五百里侯服，百里采，二百里男邦，三百里诸侯。五百里绥服，三百里揆文教，二百里奋武卫。五百里要服，三百里夷，二百里蔡。五百里荒服，三百里蛮，二百里流。[2]

在这种中国区域与世界区域的结构模式下，华夏与“夷狄”间的关系，既有和平相处的一面，又有武力对抗的一面。[3] 与夷狄所在区域相区隔的位于天下中心的华夏地区（为天子与诸侯所统辖的区域）是和平与安全的。和平的文化行为，首先在华夏区域内开展，而武力行为是外围“夷狄”区域的特征。因此，文明或文化行为就更被看作具有“中心”和上等的性质。这片和平而安宁的区域并不以区域内的种族特性而与其他地区相区别。华夏族群凭借文化与武力保护这片中心地区，他们维护秩序与道德，防御来自边疆的“夷狄”侵袭。

这幅图景表明了汉文化对汉文明内部根据地的一种强烈的忧患

---

[1] 英译文参见 *Mencius*，trans. D. C. Lau，Penguin Books，1970，p. 103.（原文可参见《孟子·滕文公章句上》，参见《四书章句集注》，中华书局 2008 年版，第 260 页。——译者注）

[2] 英译文参见 *The Chinese Classics*：Vol. 1，trans. James Legge，Hong Kong University Press，1960，p. 142-147.［原文可参见（清）孙星衍撰，陈抗、盛冬铃点校：《尚书今古文注疏》，中华书局 1986 年版，第 202—205 页。——译者注］

[3] 有关这方面的论述，可参见 L. S. Yang，“Historical Notes on the Chinese World Order”，in John K. Fairbank，ed.，*The Chinese World Order*，Harvard University Press，1968，p. 24-28。

意识，以及对其安全防御的关切。王夫之以及其他许多学者均有这种关切。但与其他学者相比，王夫之更加鲜明地表达了这种关切之情。[1] 他认为，华夏族群早已脱离了原初的蒙昧状态，不能由于屈服异族统治而甘冒重归蒙昧的风险。因而，对王夫之来讲，蒙古征服和统治中原是人类历史上一个沉痛的事件。他抨击在忽必烈政府中任职的汉人学者许衡。许衡将“以夏变夷”作为含蓄的自我辩解，在王夫之看来，这就是对蒙古的降附。这种行为无异于“违天而毁人极”。[2] 他视宋朝的败局为必须被洗刷的“宋耻”。他主张元王朝不能被视为正统的中国王朝，因为蒙元统治者非华夏族类。虽然元王朝取得了中国正统王朝必备的使中国“合而不离”这个条件，但却未达到使华夏文明“续而不绝”这个要求。如现代学者嵇文甫所指出的那样，王夫之认为“宁可失位于贼臣，不可卖国于外族”。[3]

王夫之坚定地认为，没有异族统治者能够行使正统的天子之权，但是他以文化为标准区分华夷。嵇文甫以这样的角度分析王夫之的观点：“由船山看来，华夷之别，在乎文野。在历史的这一阶段上，中国文化程度最高，中国以外，全是野蛮人，即全是夷狄。然而这不是固定的。中国之为文明人，乃在黄帝、尧、舜以后。当黄帝以前，中国也是野蛮人，也就是夷狄——这就是世人所羡慕的羲

---

[1] 参见刘先枚：《船山政治思想论略》，载湖南省哲学社会科学学会联合会：《王船山学术讨论集》，中华书局 1965 年版，第 387—429 页，特别是第 416 页的论述。Etienne Balazs 曾在其著作中讨论了王夫之的“民族主义”观念，参见 Etienne Balazs，*Political Theory and Administrative Reality in Traditional China*，School of Oriental and African Studies，1965，p. 31-50。

[2] 参见刘先枚的《船山政治思想论略》一文对《黄书》的引用，载湖南省哲学社会科学学会联合会：《王船山学术讨论集》，中华书局 1965 年版，第 419 页。

[3] 嵇文甫：《王船山学术论丛》，中华书局 1962 年版，第 148 页。

农时代呀——至羲农以上，简直就是禽兽了。”[1] 王氏在其所著《读通鉴论》中提道：

> 天下之大防二：华夏、夷狄也，君子小人也。非本未有别，而先王强为之防也。夷狄之于华夏，所生异地，其地异，其气异矣；气异而习异，习异而所知所行蔑不异焉。[2]

王夫之对于“异类”的评价不高，其间有傲慢的双重标准：

> 夷狄者，歼之不为不仁，夺之不为不义，诱之不为不信。何也？信义，人与人相与之道也。非以施之异类者也。[3]

我们也许不能同意王夫之所抱持的关于人性的偏见，但他的结论也有合理的一面。他强调应根据其相对的文明程度去对待其他族群。他也认识到，如果没有黄帝、尧、舜这几位圣王的恩泽，华夏也不会是文明的族群。虽然没有指明演进的观念，王夫之的持论也很接近文化相对主义的态度。

王夫之的主张特别强调“夷狄”的异族性质。在他眼中，环境是决定谁为“夷狄”身份的首要因素。对于任何的非汉人，如果他接受了汉文明的价值观和道德观，那么不管他原有的族群身份是什么，他都可以被视为“文”。对王夫之来说，许衡的说辞无法被接受。因为许衡所臣侍的异族很少甚至没有学习汉文明。许衡本人深知这一点，但还是委身于蒙元政府，这令王夫之深感不安。王夫之拒斥许衡的所谓守护汉文化的解释。因为“夷狄”入主中原本身就

---

[1] 嵇文甫：《王船山学术论丛》，中华书局1962年版，第151页。
[2] 转引自嵇文甫：《王船山学术论丛》，中华书局1962年版，第148页。
[3] 转引自嵇文甫：《王船山学术论丛》，中华书局1962年版，第148页。对此更为简明的叙述，参见 Joseph Levenson，*Confucian China and Its Modern Fate*：*A Trilogy*，p. 194。

造成了汉文化的根本断裂。因此，王夫之认为许衡是助蒙古“窃取道统”，[1] 是大错特错。道统象征着汉哲学与文化传统的核心。王夫之抨击许衡，认为其投身蒙元的行为，就是对汉文化的背叛。

王夫之是一位立场鲜明、成就卓越的思想家。他的观点在 20 世纪初极具影响力，但并没有多少证据证明他的观点在他所处的时代有多大反响。事实上，他本人的观点即便在明末清初也显得有些异乎寻常。在有生之年，王夫之并未刊行自己的作品。因而，他的思想在彼时也未见有多大流传。

然而，王夫之并不是唯一一位对元代持否定评价的人。与王氏同时代但更为著名的学者吕留良与黄宗羲，都对元代的政治弊端多有批判。与吕留良相比，黄宗羲对元朝的批评略显温和，因为黄宗羲认识到元代思想之伟大与元朝文辞之优美。吕留良却没有这样的认识。但是，黄宗羲确实对元代的政治体制进行了批评，在他看来元代的政治体制退化了。在其所著《明夷待访录》中，黄氏认为，政治的衰颓趋势始于宋代，而在元代达到顶峰。[2] 所以，他否认元代造成了华夏历史的断裂，相反，他认为在文学与政治方面，宋元一脉相承。事实上，在其有生之年并未完成的但却更富雄心的著作《宋元学案》中，黄宗羲展示了宋元两代学术的连续性。[3]

黄宗羲以历史延续的眼光看待元代的政治衰颓。而吕留良认为，元王朝造成了明显的历史断裂。吕、黄二人是朋友，虽然在许

---

[1] 参见刘先枚：《船山政治思想论略》，载湖南省哲学社会科学学会联合会：《王船山学术讨论集》，中华书局 1965 年版，第 419 页。

[2] Wm. T. de Bary, “A Plan for the Prince”, Ph. D, diss, Columbia University, 1953, p. 150. 亦可参见 Balazs, *Political Theory and Administrative Reality*, p. 24；以及萧公权：《中国政治思想史》，中华文化出版事业委员会 1961 年版，第 606 页。

[3] Arthur W. Hummel, ed. , *Eminent Chinese of the Ch’ing Period* (1644-1912), p. 353-354.

多问题上，二人的见解有着根本而彻底的不同。在 17 世纪 60 年代，黄宗羲大概有三年时间在吕留良家中居住。[1] 在此期间，吕留良迎娶了黄宗羲的侄女，即黄宗羲的弟弟黄宗炎（1616—1686）的女儿。1679 年，吕、黄二人坚定地抵制博学鸿词科考试，[2] 二人也藉此在许多问题上达成了相当一致的意见，特别是在对明朝的效忠与拒绝参与满人支配的政权方面。但他们在有关元代文化的批判问题上却有很大分歧。

吕留良对元代统治抱有强硬的否定态度，这也成为雍正皇帝（1723—1735 年在位）对他加以迫害的借口。[3] 吕留良批判蒙古入主中原使得原本生机勃勃的汉文化遭遇中断。他极力抨击那些投身元廷且显赫一时的“正统”儒家学者。他认为《春秋》大义的核心便是严行夷夏之防。在一封给友人的信中，吕留良写道：

所谓朱子之徒，如仲平（即许衡）[4]、幼清（即吴澄：

[1] 对吕留良生平的研究，参见 Thomas S. Fisher，“Accommodation and Loyalism：The Life of Lü Liu-liang（1629-1683）”系列的三篇文章，第一篇，“Accommodation and Loyalism：The Life of Lü Liu-liang（1629-1683）：Dissident Intellectuals and the Early Ch'ing State”，*Papers on Far Eastern History*，No. 15（1977），p. 97-104；第二篇“Accommodation and Loyalism：The Life of Lü Liu-liang（1629-1683）：Li Liu-liang's Early Years”，No. 16（1977），p. 107-145；第三篇，“Accommodation and Loyalism：The Life of Lü Liu-liang（1629-1683）：The Later Years”，No. 18（1978），p. 1-42。亦可参见 Thomas S. Fisher，“Lü Liu-liang（1629-1683）and the Tseng Ching Case（1728-1733）”，Ph. D，diss，Princeton University，1974，以及钱穆：《中国近三百年学术史》，台北，台湾商务印书馆 1968 年版，第 71 页。

[2] See Thomas S. Fisher，“Accommodation and Loyalism：The Life of Lü Liu-liang（1629-1683）：The Later Years”，*Papers on Far Eastern History* 18（1978）：35-36. 关于这次博学鸿词考试的情况下，亦可参见 Lawrence D. Kessler，*K'ang-hsi and the Consolidation of Ch'ing Rule*，1661-1684，Chicago University Press，1976，p. 158-166。

[3] 雍正对于吕留良的痛恨是恶名昭著的，参见 Thomas S. Fisher，“Accommodation and Loyalism：The Life of Lü Liu-liang（1629-1683）：Dissident Intellectuals and the Early Ch'ing State”，*Papers on Far Eastern History* 15（1977）：102-104。

[4] 原文错误地将许衡的字写成了“平仲”。

> 1249—1333)，辱身枉己，而犹哆然以道自任，天下不以为非。此道不明，使德祐（1275—1276）以迄洪武（1368—1399)，其间诸儒失足不少……而紫阳（即朱熹）之学，自吴、许以下已失其传，不足为法。[1]

吕留良对元代抨击的核心是，在元代，朱熹理学由于一些原因而中断。其中，蒙古兴兵汉地是一个重要原因。但是，在吕留良看来，更重要的原因是最中坚的知识分子没能保持族群的纯洁性。许衡与吴澄是元代程朱理学领域最著名的学者，[2] 然而，他们应该为理学正当性和真实性的中断而受到指责。在吕留良看来，理学正是上古三代以后传统的核心。吕氏认为元代："其中虽有数十年，天荒地塌非人间。"[3]

对于这种传统中断的原因，吕留良进一步解释道：

> 盖缘德祐（1275）以后，天地一变，亘古所未经。先儒不曾讲究到此。[4]

由于蒙古兴兵而引起的"天地一变"的一个结果，是传统的中断：

> 宋时君臣，犹存古意，自兹以后，复蹈秦辙，礼数悬

---

[1] 吕留良：《吕晚村先生文集》卷一《复高汇旃书》，中华文化出版社 1967 年版，第 10 页。萧公权：《中国政治思想史》，中华文化出版事业委员会 1961 年版，第 643 页，对上文做了引用。Thomas S. Fisher，"Lü Liu－liang（1629－1683）and the Tseng Ching Case（1728－1733）"，p. 155，对上文做了部分翻译。

[2] 关于吴澄，可参见 David Gedalecia，"Wu Ch'eng：A Neo－Confucian of the Yuan"，Ph. D，diss，Harvard University Press，1971。

[3] 英译文参见 Thomas S. Fisher，"Lü Liu－liang（1629－1683）and the Tseng Ching Case（1728－1733）"，p. 197。The Interpolation in Brackets is Fisher's.（原文可参见吕留良：《吕晚村诗》之《真腊凝寒集·錢墓松歌》，载《续修四库全书》集部别集类，第 1411 册，上海古籍出版社 2002 年版，第 33 页。——译者注）

[4] 吕留良：《吕晚村先生文集》卷一《复高汇旃书》，中华文化出版社 1967 年版，第 10 页。

绝，情意隔疏。[1]

以上，我们分析了许多忠于明王朝的士人的观点，当然李贽在满人入主中原以前便已去世。为了加以对比，有必要分析两位先在明朝为官，后又跻身清廷的“变节者”的观点。在正史中，这两位“变节者”最终被丑化为“贰臣”，[2] 他们是钱谦益（1582—1664）与吴伟业（1609—1672）。钱谦益是苏州人，是位家资豪富的文士，是诗人、历史学家、文学批评家、藏书家与散文家。[3] 1629 年以前，钱氏曾在明朝政府的许多部门任职，包括曾在翰林院任侍读。1644 年明亡之时，他正闲居在家。次年，南京陷落，钱氏随即降清，并获得职位。与钱谦益同时代的吴伟业是江苏太仓人。[4] 吴氏在明朝声望颇高，曾任翰林院编修。然而，1653 年，吴氏投身清廷，并任国子监祭酒。

钱谦益与吴伟业在其著述中都提到蒙古统治的时代有很好的文

[1] 引用自容庚：《吕留良及其思想》，香港中文书局 1974 年版，第 32 页。

[2] “贰臣”这个语汇是经乾隆（1736—1795 年在位）认可后普及的，但这是个旧有的理念。“贰志”一词出现在《左传》所记载的公元前 569 年的事件中（*The Chinese Classics*: Vol. 5, trans. James Legge, p. 420），乾隆皇帝命令在国史编纂过程中设立专门的“贰臣传”部分，这道敕令在乾隆四十一年十二月三日（公历 1777 年 1 月 11 日）发布，参见《国史贰臣传表》，这份敕令也收录在缪荃孙：《烟画东堂小品》，1920 年江阴缪氏刊本中。L. C. Goodrich 对这道敕令进行了部分翻译，参见 L. C. Goodric, *The Literary Inquisition of Ch'ien-lung*, Waverly Press, 1935, p. 154-156。对于“贰臣”的研究，可参见神田信夫「清朝の國史列傳と貳臣傳」『東方学會創立二十五周年記念東方学論集』（東方学會，1972 年）272—291 頁。

[3] 参见 Arthur W. Hummel, ed., *Eminent Chinese of the Ch'ing Period* (1644-1912), p. 148-150；吴晗有一篇对于钱谦益持有特别否定态度的研究，参见吴晗：《“社会贤达”钱牧斋》，载吴晗：《读史劄记》，三联书店 1961 年版，第 342—358 页。亦可参见 L. C. Goodrich, *The Literary Inquisition of Ch'ien-lung*, p. 100-107；对于钱谦益的文学的评论，参见郭绍虞：《中国文学批评史》（第二册），明伦出版社 1971 年版，第 317—326、507—521 页。

[4] 参见 Arthur W. Hummel, ed., *Eminent Chinese of the Ch'ing Period* (1644-1912), p. 882-883。

章出现。在一封回复友人的信中，钱谦益认为，在特定的历史环境下，“文”的变化发展潜力无限：

> 夫文章者，天地变化之所为也。天地变化与人心之精华交相击发。而文章之变，不可胜穷。[1]

钱氏指出，韩愈与苏轼的古文已经登峰造极，但古文在金、元时代继续演进：

> 眉山之学流入于金源，而有元好问；韩愈之学流入于蒙古而有姚燧。[2]

钱氏给友人的建议是，学文应该转益多师，而不应仅跟从一二“巨子”。[3] 学者应文思广博，否则有如“乘车而入鼠穴”，钱氏问道，如此则“不亦愚而可笑乎”？[4]

在这些文字中，钱谦益暗示，在非汉族统治的王朝时代，文化亦有巨大的机遇。钱氏在其《列朝诗集》中提到，由于那些时代的统治与律法趋向宽松自由，在这种环境下，学者可以随心尽兴，创作出足以为一代丰碑的伟大文章。

> 当胜国时，法网宽，人不必仕宦。浙中每岁有诗社，聘一二名宿如廉夫（杨维桢：1296—1370）辈主之，刻其尤者

---

[1] 引文出自钱谦益给友人李叔则的信，转引自郭绍虞：《中国文学批评史》（下册），明伦出版社 1971 年版，第 323 页。书信全文见钱谦益：《牧斋有学集》卷三十九，四部丛刊本，第 4—8 页。

[2] 钱谦益：《牧斋有学集》卷三十九，四部丛刊本，第 6 页。转引自郭绍虞：《中国文学批评史》（下册），明伦出版社 1971 年版，第 323 页。

[3] 《四部丛刊》本此处为“臣子”；郭绍虞在其书中将之纠正为“巨子”。

[4] 钱谦益：《牧斋有学集》卷三十九，四部丛刊本，第 6 页。“乘车而入鼠穴”一语出自《世说新语》，参见 *Shih-shuo Hsin-yu*：*A New Account of Tales of the World*，trans. Richard B. Mather，Minnesota University Press，1976，p. 98。

为式。[1]

这段文字是钱谦益引用学者王世贞（1526—1590）的论述。王世贞是明代文坛“后七子”之一，他开始对元代诗歌进行重新的评价。[2] 在这段引文中，为了遮蔽对明代集权的批评，王世贞也许夸大了元代生活的美好。但钱谦益对之的引用，也表明了钱氏对这段文字的赞同态度。与钱氏在其他文章中对元朝的态度相比，这段文字所体现的对非汉人统治的乐观之情溢于言表。

吴伟业是一个充满矛盾的人。1653 年，他投身清廷的决定并非轻易做出。他也从未放弃作一名隐士的愿望。就像学者孙克宽对吴氏诗歌鞭辟入里的研究中所展示的那样，[3] 吴伟业始终处于一种艰难的境遇中：一方面，他希望出仕以经世济民；另一方面，他希望隐居以保持高节。

吴伟业对经历了元明易代的历史人物有着深入的关注。杨维桢与宋濂（1301—1381）是吴伟业特别注意的两位经历元明易代且取得很大成就的历史人物。[4] 在一篇为宋濂文集所写的序言中，吴伟业承认元代是一个取得了重大文化成就的时代。[5] 他注意到，有元一代，曾经受教于宋代理学大师的著名学者为朝廷起草了重要的诏

---

[1] 这段文字是《列朝诗集》中有关张简的描述的一部分。引文出自钱穆：《读明初开国诸臣诗文集》，载《新亚学报》1964 年第 2 期。

[2] 参见 Richard John Lynn，“Orthodoxy and Enlightenment：Wang Shih-chen's Theory of Poetry and Its Antecedents”，in de Bary，ed.，*The Unfolding of Neo-Confucianism*，p. 217-270。

[3] 孙克宽：《吴梅村北行前后诗》，载《中央图书馆馆刊》1974 年第 1 期。

[4] 孙克宽在其《吴梅村北行前后诗》一文中，引用了吴梅村的《至都谢当事诸老诗》中“曾纪铁崖诗句好，白衣宣至白衣还”二句。铁崖是杨维桢的号。杨维桢曾在元朝为官，在吴伟业眼中，虽然杨维桢曾应召去过明朝首都，但他还是保持了自己不事二朝的高节。后半句诗的原作者是宋濂，是宋濂赞扬杨维桢的诗句。参见《明史》卷二八五《杨维桢传》，第 7309 页。

[5] 参见宋濂：《宋文宪公全集》卷首，四部丛刊本。

敕文书，这些诏敕文书是文明统治的基础。因此，吴氏认为，宋濂具有特别重要的意义，因为他与前代有文化的连接，并使明代独具特色的文化发扬光大。

吴伟业的观念受到了其师张溥（1602—1641）的影响。以复社创立者著称的张溥，对有元一代抱持既批评又同情的态度。他曾为陈邦瞻（1623 年去世）所著的《元史纪事本末》中的二十七章的每一章撰写“论正”，这些“论正”颇具见地，分析详明。[1] 看起来，张溥的主要兴趣在于元朝政治行为和这些政治行为对朝廷、社会秩序和知识分子生活的影响。

吴伟业在宋濂文集序言中所表达的观点很值得探讨。宋濂是浙江金华的著名文士，于 1359 年投入朱元璋军营，并最终成为明代著名的开国文臣之一。作为复社一员的陈子龙（1603—1647）在其所编的《皇明经世文编》卷首的注明中，指出宋濂曾在元代为官。[2] 当然，宋濂是否在元代为官尚难确证，但吴伟业相信陈子龙的说法。若果真如此，则在吴、陈二人眼中，宋濂也是一名“贰臣”。记住这个观念，对于我们阅读吴氏所撰宋濂文集的序言尤为重要：

> 浙水东文献，婺称极盛矣。自元移宋鼎，浦江仙华隐者方

[1] 有关张溥的生平，参见 Arthur W. Hummel, ed., *Eminent Chinese of the Ch'ing Period*（1644-1912），p. 52-53；William S. Atwell，“From Education to Politics：The Fu She”，in de Bary，ed.，*The Unfolding of Neo-Confucianism*，p. 333-367。有关陈邦瞻的生平，参见 L. C. Goodrich & C. Y. Fang，eds.，*Dictionary of Ming Biography*（1368-1644），p. 176-178。《元史纪事本末》于 1581 年首次出版，张溥在每一章后有论正，可参见该书的重印本，三民书局 1966 年版。

[2] 这条旁注可参见陈子龙：《皇明经世文编》卷首之《姓氏爵里》，珠玑书店 1968 年版，第 58 页。有关陈子龙生平参见 Arthur W. Hummel，ed.，*Eminent Chinese of the Ch'ing Period*（1644-1912），p. 102-103；William S. Atwell，“Ch'en Tzu-lung（1608-1647）：A Scholar-Official of the Late Ming Dynasty”，Ph. D，diss，Princeton University，1975。

凤韶卿、谢翱皋羽、吴思齐子善，赓和于残山剩水之间，[1] 学者多从指授为文词。若侍讲黄公（黄溍：1277—1357）、待制柳公（柳贯：1270—1342）、山长吴公（吴莱：1297—1340）胥及韶卿之门，出而纬国，典司帝制，擅制作之柄，景濂（宋濂）亲受业于三公，承传远而家法严，遂以文章冠天下。际会真人，经纶黼黻，光辅一代稽古右文之治，几欲跻之成周，世皆慕之为名世宗工，而不知渊源于宋之逸老。呜呼！不有山泽臞，孰为维斯文，[2] 如带之绪，以竢贤哲起而昌大之，其功焉可诬也。

元一天下，休养人物七八十年，号为安阜富庶，故能容群儒恬寝食而甘图书，以遗经转相授受，并时山陬海澨，文章理学之懿，郁乎隆庞。

景濂钟光岳之全气，而取材落实，兼条贯以集其大成，不可谓非所值之幸也。[3]

有学者认为，吴伟业在撰写宋濂文集的序言时，也念及了自身的处境。[4] 宋濂在异族治下成为文雄一方的著名学者，吴氏大概为宋濂所激励，也想在有生之年于清廷治下取得相似成就。与宋濂一样，吴伟业也想延续文脉。吴氏对元代新颖而积极的评价，也隐晦地以元代类比清代，即清代也存在取得重大文化成就的潜在可能。

[1] 方凤、谢翱与吴思齐都是南宋遗民。有关他们的传记，可参见明人程敏政（1445 年出生）编辑的于 1479 年首次刊行的《宋遗民录》，收入鲍廷博编：《知不足斋丛书》，开明书局 1921 年版，卷二至卷五、卷八、卷九。

[2] "斯文"一词出自《论语·子罕》，在这一章中，孔子表达了这样一种观点，即没有圣王的时代，文化必须依靠学者的保护与传承，才能得以延续。英译文参见 W. T. Chan，*A Source Book in Chinese Philosophy*，Princeton University Press，1963，p. 35。

[3] 宋濂：《宋文宪公全集》卷首，四部丛刊本，第 10—11 页。

[4] 钱穆：《读开国诸臣诗文集》，载《新亚学报》1964 年第 2 期。

落实这一潜在的可能所需要的是像宋濂这样的士人。

这些同情元代的观念，再加上那些不太忠于明朝的确证，共同表现出，文化主义是更有根本性力量的标准，甚至是一种可以超越狭隘的效忠观念的意识形态。个人偏好也许比所谓“意识形态”更能决定个人行为。意识形态多为事后的合理化解释，而非事先的既有信念。吴伟业也许因为怯懦而背叛明朝。或者也许他本人贪名图利，可借投身清廷而名利双收。效忠前朝者通常只是少数人，一般情况下，被征服者不会积极反抗入侵者。清代早期，大多数士人接受了满人统治。[1] 吴伟业的后辈，那些经历了明清易代的士人的后代，既不会在文章中反对满人政权，更不会将之付诸实际行动。17 世纪 60 年代，忠于明朝的势力被肃清，清朝统治几乎不可避免。反清的观念只在一些所谓“邪教”中盛行。[2]

然而，在第二代文人中，我们却可以发现一股以文化主义价值为基准，对现状加以合理化解释的潮流。对于这种合理化解释当时现状的潮流，很难说清到底是一种理论化的文饰，还是当时士人的真正的信念。至少在表面上，他们表现出对他们的言论深信不疑。17 世纪 80 年代，在圣明的康熙治下，满族统治已经见证了汉文化主义价值的辉煌实现。

---

[1] Thomas S. Fisher，“Accommodation and Loyalism：The Life of Lü Liu-liang（1629-1683）：Dissident Intellectuals and the Early Ch'ing State”，p. 100. 亦可参见 Hilary Beattie，“The Alternative to Resistance：The Case of T'ung-ch'eng，Anhwei”，in Jonathan D. Spence and John E. Wills，eds.，*From Ming to Ch'ing*：*Conquest*，*Region*，*and Continuity in Seventeenth-Century China*，Yale University Press，1979，p. 239-276。Beattie 提道：“general preference for expediency over strict moral principle among T'ung-ch'eng's elite. . . . ”（p. 268）。

[2] Daniel L. Overmyer，*Folk Buddhist Religion*：*Dissenting Sects in Late Traditional China*，Harvard University Press，1976；Susan Naquin，*Millenarian Rebellion in China*：*The Eight Trigrams Uprising of* 1813，Yale University Press，1976.

二

宋荦（1624—1713）与顾嗣立（1665—1772）的出身与背景相当不同。宋荦是北方人，颇善骑马，为官干练。顾嗣立是一名南方学者，诗人。他们因生活在苏州产生交集，在对待忠诚与非汉族统治的态度方面，他们的思想也有很多的呼应。

宋荦[1]祖籍河南商丘，主政苏州长达十四年（1692—1706）。1644 年，宋荦的父亲宋权（1598—1652）在明王朝担任顺天巡抚。[2] 清兵到达顺天后，宋权出降，并出任清廷官职。他因此成为“贰臣”。[3]

宋荦的政治生涯无疑多得益于其年少时代与满族君主的交往。正如宋荦在其《漫堂年谱》[4] 中记述的，他出生在北京，于 1635 年随父迁到山西，彼时宋权被任命为山西按察副使。1637 年，宋权辞官回到河南，在五年之后的 1642 年，为避李自成兵锋，宋权举家迁到扬子江畔的镇江居住。1643 年，宋权接到了一系列的任命，最后，宋权任官遵化道。次年三月，宋权被擢升为都察院右佥都御史，巡抚顺天。到任仅三个月，京师便被李自成攻陷。宋权祭告崇祯帝，整治军旅，欲诛灭李自成。“会主师（清军）入关，嘉文公仗

[1] 参见 Arthur W. Hummel, ed., *Eminent Chinese of the Ch'ing Period*（1644-1912）, p. 689-690。“荦”字读为 lao 是错误的。

[2] 有关宋权的生平，参见 Arthur W. Hummel, ed., *Eminent Chinese of the Ch'ing Period*（1644-1912）, p. 688-689。

[3] 乾隆认为宋权是一名值得信赖的贰臣。参见乾隆四十一年十二月三日（1776 年）敕令《国史贰臣传表》，参见 L. C. Goodrich, The Literary Inquisition of Ch'ien-Lung, Waverly Press, 1935, p. 154-156。

[4]《漫堂年谱》收入到宋荦自己的文集《西陂类稿》中，参见宋荦：《西陂类稿》卷四十七至卷五十，台北，台湾商务印书馆 1973 年版。

义复仇”，清廷诏宋权任巡抚如故，随后，宋权雷厉风行地平定了治下的兵祸匪乱。

宋荦儿时便过着军旅生活。他年少既精通骑射，但也因此疏于文墨。直至 1646 年，其父任职国史院学士，他才更多地专心经史。不久之后，宋荦有机会随从顺治皇帝围猎，并被举荐为宿卫，归入汉军镶黄旗。

宋权任职北京国史院，是出于范文程（1597—1666）的举荐。范文程是汉人文士，于 1618 年投身满清。某种意义上讲，范文程是在满汉文化交融的北方成长起来的“边缘”人。在满清政权早期建设方面，范文程居功至伟，特别是协助多尔衮建立起了对北方的稳固统治。[1]

鉴于宋权对清廷的迅速降附，以及范文程对宋权的推荐，再加上宋荦与皇帝之间的非同寻常的交往，我们也许会为宋荦师从一位在康熙皇帝看来不甚忠于清廷的文士而感到奇怪。这位文士名为侯方域（1618—1655）。[2] 侯方域祖籍商丘，是北方最著名的知识分子之一。1651 年，宋荦成为侯方域的门生。[3]

也是在这一年，宋、侯二人连同其他四名文士组成了文社。宋荦在其《漫堂年谱》中记述了这件事：

> 里中有雪园社，又名应社，以应江南复社，故名。鼎革后，风流云散，独二公在，复邀（三人）……及余，为雪园六

---

[1] 有关范文程的生平，参见 Arthur W. Hummel, ed., *Eminent Chinese of the Ch'ing Period (1644–1912)*, p. 231–232。范文程是一名镶黄旗人。

[2] 有关侯方域的生平，参见 Arthur W. Hummel, ed., *Eminent Chinese of the Ch'ing Period (1644–1912)*, p. 291–292。

[3] 宋荦：《漫堂年谱》，载《西陂类稿》卷四十七，台北，台湾商务印书馆 1973 年版，第 6 页上。

子社。[1]

这段有趣的文字显示了那个扰攘年代，知识分子在生活中承受的巨大变化。应社成立于明代，是应复社而立，复社的主旨是对晚明政治进行拨乱反正。[2] 所以，宋荦的同伴与明朝的效忠者有同样的特点，他们努力保持着对明朝的效忠，不因清廷的入主中原而改变。虽然侯方域并非对明朝一直忠心耿耿（他曾在清廷任职），但是经宋荦编辑的侯方域文集，在乾隆时期被认定为具有煽动性，并在文字狱中被全面禁毁。[3] 而且，侯方域可能也以隐居的遗民自居。1651年，即在雪园六子社成立的同一年，在给明朝遗民方以智（1640年中进士，1671年去世）的信中，侯方域提到，在他隐居的住所中，悬挂着郑思肖所画“无根梅”一轴，这轴画对他触动很深。[4] 郑思肖是著名的“愚忠”于宋室者，他以擅画“无土兰花”而著名，据称是象征着蒙古南来而造成的国土沦丧。[5] 因此，看起来侯方域也怀着反满志向。

---

[1] 宋荦：《漫堂年谱》，载《西陂类稿》卷四十七，台北，台湾商务印书馆1973年版，第6页上。

[2] 参见朱倓：《明季南应社考》，载《国学季刊》1930年第3期；William S. Atwell，“From Education to Politics：The Fu She”，in de Bary，ed.，*The Unfolding of Neo-Confucianism*，p. 339-340.

[3] 姚觐元撰、孙殿起辑：《清代禁毁书目》，商务印书馆1957年版，第82、171页。同时收入的还有姚觐元的《清代禁书见知录》。亦可参见L. C. Goodrich，*The Literary Inquisition of Ch'ien-lung*，p. 245。

[4] 侯方域：《壮悔堂遗稿》第一卷，四部丛刊本，第1页下。

[5] F. W. Mote，“Confucian Eremitism in the Yuan Period”，in Arthur F. Wright，ed.，*The Confucian Persuasion*，p. 234-236. 郑思肖号索南，据说这个号的意思是不愿面对由于被蒙古夺取的北方国土。据说郑思肖所著的《心史》于1638年在苏州承天寺的井中的一个铁函中被发现。许多学者认为这件事是假的，但顾炎武对之深信不疑。参见顾炎武：《井中心史歌》，《亭林诗集》卷五，四部丛刊本，第12页下至第14页上。亦可参见姚从吾：《郑思肖与“铁函心史”关系的推测》，载《庆祝蒋慰堂先生七十荣庆论文集》，学生书局1968年版，第19—24页。姚从吾：《郑思肖生平与行事杂考》，载《食货月刊》1974年第1—2期。刘兆祐：《〈心史〉的著者问题》，载《书目季刊》1969年第4期。

徐邻唐是雪园六子社的另一位成员。徐氏是一名纯粹的遁世清修的隐士。他决心以隐居表达对清廷的不合作态度。他最后认为参加文社对他没有任何益处，并退归山居。在山居期间，他通过研读宋儒之书以追求“圣贤之道”，息交绝游，以聚精会神进行冥思。据说顾炎武曾写信给徐邻唐，认为徐应该以不同的、非隐居的方式解决时代的问题，并对王阳明的教义进行了批评。徐邻唐回答他无须取法他人，也不愿与同辈文人做无意义的粗谈浅论。徐邻唐于六十九岁去世，终身未仕清廷。[1]

雪园六子社创建时，宋荦年仅十八岁，虽然已育有一子，但他一定受到侯方域与其他同仁的深刻影响。然而，这种影响看起来主要是文学方面的。虽说雪园六子社源于复社，但他们并不是政治活动家（不得不提的是，侯方域的父亲是东林党人）。后来，宋荦在苏州的友人顾嗣立提到，宋荦对侯方域深怀敬仰。[2]

1665 年，宋荦朝圣一般地遍历江南，到访南京等多个著名的地方。在此期间，宋荦特地造访了在南京高座寺为僧的方以智。为了拒绝向新政权投降，方以智选择做一名云游僧人。宋荦提到，这名僧人名叫“无可”。[3] 作为明朝遗民，方以智与瞿式耜志同道合且相交甚厚。瞿式耜是著名的忠明烈士，曾师从钱谦益。在广西的抗

[1] 参见《清史列传》卷五十六，中华书局 1962 年版，第 47 页。

[2] 顾嗣立：《春树闲钞》，载《明清史料汇编》（第六册）第七卷，台北，文化出版社 1969 年版，第 434 页。

[3] 宋荦：《漫堂年谱》，载《西陂类稿》卷四十七，台北，台湾商务印书馆 1973 年版，第 7 页下。亦可参见 Willard J. Peterson，“Fang I-chih：Western Learning and the ‘Investigation of Things’ ”，in de Bary，ed.，*The Unfolding of Neo－Confucianism*，Columbia University Press，1975，p. 369-411；余英时：《方以智晚节考》，新亚研究所 1972 年版，第 45 页。

清战争中，在桂林城破后，瞿式耜被俘就义。[1]

总结来说，宋荦这个“贰臣”之子、清帝的忠心侍从与抗清就义的瞿式耜之间可能存在友情。但是他们之间的友情并不影响宋荦忠心仕清。这一点颇值得关注。在17世纪的中国，诗文以及更广泛意义上的“文化”，超越了区隔人们的政治、宗教甚至民族间的鸿沟。

宋荦对效忠这一主题深感兴趣。卓尔堪编订《遗民诗》，他请宋荦为之作序。[2] “遗民”这个词汇所描述的是在改朝换代后，在精神上对前朝仍保持忠心的人。这是一个可以追述到《诗经》和《左传》的古老词汇。[3] 早在蒙元时期，“遗民”一词就已经具备了现在的含义。《四库全书总目》论述元代收集的《宋遗民录》，其中提到：“宋之故老，入元后多怀故国之思。”[4] 作为一种政治抗议，遗民经常以诗作寄托故国哀思，并拒绝与征服王朝合作。

同样是效忠前朝的人，遗民与那些舍生忘死抗击新政权的人相

---

[1] Willard J. Peterson, “Fang I-chih: Western Learning and the ‘Investigation of Things’”, in de Bary, ed., *The Unfolding of Neo-Confucianism*, p. 374. 关于瞿式耜与钱谦益的关系，参见 Arthur W. Hummel, ed., *Eminent Chinese of the Ch'ing Period* (1644-1912), p. 200。

[2] 这本诗选曾以《明末四百家遗民诗》为书名，由上海有正书局于1960年刊印过，中华书局以《明遗民诗》为书名，1961年出版了标点本。有正书局刊印的这本书的封面显示出版时间是1910年。1971年，日本采华书林在1960年中华书局版的基础上，重新出版了这本书，这一版包含了卓尔堪为这些诗所写的附录。姚觐元编《清代禁毁书目》第67、128、257、324页中，列举了一些与卓尔堪编辑的不同的诗作名称。有关遗民诗的研究，可参见 Chan Hok-lam, *The Historiography of the Chin Dynasty: Three Studies*, Franz Steiner, 1970, p. 118, n. 80。

[3] *The Chinese Classics*: Vol. 4, trans. James Legge, p. 530; James Legge, “*The Ch'un Ts'ew*” *with* “*The Tso Chuen*”, Southern Materials Center, 1985, p. 129. 亦可参见泷川龟太郎编的《史记会注考证》中有关朱买臣与《诗经》的部分，参见［日］泷川龟太郎编：《史记会注考证》（第四册），艺文印书馆1972年版，第40页。亦可参见 *The Chinese Classics*: Vol. 2, trans. James Legge, p. 353。

[4] 《四库全书总目》卷一九一，艺文印书馆1969年版，第15页上。

当不同。后者在正史中通常被归为专门的“忠义”部分，而正史中却没有针对遗民部分。因此，对遗民的记述主要存在于私修史书以及个人文集中。[1]

在为卓尔堪选编的《遗民诗》所做的序言中，宋荦以南宋的忠诚护卫者为例讨论了“遗民”一词的意义。宋氏指出，南宋遗民分为两类：一类是曾有仕宦履历的“忠臣”，另一类是没有官方背景的“君子”。这两类群体中均有杰出的诗人，正是通过阅读他们的诗作，人们可以感受到他们的伟大。对于宋荦而言，诗文的文学价值是最根本的评价标准。无论诗人是矢志抗元而最终殉难的文天祥，还是坚定地隐居不出以拒斥元廷的郑思肖，他们诗作的文采是最重要的。宋荦认为，诗文是对一个人独特天赋与特殊境遇的最好表达：

> 是故人不一境，境不一诗，各自道其志之所感已尔。[2]

序言中，宋荦对明遗民的总结评价，依据之一便是他们的诗文：

> 读胜国遗民诗，几与德祐、祥兴诸君子争烈矣。[3]

卓尔堪的生卒年月尚不清晰，但我们知道，卓尔堪曾为清军将领，在 1674—1676 年间耿精忠（1682 年去世）反清时，卓尔堪参与

---

[1] 欧阳修等编著《新五代史》卷三十二为《死节传》，参见《新五代史》，中华书局 1974 年版。《明史》卷二百八十九与《清史》卷四百八十六都为《忠义列传》，分别参见《明史》，中华书局 1974 年版；《清史》，“国防”研究院 1968 年版。上述史籍中都有“隐逸”部分，但只有《清史》卷四百九十九有“遗民”部分（首先提到的四位遗民分别是顾炎武、黄宗羲、王夫之、吕留良）。《清史》是一部近代作品，不是标准的“正史”。

[2] 卓尔堪：《明遗民诗》，中华书局 1961 年版，第 1 页下。

[3] 卓尔堪：《明遗民诗》，中华书局 1961 年版，第 2 页。

了讨伐的战役。[1] 因此卓、宋二人都是能武能文的人物。二人皆效忠清廷，又对明朝遗民怀有深切同情。

在主政苏州的漫长岁月里，宋荦与当地著名文士结下友谊。在这些文士中，顾嗣立的家世与才名都颇为显赫。1693 年，顾嗣立整理元代诗文而编成《元诗选》，并请宋荦为之作序。

在《元诗选》的序文中，宋荦认为，诗好似盈然天地间的“气”，而气如风一般“变”化莫测。宋荦提到，一个时代的诗，比如以唐诗为典范，但每个时代的诗文都独具时代之特色。因此，每个时代都会产生出具有其独特价值的诗作。他写道：

> 论者谓元诗不如宋，其实不然……宋人学韩（韩愈）、白（白居易：722—846）为多，元人学温（温庭筠：812—870?）、李（李商隐：813—858）为多，要亦娣姒耳。[2]

宋荦的诗风与文风随时代流变的观念，源于《易经》中关于变化的观点。在序文的结尾，宋荦引用《易经》写道：

> 《易》曰：“穷则变，变则通”，[3] 称诗于今日，固当变之

---

[1] 关于卓尔堪的生平，可参见李恒：《国朝耆献类征初编》卷三二七，《清代传记丛刊》本，明文书局 1985 年版，第 26 页。——译者注。邓之诚：《清诗纪事初编》，中华书局 1965 年版，第 496 页。关于耿精忠生平，可参见 Lawrence D. Kessler，*K'ang-hsi and the Consolidation of Ch'ing Rule*，1661-1684，p. 84-85 与 Arthur W. Hummel，ed.，*Eminent Chinese of the Ch'ing Period*，p. 415-416。

[2] 顾嗣立：《元诗选》序言，台北，世界书局 1967 年版，第 1 页下。英译文参见 Richard John Lynn，“Tradition and the Individual：Ming and Ch'ing Views of Yüan Poetry”，*Journal of Oriental Studies* 15. 1（1977）：16。

[3] 引文参见《易经·系辞》，原文可参见 *Concordance to the Yi Ching*，Harvard-Yenching Index Series，p. 45。英译文可参见 *The I Ching or Book of Changes*，trans. by Richard Wilhelm & Cary Baynes，NY：Pantheon Books，1950，p. 356。

会也。其泝而变也则之唐，其沿而变也则之元，气动而风随。[1]

诗文犹如风一般，随盈然天地间的气之变化而变化。诗文因而具有了宇宙意义。然而，在这种持续的永恒的变化中，也蕴藏着“通”。宋荦本可以引用《易经》的下一句，“通则久”。[2] 变动与转化是生活的现实，然而，连续与持久也有可能性。诗文的价值正在于此，因为，诗文让人类兴旺，在人类存在永远的、不可预知的变动中赋予其生命的意义。

宋荦的序文向读者提供了一种选择，一种在急遽变化压力之下的选择。在他的时代，一个风云巨变的时代，寻找到文化延续的文学基础相当重要。因此，他提供的选择也暗示了他自己的解决途径。他告诉读者在“追泥旧古”与“继往开来”之间进行选择。宋荦相信，变化不可避免，但借助于历史知识，人们可以做出有利于文明发展的选择。因此可以推论，对于宋荦而言，与元代的类比意味着在满族统治的时代“继往开来”的价值。

作为一名苏州本地的显赫士绅大族的成员，顾嗣立工于诗文且有社会抱负。因此，他自然也与时任巡抚的宋荦多有往来。宋荦不仅为顾氏的《元诗选》作序，也帮助刊印顾嗣立自己的诗文集并为之作序。

顾嗣立是典型的苏州社会精英，他（或者说他的家族）非常富有。他本人拥有一座时尚花园（他的一位兄弟也有一座）。顾嗣立还是一位慈善家。他本人并不从事生产性的劳动（文学创作除外）。他

[1] 顾嗣立：《元诗选》序言，世界书局 1967 年版，第 2 页上。参见 Richard John Lynn，“Tradition and the Individual：Ming and Ch’ing views of Yüan Poetry”，p. 17。

[2] *The I Ching or Book of Changes*，trans. Richard Wilhelm & Cary Baynes，p. 356.

曾试图考取进士，但未获成功。[1] 他结识许多社会要员，酷爱饮酒（事实上，时人称他为“酒帝”）。[2]

顾氏对饮酒的癖好，也许反映着他的一些个人苦楚与挫败。在郑方坤（1723 年去世）为顾嗣立所写的传记中，体现了他对顾氏生活的同情：

> 顾嗣立字侠君，长洲人，家有秀野园，梁妙严公主家在焉。水木亭台之胜，实甲吴下。少长读书，其中翰墨题笺，往往自署秀野，人亦以秀野呼之。故秀野之名满天下。秀野性嗜书，尤躭吟咏。弟兄五六人，如汉鱼迁客辈，皆振藻扬声，名满上国。秀野颉颃其间，称白眉焉。[3] 尝笺注温飞卿、韩昌黎诗行世，又谓诗本天籁，人藉以道性情，是以历千百劫，光景常新。自明人倡谓唐以后无诗，（宋朝）欧（欧阳修）、梅（梅尧臣）、苏、陆（陆游）盖从芟薙，又何论乎？大德、元贞（1295—1308）以还，暨玉山铁崖诸君子哉。[4]
>
> 因锐意搜辑元人诗集，自元遗山而下，汇为百家。未已

[1] 他最终还是取得了进士功名，但这个进士功名是康熙的赏赐，见下文。

[2] 以下书籍中包含了顾嗣立的传记：《清史列传》卷七十一，第 32 页；李元度：《国朝先正事略》卷四十，上海瑞文楼同治八年刊本，第 7—8 页；顾嗣立：《闾丘先生自定年谱》，载赵诒琛编：《丙子丛编》，1936 年版；郑方坤：《国朝诗钞小传》卷三，杞菊轩咸丰十一年刊本，第 49—50 页，载《龙威秘书》；张维屏：《国朝诗人征略初编》卷二十一，道光二十二年版，第 2 页下至第 3 页上；顾柏年：《秀野公刊书藏书略记》，载《浙江省立图书馆馆刊》1935 年第 6 期。有记载显示顾嗣立也参与过《皇明文海》的编纂工作，但根据学者研究，《皇明文海》是由黄宗羲编纂的，参见小野和子：「細川護立氏藏『皇明文海』について」東方學報 1964 年第 34 号，第 327—336 頁；牧田諦亮：「『皇明文海』方外部の佛教史料について」印度学仏教学研究 1957 年第 5 号，第 459—468 頁；神田喜一郎「『皇明文海』について」『東洋學文獻叢說』（东京：二玄社，1969 年），第 265—268 頁。

[3] “白眉”一词出于三国时期的马良，这是马良的五位兄弟对其的敬称。参见《马良传》，载陈寿：《三国志》卷三十九，中华书局 1973 年版，第 982 页。

[4] 原文朝代名称有误，笔者改正。

也，又广之为三百家，凡四集，合千二百卷，次第刊布，几于家有其书。石室礼堂，借抄翻阅，诸生都讲，给直酬庸，以至梨枣之资，装潢之费，计不下数万金。秀野固雄于资，至是而耗散殆尽。然元人之真面目至是乃出。一代才士之英华，不至与陈根宿草同归澌灭。亦可谓功在百世也。

已，嗣以南巡献诗，召入书馆纂修，留京邸者十年。康熙壬辰（1712 年），始赐进士，入翰林。乙未（1715 年）放归田里。斯时也，棣萼凋伤，交知零落。车辙穷而辄哭，英琼报以多愁，块然独处，谁与为欢。于是感岁月之入流棹，功名之不立，海天空阔，辄思作汉漫游，而兴尽而返，亦复触绪悲来。其《归寒厅诗》云："阅尽风波兼世态，余年决计傍僧龛"，亦可想见其意气之摧颓，胸怀之蹇产矣。[1]

顾嗣立生平的更多细节在其自传中有所描述。[2] 他十六岁参加乡试，但未能中举。之后四年里，他潜心读书，并与友人交流诗作，也外出游历。1684 年，二十岁的顾嗣立，他渡长江北上，游览了包括北京在内的北方许多地区。次年回乡，与族人一起将其父的墓地迁葬他处。顾嗣立的父亲于 1669 年去世。1658—1659 年间，顾嗣立的父亲曾在礼部与吏部担任过一些小官职。1690 年，顾嗣立再次参加乡试，但依旧未能中举。此后，顾氏有志于元诗，并开始搜集编订元人诗集。

1691 年，顾嗣立与友人开始搜集汇编元人诗集的材料，并为每

[1] 引文出自李桓：《国朝耆献类征初编》卷一百二十四，第 17 页上至第 18 页上。[原文可参见（清）李恒：《国朝耆献类征初编》卷一二四，载周骏富主编：《清代传记丛刊》之《综录类七》，明文书局 1985 年版，第 125—127 页。——译者注]

[2] 参见顾嗣立：《闾丘先生自定年谱》，载赵诒琛编：《丙子丛编》，1936 年版。

一位诗人写就小传，以介绍他们的作品。这沿用了他们之前曾研习过的《中洲集》与《列朝诗集》两部诗文集的做法。《中洲集》的编者为金元时代的文学家元好问，其书主要汇集了金朝的诗作与作者小传。[1]《列朝诗集》的编者是钱谦益。[2] 顾嗣立与友人们不辞辛劳地从地方藏书家手中借阅抄录稀有的元人诗作，为此他们从号称“昆山三徐”的徐乾学（1631—1694）、徐秉义（1632—1711）与徐元文（1634—1691）手中借阅了很多书籍。[3]

1692年，新任巡抚宋荦巡视江苏的七府一州。在巡视途中，宋荦广泛搜罗文学人才，并收集自己喜欢的诗作，结集成册，名为《吴风》，其中包含顾嗣立的两首诗。1694年，与顾嗣立一起编选元诗的友人去世，顾嗣立于是年独自完成并刊印了他的首部元诗选集《元百家诗集》。如上文所述，宋荦以出色的文采为该诗集作序。为了庆祝此事，顾嗣立以这部诗文集为题，写了二十首绝句。1703年，宋荦编辑刊布了诗集《江左十五子诗选》，[4] 该书汇集了十五位江苏本地士人的诗作，其中就包含顾嗣立的这二十首诗。

1696年，顾嗣立再次赴京参加会试，最终名列二榜二十二名，故未能授官，但取得了贡生资格。在该年农历十一月，顾氏返回苏州，继续其文学事业。他陆续刊印了一些自己的诗集，当时的

[1] 参见 Hok-lam Chan，“Yuan Hao-wen and His Chung-chou chi”，in his *Historiography of the Chin* Dynasty，Franz Steiner，1970，p. 67-119。

[2] 容庚：《论〈列朝诗集〉与〈明诗综〉》，载《岭南学报》1959年第1期。也可参见 Hok-lam Chan，*Historiography of the Chin* Dynasty，p. 90。

[3] 对徐乾学的描述参见 Arthur W. Hummel，ed.，*Eminent Chinese of the Ch'ing Period*（1644-1912），p. 310。对徐元文的描述参见 Arthur W. Hummel，ed.，*Eminent Chinese of the Ch'ing Period*（1644-1912），p. 327。对这两个人的描述亦可参见 Kessler，*K'ang-hsi and the Consolidation of Ch'ing Rule*，p. 163-165。

[4] 参见《四库全书总目》卷一百九十四，艺文印书馆1969年版，第6页上。

一些名人为之作序，包括宋荦[1]和著名的学者朱彝尊（1692—1709）。[2] 顾氏对温庭筠、韩愈与苏轼的诗作也有了进一步的研究。

1699 年，康熙南巡，当年三月驻跸苏州。由于在苏州颇有才名，顾嗣立得到了觐见皇帝的机会。[3] 在这次觐见中，顾嗣立向皇帝呈送了自己所作的千字赞颂诗一首、绝句十首、《元百家诗集》以及带有批注的韩愈的诗选一部。

同年十一月，顾嗣立赴京参加会试，这次顾嗣立得中进士，但由于舞弊丑闻，本次考试结果作废。1700 年一月补考时，顾嗣立因病不得不退出考试。回到苏州后，顾嗣立再次编辑元人诗文，也从朱彝尊处借阅了许多稀见版本的书籍。《元诗选二集》在年底前开始编辑。当年十二月，顾氏参加了由宋荦召集的纪念苏轼诞辰的文人聚会。聚会在宋荦的庄园——小沧浪园举行，小沧浪园是宋代著名诗人苏舜钦（1008—1048）在沧浪亭的遗址上重建。宋朝著名画家李公麟（1040—1106）所绘的以《笠屐图像》命名的苏轼的画像便悬挂在场。[4]

顾嗣立所编《元诗选二集》在两年后得以刊行。这期间，顾嗣立与朱彝尊保持了亲近的文友关系。1703 年，顾嗣立再次赴京参加会试，而又再次落榜。次年，他已年届四十，写成了汇集他的诗学观点的著作《寒厅诗话》二卷。

1705 年，顾嗣立再次得到觐见皇帝的机会。是年，康熙皇帝再

---

[1] 参见宋荦：《西陂类稿》卷二十四，台北，台湾商务印书馆 1973 年版，第 16 页。

[2] 参见朱彝尊：《曝书亭集》卷三十九，四部丛刊本，第 4—5 页。有关朱彝尊的生平，参见 Arthur W. Hummel，ed.，*Eminent Chinese of the Ch'ing Period*，p. 182-185。

[3] 有关康熙的这次南巡以及在苏州的驻跸，参见 Jonathan D. Spence，*Ts'ao Yin and the K'ang-hsi Emperor*，Yale University Press，1966，p. 124-165。

[4] 这次聚会的记录参见宋荦：《漫堂年谱》《西陂类稿》卷四十九，台北，台湾商务印书馆 1973 年版，第 14 页。

次南巡，并在苏州举办了一次面向包括举人、监生与贡生在内的所有士人的特殊的诗文考试。顾嗣立的答卷备受主考官好评，经满族学者纳兰揆叙邀请，顾嗣立得以在皇帝行宫再次觐见康熙。康熙忆起上次在苏州的会面，并在返回北京后召顾嗣立入京，参与官修《宋元金明四朝诗选》的编纂。[1] 在京任职期间，顾嗣立时常受到皇帝赏赐稀有礼物，并每月领取不菲的俸禄。

1706 年，顾嗣立再次参加会试，依旧运气不佳。次年，《宋元金明四朝诗选》编成并呈送皇帝。顾氏又被任命参与四川地理与交通的研究工作。[2]

1709 年，顾氏再次会试落榜，之后返回苏州，并在中途顺路看望他的好友朱彝尊。在广州游历了一段时间后，顾嗣立于 1712 年再次参加会试，此时他已四十八岁，然而他的毅力并没有带来成功。他再次落榜。在了解了顾嗣立的坎坷与失败后，在这一年，康熙皇帝决定亲自出面，赐予顾氏以及与境遇相似的人以进士功名，因而他们也获得了殿试资格。最终，顾嗣立殿试名列二甲二十八名，授官内阁，成为一名中书舍人。一个月后，顾嗣立入翰林院。此后，他一直在北京任职，直至 1715 年 8 月返乡。

1711 年，宋荦已离开苏州，回到河南家乡居住。最终，宋荦也在家乡去世。对于顾嗣立来说，苏州已不像过去那样生机盎然。他的宅邸秀野草堂已经出租。直到 1719 年，顾嗣立才得以回到秀野草堂居住，但此时，秀野草堂只有四分之一归他所有。大约一年以后，顾嗣立完成了他在北京花费很大精力编订的《元诗选三集》。在

---

[1] 参见《四库全书总目》卷一九〇（第 5 页上）中关于《御定四朝诗》的论述。这部诗集包含三百一十二卷，于 1709 年刊行。

[2] 据顾氏《自传》记载，该文献的名称是《四川方舆路程考略》。

京任职期间，顾嗣立得以在国家藏书中抄录稀见的元人诗文。他收集了三千余名元人的零零散散的诗作，但其中大部分并未在《元诗选三集》中刊行。顾嗣立原本计划将这些诗作刊布在《元诗选癸集》中，但此时他已陷入困顿，既无财力也无心力完成这部诗集。很明显，这些年他的家财已消耗殆尽。直到 1798 年，《元诗选癸集》才由他的远亲席世臣最终刊行。

顾嗣立所刊刻的著作种类繁多。[1] 除《元诗选》外，顾氏自传中又列举书目三十二部，计四十余卷，其中大多数为简练的诗集。这些诗文连同未刊布的诗稿一并，由顾氏后人辑为《秀野草堂诗集》，共六十六卷，于 1848 年刊印。

顾嗣立的自传止于 1722 年，许多学者认为顾氏于此年去世。但是，一本在 1936 年出版的顾氏自传的跋文中，记录了他在六十岁时，也就是 1724 年去世。但这种说法并无确凿证据。[2]

朱彝尊亲历了顾嗣立刊印诸书的过程，因此对顾氏怀有深切的同情与赏识。在对顾嗣立秀野草堂的记述中，朱彝尊对顾嗣立一生的努力与坚持作了精彩的描述。这篇文章不仅包括对秀野草堂极具画面感的描绘，也包含着对顾嗣立心理的刻画，文字如下：

> 长洲顾侠君筑堂于宅之北，闾丘坊之南，导以回廊，穿以

---

[1] 关于顾嗣立刊行书目的总结，可参见顾柏年：《秀野公刊书藏书略记》，载《浙江省立图书馆馆刊》1935 年第 6 期。

[2] 这篇跋文由王大隆撰写，收入《丙子丛编》中《闾丘先生自定年谱》之后。王大隆是引用清人钱椒《补疑年录》中的说法。钱椒是引用了《顾嗣立行状》中的说法。我（指作者）并未在美国和日本的任何一个图书馆中找到《顾嗣立行状》一文。王大隆本人也未曾见过《顾嗣立行状》。邓之诚《清诗纪事初编》第 330 页中引用了杨绳武撰写的《外舅顾秀野先生墓志铭》。这篇墓志铭我也未能得见。无论如何，王大隆所引用的源于《顾嗣立行状》的说法是二手史料，不能够推翻顾嗣立于 1669 年出生至 1722 年去世，享年 55 岁的说法。但是，《闾丘先生自订年谱》中的说法是，1722 年他 58 岁。王大隆也接受了叶恭绰著《清代学者像传》（商务印书馆 1930 年版）的说法，即顾嗣立于 1724 年去世，时年 60 岁。

径，垒石为山，望之平远也。捎沟为池，即之蕴沦也。登者免攀陟之劳，居者无尘壒之患，晓则竹鸡鸣焉，昼则佛桑放焉。于是插架以储书，叉竿以立画，置酒以娱宾客，极朋友昆弟之乐，暇取元一代之诗甄综之，得百家焉，业布之通都矣。侠君乃梦有客愉愉，有客瞿瞿，一一十十，容色则殊，或俯而拜，或立而盱。觉而曰：“是其为元人之徒与？将林有遗材，而渊有遗珠与？”乃借钞于藏书者，复得百家焉，未已也。博观乎书画，旁搜乎碑碣，真文梵夹，靡勿考稽，又不下百家，而元人之诗，乃大备矣。予留吴下，数过君之堂，侠君请于予作记。思夫园林丘壑之美，恒为有力者所占，通宾客者盖寡，所狎或匪其人，明童妙妓充于前，平头长鬣之奴，奔走左右，舞歌既阕，荆棘生焉𢌿惟学人才士著作之地，往往长留天壤间，若《文选》之楼、《尔雅》之台是已。吴多名园，然芜没者何限，而沧浪之亭、乐圃之居、玉山之堂、耕渔之轩至今名存不废，则以当日有敬业乐群之助，留题尚存也。侠君筑斯堂，𢌿群雅，将自元而宋而唐而南北朝而汉，悉取以论定焉。吾姑记于壁，用示海内之诵元诗者。[1]

朱彝尊提到顾嗣立有关未及收集的元代诗人的梦境，表明顾氏的所为受深切的心理需求驱使。朱彝尊此文也指出，如果没有丰裕的家财作为支撑，顾嗣立广求稀见版本书籍的行为也难以实现。综合诸多线索来看，顾嗣立对刊刻元诗的经济投入，几乎耗尽了家财（虽然这一点仍有争议）。朱彝尊在这篇文章中也证实了，顾嗣立也曾希望能对元以前的诗作进行编选。

[1] 朱彝尊：《曝书亭集》卷六六，四部丛刊本，第12页上至第13页上。

朱彝尊与顾嗣立的志同道合并不令人奇怪，因为他们对于过往的文学与历史的价值观有许多一致的观点。朱彝尊的经学目录名著《经义考》，以及他的两部诗词选集《明诗综》与《词综》的价值倾向与著作性质，都与顾氏的《元诗选》非常相似。的确，完成于1705 年的《明诗综》包含了约 3400 首诗作，与顾嗣立的编选风格一样，这些诗文的作者来自各行各业，也包括非汉人作家的作品。[1]

如上文所提到的，宋荦支持顾嗣立编写诗选的原因，已经在《元诗选初集》（1705 年更名为《元百家诗选》）序文部分做了概述。顾嗣立自己编选元人诗集的原因，可以在《元诗选初集》凡例中找到，也在其纪念《元诗选》完成而作的二十首绝句中和他的一系列以《读元史》为题的诗作中有所体现。

顾嗣立对元代深入反思的中心是文化的延续性。因此，他的想法与宋荦本人对元朝的观点一致，也认为文化价值是超越政治统治而存在的。文化的演变尽管会受到历史事件的影响，但不会失去其产生不朽文学作品的功能。顺应文化潮流的人将会取得个人成就与精神满足，并据此而享受得益于文学创作的宁静。顾嗣立大量地搜集与校、编、订等工作为这些令人信服的观点提供了证据。

《元诗选》的凡例传达了上述观念。顾嗣立写道：

> 飚流所始，同祖风骚，骚人以还，作者递变。五言始于汉魏，而变极于唐。七言盛于唐，而变极于宋。迨于有元，其变已极，故由宋反乎唐，而诸体备焉。百余年间，名人志士项背相望，才思所积，发为词华。蔚然自成一代文章之体。上接唐

[1] 参见容庚：《论〈列朝诗集〉与〈明诗综〉》，载《岭南学报》1950 年第 1 期。

宋之渊源，而后启有明之文物。[1]

顾嗣立的观点十分明确：元代之所以极为关键，不仅因为元代本身有着灿烂的文化成就，也由于元代的承上启下而使明代得以形成自身伟大的文化成就。顾氏提到，元诗的编选“不可缓”，这不仅可以证明元代的重要，也有助于打消人们对于满人统治下文化仍具有生命力的可能这样的疑虑。

在这段文字中，顾嗣立表达了他编选元诗的紧迫。他梦见元朝诗人，矢志不将所有“渊中遗珠”搜获而不作罢休。我们从中可以深切感受到他这种紧迫感。对于他而言，元诗编选是为了证实非汉族统治并没有将其治下的士人推进历史遗忘的墓地。

顾嗣立、宋荦、朱彝尊等人的文化主义立场，为他们提供了与非汉族统治合作的合法理由。顾氏在自己的诗作中以引人注目的方式表达了这种价值观。其《读元史》组诗中的一首就是鲜明的例证。其诗写道：

中原皇纲失，宗社如山崩。读书遭兵燹，灭没无一存。
伟哉姚公茂，绝学能相承。军中来江汉，窦许号得朋。
读书鸣琴下，[2] 圣贤接寝兴。宝剑抉浮云，手扶日月升。
经学唱西北，文物得未曾。茫茫六合内，独让斯人能。[3]

诗中所暗指且赞扬的事件可见《元史》卷一百五十八中姚枢（1203—1280）、许衡、窦默（1196—1280）的传，以及《元史》中

---

[1] 参见《元诗选》凡例部分。亦可参见 Richard John Lynn，“Tradition and the Individual：Ming and Ch'ing Views of Yüan Poetry”，p. 17。

[2] “读书鸣琴”一词见《元史》卷一五八《姚枢传》，中华书局 1976 年版，第 2 页下。

[3] 参见宋荦：《江左十五子诗选》卷九，康熙二十四年宋氏宛委堂刻本，第 41 页上至第 41 页下。

有关赵复（约 1230—1260）的相关记载。赵复是《元史 · 儒学传》收入的第一位学者。姚枢于 1232 年投身蒙古，并遵令于 1235 年随蒙古军南下攻宋。其间他营救了许多儒士，免其被杀。其中最著名的就是赵复。当时的赵复处境艰难，几近绝望，但姚枢成功地劝说他踏上艰辛的北上旅程。赵复是程朱理学的信徒，也曾给程颐与朱熹重要著作做过注释。赵复将自己的著述赠与姚枢，姚枢护送这些著述，也护送赵复北上到达蒙古王庭。根据《元史》记载，程朱理学在北方的传播是从此开始的。[1]

在顾嗣立的诗作中，程朱理学向蒙昧的、曾为女真人所统治的北方传播，是一件值得颂扬的重要事件。诗文的主题是不畏艰险的士人努力保护并延续被军事征服所破坏的文化。这些士人克服重重困难来保存经典文献与恢复高尚文化，并且，通过他们的努力，许多人也被从深深的迷梦中唤醒。因此，这些士人的努力具有了宇宙论的意义，有如天空中的一盏明灯再次照亮世间。在这个意义上，蒙古的征服带来了人文的再度启蒙。但是，这里赞扬的并不是征服本身，而是中国士人的英雄主义。他们在兵连祸结的岁月里，有效地应对了挑战，也抓住了机遇。

顾嗣立的诗作也以微妙的方式赞颂了忽必烈重新统一中国。忽必烈兴兵征服南宋，同时支持如姚枢那样的学者，使得用军事力量实现的再统一蕴含了文化意义。在开明豁达的君主与积极且心志坚定的士人们的共同努力下，宇内的文化统一得以实现。

这种人文的观念在顾嗣立《读元史》组诗的另一首中也有所体

---

[1] 参见《元史》卷一百八十九，中华书局 1976 年版，第 2 页下。相关研究可参见安部健夫：『元代史の研究』（东京：創文社，1972 年），30—43 頁，以及孙克宽：《元代汉文化之活动》，台北，台湾中华书局 1968 年版，第 155—163 页。

现。在那首诗中，顾氏列举了许多以其才学服务于那个朝代的文学巨匠。因此，这首诗称颂了对以济生惠民为目标的文化忠诚。该诗以“文章”的观念开头。这种观念可以追述到重要的文论家曹丕（187—226）在其著作《典论·论文》中对“文章”的描述：

盖文章，经国之大业，不朽之盛事。[1]

文章的这种“经国大业”的功用，不仅意味着不朽价值的成就，也蕴含着盈然天地间的“气”。有如曹丕所提到的：

文以气为主，气之清浊有体，不可力强而致。[2]

人之“气”乃其天赋，气之清浊不是人们只通过主观努力所能控制的。

曹丕的这些观念在顾嗣立的诗中得到呼应：

文章开鲁（许衡）姚（姚枢），元气尚团结。天历（1328—1330）置奎章（奎章阁），作者首虞（虞集）揭（揭傒斯）。[3]

金华（黄溍）接踵兴，儒林推四杰。[4] 为学务根柢，行文净冰雪。

[1] 英译文参见 James J. Y. Liu, *Chinese Theories of Literature*, Chicago University Press, 1975, p. 121。中文本见《六臣注文选》卷五二，四部丛刊本，第9页下。

[2] James J. Y. Liu, *Chinese Theories of Literature*, p. 12；《六臣注文选》卷五二，四部丛刊本，第9页。

[3] 虞集（1272—1348）与揭傒斯（1274—1344）都曾在奎章阁任事。[参见我的（指作者）论文：“The Scholar as Apologist: Yu Chi and His Mongol Sovereign”, *The Journal of Asian Studies* 38. 1（1978）：99-116. 收入本书第二编。——编校者]

[4] “儒林四杰”的提法出自《元史》卷一八一《黄溍传》，中华书局 1976 年版，第 21 页上，指的是出现在《元史》卷一八一中的四位学者：黄溍、柳贯、虞集与揭傒斯。黄溍是浙江金华人，1315 年进士，后长期在元政府中任职。柳贯是浦江人，浦江毗邻金华。柳贯长期任职在翰林院，并兼任国史馆编修；关于元代金华学者的研究，参见孙克宽：《元代金华学述》，东海大学出版社 1975 年版。

古藻扬清光，煌煌照碑碣。一代制作手，小儒尽咋舌。

同时惟欧阳（欧阳玄），[1] 瓣香乃祖烈。后来宋太史（宋濂），[2] 犹承黄柳诀。

斯文[3]如江河，源远流不歇。猗欤百年间，生才竟殊绝。[4]

这首诗按时间顺序列举了元代的著名学者，顾嗣立想通过这种方式彰显他们在文化的存续与演进中的重大贡献。诗文中出现的每一位学者都曾是元廷的要员，除宋濂外的所有人都在蒙元治下取得卓越成就。他们每个人又都是文章大家。奎章阁是元文宗为弘扬汉高雅文化而出资兴建的著名场所，既是一座图书馆，也汇集了诸多艺术品，同时还是一个学院。它是准备编纂《经世大典》鸿著的地点。在元朝末帝即元顺帝时期（1333—1368 年在位），奎章阁改名为宣文阁。诗文所提到的学者中，虞集、揭傒斯、欧阳玄都曾在奎章阁中任职。[5] 上文提到的学者宋濂师从黄溍与柳贯。因此，是宋濂在明初传承延续了他老师们的学问。

顾嗣立强调元代文人的杰出贡献，也表现在其组诗《题元百家诗集后二十首》中。其中每一首诗都体现了顾氏对特定诗人的敬仰

---

[1] 欧阳玄（1283—1351）将自己家系追溯至宋代伟大的学者与政治家欧阳修（1007—1072）。欧阳玄于 1315 年中进士，1329 年入奎章阁，负责主编《经世大典》。1341 年，任总裁官，为脱脱下属，主修宋、辽、金三史。欧阳玄的传记见《元史》卷一八二。

[2] 关于宋濂（1310—1381）的生平，参见 L. C. Goodrich & C. Y. Fang, eds., *Dictionary of Ming Biography*（1368-1644），p. 1225-1231。宋濂与王祎（1321—1372）都是浙江金华人，也都是《元史》的主要编纂者。宋濂是黄溍与柳贯的学生。

[3] "斯文"一词出自《论语·子罕》，在这一章中，孔子表达了这样一种观点，即没有圣王的时代，文化必须依靠学者的保护与传承，才能得以延续。英译文参见 W. T. Chan, *A Source Book in Chinese Philosophy*, Princeton University Press, 1963, p. 35。

[4] 宋荦：《江左十五子诗选》卷九，康熙二十四年宋氏宛委堂刻本，第 42 页上。

[5] 参见我的（指作者）论文："The Scholar as Apologist: Yu Chi and His Mongol Sovereign", *The Journal of Asian Studies* 38. 1（1978）。

之情，以及对他们在特定年代所取得的成就的同情与倾慕。举例来说，组诗中的第一首提到了元好问，即前文所述《中洲集》的作者，也是赵复北上后的挚友。元好问的诗出现在《元诗选初集》之首，这显示了顾嗣立对元好问的深深敬重。也许有些人会对将元好问划为元代学者感到奇怪，因为元氏于1257年逝世，远早于蒙古统一中国的年代。一般来讲，元好问被认为是金朝人。但顾嗣立在其诗作中提示了他将元好问归为元代的原因：

雄深出入少陵间，金宋粗豪一笔删。
恢复中原板荡后，黄金端合铸遗山。[1]

理解这首诗的关键是它提及了元好问的名作《论诗三十首》中第八首的最后一行。顾嗣立所编《元百家诗选》中，也收录了元氏的这组诗作。在此诗中，元好问赞扬了伟大的唐代诗人陈子昂（661—702）将诗歌从齐、梁间（479—557）不良的诗作习惯中挽救出来。陈因而应得一座黄金铸像。[2] 顾诗以相同的方式睿智地表达了对元好问的赞颂，因为他将金、宋诗词中的“粗豪”剔除了出去。

顾嗣立对元好问在文学方面重要性的赞扬也部分地体现在文化再整合的主题中。他虽未明确说明，但对此做了暗示。“黄金端合铸遗山”的部分原因与统一的政体使中原得以恢复或复兴有关。若要澄清顾氏此处的想法，也许可以从《元百家诗选》中向读者介绍元好问的小传中得到答案：

---

[1] 宋荦：《江左十五子诗选》卷九，康熙二十四年宋氏宛委堂刻本，第42页上。

[2] 对于这首诗的全面研究，参见 J. Timothy Wixted，“The Literary Criticism of Yuan Hao-wen（1190-1257）”，Ph. D，diss，Oxford University，1976，p. 148-158。

> 自中原板荡，风雅道衰，[1] 汴京之亡，故老都尽。先生蔚为一代宗工，以文章独步者几三十年。由是学者知所指归，作为诗文，皆有法度。[2]

顾嗣立在小传中对元好问的刻画基本上是融合了前人对元好问的记述。但是，其所强调的“板荡”是顾嗣立自己加入的词汇。“板荡”一词来自《诗经》，表述的是王朝衰落时政治与文化的动荡。[3] 借助于这个词汇，顾嗣立表明，在蒙古以政治与军事手段统一中国的年代里，元好问起到了重新整合文化的重要作用。

顾嗣立编选元诗就是要效仿元好问。蒙古灭金后，元好问便致力于收集与保存金代的历史与文学资料。前文提到的元氏编订的金朝诗选《中洲集》，便是他在蒙元治下积极努力的结果。[4] 顾嗣立本人对编选元诗的不懈追求，至少部分是对元好问这一典范的呼应。

上述的研究表明，在 17 世纪的中国，文化主义以及和元代的类比成为文人思考历史，特别是非汉族征服的途径。在分别被蒙古与满人征服之后，宋明两朝在军事和结构上的弱点被文人所认为的动

---

[1] “风雅道”的说法借用了萧统在《文选》序言里的说法。参见 James R. Hightower, “The *Wen-hsüan* and Genre Theory”, in John L. Bishop, ed., *Studies in Chinese Literature*, Cambridge: Harvard University Press, 1965, p. 15。

[2] 顾嗣立：《元诗选初集》甲集，第 1 页下。

[3] “板”与“荡”分别出现在《诗经》第二百五十四章与第二百五十五章。根据《诗经》第二百五十五章的“小序”，“召穆公伤周室大坏也，厉王无道，天下荡荡无纲纪文章，故作是诗也”。这篇小序的英译文参见 *The She King*, trans. James Legge, Hong Kong University Press, 1970, p. 77。“板荡”一词并未出现在有关元好问生平的资料中。郝经（1223—1275）在其《员外元遗山先生墓铭》一文中，也没有用“板荡”这个词。参见郝经：《员外元遗山先生墓铭》，载郝经：《郝文忠公陵川文集》卷三十五，道光十六年刻本，第 1 页上。元好问的传记基于郝经的墓志铭，也没有用到此词。参见《金史》卷一二六《元好问传》，中华书局 1975 年版，第 2742—2743 页。

[4] Chan Hok-lam 的 *The Historiography of the Chin Dynasty: Three Studies* 对元好问的这些努力有全面的探讨。

态的、真正的、普遍的与永久的汉文化主流所弥补。

某种意义上讲，这是一个“合理化”的过程，但它既不是机械的，也不是无意识的。如宋荦指出的那样，历史事件向士人呈现清晰的选择方向，在宋荦眼中，最好的选择是顺应潮流而继往开来。在这种选择下，士人可以保有创作的前沿性，也可以保持文化的生机活力。而选择“返乎唐”并不一定意味着文化不会保持活力；但那是为那些不能与时俱进的士人提供一种历史的庇护。选择是有意识地作出的。

进一步讲，选择一旦作出，士人必须付出努力才能有所成就。对顾嗣立来讲，元好问的极好先例指出了方向。因为只有通过对文学创作的积极主动的追求，文化的活力与生命力才能得以保持。对于文化活力的延续，汉还是非汉性质的政体都不太重要，而这一传统的承载者个人的努力才是更重要的。事实上，有些人甚至认为，元好问的例子表明，由于对于士人文化生活的较少干预，相对于汉族统治来讲，非汉族统治更有益于文化活力。

第二章

元代政治思想中的律法、经世与《春秋》学*

13世纪70年代，忽必烈汗在筹备征服南宋期间，他将其王朝定名为“元”，这是他一生中最为重要的政治改革之一。1272年颁布有关王朝新名称的诏令，该诏令由女真人徒单公履起草。诏令中巧妙将“元”与《易经》的内容以及与中国王朝历史中的重大事件相关联。[1]

宣告王朝新名称的同时，王朝既有的汉式律法《泰和律》也被废止。《泰和律》以金章宗泰和年号（1201—1208）命名，自1201颁布之后，在金朝（1115—1234）一直行用。1234年蒙古征服金朝

---

* 本文原载 Hok-lam Chan and William Theodore de Bary, eds., *Yüan Thought: Chinese Thought and Religion under the Mongols*, Columbia University Press 1982, p. 89-152。

[1] 感谢狄培理（Wm. Theodore. de. Bary）教授与陈学霖（Hok-lam Chan）教授两位会议组织人对本人在该学术会议中发表的这篇论文给予的建议与订正，本文因而获益良多。我特别要感谢牟复礼（F. W. Mote）教授、Karl Bünger 博士与 Wm. S. Atwell 博士，他们对本文的相关内容提出了颇有见地的建议。这篇诏令的英文翻译，可参见我（作者）主编的 *China under Mongol Rule*（Princeton: Princeton University Press, 1981）一书中的序言，第3—4页。诏令的原文，最好的版本为《大元圣政国朝典章·诏令》卷之一《建国号诏》，台北故宫博物院藏影印元刊本，1976年，第2页下。另参见《元史》卷七之《世祖四》，中华书局1976年版，第138页。（元）苏天爵编：《国朝文类》卷九，四部丛刊本，第4页上。（在《国朝文类》中提供了诏书作者的名字。）这份诏书颁布于至元九年的阴历最后一个月。很多文章将这篇诏书的颁布年份写作1271年，但根据西历年份，正确的颁布时间应是1272年1月18日。关于这份诏书的研究，参见 Herbert Franke, *From Tribal Chieftain to Universal Emperor and God: The Legtimiation of the Yüan Dynasty*, Munich: Bayerische Akademie der Wissenschaften, 1978, p. 22-29。

后，虽然统治者发生改变，但这部金律依然有效。1272 年，忽必烈最终废止了《泰和律》，自此开始，直至 1368 年明王朝建立，[1] 期间中国再没有颁行过律。在中国历史上的主要王朝中，元朝成为唯一一个不依律典统治的王朝。

律对于中国政治与法律制度具有怎样的重要性？蒙元未能颁行律典这一点怎样影响了汉人文士的政治思想？汉人士大夫与思想家们对此作出了什么反应？这些问题是本文的主题。与之相关的问题是：律的缺位对于司法行为产生了怎样的影响？在没有律典的情况下，案件审理是否有所不同？这些都是法制史研究的重要问题，但本文不会论及。本文主要关注的是蒙元统治下的政治思想史。司法行为与法律思想（法律体系）这些重要领域留待将来专门讨论。

13 世纪 70 年代忽必烈完成了对汉地的军事征服，这直接带来了两个对本文研究很重要的结果。

第一，这将中国纳入到一个更加广大的、多族群的蒙古帝国之内。从蒙古的角度看，现在被称为中国本部（China Proper）的这一地域，曾被汉人、女真人或其他族群所统治，如今则是蒙古帝国的一个部分。虽然忽必烈及其继任者们所统治的元王朝好似一个独立封地，因而像是一个单独的王国，但在理论上或理想化的角度来说，中国只是更大的蒙古帝国的一个部分。

第二，蒙古的军事征服使得中原汉地重新统一。对于汉人而言，再次统一极为重要，因为自几世纪以前唐代衰落时起，中原汉

[1] 有关《泰和律》的废除，参见《元史》卷七之《世祖四》，中华书局 1967 年版，第 138 页。宣布新国号的诏令也是在同一天颁布的。有关残存部分金律的研究，参见叶潜昭：《金律之研究》，商务印书馆 1972 年版；[日] 仁井田陞：《中国法制史：刑法》之《金代刑法考》，东京大学出版社 1959 年版，第 453—524 页。有关元代法律编纂的研究，参见 Pual. H. C. Chen, *Chinese Legal Tradition under the Mongols: The Code of 1291 as Reconstructed*, Princeton: Prenction University Press, 1979, p. 3-40。

地就陷入分裂。在宋代的鼎盛时期，朝廷也没有完全控制它认为应该控制的疆域。因而，围绕蒙古军事征服这同一历史事件，出现了以上两个互有矛盾的观察视角：归入一个更大的世界帝国与中原汉地的统一。

从这样的思路来看，对待蒙古征服中原，汉人和蒙古的视角自然是不同的。此外，许多效忠宋室的汉人，也自然会在一定程度上对征服者心怀仇恨。然而，最近一项有关宋元易代知识分子所作诗歌的研究表明，这种仇恨随着时间渐行渐弱。最初对于蒙元朝廷的不合作态度也趋于缓和，士人逐渐开始应对中国出现的新的状态和事物。有人会认为忽必烈对中国的统一，加上其他的因素，足以成为他宣称自己是这片领土上合法的统治者令人信服的基础。[1]

然而，迄今为止，尚无资料表明蒙元征服者与汉地被征服者有哪一方放弃了自己的观点。基于此，在汉人与蒙古人的政治思想领域，更不用说彼时其他族群的政治思想领域里，关于如何统治天下，存在极其不同的观点。

根据傅海波（Herbert Franke）的研究，元王朝对中国的统

[1] 劳延煊：《元初南方知识分子——诗中所反映出的片面》，载《香港中文大学中国文化研究所学报》1979 年第 1 期。有关元初文人反元活动的研究，参见 Wai-kam Ho，“Chinese under the Mongols”，in Sherman Lee and Wai-kam Ho，eds.，*Chinese Art under the Mongols*：*The Yüan Dynasty*（1279－1368），Cleveland：Cleveland Museum of Art，1968，p. 73－112。亦可参见 F. W. Mote，“Confucian Eremitism in the Yüan Period”，in Arthur F. Wright，ed.，*The Confucian Persuasion*，Standford：Standford University Press，1960，p. 202－240。对学者杨维桢（1296—1370）来说，中国的重新统一就是元王朝合法性的根据之一，参见杨维桢撰《正统辨》。关于杨维桢的传记，参见 L. C. Goodrich and Chao－ying Fang，eds.，*Dictionary of Ming Biography*，New York：Columbia University Press，1976，p. 1547－1553。有关元代正统性的讨论，参见 Hok-lam Chan，“Chinese Official Historiography at the Yüan Court：The Composition of the Liao，Chin，Sung Histories”，in John Langois，ed. *China under Mongol Rule*，p. 68-77。

治，颇具殖民色彩。[1] 蒙古人的主要目的是从这个富有的、农耕的、定居的汉地社会掠取战利品。起初，蒙古统治者并未看到利用有序的管理以及税收体系提高他们收益的可能性，之后，因为耶律楚材（1189—1243）和其他臣僚的建议，蒙古统治者开始改变他们的治理方法。[2] 如此，汉人被征服者与蒙古统治者之间才有了达成某种程度上的趋同的可能性。耶律楚材的基本观点是，从汉地中原获取最大收益的最好方法是用所谓的“汉法”来治理这一地域，并获得其盈余的财富。这可以保证和平而有序的统治，而在这样的统治下，汉地的经济、文化生产力才会有持续的发展。

在蒙古统治者调整策略，以“汉法”治汉地颇具成效的同时，“汉法”与蒙古固有观念的冲突也一直存在。再雄辩精巧的说辞，也不能弥合征服者与被征服者间的裂隙。这种裂隙塑造了蒙元时期中国政治思想的大环境。[3]

与元朝统治始终相伴的问题之一是不断的蒙古王子叛乱所带来的威胁。几乎每一次皇位更迭，为争夺皇位，蒙古统治集团内部都会兵戎相见。忽必烈曾试图通过立其子真金（1244—1286）为太子的方式来稳定皇位继承制度。[4] 然而，真金在忽必烈在世时就已故

[1] 1976 年 7 月在缅因州柏德文大学（Bowdoin College）召开了美国学术团体学会（American Council of Learned Societies）研究会议，主题为蒙元统治对中国文化的影响。这是 Herbert Franke 发言中的观点。

[2] 参见 Iogr de Rachewiltz，“Yeh-lü Ch'u-ts'ai（1189-1243）：Buddhist Idealist and Confucian Statesman”，in Arthur F. Wright and Denis Twitchett，eds.，*Confucian Personalities*，Standford：Standford University press，1962，p. 189-216。de Rachewiltz 注意到，耶律楚材这方面的建议经常由于蒙古统治者的“贪得无厌”而被忽视。

[3] 有关这个问题的讨论，参见姚从吾：《程钜夫与忽必烈汗平宋以后的安定南人问题》，载台湾大学《文史哲学报》1968 年第 17 期。

[4] “真金”是一个汉文名字，并且不能将之视为一个蒙文名字（经常出现的错误是将“真金”对应成蒙文名字“Jinggim”）。感谢 Joseph Fletcher（傅礼初）教授提供的信息。

去。1294年忽必烈辞世后，皇位立即成为竞相争夺的目标。之后的每一次皇位继承都不是完全和平进行的。有元一代，阴谋与暗杀成为常态。[1]

权力的中心如此动荡，连带元王朝整体的政治与军事秩序的权力结构，也持续受到动荡事件的威胁。如下事实可资佐证：蒙古或非汉的权臣，经常不受中央政权控制。贪污与乱政是蒙元王朝一直存在的问题。当然这并不能抹杀蒙古统治的成就。自1279年元朝统一之后的最初四十年里，元王朝相对成功地维持了天下的和平。在此期间，元朝经济实力雄厚，商业贸易良性发展，艺术也颇为繁荣。[2]

但是，就秩序、纲纪与权力而言，元朝的治理也深受上述问题的困扰。这些问题也是汉族文人极为关注的主题。依据现存的资料，在这些文人看来，解决上述问题的关键是重建并加强中央集权。他们分析元朝统治存在的问题，认为蒙古王子不断叛乱的主要原因是缺乏一个集权的皇帝。中国帝制统治的传统要求皇帝大权独揽。[3] 因此，这些儒臣在各种场合一次次地向皇帝表达这一观点。

这些文人要求皇帝具有集权的、至高无上的，但也是负责任的君权统治，以落实传统中国皇帝的义务，本质上，这些文人是在主张一种理论上的专制统治（autocracy）的落实，这种专制统治是中

---

[1] 相关概述可参见 Rene Grousset, *The Empire of the Steppes*: *A History of Central Asia*, trans. by Naomi Walford, New Brunswick, New Jersey: Rutgets University Press, 1970。亦可参见 John W. Dardess, *Conquerors and Confucians*: *Aspects of Political Change in Late Yüan China*, New York: Columbia University Press, 1973。亦可参见 J. Langlois, "Yu Chi and His Mongol Sovereign: The Scholar as Apologist", *Journal of Asian Studies* 38.1 (1978): 99-116。

[2] 参见 John Langlois, *China under Mongol Rule* 一书所收文章中提供其中几个方面的相关材料。

[3] 参见 K. C. Hsiao, "Legalism and Autocracy inTraditional China", *Tsing-hua Journal of Chinese Studies* (Taiwan) 4.2 (1964): 108-121；以及 K. C. Hsiao, *History of Chinese Political Thought*, Vol. 1, trans., F. W. Mote, Princeton: Princeton University Press, p. 3ff。

国帝制制度的重要组成部分。并且，这种主张也符合历史的主流，宋代时期的趋势就是朝着加强中央集权的方向发展的。

这些主张加强中央权力，要求蒙元统治者明智地利用这一权力，他们当然不希望出现独裁政治（despotism）。相反，他们认为，如果蒙古统治者能理性地行使权力，元王朝的国家治理水平将会大大提升。他们坚信这一点是因为在他们看来，中央集权部分建立在文人为皇帝出谋划策、对皇权提供相当的扶持的基础之上，这样的中央集权有助于皇权更替过程的平稳，也可以推进政府机构的纲纪与秩序。如果皇权可以达到其理应具有的状态，即中央集权的、负责任的、至高无上的，那么朝廷的低阶官吏中忽视律法而肆行贪墨、武断妄为而玩弄律法的行为就会减少。

元以前的中国历代王朝均以律为刑罚持久稳定的法律依据。在继元而起的明清时期，律典依旧是法律体系永久的基础。虽然律并不能创造或限制皇权，但确实赋予皇权有序、有限度地行使的印象；并且，律是对于朝廷所有官员均有约束力的总体性法规。蒙古统治者拒绝颁行这样的律法，被视为他们不愿被汉地的法律传统所束缚，同时也被视为元朝出现诸多政治问题的原因。

《泰和律》的废除在汉族文人中引发了两个相关的运动。其一，要求通过一部新的律典。这个运动最终失败，上文提到，虽然有很多人就律典编纂做出努力，但有元一代，并没有颁行新的律典。[1] 其二，更为复杂。在认识到蒙元统治者并无颁律的意图后，许多文人开始寻求在某种程度上与律类似的法律渊源。在与儒家传统相关的经典中，对《春秋》的一种看法认为，这一儒家经典可以起到类似律法的作用。

---

[1] Paul Ch'en, *Chinese Legal Tradition*, p. 3ff.

从汉代董仲舒（前 176—前 104）以来的春秋公羊学派，学术传统悠久，在元代变得尤为重要。公羊学视《春秋》为“刑书”，认为这是孔子对春秋时期的卿大夫与诸侯国君不道德行为进行判断的记录。公羊学认为，孔子编《春秋》的目的是提供一种规范，这一规范如果为真正的国君所行用，则可达到国家治平。在元代，这部“刑书”的重要性正在于此。这是因为，在缺乏正式律典的元代，《春秋》可以为统治者提供成例以及规范和律法的渊源，帮助统治者恢复天下秩序，并为士大夫提供指导和支持，以帮助他们为统治者治世出谋划策。

与元代律的缺失相关，政治思想领域第二个运动的另一个面向是将各种敕令、条格的汇编等视同律的这样一种倾向。有人不时地提出这些条令法规的汇编实质上等同于律，因为这样的汇编大体上遵循了唐律的形式和规范。元代出现了许多部这样的法规汇编，其中最早也是最为重要的一部是颁行于 1291 年的《至元新格》。[1] 这些汇编的主要目的是为官员落实其职掌而提供参考。就实际的政府行为而言，这些汇编非常重要，但是没有一部汇编具有律的声望与权威。然而，一些学者认为这些汇编使得修律的迫切性降低了。

这一观点可以进一步推进，因为，事实上，在宋代，被称为“《刑律统类》”或简称“《宋刑统》”的律典陈旧又过时。[2]《宋

---

[1] 日本学者植松正对《至元新格》有过深入研究，在其《彙輯〈至元新格〉並びに解説》一文中，植松正收集了九十五条《至元新格》的原文。参见［日］植松正：《彙輯〈至元新格〉並びに解説》，《东洋史研究》，1972 年 5 月，第 30 卷第 4 号，272—325 頁。Paul Ch’en 在其 *Chinese Legal Tradition* 一书中，对《至元新格》的九十六条条文做了英文翻译，见该书第二部分。

[2]《宋刑统》被认为就是“律”，朱熹曾说过“律是刑统”。朱熹的同僚吕祖谦也曾说过：“律令格式，自本朝别律而出之曰刑统”。史家李心传也表达过相同的见解，参见［日］曾我部静雄『中國律令史の研究』，（东京：弘文书馆，1971 年）36 頁。有关《宋刑统》具有过时特征的讨论，参见［日］宫崎市定：《宋元時代の法制と裁判機構》，收入《アジア史研究》，东京：东洋史研究会，1964 年，第 170—305 頁，特别是第 170—185 頁。

刑统》依据唐律编纂而成。自唐以降，社会与经济条件发生显著的变化，但正式颁行的律典却未能对此有所反映。许多情况下，正式颁行的律只具有象征意义。在实际的司法活动中，其地位次于不时修订和编撰的条例与法规。社会与经济的现实与律文之间的错位明显，可能有人会据此提出，对于政府有效的运行，律并不是绝对必需的。

但比较来说，这一说法仍不甚具有说服力。支持颁行律典，或提供一种法律的渊源，以使统治者建立有序的、中央集权的管理体制这样的观点更有影响性。虽然后者的主张在元代没有得到落实，但在继元而起的明代成为现实。因而，我们不得不说，一部律典的意义是超越短暂的人类生活的社会经济面向的。我们也不得不认为，一部律典为中国帝制统治的合法性提供了重要甚至核心的连接。从某种意义上，律的作用类似国家宪法，它代表了儒家对礼的重视，展示了在儒家的价值理念中，刑法手段的从属特征。简言之，法律儒家化是传统中国政治体制的核心，而律典则是其具体体现。[1]

自唐以后，中国历代王朝的律典均直接或间接以唐律为蓝本，特别是颁行于公元739年的《唐律疏议》中更为完善的唐律。[2] 金朝的《泰和律》继承了《唐律疏议》，上文提到《宋刑统》也一样。《大明律》也在很大程度上以唐律为基础，而清律则主要以明律为基础。其他的律典，如辽的律等，也都基于唐律或间接受到唐律的影响。在这些律典中，只缺了元律。

[1] 参见 T'ung-tsu Ch'ü, *Law and Society in Traditional China*, Paris, Mouton, 1965, p. 267-279。

[2] 《唐律疏议》现在也有了英译本，参见 Wallance Johnson, *The T'ang Code*, *Vol. 1*, *General Principles*, Princeton：Princeton University Press, 1979。

忽必烈并未解释废除金律的原因。下文我们将会看到，有资料表明，金律被废，是因为有人认为金律过于严苛。[1] 但这个原因并未准确反映出蒙古统治者对金律的看法。很可能是，蒙古人只是希望自己的朝代具有自己的特点，而金律的继续施行与此有碍。另外，还必须要解释，为什么蒙古统治者不愿在元朝实施一部汉法。根据学者岩村忍的推断，蒙古统治者不想在帝国内的任何区域正式承认地方性的或具有某国法律形式的律法。亦即，代表汉法的金律只是一部地方法，只适用于汉地定居文化。基于这样的原因，元朝的可汗们不可能将金律作为正式的律法。[2] 岩村忍认为，如果蒙古人在元帝国的部分或整个辖区内采用或者颁行一部律典，那将是一部既包括蒙古自己的习惯法和蒙古旧俗，又能将其辖下的汉地、西亚和中亚的法规与习惯融入的律典。西亚和中亚大部分是穆斯林，因此蒙古帝国要颁行的律典也应该融合伊斯兰的法。岩村忍认为这样总体性的通用的法律是不可能的，没有一部律典能够解决各地不同形式法规之间的重要差异。既然地方性的律法与帝国的蒙古至上主义精神相抵触，又因为总体的通用律典是不可能修订的，蒙古统治者便废除了具有本地性质的金律，而依据自身的偏好来进行统治。

有学者认为，元朝代表了中国历史上一种新的国家形式。[3] 如果宋王朝是一个“民族国家”（natioal state），尽管也主张普遍性，但仍以汉人族群为主要认同，那么元朝则是建立在多元族群之上的“世界性国家”（world state）。当然，在律法与习俗上，蒙古仍

[1] 参见 Paul Ch'en：*Chinese Legal Tradiiton*，p. 13。

[2] ［日］岩村忍『モンゴル社会経済史の研究』（东京：京都大学人文科学研究所，1968 年）277 頁。

[3] ［日］三田村泰助『黄土を拓いた人びと』（东京：河出書房新社，1976 年）38—40 頁。

享有至上的地位。任何族群多元性与蒙古至上的主张，都可以成为废除《泰和律》的充分理由。作为一部以汉文书写，为通行于定居社会制订的律典，《泰和律》至少在原则上限制了蒙古统治者对于汉地臣民的权力。

意识形态的原因无疑在忽必烈废除金律的过程中起到作用。蒙古人信仰长生天（*möngke tengri*），相信长生天赋予他们统治整个世界的权利。[1] 像罗依果（Igor de Rachewiltz）提到的那样，蒙古人相信，他们的帝国是一个神启示的社会秩序。除此之外，蒙古人也有自己对律法的理解，这一律法脱胎于他们部落的、习俗的各种关系与利益。他们称为“扎撒”（*jasagh*）。这是“为适应 1206 年成吉思汗建立‘近代’国家而调整的一整套部落习惯法”。在蒙古人看来，“蒙古的至高无上的权威来自长生天，长生天引领且保护着皇帝”。[2] 如果蒙古人看到金律与他们自己的“扎撒”有冲突，他们自然会废除前者。

无论忽必烈废除《泰和律》的原因何在，汉族文人与汉化的知

---

[1] 参见 lgor de Rachewiltz，“Some Remarks on the Ideological Foundations of Chingis Khan's Empire”，*Papers on Far Eastern History* 7（1973）：21-36。

[2] Lgor de Rachewiltz，“Some Remarks on the Ideological Foundations of Chingis Khan's Empire”，p. 25-26. 有关“扎撒”，参见 Paul Ch'en，*Chinese Legal Traditon*，p. 5-10。亦可参见日本学者田村实造在『アジア歴史事典』(平凡社，1975 年）一书第 234 页中的综述。《元史》将“扎撒”称为“法令”，参见《元史》卷二《世祖二》，中华书局 1976 年版，第 29 页。亦可参见 Paul Ratchnevsky，*Un Code des Yuan*，Vol. II，Librairie Ernest Leroux，1937，p. vii。忽必烈汗于 1260 年继承汗位时，引用了“扎撒”的内容。参见《元史》卷五《世祖五》，中华书局 1976 年版，第 99 页。Francis W. Cleaves 将“扎撒”翻译为“code”，参见“The‘Fifteen“Palace Poems”’by K'o Chiu-ssu”，*Harvard Journal of Asiatic Studies* 20（1957）：429，note 14。Cleaves 也列举了许多有关“扎撒”的重要研究。亦可参见 David Ayalon，“The Great Yāsa of Chingiz Khān，A Reexamination”，*Studia Islamica* 33（1971）：97-140；34（1971）：151-180；36（1972）：113-158；38（1973）：107-156。在元代的吏员手册《吏学指南》中，将“扎撒”称为“大扎撒”，“谓依条例法度也”。参见徐元瑞：《吏学指南》，大华印书馆 1969 年版，第 53 页。

识分子们从未停止在向皇帝的奏疏中提到这一问题。许多文人痛惜于金律之被废，在他们眼中，传统上，律典一直为国家制度和法律价值提供了宪法性的基础。

律典被认为是长期稳定不变的，而其他的法规汇编等则会随时修订。“律”在《尔雅》中的注释为“常也”“法也”。[1] 在佛教中，“律”也有“戒”的含义，梵文作“*vinaya*”，即戒律，对应着僧侣之“法”，是所有佛教徒日常行为的规范。在中文里“法”这一汉字的意思很不一致，“律”的用法则相对更为明确。在中国传统乐理中，“律”是使乐曲音调协调的规范。在诗文中，“律诗”则是一种音韵规则既准确又严格的体裁，在法制史中，“律”是指一个王朝长久性的律典。

《唐律疏议》的序言部分罗列了作者所认为的律的重要性。该序言语义复杂、表达模糊，这也是在中国文化中理解法律的问题之一。序言按照《易经》来说法，而《易经》则认为法法自然。《唐律疏议》序言提出“律”即法，继而指出是战国时期秦国的重臣商鞅将颁布的正式律法称为“律”而不再是“法”。[2] 之后该序言引用其他材料表明，“法”与“律”具有同样的意思。[3] “法”是法规的一个通用词汇，其中也包含“典范”与“规则”这样的含义，将“律”等同于“法”的重要性在于，《易经》赋予“法”这一概念以宇宙自然的基础。将“律”等同于“法”，也赋予了“律”同样的宇宙自然的重要性。

---

[1] 转引自曾我部静雄『中國律令史の研究』，（东京：弘文书馆，1971年）1頁。

[2] 《唐律疏议》卷一，台北，台湾商务印书馆1969年版，第8页。亦可参见Wallance Johnson, *The T'ang Code*, p. 52。

[3] 参见《尚书大传》卷三，四部丛刊本，第3页上。原文是：“丕天之大律”。注解是：“丕，大也；律，法也”，因此律与法同义。

这一观念源出《易经·系辞》。《唐律疏议》中提道：“于是（先王）结绳启路，盈坎疏源”。[1]《唐律疏议》指出这句话的意思是，“律之在天下，如坎水之流行而可信也”，与《易经》中的坎卦相联系，“坎”的意思是“重险也”。坎卦的卦文为：

重险也，水流而不盈，行险而不失其信。[2]

因而，坎卦所传递的是一个极端危险的意思，同时也与“法”与“律”相联系。简言之，由于“律”的功能源于或等同于“法”，“律”的功能也就得到了确认。《唐律疏议》中提道：“律者，训权，训法也”，“法亦律也，故谓之律”。[3] 这一注释源于《尔雅》。《疏议》继而引用著名的郭璞（276—324）的《尔雅》注本，指出“《易》坎卦主法，法、律皆所以铨量轻重”。[4] 这里，虽然没有引用《易经》的相关段落，但其含义却有了明确的表达，这就是《易经·系辞》著名的一段文字：

古者庖牺氏之王天下也，仰则观象于天，俯则观法于地。[5]

这里提到“法”，因此这一段落经常与庖牺氏发现“法”相联系。庖牺氏是中国传说中上古时期的文化英雄和圣王。人们必须遵循的律法与规则可以从地上的痕迹中得以“观”，则这些律法与规则

[1]《唐律疏议》卷一，台北，台湾商务印书馆 1969 年版，第 2 页。亦可参见 Wallance Johnson, *The T'ang Code*, p. 49。

[2] Richard Wilhelm and Cary Baynes, *The I Ching or Book of Changes*, NY: Pantheon Books, 1950, p. 174.

[3]《唐律疏议》卷一，台北，台湾商务印书馆 1969 年版，第 6 页。

[4]《唐律疏议》卷一，台北，台湾商务印书馆 1969 年版，第 6 页。《尔雅》卷上，四部丛刊本，第 8 页下。

[5] Richard Wilhelm and Cary Baynes, *The I Ching*, p. 353.

均具有自然的渊源。[1] 这意味着，律法规范不是人为的，其正当性与重要性与“地”同等。

在官修《隋书》之《刑法志》开篇，以上观念有进一步的连接：

> 圣王仰视法星，旁观习坎，弥缝五气，取则四时，莫不先春风以播恩，后秋霜而动宪。[2]

这样，在这一段文字中以季节、原始的力量以及天空的星辰等为象征的自然秩序，构成了应用于人世间的规范和惩治的基础。

在这篇文字中，“律”代表了恒久的、自然的合法性、危险和“权”。一部律典被视作重要的规范的汇集，可以帮助人类社会的首领克服生活固有的危险。

在之后的各个时期，律典是一个王朝法规和政府的根本框架这一观念变得极为重要。宋代学者叶适曾提道：“本朝以律为经，而敕令格式随时修立。”[3] 这是传统中国的律与其他各种颁行的法规间关系的简明表述。律被看作一种“标准的”，或是长久的框架，而其他形式的法律规范（如判例、敕令、法令等）则被看作临时与权宜性的。显然，如果这种分析是对的，那么元朝缺乏这种“标准”，必定使汉人士大夫们感到特别的缺憾。

明王朝的创立者，明太祖朱元璋（1368—1398 年在位）深切感到律的关键与重要性。因此，正如上文提到的，在其掌握政权之初

[1] 参见 Etienne Balazs，*Le traité juridique du* “*Souei-chou*”，E. J. Brill，1954，p. 96。

[2] 英译文选自 Etienne Balazs，*Le traité juridique du* “*Souei-chou*”，p. 26。

[3] 叶适：《水心先生文集》卷三，四部丛刊本，第 21 页下。转引自曾我部静雄『中國律令史の研究』，（东京：弘文书馆，1971 年）45 頁。

就努力颁行了律典。在明王朝建立以前，律、令就开始编纂。[1] 很明显，明太祖清楚地知道，新的明律不仅使他的朝代有别于蒙元朝廷，而且也藉此宣称了传统王朝的正统性。唐代是朱元璋仿效的典范，就如下文所表明的：

> 上以唐宋皆有成律断狱，元不仿古制，取一时所行之事为条格。[2]

明太祖认为律法的编纂极其重要，因为，正如他所表达的，导致元朝统治弊端的主要原因在于律的缺失。为了避免蒙元弊政在明代的延续，明太祖决心在其统治之初就颁行律典。律典的缺失也被视为各地区各时期司法断案不够统一的原因。刑罚随意施行，不可预断，则司法腐败难以遏制。

明太祖显然相信，《大明律》一旦确定，就应该永不改变。当时刑部尚书曾经上奏皇帝，提议当明律与条例出现矛盾时，明律的条文应当被调整，太祖回应道：“法令者，防民之具，辅治之术耳，有经有权。律者，常经也；条例者，一时之权宜也。朕御天下将三十年，命有司定律久矣，何用更定？”[3] 因此，有明一代，皇帝与大

---

[1] 吴元年（1367）12 月编成。见《明太祖实录》卷二十八，台湾“中央”研究院史语所校勘 1962 年版，第 422 页。明太祖本人，抑或他的臣僚，对这一明律非常重视，这体现在朱元璋下令将《大明律》中的关键部分进行简明注解，令百姓周知。这就是《律令直解》。明太祖在吴元年下令编纂《律令直解》（真正的时间是 1368 年 1 月）。参见《明太祖实录》卷二十八，台湾“中央”研究院史语所校勘 1962 年版，第 431 页。现存最早的《大明律》的版本为 1395 年版，李氏朝鲜刊印本。参见 Wolfgang Franke，*An Introduction to the Sources of Ming History*，Kuala Lumpur：University of Malaya Press，1968，p. 185。关于明律颁行的研究，参见黄彰健：《大明律诰考》，收入《明清史研究丛稿》，台北，台湾商务印书馆 1977 年版，第 155—207 页。

[2] 《明太祖实录》卷二十六，台湾“中央”研究院史语所校勘 1962 年版，第 389 页。日期是 1367 年阴历十月。

[3] 《明太祖实录》卷二三六，台湾“中央”研究院史语所校勘 1962 年版，第 3456 页。日期是 1395 年阴历二月。

臣均确信律的核心重要性。这将有助于我们理解元代儒臣深切感受到的困扰。

元代对律典缺失的反应

元代士大夫自己对于本朝缺乏律典这一事实有清醒的认识。他们经常上书力劝朝廷马上颁行正式律典。至少有两次朝廷也曾下令开始编纂律典，但最终都不了了之。例如，1351 年的一条敕令中下令编纂“国律”，事实上编纂工作也已经展开，但最终未能完成。[1]

在缺乏律典的背景下，在一些儒士中出现一种倾向，即将不同的法规汇编当作他们期待已久的律典。其中一些法规（大多是政府各部门颁布的规章制度）汇编的结构与唐律颇为相似。因此，这些汇编可能被视为与唐律大体接近，或在某种程度上，起到了对元朝缺乏律典的补充。因此，在明初成书的官修《元史》的《刑法志》中提道：

> 元兴，其初“未有法守”，[2] 百司断理狱讼，循用金律，颇伤严刻。及世祖平宋，疆理混一，由是简除繁苛，始定新律，颁之有司，号曰《至元新格》。[3]

---

[1]《元史》卷一百八十四，中华书局 1976 年版，第 4620 页。关于这一努力的讨论，可参见安部健夫：「元史刑法志と『元律』との係に就いて」，『元代史の研究』（創文社，1972 年），255—260 頁。元代士大夫欧阳玄也曾提到，元朝最后的皇帝元顺帝曾命令编订律典。参见欧阳玄：《圭斋文集》卷七，四部丛刊本，第 8 页下。亦可参见 Paul Ch'en，*Chinese Legal Tradition*，p. 38-39。

[2] 引号内文字出自《孟子》卷四上。参见 *The Chinese Classics*，Vol. 2，trans. by James Legge，University of Hong Kong Press，1961，p. 290。（原文可参见《孟子》卷七《离娄章句上》，收入朱熹：《四书章句集注》，中华书局 2008 年版，第 276 页。——译者注）

[3]《元史》卷一〇二《刑法一》，中华书局 1976 年版，第 2603 页。

《至元新格》颁行于1291年，但需要指出的是这些“新规”并非“律”。这也许就是没有完整的《至元新格》文本存世的原因。[1]《元史》中还列举了其他许多部法规汇编，但没有一部是律。尽管史官在《元史》中有所说明，但朱元璋本人认为元代无律，这样的看法还是准确的。[2]

有关元代律法的性质，特别是在这方面的弊政，《元史》的许多观点颇具洞察力。《元史》提醒人们注意，元代的问题直接根植于一部通行全国的律典的缺失。《元史》提道：“南北异治，事类繁琐，挟情之吏，舞弄文法。”[3] 如果元王朝颁行了律典，那么司法系统中各地刑狱理断不一的弊病，也许在某种程度上可以缓解。当然，必须注意到的是，在军事与行政意义上重新统一南北，并不意味着分裂时期出现的风俗、期望以及生活其他方面差异的消融。多年前著名的中国法制史学者仁井田陞就指出过这一点。[4]

汉人学者王恽（1227—1304）在其1268年的奏疏中，讨论了律典的重要性，这是元代最有见地的讨论之一。这奏疏列举了三十五个主题，每个主题都涉及一个皇帝治国应当注意的方面。彼时，忽必烈还没有颁布“元”这一帝国的称号。《泰和律》在理论上也还在行用之中。但是王恽奏疏中第一条便是“立法”，他指的就是颁行律典。奏疏指出：“自古图治之君，必立一定之法。君操于上，永作

[1]《至元新格》现有残本存世。

[2] 进一步讲，明朝尤其注意坚持律的不可违抗性。参见《明史》卷九十三《刑法一》，中华书局1974年版，第2284—2287、2289页。有关“律”（成文法典）与“例”（法典之补充）的不同的论述，《明史》卷九十三《刑法一》载：“条例特一时权宜，定律不可改。”第2283—2284页。

[3]《元史》卷一〇二《刑法一》，中华书局1976年版，第2604页。

[4] 参见仁井田陞『中國法制史』，（东京大学，1959年）531—532頁。

成宪；吏行于下，视为准式；民知其法，使之易避而难犯。”[1] 他补充说明律典的恒久性，“若周之三典，[2] 汉之九章，[3] 一定不易，故刑罚省而治道成”。王恽提出本朝当下应做之事，他总结道：“今国家有天下六十余年，大小之法尚远定议，内而宪台天子之执法，外而廉访州郡之刑司也，是有司理之官而阙所守之法。”其结果是，司法断案中存在诸多混乱，比如同一罪行，在此地惩治很重，在彼地则惩治很轻。他建议颁行律典，认为律典可以消除这些问题，他是这样说的：“合无将奉敕删定到律令，颁为《至元新法》，使天下更始，永为成宪，岂不盛哉。若中间或有不通行者，取国朝扎撒如金制，别定敕条……此法令当亟定之明验也。”[4]

仁井田陞指出，王恽言论中的一个关键因素是威慑的理念。[5] 他认为，若元王朝颁布一部律典，则律法的威慑作用在整个政府部门与百姓之中都会提高。王恽最希望达到的是律法体系的稳定和连贯，他认为，颁行律典是达成这一目标的关键。

元朝废除金律且没有编订相应的律典代替，打击了士大夫的传统权威。没有律典，儒家传统价值观与制度体系的优势地位就失去了法律的基础。剩下的只有蒙古统治者偶尔的对于汉传统理念与信

---

[1] 王恽：《秋涧先生大全文集》卷九十《便民三十五事》，四部丛刊本，第 3 页上，引自仁井田陞『中國法制史』，（东京大学，1959 年）538 頁，注释 10。部分英译文参见 Pual Ch'en, *Chinese Legal Tradition under the Mongols*: *The Code of* 1291 *as Reconstructed*, p. 8–9。

[2] “三典”一词出自《周礼》，意思是：“刑新国用轻典”“刑平国用中典”“刑乱国用重典”。参见《周礼·秋官·大司寇》。

[3] “九章”是萧何编订的汉律，一般称为《九章律》。《汉书》相关部分的英译文参见 *Remnants of Han Law*, Vol. 1, trans. by A. F. P. Hulsewé, E. J. Brill, 1955, p. 133。

[4] 王恽：《秋涧先生大全文集》卷九十《便民三十五事》，四部丛刊本，第 3 页下。Pual Ch'en, *Chinese Legal Tradition under the Mongols*: *The Code of* 1291 *as Reconstructed*, p. 8–9.

[5] ［日］仁井田陞『中國法制史』（东京大学，1959 年）540 頁。

仰的支持。这种支持经常是浮面的，而且蒙古统治者的行为经常暗含对这些理念与信仰的鄙视与漠然，这也与所谓的支持相背。当然，蒙古统治者中也有人能看到并欣赏儒家与汉人的传统思想与行事做法所具有的价值，但这些人在朝廷中没有稳固的权力基础。

上述内容并不意味着有元一代汉族文人的传统学术被普遍认为是没有价值的。总体上讲，汉文明中仍保持着对儒家经典传统的高度尊崇。但是，蒙古统治还是给儒学传习带来了深刻的挑战。为了应对这种挑战，汉族文人发明了许多睿智的方法。其中之一即主张为天下树立一套全面的、基本的律法标准。如果蒙古统治者没有这样的意愿，儒臣们有强烈的意愿，甚至逼迫自己去为统治者达成这一目标。当然，他们的努力从来也没有完全令人信服，因为没有什么可以代替开国君主支持下颁行的正式律典。汉士大夫们的努力有一定的臆想；但从弥补的角度来说，在某种程度上可能也有一定的说服力。

汉族文人引导蒙古统治者采纳他们所认为的恒久的、道德的律法，这一努力持续不断。元代的汉臣不仅认为蒙元皇帝具有完全的合法性，而且也明确表达了这样的理念，即天子与其律法是至高无上的。著名的士大夫张养浩在其流传颇广的《牧民忠告》中写道：“夫法者，天子之所有也。而民或犯之，是犯天子之法也。”[1]

君权至高无上这一理念。在汉地由来已久。蒙古的征服没有改变这一理念，因为汉臣们不断地劝勉蒙古统治者认识到他们的无上威权，且为天下立法。姚枢（1203—1280）有一篇长文，讨论“治国安民之术”以“救时弊”。他主张君主应着力于建立制度纲纪与秩

---

[1] 张养浩：《牧民忠告》，载张养浩：《为政忠告》，文渊阁四库全书本，艺文印书馆 1969 年版，第 4 页下至第 5 页上。

序。借助纲纪，则王命可行、律法可用，刑狱可慎。他宣称，如果纲纪可立的话，“收生杀之权于朝，诸侯不得而专，丘山之罪不致苟免，毫发之过免罹极法，而冤抑有伸”。[1]

姚枢强调朝廷或君主需紧握“生杀大权”，这实质上是在追求司法与制度的理性化与集权化。驱使他提出这一观点的是，如果缺乏理性与集权，天下的法律秩序将会变得混乱、矛盾，滥施刑罚的现象将会难以控制。

与姚枢同一时期的李治（1192—1279）特别强调制度规范与秩序的重要性，并且将其与法律措施相联系。

> 盖有法度则治……且为治之道，不过立法度、正纲纪而已。纪纲者，上下相维持，法度者，赏罚示惩劝。[2]

在李治眼中，法度是政治秩序的关键，如果没有法度，则“天下不变乱，已为幸矣”。[3]

学者宋子贞（1187—1266）以更加雄辩的方式阐述了同样的观点。宋子贞是北方人，曾在时任东平行台的严实（1182—1240）幕下作“详议官”。[4] 1259 年，正值蒙宋对峙之际，宋子贞应召北上，为忽必烈进献治国方略。忽必烈对他的印象十分深刻。1260年，在忽必烈称汗后，任命宋子贞在朝廷为官。宋子贞上任伊始便

[1] 《元史》卷一五八《姚枢传》，中华书局 1976 年版，第 3712 页。Hok-lam Chan，“Yao Shu (1201-1278)”，*Papers on Far Eastern History* 22（1980）：32-33.

[2] 《元史》卷一六《李治传》，中华书局 1976 年版，第 3760 页。李治曾在金朝做过一些小官，1232 年蒙古占领其所在地时辞官。这段文字出自李治给忽必烈的上疏。当时忽必烈召见李治，向其询问唐代朝臣魏征（580—643），并讨论治国之道。

[3] 《元史》卷一六《李治传》，中华书局 1976 年版，第 3760 页。

[4] 《元史》卷一五十九《宋子贞传》，中华书局 1976 年版，第 3737 页。关于这些改革者，参见袁国藩：《东平严实幕府人物与兴学初考》，载《大陆杂志》1961 年第 12 期。孙克宽：《元代汉文化之活动》，台湾中华书局 1968 年版，第 109—138 页。

上书陈述“便宜十事”，每一件事都是他认为的治国要务。其中之一便是力陈律法之重要：

> 官爵，人主之柄，[1] 选法宜尽归吏部；律令，国之纪纲，宜早刊定。[2]

在律典有助于皇帝行使最高权力、实现有序的治理这一观点之外，另一从属的理念是若有一部律典颁行，乱政就更容易被匡正，因为只有这样的律典才能为整个王朝统治提供通行天下之法。

这种观点在元代文献中屡有提及。北方学者崔彧对此有最为清晰的论述。崔彧是汉人，但取有蒙古字号。1283 年，崔彧官居刑部尚书，曾向忽必烈上疏言时政十八事。其中之一便是“宪曹无法可守，是以奸人无所顾忌，宜定律令，以为一代之法”。[3]

其他许多儒臣也强烈敦促颁布律典。[4] 他们的观点以各种形式出现，其中一些人对当时刑狱过于严苛提出了批判。另一些人则抨击朝廷滥行大赦，以致许多罪行严重应该得到严厉惩治的犯人也得以豁免。僧人们经常要求朝廷颁布大赦之令。儒臣们认为蒙古统治者不应沉溺于满足僧人的需求，相反，统治者应着力于

[1] “权柄”这个观念出自《左传》在公元前 534 年的记载中。著名的韩非子认为“赏”与“罚”这两种权柄必须仅仅掌握在君主手中。参见《韩非子》卷二《有度第六》，四部丛刊本，第 4 页上。英译文参见 *Han Fei Tzu*：*Basic Writings*，trans. by Burton Watson，Columbia University Press，1964，p. 30。

[2] 《元史》卷一五九《宋子贞传》，中华书局 1976 年版，第 3737 页。

[3] 《元史》卷一七三《崔彧传》，中华书局 1976 年版，第 4040 页。

[4] Ch’en，*Chinese Legal Tradition*，p. 3 – 40，概括列举了这些主张。亦可参见 P. Ratchnevsky，*Un code des Yuan*，Vol. Ⅱ中的更简要的介绍。有关李谦（1234—1312）的例子，参见《元史》卷一六〇《李谦传》，中华书局 1976 年版，第 3768 页。有关阎复的例子，参见《元史》卷一六〇《阎复传》，中华书局 1976 年版，第 3773 页。

保持罪刑适当。[1]

在这些讨论中，皇权至高无上这一主题得到了对治国之道有所论述的文人最多的关注。在他们眼中，王朝整体结构的安全系于君主的声望与权力。以编著《国朝文类》与《国朝名臣事略》著称的苏天爵（1294—1352）也是一位有名的司法官员，他也有类似的观点。[2] 正如他在其奏疏中所说：

> 赏罚者，国之大柄，纪纲系焉。故赏不失有功则劳臣劝，刑不失有罪则奸人惧。二者或失，则纪纲必隳。[3]

这段文字颇具法家色彩，其中借用了韩非子“权柄”的理念。但这种法家的态度被并存的儒家观念所冲淡：法只是达到天下治平的辅助手段。苏天爵在其上疏中非常清楚地表达了这一观念。在他建议续修《大元通制》[4] 的章奏中，他提道：

> 法者，天下之公，所以辅乎治也。律者，历代之典，所以行乎法也。故自昔国家为治者，必立一代之法。立法者，必制

---

[1] 有关这一点，参见陈天祥（1237—1316），《元史》卷一六八《陈天祥传》，中华书局 1976 年版，第 3947 页。Ch’en, *Chinese Legal Tradition*, p. 46.

[2] 《国朝文类》于 1334 年首次刊行，《国朝名臣事略》于 1335 年首次刊印（台北学生书局出版过这两本书）。四部丛刊本的《国朝文类》是在原来基础上经过修订，于 1342 年重新刊布的版本。苏天爵以其在审谳与纠核方面的能力而著称。参见黄溍：《苏御史治狱记》，载黄溍：《金华黄先生文集》卷十五，四部丛刊本，第 1 页下至第 3 页下。有关苏天爵生平，参见《元史》卷一八三《苏天爵传》，中华书局 1976 年版，第 4224 页。

[3] 参见苏天爵：《滋溪文稿》，载张钧衡辑：《适园丛书》卷二十六，1916 年乌程张氏刊本，第 9 页下。

[4] 《大元通制》于 1323 年颁布，其中部分内容依然流传。关于《大元通制》的研究，可参见：［日］安部健夫「『大元通制』解説—新刊本『通制條格』の紹介に代へて」，『東方學報』，1931 年第 1 冊，277—318 頁。《大元通制》的一些内容，存留在《通制条格》中，已被译注为日文。可参见：［日］小林高四郎和岡本敬二『通制条格の研究訳註』第一册（中国刑法志研究会，1964）；［日］岡本敬二『通制条格の研究訳註』第二、三册（国書刊行会，1975/1976 年）。

一定之律。[1]

苏天爵接着指出法律制度与刑罚是国家治平之辅助，他认为应该建立律学，对律典内容进行正式的讲解。他提出应该将“律科”纳入考试选拔制度，作为一个特殊的类别，以便那些对律法颇有研究的士子进入朝廷供职。他认为，这对于吏员的考察来说也尤为重要。吏员在政府部门中任事，但不是有品阶的官员。[2] 吏员处理大量的颇具技术性的法律事务，所以苏天爵明显地感到，朝廷应当对他们的律法知识加以考察。

苏天爵认为，律法虽只是治理国家的辅助手段，但也是“公”的集中体现。因此，律或者律典有彰显阐明“公”的义务；律或者律典也使得政府创立一套公正的法律制度成为可能。

同样，学者张珪（1327 年去世）在上呈泰定帝也孙铁木儿（1323—1328 年在位）的奏章中，也力陈君权之重要。他主张君权必须被极力保全与维护，这是国泰民安的基础。他所推崇的君权观念源自《尚书》。在张珪与其同僚起草的奏章中，他提道：

> 《书》曰：“惟辟作福，惟辟作威，臣无有作福作威。臣而有作福作威，害于而家，凶于而国。”[3] 盖生杀与夺，天子之权，非臣下所得盗用也。[4]

《尚书》的这段文字教导后人，君临天下的皇帝掌握赏罚之

---

[1] 苏天爵：《滋溪文稿》，载张钧衡辑：《适园丛书》卷二十六，第 7 页下。

[2] 苏天爵：《滋溪文稿》，载张钧衡辑：《适园丛书》卷二十六，第 7 页下。

[3] Bernhard Karlgren, tr., *The Book of Documents*, Stockholm: Museum of Far Eastern Antiquities, 1950, p. 32，译文略有修改。［原文可参见（清）孙星衍撰，陈抗、盛冬铃点校：《尚书今古文注疏》卷十二《洪范下》，中华书局 1986 年版，第 308—309 页。——译者注］

[4] 《元史》卷一七五《张珪传》，中华书局 1976 年版，第 4076 页。

权，对于维持统治秩序极为重要。若这种权力为臣僚掌握，那么国家将会陷入混乱。

公羊学的观念与此相似。公羊学所教授的是，君主是帝国最高的权威和司法裁断者。对于规范之外的情况的处理，君主应该具有自由裁量的权力，这就是“权”，这代表君权对特殊案件的衡量，并制定相应的政策，这可能意味着对适用于常规情况的一般政策的违背。在中文里，“权”也有紧急这一层含义，即在紧急情况下做出临时决定。这与“经”和“常”的观念判然二分。[1] 在元代，“权”也包含着“考量”、“估计”、“判定”以及“在紧急情况下做非常规处置”，甚至“一时的方法”等不同的含义。总之，“权”与现代意义上的“权力”也有相近之处，但只限于在以下的意义上：依据一定的权力做出紧急的决定，以及用“权”力做出超越普通规范和标准的决定。

对“权”的这一解释以及将其应用于君权的行用，最早见于《春秋公羊传》：

> (知权) 所以别轻重……权者何？权者反于经，然后有善者也。[2]

在董仲舒颇具影响力的著述《春秋繁露》中，这一观点得到重

---

[1] 可以参见上文引用的明太祖所言，以及本文接下来引述的一些材料。也可参见 Antonio S. Cua, “The Concept of Paradigmatic Individuals in the Ethics of Confucius”, in Arne Naess and Alastair Hannay, eds., *Invitation to Chinese Philosophy*, Oslo: Universitetsforlaget, 1972, p. 50-57. 有关公羊学思想中的“经”与“权”的观念，可参见［日］邊土名朝邦『春秋公羊学派の「権」説について』，『九州中国学会報』，1975 年第 20 卷，1—10 頁；［日］日原立国『春秋公羊伝の研究』，創文社，1976 年，216—234 頁。

[2] 英译文参见 *The Chinese Classics*, Vol. 5, trans. James Legge，导论，p. 56-57。亦可参见日原立国，『春秋公羊伝の研究』，219 頁。

申：“权者反经，亦必在可以然之域。”[1] 下文还将提到，董仲舒以引经决狱而著称。

张珪与其同僚在其上疏中，力劝皇帝“彰天威”，惩治窃篡君权的蒙古贵族。即便不涉及具体的事实，张珪的主张也很充分，他认为，除非皇帝采取措施紧握大权，否则“纪纲亦不复振”。[2]

张珪希望泰定帝紧握皇权，认为皇权是国家制度秩序和纲纪得以落实之必需。这个观念也得到赡思的呼应。赡思（1278—1351）是一位汉化的阿拉伯人，他研习儒家经典，熟悉帝国规则，著述颇丰。他曾给元文宗图帖睦尔（1328—1332 年在位）进呈其所著之《帝王心法》，劝谏皇帝采取不同的措施更好地治理天下，其中相当一部分与本文的讨论有关。首先，他敦促文宗“揽权纲”，也就是说将皇权紧握于自己手中。其次，他也建议文宗“一刑章”“宽禁网”，这样，真正的犯罪行为可以得到合适的惩罚。[3]

从上述的事例中，应该可以得出这样的结论，即元代的很多学者，汉人与非汉人一样，均认为君主是权力与权威唯一合法的拥有者。他们认为这是一个朝代的成“宪”，根据这一成“宪”，生杀之权、赏罚之权等，只能掌握在天子手中。现代汉语中的“宪法”一词中的“宪”也与此相关。赡思也希望君主能够捍卫本朝的“成宪”。“宪”一词也出现在《唐律疏议》中，涵盖了比如法、成规以

[1] 参见《春秋繁露》卷三，四部丛刊本，第 4 页上；引自日原立国，『春秋公羊伝の研究』，220 頁。

[2] 《元史》卷一七五《张珪传》，中华书局 1976 年版，第 4076 页。

[3] 赡思原本是大食人。赡思的传记，参见《元史》卷一九〇《赡思传》，中华书局 1976 年版，第 4351 页。这段文字的部分由 Ch'ien Hsing-hai 和 L. Carrington Goodrich 英译，参见 Ch'en Yüan，*Western and Central Asians in China under the Mongols：Their Transformation Into Chinese*，LA：Monumenta Serica，1966，p. 60-62，174-176。有关赡思《帝王心法》的简短讨论，参见 Wm. T. de Bary，*Neo-Confucian Orthodoxy and Philosophy of the Heart-and-Mind*，Columbia University Press，1981，p. 152。

及做法等各项含义。所以，“成宪”也就意味着一个朝代的既定律法。这一词语可以一直追溯至《尚书》。[1]

一部正式的律典本来可以为一个朝廷的“成宪”提供坚实的基石，至少在那些主要关注中原汉地的人看来是这样的。这样，在成文律典缺失的情况下，学者们开始寻求律典的替代。至少前文所讨论的士人们为王朝“成宪”或根本法谋求了替代物，他们所采用的方法是直接的论证。于是，很明显的趋势就是将所有的权力与权威都归于天子。他们引经据典，设置了这一方法，这看起来有点像对律典缺失的过度弥补。因此，对于依法处置犯罪这个问题上，我们经常看到儒臣持有强硬的专制的态度。蒙古统治者反而显得犹豫不决，态度和缓。[2]

除了上述事例之外，还有一个更早的北方士人张雄飞（1286 年去世）的事例。澧州（位于现今湖北境内）被蒙古攻占之后，张雄飞以澧州安抚使的身份去恢复地方秩序。当地有两个大商人由于逃税以及殴伤人命而被捕。当地官员接受了贿赂，想宽免他们，两位商人将得到较轻的惩罚。张雄飞得知此事后，坚持严惩其罪。有人问他为何这样认真地对待这等小事，张雄飞解释说：“吾非治匿税殴人者，欲改宋弊政，惩不畏法者尔。”[3]

张雄飞明确认为，宋朝政府对于那些蔑视基本律法的贪官污吏无能为力，因而，宋朝治下的臣民并不畏惧律法。张雄飞身体力行

[1] 《唐律疏议》（第一册），第 4 页，其中“宪”也被称为“法”。“成宪”一词参见《元史》卷一九《赡思传》，中华书局 1976 年版，第 4352 页。上文提到的张珪也曾用到“成宪”一词，参见《元史》卷一七五《张珪传》，中华书局 1976 年版，第 4078、4079 页。这个词汇源于《尚书》，参见 *The Chinese Classics*，Vol. 3，trans. James Legge，p. 382。

[2] 这一点亦可参见 Ch'en，*Chinese Legal Tradition*，第一部分，第三章，以及该书的其他各处。

[3] 《元史》卷一六三《张雄飞传》，中华书局 1976 年版，第 3821 页。

希望对这一状态加以矫正。在他看来，王朝的稳定与强盛建立在以下基础之上，即王朝的律法必须在民众与官吏心中产生震慑的效果，只有畏惧律法才能使人们避免触犯律法。他想到的“畏”当然是对于及时的、公正的惩治的畏惧，而不一定是严酷的惩治的畏惧。张雄飞显然是希望培养这样一种对法和国家权力的普遍的畏惧心理。他很可能认为这有助于建立一种权威和恐吓的气氛。他最终的目标是让元朝避免宋代的宽纵之弊，保证民众遵纪守法，实现社会秩序的稳定。

四位士人的律法与皇权理念

胡祇遹是一位北方士人，从1260年起，胡祇遹任职于忽必烈治下的蒙元政府。[1] 在之后的三十年里，他在王朝政府中声望日隆。他非常注重国家纲纪法度的问题，虽然他明显未能成为忽必烈的近臣，但仍被同时代人认为是饱学之士而受到尊崇。胡祇遹著述甚丰，他的文章条分缕析，气势宏大，为一时典范。

在胡祇遹撰写的《论定法律》一文中，他直面汉法与蒙古法性质的根本不同，而且出人意料地提出了一个融合二者的方案。他显然意识到，内生的汉法传统被认为具有地方性特点，而蒙古帝国强加的法则在某些方面则具有超国家（transntional）的性质，两者之间存在张力。两种法律体系或传统的正式融合应该有助于克服彼此之间的矛盾，起码从理论层面来说是这样的。

此外，胡祇遹意识到“治汉人必以汉法，治北人必以北法”；他

[1] 胡祇遹的传记参见《元史》卷一七《胡祇遹传》，中华书局1976年版，第3992页。

也认识到“择其可使而两用之、参用之亦可也”的方式。他坚持提出的唯一告诫是：“未有无法而能立事者也。”[1]

在《论定法律》一文中，胡祗遹指出整个官僚系统都因为无法可依而饱受困扰。“泰和旧律不敢凭倚，蒙古祖宗家法，汉人不能尽知。”[2] 因此，原则上，即使有人要将蒙古家法适用于汉地，官府也无法实行。胡祗遹建议，儒臣们应该一起努力，可以选取汉法中最为重要的一两百条，同时以汉文和蒙古语加以解释。他写道：

> （这些律条）比附祖宗成法情义似同者，注以蒙古字、蒙古语解释，粗明庶可进读，庶几时定，上有道揆，下有法守，[3] 则天下幸甚。[4]

胡祗遹明显希望这个建议可以带来蒙古统治者对汉法的支持，但这样的支持不可能是无条件的。只有汉法中与蒙古家法类似的那部分才可能得到胡祗遹所建议的处理。这样，就蒙古帝国和汉地部分而言，胡祗遹以上建议的结果只能是一种具有普遍性的法。

胡祗遹还写了《论治法》[5] 一文，其中他概述了他关于皇权的观点，并提出了加强以皇权为代表的合法的中央集权的建议。他提道：“法者，人君之大权，天下之公器。”从这一前提出发，他引申出来的结论是，当皇帝紧握大权，并用之以处理庶务时，有序的法律系统才能创建。缺乏这样的条件，有序的法律体系是不可能建立

---

[1] 参见胡祗遹：《紫山先生大全集》卷二十一，河南官书局刻本 1924 年版，第 19 页上。

[2] 《论定法律》见胡祗遹：《紫山先生大全集》卷二十二，河南官书局刻本 1924 年版，第 27 页上。“定法”也曾被《韩非子》一书提到，参见《韩非子》卷十七，四部丛刊本，第 4 页下。

[3] 出自《孟子》一书。

[4] 胡祗遹：《紫山先生大全集》卷二十二，河南官书局刻本 1924 年版，第 27 页。

[5] 胡祗遹：《紫山先生大全集》卷二十二，河南官书局刻本 1924 年版，第 27 页。

的。他解释说：

> 国之立法，曰杀人者当某刑，伤人及盗者当某刑。使为恶者畏法而不敢犯，犯之则必当以法。虽有奸臣老吏，不能高下其手。据罪举法，或失之轻，或失之重，则官吏抵罪。[1] 是以善人有法可倚，良吏有法可守，奸吏有法可恐、可怖、可杀。大小贵贱，惟法是视，不敢干越，不怒而威，死而不怨，兹非人君之大权，天下之公器欤?[2]

对胡祇遹来说，一个有序的法律体系是可以震慑民众，让其避免犯罪的。为达到这样的目标，这样的法律体系及时、公正地落实对犯罪的惩治，作为对犯罪的威慑。胡祇遹认为，这样的体系是合法的，因此各阶层的民众会坦然接受司法的结果。只有人君大权在握，威福自操时，这一法律体系才能正常发挥功能。所以，胡祇遹呼吁落实正当的、至高无上的君权。

与之相反，当人君大权旁落时，国家就会呈现司法混乱、苞苴公行的局面。当“权移于臣下”之时，整个国家也就失去了统一的法律规范，刑狱混乱、贿赂滋生、私授恩惠，这一切使得公正难以落实。这就是胡祇遹所处时代的情况，他描述道：

> 今既无法，邑异政，县异法，州异文，郡异案，六曹异议，三省异论。[3]

在这种混乱局面下，冤情不可能得到申诉，生杀祸福都操弄于

---

[1] “抵罪”这个法律主张首先出现在汉高祖“约法三章”中。参见司马迁：《史记》卷八《高祖本纪》，中华书局 1959 年版，第 362 页。*Remnants of Han Law*, Vol. 1, trans. A. F. P. Hulsewé, p. 33.

[2] 胡祇遹：《紫山先生大全集》卷二十二，河南官书局刻本 1924 年版，第 4 页下至第 5 页上。

[3] 胡祇遹：《紫山先生大全集》卷二十一，河南官书局刻本 1924 年版，第 5 页上。

吏员之手。无辜之民将会枉死，而廉官良吏对此也无能为力。结果，“民知畏吏而不知畏法，知有县邑而不知有朝廷”。这种情况下，是非的标准倒置，对社会的危害十分严重，他宣称，如此则人们将会丧失人伦，他引用《孟子》的话问道：“人失本心，则虎狼之不若，何以为治。”[1]

胡祇遹给君主提出了一个选择，或者审慎地利用并行使赋予自己的皇权，或者皇权旁落使百姓成为未经驯服的噬人的野兽。

胡祇遹是北方士人，但他的观点并不具有北方的独特性。南方学者吴澄（1241—1333）也同样有意于这样的律法体系的建立，这一律法体系一方面建立在一整套紧密联系的法规基础之上，另一方面建立在君主拥有并行用其权力这样的基础之上。他同样认为，完备的教育应包含对透彻的律法知识的要求。

吴澄是江西临川人。临川也是北宋改革家王安石的家乡。[2] 在元代，江西以民众好讼而著称。[3] 同时，这里也是法律改良与法学专业知识的中心，许多重要的法律文本都在此地得到刊刻。[4] 在这样的环境下，吴澄在对儒家经典的研习之外，也在其著述中表达对法和秩序的深层关注，就不令人意外了。

吴澄认为，律法知识是传统学问中不可或缺的部分。这一观点

[1] 胡祇遹：《紫山先生大全集》卷二十一，河南官书局刻本1924年版，第5页上至第5页下。“本心”参见《孟子·告子上》。*The Chinese Classics*，Vol. 2，trans. James Legge，1960，p. 414.

[2] 有关吴澄的传记，参见《元史》卷一七一《吴澄传》，中华书局1976年版，第4011页。

[3] 有关江西，参见宫崎市定：「宋元時代の法制と裁判機構」，『アジア史研究』，第276—277頁。揭傒斯（1274—1344）是江西人，有关江西的好讼，他曾提到“江西难治”，见《揭安文公全集》卷九，四部丛刊本，第2页下至第3页上。

[4] 元代，《唐律疏议》在江西被重印。参见《国朝文类》卷三十六，四部丛刊本，第10页上至第12页上，柳贯（1279—1342）为之写的序言。宫崎市定「宋元時代の法制と裁判機構」一书中曾讨论了《元典章》，并且十分关注江西的史料。

在其为国子监设置的课程中可以得到体现。他在题为“学统”的课程中，[1] 要求学生学习宋代律法，即《宋刑统》。此外，吴澄对于律法的兴趣还体现在他的另外两篇文章中。较早的一篇写于1317年，是为当年江西乡试所出的“策问”。[2] 他以国子监司业的身份设置了三个考题。后来的一篇文章是为一部私家编撰、方便理解1323年《大元通制》这部法规的手册所作的序言。[3]

在策问中，吴澄并没有在法的行用与律典的重要性等问题上表明态度，他的目的在于引导考生们仔细提出自己的见解。但从考题的设计中，我们可以看到其中暗含吴澄对于律法的特殊态度。

吴澄的问题着落于一个很微妙的观点。他注意到，在没有律典颁行，为国家提供切实的法律规范时，许多“例”或者“断例”，便成为司法实践的指导，实际上也顺应“天意”与“民心”。这样看来，似乎可以认为律典并不需要。而这正是吴澄在策问中提出的问题。

问题起首提到：“古昔圣人用刑政以治天下，立法制以传后世。”此后，君主们颁行了许多律典，这一趋势得以延续，“汉继秦后，首定律令”。[4] 吴澄接着转向“邦宪”（源于《诗经》）与“民命”的关系。[5] 他提到，这样的律法在防止“奸胥黠吏”操弄刑狱而自

---

[1] “学统”是吴澄《道学基统》一书的一部分，吴澄：《草庐吴文正公集》卷四十九，乾隆二十一年万璜刻本，第8页下提到了宋代学统问题。David Gedalecia 在 Langlois 编 *China Under Mongol Rule* 中的一篇文章讨论了《道学基统》这本书，见该书第199—204页。吴澄对道教深感兴趣，参见 Sun K'o - K'uan，“Yu Chi and Southern Taoism During the Yuan”，in Langlois，ed.，*China under Mongol Rule*，p. 212-253。

[2] 策问的原文，参见吴澄：《草庐吴文正公集》卷二，乾隆二十一年万璜刻本，第7页。

[3] 这篇序言，参见吴澄：《草庐吴文正公集》卷十一，乾隆二十一年万璜刻本，第25—26页。安部健夫在『元代史の研究』一书第294页，对这篇序言做了讨论。

[4] 参见 *Remnants of Han Law*，Vol. 1，trans. A. F. P. Hulsewé，p. 26-70 对此的讨论。

[5] 参见 *The Chinese Classics*，Vol. 4，trans. James Legge，Hong Kong University Press，1960，p. 283。

肥方面是十分必要的。这个说法明显暗示了这样一种观点，即若要避免司法腐败，就需要为律法提供基本的基础。但他也并不是说一定要颁布正式的律典，因为他在前面已经指出，有人可能会说律典已经以其他非正式的方式或者既有的方式存在了。

为了给自己的观点增加一些思想的内涵，吴澄与北宋的王安石、程颐（1033—1107）与苏轼（1036—1101）相联系，他大概希望士子们能立刻领会这样的关联。吴澄是这样写的：

> 或言（王安石的说法）律是八分书者，[1] 盖有所见，[2] 伊洛大儒（指程颐）深然其说。岂道德之士于律亦有取欤？或言（苏轼的说法）读书不读律者，[3] 盖有所讥，及其释经辄引律文，岂文章之士于律亦不废欤。[4]

吴澄要求士子们解释律典是否必要。他提到，对这个问题当时存在两种基本的观点。其一，认为应该将现有的条例和判例与古老的唐律相结合，产生一部适于当今的律典。其二，认为现存的条例与律典无异，所以不必另行编订律典。吴澄就此二者简单发问："然欤？否欤？"

---

[1] 这在《近思录》卷九中做了暗示，参见 *Reflections on Things at Hand*, trans. Wing - tsit Chan, Columbia University Press, 1967, p. 233。我（指作者）对"八分书"采用的是 L. C. Goodrich 的："A kind of *li* Style Used on the Wooden and Bamboo Tablets of Early Times, Much in Fashion During the Later Han"，参见 Ch'ien Hsing-hai and L. Carrington Goodrich, trans., *Western and Central Asians in China under the Mongols: Their Transformation Into Chinese*, p. 202, note 94。

[2] 程颐曾说这是"他之所见"，参见 *Reflections on Things at Hand*, trans. by Wing - tsit Chan, p. 233。

[3] 对苏东坡有关于此诗的讨论，参见徐道邻：《法学家苏东坡》，载徐道邻：《中国法制史论集》，成文出版社 1975 年版，第 309—326 页。是文中徐道邻也讨论了苏东坡的其他材料，如章奏、信札等，来证明苏东坡精通律法。

[4] 吴澄：《草庐吴文正公集》卷二，乾隆二十一年万璜刻本，第 7 页下。

对于吴澄的考题，士子们不可能只通过死记硬背儒家经典来回答，回答这些试题需要仔细的思考和分析。除了律典是否必要这一困难的问题，吴澄这一试题中还指向另一有趣的话题，即对律法思想的态度与在广义的儒家知识传统中求学之间颇具讽刺意味的关系。那些博学鸿儒如王安石、程颐、苏轼，分别代表了儒家学派中不同类型的学问，但是他们似乎都不太情愿地同意这样的观点，即律典对社会的良好运转具有极为重要的价值。虽然苏轼可能说过他情愿不要读律，但实际上苏轼对律法相当了解，甚至在阐明儒家经典的意涵时引用律文。吴澄对考生提出的挑战是，他们不仅需要讨论当时颁行一部律典的重要性和相关性，他们还需要阐述传统儒学在有关律法重要性这一问题上表达出来的两难状态。

可以想到，考生们的回答理由充足，可以赞成律典对于司法以及政治稳定是不可或缺的这样的观点，也可以持相反的观点，任何一种情况下考官都不会认为考生不合格，因为任何一种情况均在考题中有所暗含。考题的真正意图关涉儒士相对于律法体系的作用，以及这一作用对于社会的重要性。这个考题内涵的宽泛因此令人印象深刻也极具挑战性。

吴澄指出，与他同时代的一些学者认为在元代，唐律起到了实质性的作用。吴澄在其为《大元通制条例纲目》所做的序言中对这一问题进行了阐述。《大元通制条例纲目》由吴澄的好友张绍编纂。[1] 张绍将他自己有关《大元通制》的阅读心得进行编纂，作为理解《大元通制》的手册。《大元通制》颁行于元英宗（1320—1323年在位）统治时期，有如吴澄所指出的那样，该书的编纂目标

[1] 吴澄：《草庐吴文正公集》卷十一，乾隆二十一年万璜刻本，第25页上至第26页下。

“为皇元一代之新律”。而且，尽管《大元通制》本身并不是一部律典，但却与律典颇为相似，“古律合新书，文辞各异，意义多同。其于古律，暗用而明不用，名废而实不废”。[1]

《大元通制》的原序作者也表达了与吴澄类似的观点。原序的作者为杰出的学者孛术鲁翀（1279—1338），孛术鲁翀是一位女真族后代，在元代位高权重。[2] 孛术鲁翀指出，[3]《大元通制》有助于克服元代缺乏正式律典的缺陷，可以达到引导官吏履行职责的目的。蒙元治下，不同的皇帝有不同的“成宪”，但从未有连贯的且方便利用的汇编。孛术鲁翀希望《大元通制》可以起到这个作用。

学者欧阳玄（1283—1357）也表达了这样的观点，[4] 即只有一套强有力的律法制度，才能保证王朝的良好运转。欧阳玄是北宋著名学者欧阳修的后代，在科举考试恢复的 1315 年，他考中进士。欧阳玄专治《尚书》。在他有关律法的观点中，可以看到《尚书》的影响。[5]

欧阳玄曾为法规汇编《至正条格》写过序言。[6] 在这篇序言中，欧阳玄提出，在古代，朝廷官员在新年伊始都要将律法悬挂在宫殿门外。依照欧阳玄的说法，这样的律法是为“政教治刑之法”。

---

[1] 吴澄：《草庐吴文正公集》卷十一，乾隆二十一年万璜刻本，第 26 页上。Ch'en，*Chinese Legal Tradition*，p. 29.

[2] 参见《元史》卷一八三《孛术鲁翀传》，中华书局 1976 年版，第 4219 页。对这段文字的正确转引参见 Ch'en，*Chinese Legal Tradition*，p. 26ff。

[3] 这篇序言参见《国朝文类》卷三十六，四部丛刊本，第 6—7 页。日文译注见小林高四郎和岡本敬二，『通制条格の研究訳註』，第一册，第 2—8 頁；安部健夫在『元代史の研究』第 287 頁及之后，也讨论了这篇序言。

[4] 有关欧阳玄的生平，参见《元史》卷一八二《欧阳玄传》，中华书局 1976 年版，第 4196 页。

[5] 参见 Ch'en，*Chinese Legal Tradition*，p. 38 对欧阳玄受命编纂法典的讨论。

[6]《至正条格》刊布于 1345 年，参见安部健夫在『元代史の研究』312 頁的注释 3。欧阳玄撰的序言，参见欧阳玄：《圭斋文集》卷七，四部丛刊本，第 8 页下至第 9 页上。

欧阳玄指出，《周礼》这部有关政府的儒家经典收入了以上的规定。另外，《尚书》中也记载，官僚有“明启刑书胥占”[1] 的责任。因此，儒家经典也支持公布律法的重要性，以及对律法规定的刑罚进行审慎讨论的重要性。

欧阳玄也借助《易经》来解释律法与律法注疏的重要性。在《至正条格》的序言中，他引用了《易经》中的《噬嗑》与《丰》这两卦。其中《噬嗑》提道：

> 雷电噬嗑，先王以明罚敕法。[2]

《丰》中提道：

> 雷电皆至，丰，君子以折狱致刑。[3]

欧阳玄有关汇编法规的价值的总结性言论，正从这些卦辞而来，他在《至正条格》的序言中写道：

> 二卦之象，为电为雷，所以明天威也。继自今，司平之官，执法之士，当官莅政，有征是书。毋渎国宪，毋干天常，刑期无刑，[4] 实自此始，亦曰：“懋敬之哉。”[5]

欧阳玄认为，律法是维护社会秩序的必要条件。这一认识殊为深入。这一认识也在他有关江西分宜县的一起土地官司的细致专业

---

[1] 引用《周礼》的部分，参见《周礼》卷一与卷九，四部丛刊本，第 11 页下、第 16 页下；引用《尚书》的部分，参见 *The Chinese Classics*, Vol. 3, trans. James Legge, Hong Kong University Press, 1960, p. 608。

[2] *The I Ching or Book of Changes*: Vol. 1, trans. Richard Wilhelm & Cary Baynes, p. 92

[3] *The I Ching or Book of Changes*: Vol. 1, trans. Richard Wilhelm & Cary Baynes, p. 228.

[4] 引用《尚书》的部分，参见 *The Chinese Classics*: Vol. 1, trans. by James Legge, p. 58-59。

[5] 欧阳玄：《圭斋文集》卷七，四部丛刊本，第 8 页上至第 9 页下。引用《尚书》的部分，参见 Legge, *The Chinese Classics*, Vol. 3, p. 74。

的长篇叙述中得到展现。[1] 这起官司历经多年才得到解决，争议最初出现在南宋末年。官司涉及的这份田产最初在 1273 年由一名僧人购得，他以俗家的姓名，将其购置为庙产。这种行为触犯了宋代的律法。根据欧阳玄的说法，宋代律法规定，如果寺庙已经拥有常住田，则禁止再从民户那里购置田产。最初的司法判决结果是将这一田产罚归分宜县学。在之后的二十八年里，分宜县学一直从这一田产的收入中获益。但是，出于一些原因，1300 年，先前的寺院又重新拥有了这一田产，并且寺院僧人还利用这一田产的收益支持诉讼，以保留所有权。经过上诉、听审以及其他法律程序，官府最终又将这一田产判归分宜县学。对于这一结果，欧阳玄提道："四十余年之讼，一日而绝……余乃大息而言曰……在法可，则物己物也。在法不可，则非己物也。僧违法而田归官，则田非僧物矣。官以田与学，学受田于官，非受田于僧也。"[2] 在欧阳玄看来，律法和官府对于财产制度具有最基本的重要性。他认为这一案件支持了这样的观点，即如果没有官府通过审慎执法对财产的权利进行保护，则不可能存在一个有序的社会；资源有限的民众，易于受到伤害，也需要律法与官府的保护。与此同时，如果缺乏仔细的监督和研究，律法也容易被滥用。因此，分宜县学的案件展示了律法能为民众所用，以及官府审慎执法的重要性。

这些观点在欧阳玄对一篇"策问"[3] 的回答中，表达得更加明确。策问提到了四个重要的时政问题，要求考生对每一个问题都提出解决方案。问题之一便是"法律之未定"。

---

[1] 欧阳玄：《圭斋文集》卷六《分宜县学复田记》，四部丛刊本，第 1 页下至第 3 页下。

[2] 欧阳玄：《圭斋文集》卷六，四部丛刊本，第 3 页上至第 3 页下。

[3] 策问内容参见欧阳玄：《圭斋文集》卷十二，四部丛刊本，第 4 页下至第 7 页下。

在欧阳玄的回答中，他指出，朝廷已经颁行了《至元新格》（颁布于 1291 年），但他也注意到，实际的司法决断并没有总是符合《至元新格》的规定。因此，有必要考虑编订一部律典的问题。他提出，在一个有序的律法体系中，最基本的事情是选拔律法的专家，即精通法律事务的法吏。实际上将法规应用于犯罪的，正是这些法吏。在欧阳玄的时代，律法系统受到两个问题的困扰，法吏选拔的松懈与律典的缺失。虽然没有正式律典，但却有大量的条例与法规。这些条例与法规的数量如此庞大，以至于犯罪案件的处理如同“常流”。官员们自己也不会翻检行用中的各类法规，结果“（判决）轻重高下逢其喜怒，出入比附系其爱憎”。解决这个问题的办法就是编订一部正式的律典。就像欧阳玄所指出的那样，“无成书则近于罔民”。[1] 他认为，这样一部律典要有效行用就需要公开颁行。他引用古代的先例写道：“昔者子产铸刑书，虽曰叔向笑之而郑以治，以能止辟也。”[2]

在这一段文字中，虽然欧阳玄并未使用“律”字，但他很明显是在讨论刑律典的问题。在立论的过程中，欧阳玄对一部分儒家传统提出了挑战。子产的故事以及对子产的批评，常被引用为观察早期中国对律法的态度的事例。按照传统的观念，子产在郑国公布刑法，由此在民众中打开了恶劣争讼这一潘多拉的盒子，最终导致政治体系普遍退化与公众道德的普遍下降。对子产的这一带有敌意的观点记录在《左传》中。《左传》这一《春秋》的注解，在古代典籍中享有经典的地位。这一带有敌意的观点也被史家班固几乎一字

[1] “罔民”一词，出于《孟子·梁惠王上》，参见 *The Chinese Classics*，Vol. 2，trans. James Legge，p. 148。

[2] 欧阳玄：《圭斋文集》卷十二，四部丛刊本，第 7 页上。

不差地收入了《汉书》。[1] 欧阳玄明确而直接地反对这种观点。他宣称，子产铸刑鼎是明智之举。他可能试图主张，元朝应该追随子产的先例，制定律典颁行天下。

春秋研究之一：元朝之前律法概念的演变

在蒙古统治时期，思想传统呈现极大的韧性。韧性的一个来源是儒家经典研究的传统，特别是与《春秋》有关的研究。《春秋》为五经之一，是从公元前 722 年至公元前 481 年间鲁国的编年史。[2] 传统的观点认为，《春秋》由孔子编订。自汉代以后，这部行文简洁的经典一直是学者悉心研究的对象，他们试图揭示圣贤的微言大义。因为人们相信，通过对《春秋》文本及其注解的仔细研究可以确定这些褒贬判断，所以《春秋》的文本及其注解被认为是永恒的、是非标准的一种可能来源。特别是《春秋》文本被认为是道德法则的集合，这些道德法则藏于很久之前孔子所做的"义断"之中。

有元一代，因为正式的律典没有颁行，对《春秋》的研究就更为充分。中国对法的观念要求"经"的存在，以"经"或者类似基本的标准为准则，与其相违背的行为就可以被衡量、断罪。其中一部相当重要的"经"，便是为世人推崇的《春秋》。其他的儒家经典在元代也受到相当的重视，比如《易经》。根据最近的一项研究统

---

[1] 参见 *Remnants of Han Law*, Vol. 1, trans. by A. F. P. Hulsewé, p. 331-332；《左传》关于公元前 535 年的记述的英译文，可参见 *The Chinese Classics*, Vol. 5, trans. by James Legge, p. 60。

[2] 对于这段文字的讨论，可参见 Burton Watson, *Early Chinese Literature*, Columbia University Press, 1962, p. 37-40。

计，有元一代，与《易经》有关的著述有 213 部，研究四书的有 149 部，研究《春秋》的著作则有 127 部。[1] 很明显，《春秋》被认为是道德法则的来源，是一部“刑书”。其中的事例代表了孔子的是非标准。这部“刑书”可以，或希望可以为一个结构紧凑的法律秩序提供合适的基础。

这样一种理解《春秋》的角度，早在蒙古人进入汉地以前就已经出现。战国时的孟子已经提供了阐发《春秋》义理的线索。他独具慧眼，要求儒士们解释，为什么孔子会花费心力编订一些明显毫无意义的史实。一眼看去，《春秋》的内容似乎毫无意义。例如，《春秋》对公元前 602 年的记录，只有寥寥二十一字，内容是关于谁与谁入侵陈国；之后为夏天，秋天有蝗虫，最后是冬天。[2] 这些史实对于孔子有怎样的意义？对后世又有怎样的意义？《论语》中也没有说明为什么孔子要从鲁国的历史记载中抄写这些内容。然而，孟子告诉我们，孔子曾经说过他要被人们记住并评判的著述就是《春秋》。孟子对孔子的思路解释如下：

> 世衰道微，邪说暴行有作，臣弑其君者有之，子弑其父者有之。孔子惧，作《春秋》。《春秋》，天子之事也。是故孔子曰：“知我者其惟《春秋》乎！罪我者其惟《春秋》乎！……”孔子成《春秋》而乱臣贼子惧。[3]

似乎觉得这一解释还不够清楚，汉代的《孟子》注家赵岐进一步解释说孔子编《春秋》，“设素王之法”。[4]

---

[1] 李泽芬：《元史新讲》（第 1 册），中华书局 1978 年版，序言第 6 页。

[2] *The Chinese Classics*, Vol. 5, trans. James Legge, p. 299.

[3] 参见《孟子·滕文公下》，参见 *Mencius*, trans. by D. C. Lau, Penguin Books, 1970, p. 114-115。

[4] 赵岐注：《孟子》卷六，四部丛刊本，第 13 页上。

如此,《春秋》帮助实现了本来属于天子的责任,即为天下提供道德规范。如果天子不能完成期待的责任,《春秋》可以成为权威与法的另一来源。出于这一原因,《春秋》在千百年的中国历史中,一直是儒士重点研究的对象。

《庄子·齐物论》中有一段难以理解的段落,其中提到了另一种对《春秋》的理解。《庄子》说:"《春秋》经世,先王之志,圣人议而不辩。"[1] 译者对于这段文字争议很多。

《庄子》在其他地方还提到:"《春秋》以道名分。"[2] 对此,萧公权的观点颇有助益。萧氏认为,孔子编《春秋》的目的,是想通过"正名"的方式来"责实"。[3] 孔子意识到他没有直接的办法改变世道,他选择以《春秋》为载体,保留他的"大义",以期将来这种"大义"能公行天下。

《春秋》以编年的方式记录事实和评论,因此具有史书的性质。[4] 正如《孟子》所说:"其文则史。"[5] 然而,就像大多数中国史著那样,《春秋》意在教化。因此,《孟子》引用孔子的说法:

---

[1] 郭庆藩:《校正庄子集释》,世界书局 1962 年版,第 83 页。原文是"《春秋》经世,先王之志,圣人议而不辩"。对于后半句的翻译,我(指作者)参考了 Wing-tsit Chan, *A Source Book in Chinese Philosoy*, Princeton: Princeton University Press, 1963, p. 186。参见 Lin Yutang, *The Wisdom of China and India*, Random House, 1942, p. 639: "With regard to the wisdom of the ancients, as embodies in the canon of *Spring and Autumn*, the Sage comments, but does not expound"; Burton Watson, *The Complete Works of Chuang Tzu*, Columbia University Press, 1968, p. 44: "In the case of the *Spring and Autumn*, the record of the former kings of pastages, the sage debates but does not discriminate."

[2] 《庄子》卷三十三,四部丛刊本。转引自 K. C. Hsiao, *History of Chinese Political Thought*, *Vol* 1: *From the Beginnings to the Sixth Century*, *A. D.* trans. F. W. Mote, p. 132。

[3] K. C. Hsiao, *History of Chinese Political Thought*, *Vol* 1: *From the Beginnings to the Sixth Century*, *A. D.* trans. F. W. Mote, p. 134.

[4] Legge 不认为编年史是历史文本,参见 *The Chinese Classics*, Vol. 5, trans. James Legge, p. 50-51。

[5] 《孟子·离娄下》,参见 *Mencius*, trans. D. C. Lau, p. 131-132。

“其义则丘窃取之矣。”[1] 如果说《春秋》是一部史书，那么这也是一部具有明确的政治与道德目的的史书。《公羊传》对这一目的有明确的解释，即“拨乱世，反诸正”。[2]

汉代士人为《春秋》所深深吸引，并且认为《春秋》饱含教化价值。汉代史学大家司马迁即在理解《春秋》的基础上，成就其史家的态度。这在其具有自传性质的《史记·太史公自序中》有清楚的表达：

> 《春秋》辩是非，故长于治人……《春秋》以道义。拨乱世反之正，莫近于《春秋》……故有国者不可以不知《春秋》，前有谗而弗见，后有贼而不知。为人臣者不可以不知《春秋》，守经事而不知其宜，遭变事而不知其权。[3]

司马迁一定希望《史记》能起到“经”的作用，为后世长久保存史料，以使后人在面对世事变化时，能做出正确的决定。

汉代，《春秋》一书包含的大义与律典同等重要。甚至可以说，在汉代，《春秋》就是一部律典。在汉代的决狱过程中，《春秋》的内容经常被引用作为判决依据。据说，董仲舒曾以《春秋》

---

[1] 《孟子·离娄下》，参见 *Mencius*，trans. D. C. Lau，p. 132。

[2] “拨乱世，反诸正”一词，参见何休：《春秋公羊经传解诂》卷十二，四部丛刊本，第9页下。对于公羊学的研究，以及何休的《春秋》学与杜预《春秋》学的重要不同，参见钱穆：《孔子与春秋》，载钱穆：《两汉经学今古文平议》，台北，三民书局1961年版，第255—283页。

[3] 《史记》卷一百三十《太史公自序》，中华书局1959年版，第3297—3298页。参见 Burton Watson，*Ssu-ma Chien*：*Grand Historian of China*，Columbia University Press，1958，p. 51-52。关于司马迁效仿孔子的历史观，参见钱穆：《孔子与春秋》，载钱穆：《西汉经学今古文平议》，台北，三民书局1961年版，第255—283页。

为部分甚至全部的依据，审理了232个案件。[1] 当然，董仲舒并非汉代唯一一个在司法案件中引用《春秋》的人。[2] 汉代之后，引《春秋》决狱的做法得到延续。两晋（265—420）与北齐（522—557）都留下了引用《春秋》判决刑狱的记录。[3] 因此，董仲舒对待《春秋》的态度并不是个别的，相反，这是一种普遍的做法。

在《春秋》的早期注解中，也可以看到对《春秋》内容的这种法律化解释。西晋时代的杜预有《左氏经传集解》一书，是《春秋》研究史中的一位里程碑式的人物。[4] 杜预不仅仅是位儒家大家，他也是《晋律》的主要编纂者之一，并撰写了《晋律》的注解。[5] 除了这些学术成就之外，杜预还是西晋平吴的主要将领。

杜预倾向于视《春秋》为一部准法律文献，或一部法的资源库。在上述《春秋》注解的序言中，他揭示了这一点：

> 其发凡以言例，皆经国之常制，周公之垂法，史书之旧章。[6]

如上所述，对于《春秋》这一态度，并未止于杜预的时代。这种态度不仅延续至北齐，并且我们可以看到，在宋代的法律内容

[1] 有关董仲舒《春秋决事比》的一段英译，可参见K. C. Hsiao（萧公权），*History of Chinese Political Thought*, Vol. 1: *From the Beginnings to the Sixth Century, A. D.* trans. by F. W. Mote, p. 468。

[2] 有关董仲舒与其他学者引经决狱的案例，参见程树德：《九朝律考》，台北，台湾商务印书馆1973年版，第197—202页。

[3] 程树德：《九朝律考》，台北，台湾商务印书馆1973年版，第218—219、480页。

[4] Legge对之赞誉有加，参见*The Chinese Classics*, Vol. 5, trans. James Legge, p. 26。有关杜预，可参见田村実造『アジア歴史事典』第七卷，第148頁的论述。

[5] 杜预的注解保存在一篇日文文献中。参见曾我部静雄『中國律令史の研究』12頁。

[6] 引自朱彝尊：《经义考》卷一七三，四部丛刊本，第4页上。

中，也有明显的对《春秋》的引用。[1]

北宋时期，许多士人对《春秋》怀有强烈兴趣。宋代学者主要继承的是唐代啖助及其弟子陆淳研究《春秋》的视角。[2] 早期的理学家孙复（992—1057）继承了啖助与陆淳的传统，但孙复治《春秋》，对《春秋》文本进行律法化的解释是其重要的主题。一些学者甚至批评孙复为法家。有人提到：“明复为《春秋》，犹商鞅之法，‘弃灰于道者有刑，步过六尺者有诛’，谓其失于刻也。”[3]

邵雍（1011—1077）对《春秋》的态度与孙复相似。他甚至将其阐发得更为明确。他直接指出：“《春秋》，孔子之刑书也。”[4] 与邵雍同时代的学者程颐，也持相同观点。程颐的观点被朱熹（1130—1200）与吕祖谦（1137—1181）合编的理学著作《近思录》收入，因此对后世的影响更大，在元代当然也一样。程颐写到，孔子“作《春秋》，为百王不易法。”[5] 他批评同时代的学者未能意识到《春秋》作为“经世之大法”的性质。[6] 程颐的说法大概是受到了《庄子》的启发，如上文所述，《庄子》曾提到“《春秋》经世”。

为了使其观点更为明确，程颐指出，“五经之有《春秋》，犹法

[1] 宋代引用《春秋》判决的例子，参见《名公书判清明集》卷一，古典研究会 1964 年版，第 18—19 页。

[2] 参见［日］諸橋轍次：「儒學の目的と宋儒の活動」，『諸橋轍次著作集』（大修館書店，1975 年），202—204 頁。

[3] 这段文字的作者是常秩（1019—1077），见朱彝尊：《经义考》卷一七九，四部丛刊本，第 3 页上。

[4] 朱彝尊：《经义考》卷一六八，四部丛刊本，第 3 页下。

[5] 改译自 Wing-tsit Chan，*Reflections on Things at Hand*，p. 116。

[6] 朱彝尊：《经义考》卷一八二，四部丛刊本，第 5 页上。英译文参见 *Reflections on Things at Hand*，trans. Wing-tsit Chan，p. 116。

律之有断例也”。[1] 因此，《春秋》应被视为律法的说明，也是如何行用律法的示范。

程颐认为，《春秋》之“法”是普遍的法。程颐的一位学生曾引用程颐的一句格言，说明这一观点：“《春秋》之法，乃百王不易之通法。”[2]

从宋人韩琦（1008—1075）的诗文中，我们可以发现对《春秋》进行更为充分的法律化解释的另一例证。韩琦曾官拜同中书门下平章政事。[3] 他在其诗文中提到他的朋友为《春秋》做注，部分诗文如下：

> 夫子春秋之所记，二百四十有二年。
> 谨严之法不可犯，欲示万世天子权。
> 礼乐征伐必上出，诸侯虽大莫得专。
> 周平东迁鲁君隐，王纲坏裂分復联。
> 天王所存位与号，列国自用公承传。[4]

韩琦的诗中记录了周朝的历史命运。其传达的信息是，当天子大权旁落，即失去了生杀予夺、威福自操的权力时，天下就会分裂成一些不尊礼法、各自为政的邦国。在这种情况下，王室失去了对天下的实际控制，王朝最终走向崩溃。韩琦的仕宦生涯让其对权威与惩罚等问题有深入的思考，对他来说，《春秋》对这些问题进行了

---

[1] 参见朱彝尊：《经义考》卷一六八，四部丛刊本，第3页下。英译文参见 *Reflections on Things at Hand*, trans. Wing-tsit Chan, p. 117。

[2] 引文作者为罗从彦（1072—1135）。罗从彦作《春秋指规》序言，参见朱彝尊：《经义考》卷一八四，四部丛刊本，第3页上。关于罗从彦，参见 Herbert Franke. ed., *Sung Biographies*, Franz Steiner, 1976, p. 667。

[3] 韩琦的生平，参见《宋史》卷三一二《韩琦传》，中华书局1977年版，第10221—10230页。

[4] 朱彝尊：《经义考》卷一八一，四部丛刊本，第4页上。

充分的阐述，并为后世提供了解决这些问题的蓝图。

在宋代，“尊王”也许是《春秋》研究中最突出而首要的问题。[1] 然而，这事实上可能只是君主权威与皇权这一更大问题的一个标签。与之相关的观念是，普遍的法或者规则是有序的社会存在的保证。宋代《春秋》研究的第二个主题是“攘夷”以及在12世纪北方大片领土沦亡于女真的情况下，如何对金朝带来的破坏施以反击加以报复。这一主题也可以落实到帝王权威的问题。

宋人王晳的《春秋皇纲论》是《春秋》研究中阐释皇权最为明晰的一部书。[2] 王晳提道：“夫经制可以定天下，则《春秋》之经制备矣。”[3] 所以，在王晳眼中，《春秋》包含了治理天下所必需的所有知识，不仅有技术的手段，也包含精神和道德的事务，“至诚可以赞元化，则《春秋》之至诚深矣”。只要人君“执经制推至诚”，他就可以建立一个有序统一的统治。王晳总结道：

> 体道德而维之以礼法，本仁义而振之以权纲，尊君与贤，旌善黜恶，王道之权衡，太平之事业也。[4]

王晳对于“皇纲”以及“皇纲”在《春秋》中的体现进行悉心研究，并没有用法律化的视角来看待《春秋》。他并不主张将《春秋》看作一部律法，为良好运行的社会提供律法规范，但是他显然

---

[1] 有关宋代《春秋》学的研究，参见牟润孙：《两宋春秋学之主流》，载《大陆杂志》1952年第4—5期；或者牟润孙：《注史斋丛稿》，香港新亚研究院1959年版，第141—161页。陈庆新：《宋儒春秋尊王要义发微与其政治思想》（1），载《新亚学报》1971年第10期。諸橋轍次「儒學の目的と宋儒の活動」，『諸橋轍次著作集』，204—246頁。

[2] 对于王晳的生平，至今知之甚少，参见王梓材：《宋元学案补遗》卷十，世界书局1962年版，第92页下。有关《春秋皇纲论》的简介，可参见《四库全书总目》卷二十六，艺文印书馆1969年版，第22页下至第24页上。

[3] 王晳：《孔子修春秋》一文，载王晳：《春秋皇纲论》卷一《通志堂经解》，康熙十五年刻本，第1页下至第2页上。

[4] 王晳：《春秋皇纲论》卷一，康熙十五年刻本，第1页下至第2页上。

借鉴了《春秋》学长久的传统，强调国家制度以及应该由制度来运作的权力和权威。从这个意义上来看，王晢的《春秋》研究很好地顺应了一直以来的《春秋》研究取向，成为元代学者最有用的帮助。

《春秋》研究之二：元代思想与治国理念中的《春秋》与律法

蒙古的征服将上述许多理念置于严重的考验之下。皇帝应是国家唯一合法的权力与权威的掌握者这一观念，已经被专制君主这样的观念所取代。宋代已经出现了专制主义增强的趋势。分别在北方和南方征服了女真与汉人政权的蒙古统治者，自然就是专制的统治者，特别是对于被征服的民众而言。蒙元治下，儒士继续支持之前与《春秋》相关联的专制主义理论。但蒙古的统治，虽然本质上是专制的，但实际上却不甚有效。蒙古的治国之术，不能说完全没有，但也相当粗朴。基于此，儒士们从《春秋》中找到一种传统的治国之道，他们认为，或者他们希望，这一治国之道可以从他们的利益角度，帮助提升蒙古的统治。这一传统强调中央集权与专制制度的同时，也隐含了权威必须是负责的这样的观念。这些理论中的专制或集权主义并不指向暴政和独裁，而是开明的专制主义。

上文所提到的胡祇遹，是一位治《春秋》颇为尽心的学者。在其有关《春秋》的论著中，他清晰地表达了中央集权的观念。其中一篇重要的文章是《读春秋》。[1] 在这篇文章中，他认为《春秋》教导后人“振王纲”之道，通过列举负面的例证对后世君主予以警

[1] 胡祇遹：《紫山先生大全集》卷二十，河南官书局刻本1924年版，第16页下至第23页上。

示。胡祗遹从孟子的“春秋无义战”这一说法说起，[1] 指出“春秋无义战”的原因在于春秋时期的战争都因争霸而起，军事征伐都不出于天子。所以，在胡祗遹眼中，诸侯们的罪行在于僭越。僭越行为直接切割了国家政治秩序的核心，结果令人痛心。像胡祗遹所指出的那样，“五霸果欲振王纲，尊周室，凡臣子之不当擅为者，一宜请于天王，而后可行也”。[2] 然而，他们并未这样做，所以周王室最终分崩离析。

胡祗遹解释说：

> 圣人伤王纲之弛，逆臣贼子坏礼破义，虐刑滥杀，故明著其罪恶以昭示，后人读之，虽牛童马走便能别其罪之所在。[3] 如权鉴之在悬，妍丑重轻不待言说，[4] 人能辨之。[5] 庶几为恶凛然知畏。

胡祗遹的说法涉及了《春秋》成书的根本意图。在胡祗遹看来，这一意图在于防止违反规范行为的发生。《春秋》为后世记载了那些发生过的违背规范的行为与其所造成的恶果，以防止这种事情再次发生。

胡祗遹也认同《春秋》是一部刑书的观点，就此，他写道：“失礼则为罪，罪则受刑，《春秋》刑书。”[6]

吴澄也持有这种观点，他的说法与胡祗遹如出一辙：“凡《春

[1] 《孟子·尽心下》，第 2 页。英译文参见：*The Chinese Classics*, Vol. 2, trans. James Legge, p. 478。

[2] 胡祗遹：《紫山先生大全集》卷二十，河南官书局刻本 1924 年版，第 17 页上。

[3] 中文原文是：“牛童马走”。

[4] 中文原文是：“如权鉴之在悬”。

[5] 胡祗遹：《紫山先生大全集》卷二十，河南官书局刻本 1924 年版，第 18 页上。

[6] 胡祗遹：《紫山先生大全集》卷二十，河南官书局刻本 1924 年版，第 18 页上。

秋》之例，礼失者书，出于礼则入于法，故曰‘刑书’也。”[1]

吴澄在其颇具影响力的《春秋》注解，即《春秋纂言》的序言中阐述了这一重要的观点。[2]《春秋纂言》按照《春秋》的内容，采用传统的方式编排，每条内容之下先列吴澄见到的诸家相关注解，再加上吴澄自己的观点。吴澄将自己对于《春秋》“总例”的分析作为序言。在这一题为《总例》的序言中，吴澄将《春秋》视为“刑书”，并将《春秋》分为七纲八十一目。[3] 其中五纲就是传统的“五礼”，牟复礼（F. W. Mote）曾将“五礼”作以下描述：

> 吉礼，就是吉祥的事情的仪式，意味着牺牲祭祀（包含天子宗庙的祭祀，诸侯国宗庙的祭祀，以及向被邦国庇佑的地方神灵的祭祀等）。凶礼，就是对不吉祥事情的仪式（包含对丧葬，国家性灾害的祭祀等）。宾礼，是有关正式来访的仪式（包含国家与私人层面的，对于王室、贵族与政府部门的访问）。军礼，是与军事场合有关的仪式（包括与战争有关的活动，以及为了师旅操练，加强军队内部关系的各种活动）。嘉礼，即适用于欢庆场合的仪式（有时特指婚礼，广义上也包括订婚、生育、冠礼、宴飨、庆贺等）。[4]

在以上五纲之外，吴澄又新增加了两个类别，即“天道”与

---

[1] 朱彝尊：《经义考》卷一九四，四部丛刊本，第6页下。

[2] 吴澄：《春秋纂言》被台北商务印书馆重印，收入四库全书珍本系列。

[3]《总例》也包含在四库全书珍本中。

[4] Frederick W. Mote，“Yüan and Ming”，in K. C. Chang，eds.，*Food in Chinese Culture：Anthropological and Historical Perspectives*，Yale University Presss，1977，p. 193 – 257，esp. p. 204.

“人纪”。[1]吴澄对《春秋》内容的分类，具有独创性。[2] 其意义在于作为“刑书”，《春秋》包罗人类万象，因此可以提供全方位的原则，在其基础之上可以构建和维系一套人与人之间关系的秩序结构。

在其他地方，吴澄也提到，《春秋》成书的目的与周代“礼乐征伐之柄下移诸侯”的状况有关。这一状态的结果是，“国自为政，以霸而间王”。天下乱，即“天经紊，人理乖”。[3] 孔子希望匡正乱世，但孔子却没有可以改革现状的职位，“于是笔之于经，以俟后圣，故曰‘《春秋》，天子之事也’，又曰‘《春秋》，孔子之刑书’也”。[4]

最后一位应被提及的《春秋》学者是浙江浦江县人吴莱（1297—1340）。他虽几经努力，但最终未能入仕元廷。他曾以《春秋》经参加会试，但未能登第。随后他回到浦江，以教书为业。但他从未放弃对大都政治施加有效影响的志向。事实上，他的父亲在大都五十余年，与一部分相当有影响力的蒙古首领关系极为密切。[5]

---

[1] “人纪”一词最早出现在《尚书》卷十三《伊训》中，参见 *The Chinese Classics*, Vol. 3，trans. James Legge，p. 195。

[2] 《四库全书总目》卷二十八，艺文印书馆 1969 年版，第 3 页上。

[3] 吴澄《春秋备忘序》是为金元时的学者敬铉的《春秋备忘》做的序言，载吴澄：《草庐吴文正公集》卷十一，乾隆二十一年万璜刻本，第 7—9 页。敬铉是书在元仁宗（1311—1320 年在位）的命令下被重新刊印。敬铉是北方士人，于 1220 年考中进士，他在金朝与蒙古治下都曾出仕为官，见《元史》卷一七五《敬俨传》附《敬铉传》，中华书局 1976 年版，第 4096 页。

[4] 吴澄：《草庐吴文正公集》卷十一，乾隆二十一年万璜刻本，第 8 页上。

[5] 吴莱的生平，参见《元史》卷一八一《吴莱传》，中华书局 1976 年版，第 4189 页。亦可参见孙克宽：《元代金华学术》，东海大学出版社 1976 年版，第 75—106 页。亦可参见我的（指作者）论文，“Chin-hua Confucianism and the Mongol Conquest”，in Langlois，ed.，*China under Mongol Rule*，p. 168-171，173-178。我（指作者）在未出版的博士论文“Chin-hua Confucianism under the Mongols（1279-1368）”（Princeton University，1974）中对吴莱的父亲吴直方（1356 年卒）有所讨论。

吴莱自己的《春秋》学著述未能存世。但我们可以看到吴莱为一些《春秋》学著述撰写的序言。其中，他为同时代学者吴师道（1283—1344）的著述所写的序言，最能体现吴莱对《春秋》的观点。[1] 宋代胡安国（1074—1138）的《春秋》注解是元代《春秋》的标准注解，1313 年成为科举考试的官方注解。吴师道研究胡安国的《春秋》注解而成著述。吴莱为之作序，其中包含与本文讨论殊为相关的重要观点。[2]

首先需要指出的是胡安国的《春秋》注解与我们这里提到的《春秋》学传统相契合，这一传统视《春秋》为刑书。就像胡安国为自己著述所写的序言那样，“故君子（指程颐）以谓‘五经之有《春秋》，犹法律之有断例也’[3] …… 不学是经而处大事，决大疑，能不惑者鲜矣”。[4] 对胡安国而言，《春秋》是“经世大典”。这个用语得到元代学者的高度重视，也成为元文宗时期颁行的大部头文书法规汇编《经世大典》（颁行于 1332 年）的名称。[5]

在为吴师道著述所撰写的序言中，吴莱提到胡安国《春秋》学重点的改变。他明确指出，宋代《春秋》学所关注的主题，在元代显得不合时宜。他注意到，胡安国《春秋》注解中十分强调“攘夷”这个主题，这主要与胡氏所处时代宋廷的不安全状态有关。1126 年靖康之变，女真人掳掠了徽宗皇帝以及许多朝廷官员和后宫

---

[1] 吴师道的传记，参见《元史》卷一百九十《吴师道传》，中华书局 1976 年版，第 45—48 页。亦可参见孙克宽：《元代金华学术》，东海大学出版社 1976 年版，第 45—48 页。

[2] 吴莱这篇序言名为《春秋胡传补说序》，吴莱：《渊颖吴先生集》卷十，四部丛刊本影印至正十三年本（是书四部丛本有两个版本），第 9—11 页。

[3] *Reflections on Things at Hand*, trans. by Wing-tsit Chan, p. 117.

[4] 朱彝尊：《经义考》卷一八五，四部丛刊本，第 1 页下。

[5] 在我的（指作者）的论文“Yü Chi and His Mongol Sovereign: The Scholar as Apologist”（p. 108-110）中，对《皇朝经世大典》有所讨论。

成员，而高宗皇帝始终未能报其父仇。胡安国深受此事的影响，并满怀愤恨。所以，在胡安国的《春秋》著述中，对“攘夷”这个主题倾注了非比寻常的心力（当然，对他来说也是自然而然的）。然而，在吴莱所处的时代，这个主题不再重要。“夷狄”显然不再能构成对元王朝的威胁（而且，蒙元人也不能被视为“夷狄”，因为天子就是蒙古人）。因此，对吴莱而言，“攘夷”之外的主题就变得尤为重要。

吴莱所关注的首要问题是决断的基本标准应该、也需要由君主确定，与吴莱所继承的《春秋》学术传统相契合，这些所谓决断的基本标准应该理解为司法层面的。对吴莱而言，他没有明说的一个问题来自元朝未能颁行一部律典，或者是律典的缺失而带来的司法的不确定。因此，在序言中，吴莱提到这样的律典所具有的历史重要性，以及有这样的律典而未能充分行用所带来的困扰。

吴莱指出，在上古尧舜禹圣王时代，国家受益于法度之严明，同时，统治也富于人伦教化。圣王们赏罚合度；同时落实其职责，警示非法行为。因为圣王强调道德教化，赏罚有度，天下大治。帮助圣王们实现这一开明治世的是伯夷与皋陶的刑典。如吴莱所述，“伯夷之降典播刑；皋陶之明刑弼教，何莫而非此道也”。[1]

皋陶出现在许多中国上古时代的传说中，这个形象一般与立法

[1] 参见吴莱：《渊颖吴先生集》卷十，四部丛刊本影印至正十三年本，第10页上。这个典故出现在《尚书》中。有关伯夷，可参见 *The Chinese Classics*，Vol. 3，trans. James Legge，p. 595，598。有关皋陶，参见是书 p. 58。另参见 *Book of Documents*，trans. Bernhard Karlgren，Museum Eastern Antiquities，1950，p. 74-76，也提到了伯夷（Karlgren 并未翻译有关皋陶的部分）。

与司法的功能等相关联。[1] 吴莱提到的伯夷也是一位古代的立法者，虽然没有像皋陶那样成为广泛流传的传说的主题。在追溯了这些先贤标准之后，吴莱提到，在周代早期，仍然有基于成文律典的开明统治时期。这是因为“文武周公之旧典礼经”的治世作用。但是到春秋时期，这些古代的法律典章制度不再有效。

在吴莱看来，古代法典效力的下降，正是孔子意图以他的《春秋》来替代法典的核心所在。《春秋》可以填补过去标准法规衰落而留下的空白，从而使人类重获其道德与政治的卓越成为可能。

吴莱明确表明，实现这种复归的关键方法，可以在《春秋》中找到。因为人君与臣下共同面临的根本问题是如何利用权力做出断决，《春秋》恰好在这一点上给出了最为珍贵的见解。《春秋》教给世人决策过程中两个基本学说或曰路径，吴莱将之描述为“经制”与“权宜”：前者为制定一套永久性的标准制度与规则；后者为权衡案件的独特性，为了达到好的目的，对规则作出适当的例外的处理。他对此二者做了如下描述：

> 惟吾圣人（指孔子），盖有聪明睿智之德而无其位。于是，独持其命德讨罪之笔，而欲以定天下之邪正也。吾赏焉，而赏非私与邪也；吾罚焉，而罚非私怒。此其阳舒阴惨，举直错枉之间，先后有伦，众体有要。是谓经制持循，准的不容少紊，人情之轻重不同，世故之治乱亦异，是故权义，洊移前却，必得其宜。[2]

---

[1] Derk Bodde 对之有所讨论。See Derk Bodde and Clarence Morris, *Law in Imperial China, Exemplified by 190 Ch' ing Dynasty Cases* (*Translated from the Hsing-an Hui-lan*) *With Historical, Social and Juridical Commentaries*, Harvard University Press, 1967, p. 559-560.

[2] 吴莱：《渊颖吴先生集》卷十，四部丛刊本影印至正十三年本，第12页上。

因此，《春秋》给予君主，也给予每一个人，在人生中处理困难问题的方法。这个方法包含了必须被完全认同的永久性规则，即“常经”；以及在遭遇意外事件时，认识到永恒的规范只能作为指导方针，即“权宜”。人君必须对“经”持守不移，同时，他必须能够有效地处理和应对现实生活中的各种可能事件（“权”）。

简言之，君主与儒士必须成为一名法官，而《春秋》则成为其法典：

> （春秋）实圣人时中之大法也夫，[1] 然。故《春秋》圣人之法书，[2] 世之学者，犹议法之吏，惟其知圣人之道，揆而宅心忠恕，然后可以通圣人之法守，而立说坦夷。[3]

元代思想中的“法家”问题

上述的许多分析都近似战国时期法家学派的特征。在《公羊传》中，“权”即被当作君主权力予以讨论。但这种“权”的观念曾被一些早期的法家学派思想家阐述过。在法家著作《商君书》中，有一个篇目专门讨论“修权”，即培养君主权力。据说，商鞅主张“国之所治者三，一曰法，二曰信，三曰权”。[4] 他解释说“法者，君臣之所共操也；信者，君臣之所共立也；权者，君之所独制也”。[5]

---

[1] “时中”一词出自《中庸》，参见 *The Chinese Classics*，Vol. 1，trans. James Legge，p. 386。

[2] “法书”在一些文本中也许是“手写”或者是一种“笔体”的意思。其他地方意指“法律文书”或“律文”。参见欧阳玄：《圭斋文集》卷十二，四部丛刊本。欧阳玄《皇朝经世大典》的序文，参见欧阳玄：《圭斋文集》卷四二，四部丛刊本。

[3] 吴莱：《渊颖吴先生集》卷十，四部丛刊本影印至正十三年本，第 12 页。

[4] 参见高亨注：《商君书注译》，中华书局 1974 年版，第 110 页。英译文可参见 *The Book of Lord Shang*，trans. J. J. L. Duyvendak，University of Chicago Press，1963，p. 260。Duyvendak 将“权”译成“Good standards”，他注释说“权”是一种铁制的称量器具。

[5] 英译文参见 *The Book of Lord Shang*，trans. J. J. L. Duyvendak，p. 260。

所以，对于商鞅而言，君主应该与臣民一起遵守律法，彼此建立信任关系，但是君主仍具有专制的权力。维持这种大权独揽，是邦国安全之所必须。“人主失守则危”。商鞅认为，其中的原因在于，君主修权，可以增加君主之“威”，即权威的气势。[1]

商鞅原则上反对君主在统治中武断行事，一意孤行。对商鞅来讲，根本问题是，君主首先要捍卫律法，然后才可以保障国家得到有效的治理。商鞅提道：“先王悬权衡而立尺寸，至今法之，其分明也……故法者，国之权衡也。”[2]

“权”的观念也在《荀子》一书中有所讨论，虽然与《商君书》中采用的讨论方式不同。荀子认为，智者应该培育其“权衡”的能力，并通过仔细思考作出相应的判断。[3] 如冯友兰指出的，此论与后来墨子的分析很一致。[4] 据说是申不害所作的两个残篇中，“权”也作为比喻出现，学者顾立雅（H. G. Greel）曾经有过讨论。[5] 在古代法家经典《管子》中，有一整个篇章着力讨论“权修”这个主题。若抛却隐喻成分，可以更好地将“权修”理解为“增强（君主的）权力”。[6]

---

[1] 英译文参见 *The Book of Lord Shang*，trans. J. J. L. Duyvendak，p. 260。

[2] 参见高亨注：《商君书注译》，第 112 页。Duyvendak 在其书中未翻译这句话，这句话是高亨从其他材料中摘录的。

[3] 参见 Fung Yu-lan，*A History of Chinese Philosophy*，trans. Derk Bodde，Princeton University Press，1952，p. 29。（原文可参见冯友兰：《中国哲学史》第一篇，中华书局 1961 年版，第 372 页。——译者注）

[4] 参见 Fung Yu-lan，*A History of Chinese Philosophy*，trans. Derk Bodde，Princeton University Press，1952，p. 29。（原文可参见冯友兰：《中国哲学史》第一篇，中华书局 1961 年版，第 372 页。——译者注）

[5] H. G. Creel，*Shen Pu-hai*：*A Chinese Political Philosopher of the Fourth Century B. C*，University of Chicago Press，1974，p. 353，391.

[6] 《管子》卷一，四部丛刊本，第 7—10 页，“权修”是其中的第三篇文章。W. Allyn Rickett 的 *Kuan Tzu*：*A Repository of Chinese Thought*（University of Hong Kong Press，1965）对此没作翻译。

早期的法家学者经常使用"权"这个术语，上文关注的元代士人也经常使用这个词，但是这并不意味着这些元代士人属于法家。无论元代士人与法家有多少相似之处，他们在一个重要问题上，始终存在根本分歧。[1] 法家所最关注的是强化君主权力，君主因此可以成为至高的专制统治者，其统治主要建立在对违背其命令的人进行迅速而严厉的惩治，对忠诚于他的人进行及时的奖赏这样的基础之上。元代学者并不强调以严惩的方式补救时弊，他们的著述强调的是君主紧握赏罚"权柄"的重要性。关键问题不是罪犯得到严厉惩罚，而是通过在政治权力的中心维持一个"标准"以作为律法制度的基础，并藉此来稳固帝国的统治。

元代学者规劝皇帝紧握传统帝制赋予他的大权。他们这样做并不是想让蒙古统治者成为暴君，而是希望皇帝更加人道且关心国事，希望皇帝能意识到"标准"的律法规范有利于人伦法则的有序落实，因此具有相当的重要性。他们的目的在于提高治术。通过对蒙古政权的分析，他们认为蒙古人并未能充分维护自己的权威。元朝皇帝经常允许下属"领主"在未被授权的情况下实施特殊的政策，因此实际上代替天子而成为法律的渊源。原则上讲，君权是至高无上的。尽管蒙古的信仰是腾格里（长生天），但是，蒙古统治的实际情况是，只要领主们满足皇帝指定的互惠互利的要求，皇帝就允许领主们肆行掠夺财富。这是因为，蒙古征服汉地的目的，并不是要建立一个规范的官僚化的帝国，而是为那些得到鬼神和上天庇佑的人们攫取战利品的途径。军事征服以及如傅礼初（Joseph

---

[1] 关于法家的一些讨论，参见 Vitali Rubin，"Shen Tao and Fa-hia", *Journal of the Americal Oriental Society* 94.3（1974）：337-346。亦可参见 K. C. Hsiao and Frederick W. Mote，*History of Chinese Political Thought*，*Vol.* 1：*From the Beginnings to the Sixth Century*，*A. D.*，Chaps 7 and 8 中对早期法家的分析。

Fletcher）所描述的“血腥继承”（bloody tanistry）是蒙古生活的关键所在。[1] 因此，在蒙古的世界秩序中，皇帝提高自身威望的方式，就是允许下属肆意掠掘财物。当然，这也是有限制的，因为皇帝自身的尊严与威望不允许领主在君主自己的土地上肆意妄为。但是，根本上讲，蒙古的统治是反官僚化的。它是个人专断性的，而且从汉人立场看，它充满了任意妄为和不可预测。简言之，就是“权”过多而“经”太少。

本文中的元代学者们讨论的就是这些问题。他们的目的是想使元朝皇帝从根本上接受汉地的统治方法，即官僚化、规范化、集权化的统治方法。这些学者们在著作中强调皇帝权威的重要性，因为在他们看来，天子应紧握国家大权，而蒙元皇帝并不是充分的专制者，这些皇帝也许是武断的、随性的，并且也许偶尔也是残暴的，但他们并不是有效的专制君主。重要的行动经常未经皇帝允许而由下属私自执行。对蒙古人来讲，一定程度上的代理权与自由酌量权是必要的；但对汉人来说，这会造成危害。从汉人的观点来看，避免危害的唯一方法是皇帝乾纲独断。唯有如此，他的下属们就不会肆行掠夺汉地的财富和破坏汉地的和谐了。

“权”这一比喻，在意识形态方面有两个目的。一方面，它支持大权应独揽于皇帝一人之手这样的主张。因此，这不会被视为对皇帝权力与威望的威胁。另一方面，这个比喻也包含了理性的观念。它反对不负责任的、武断的权力，这意味着权力必须由开明的专制君主来操使。也许对“权”的特性最恰切的描述是《淮南子》：

---

[1] “Bloody tanistry”一词描述了蒙古以战争来解决继承权争议的方式。See Joseph Fletcher, “Bloody Tanistry: Authority and Succession in the Ottoman, Indian Muslim, and Later Chinese Empires”. 该文是在1978年9月意大利的贝拉乔（Bellagio）召开的“民主理论与大众参与”会议上的论文。本文引用得到了作者同意。

权之为度也，急而不羸，杀而不割；充满以实，周密而不泄；败物而弗取，罪杀而不赦；诚信以必，坚悫以固；粪除苛慝，不可以曲。故冬正将行，必弱以强，必柔以刚，权正而不失，万物乃藏。[1]

当然，孟子在讨论专制君主行使权力时，也提到了“权”这样的比喻：

权，然后知轻重；度，然后知长短。物皆然，心为甚。[2]

当然，孟子的意思是君主必须监督自己，戒除不人道的行为。《孟子》的另一处也用到“权”这一比喻，建议人们审慎处事。[3]有的时候，具体情势要求人们放弃礼仪的严格规定，这样的情况需要个人谨慎地视情况而动，以防止滥用。“权”也指向儒家“缓决”（suspended judgment）的主张，表明具体情况各有不同，但基本原则的坚持可以保证例外的处断不会成为任意的处断，并造成对良好秩序的破坏。

有人或许会认为本文中的元代学者们的观点受到了法家影响。他们的主张与法家学派有关帝制性质的思想有强烈的呼应。但不能将这些学者归为法家或儒家，因为在元代，这两个学派有关政府的思想是彻底交织在一起的。

---

[1] 英译文参见 Joseph Needham，*Science and Civilisation in China*，Vol. 4，pt. 1，Cambridge University Press，1976，p. 17。

[2] 参见《孟子·梁惠王上》，第 7 页。英译文参见 *Mencius*，trans. by D. C. Lau，p. 57。

[3] 参见《孟子·离娄下》，第 17 页。英译文参见 *Mencius*，trans. D. C. Lau，p. 124。原文是“嫂溺援之以手者，权也”。

第三章

三教合一与明太祖的思想*

明朝的建立者并非一位儒士。[1] 朱元璋，庙号“太祖”，出身贫寒，在元朝末年起义的红巾军中逐级晋升，并最终成为起义军的领袖。之后，他很快与地主集团的利益以及中国帝制传统中的官僚元素建立了联系。事实证明，他有效地将自己的卑微出身与博大古老的治国传统结合起来，为王朝的长治久安奠定基础。

明太祖内心是一个兼容并蓄的人。以其在1360年代所建立的军事组织为基础，他借鉴了中国治国之道这一伟大传统，建立了一个朝代，同时他也借鉴了佛教、道教和摩尼教的民间传统。作为一个强大的国家机构的缔造者，他利用各种民间与精英的传统来为他的权力服务。他的治国方略的特点是融合，即在一个共同的目标下，缩小不同传统或思想流派的差异。

---

* 本文原载 *Harvard Journal of Asiatic Studies* 43：1（1983）：97-139，第二作者为台湾东海大学孙克宽（Sun K'o-K'uan），作者感谢唐海涛先生（Mr. Hai-t'ao T'ang）、牟复礼（Frederick W. Mote）教授以及哥伦比亚大学“新儒学研究”研讨班学员对本篇论文提供的帮助与建议。本研究的部分资金来自 Bowdoin College 和 Princeton University。

[1] 参见 Ssu-yü Teng 有关明太祖（朱元璋）生平的介绍，参见 L. C. Goodrich and Chao-ying Fang, eds., *Dictionary of Ming Biography*, NY: Columbia University Press, 1976, p. 381-392。吴晗：《朱元璋传》，三联出版社 1979 年版。

明太祖的宗教世界充满了灵、鬼、异和魔。[1] 他年轻时成了孤儿，在家乡安徽的皇觉寺里做了几年的行童。他可能在黄觉寺学会了阅读。1352 年，皇觉寺被毁于盗，他被迫离开。之后，他加入了红巾军，军队里许多人信奉明教。这一宗教源于唐朝时就从西方传入中国的摩尼教。在元末，它与弥赛亚运动联系在一起。弥赛亚运动信奉明王会降临人间，带领人类进入一个更美好的世界，即天堂。红巾军中还有许多信奉白莲教和佛教弥勒教派的人，这些教派教导人们，救世主会将人类从苦难中拯救出来。红巾军中还有一些是道教徒，在元末，道教虽然不是弥赛亚、救世，但认为有仙人存在，仙人可以把自己的身体从日常生活的痛苦中解放出来。

在与红巾军打交道的过程中，朱元璋从这些民间宗教中吸取了相关的信仰、态度和期望。随着实力的强大，他成为天子宝座的争夺者，他的谋臣都是政治、行政、合法性事务的专家，最重要的是，他们都曾接受过儒—法治国之道的训练，他们帮助朱元璋运用这一治国之道的各种手段建立了一个符合帝国传统的王朝。但是，是皇帝本人有意将这些不同的宗教和传统融合，这样的融合使这些儒臣能够与他建立一种有效的关系，并成为统治成功的最终原因。

当然，只有那些本身秉持融合论、非教条主义心态的官员，才最有可能和朱元璋一起完成这项任务。这位王朝的缔造者未曾接受过关于一种政治或宗教思想的重要性或纯洁性的灌输。他对各种宗

[1] 参见 John W. Dardess, The Transformations of Messianic Revolt and the Founding of the Ming Dynasty, *The Journal of Asian Studies* 29.3（1970）：539-558；Daniel L. Overmyer, *Folk Buddhist Religion*：*Dissenting Sects in Late Traditional China*, Cambridge：Harvard University Press，1976，p. 99-100，147-148。

教体系的学习，对悠久复杂的帝国传统的学习，都是自学成才——道听途说、偶尔与文人讨论，以及研读这一传统中的文本。随着时间的推移，他作为军事领袖的关注点逐渐转移，以适应其新的政治位置的要求。然而，两者之间有一个重要的共同点：对权威的绝对性需求。在处理政治和宗教教义时，不管它们之间存在怎样内在的哲学性的矛盾，朱元璋全心关注的是这些教义在建立和维护其权威中的效用。此外，他简单地将各种思想流派和宗教信仰约缩为一个共同点：它们是有用的，在百姓的心灵层面，可以引发出顺从和良好的行为。

在思想领域，前近代中国的文人具有最高的权威。操控思想和运用文字是其所长。但是他们的理想是儒家经典和先师教育的产物：他们应该为建立一个有序、公正的社会贡献他们的思想和生命。在这样的社会中，他们辅佐统治者进行统治，藉此保证统治者很好地管理国家。

朱元璋于1353年夺取定远（今位于安徽）后，首次与当地文人建立了密切的联系。1356年他渡过长江，占领集庆（今南京），并于1358—1359年占领几乎整个浙江时，那里主要的儒学中心逐渐归入其麾下。随着时间的推移，朱（元璋）成为吴王，他以一种微妙的方式接受文人在行政管理、赋税征收和正义执法等方面的指导，其见识与权力均得到了扩展。文人们向朱元璋这位佛教、摩尼教、鬼神灵异的追随者引入儒家治国之道。朱（元璋）看到了这些学说的效用。他是个聪明的学习者，他天生的智力一定使这些文人感到惊讶。文人中也有同样睿智有见识的人，因为他们找到了一种方法，把悠久、复杂、汗牛充栋的传统儒家治国之道的意义传达给了这位军事统帅。

我们无法知道朱元璋到底相信什么，而只能从现存的归于他名下的一些言论进行推断。我们也有他的一些比较可靠的著述。当然，他的谋士的情况也是如此。我们知道，他和他的谋士亲自撰写或者以他们为名撰写了许多诗文与其他内容。可以肯定的是，这些材料是为子孙后代而写的，在一定程度上包含了人为塑造的印迹。然而，有一个主题是显而易见的，那就是融合主义和折中主义。这是皇帝和他的一些谋臣共同的特点。

如前所述，朱元璋可能相信神灵、巫术以及对超自然事件的民间想象。这一时期许多儒士，即使不是所有的儒士，也是如此。我们这里讨论的这一群体，其成员各有差异，但他们对神灵、鬼魂、占卜、巫术、“神仙”之类的信仰却有很大的相似性。朱元璋是穷人、农民、劳工、军人的代表；然而，他和这些儒士共享的是同一文化。文人有时把民间的鬼神信仰看成一种痴狂的、误入歧途的东西，但他们自己其实并不能完全脱身其外。[1] 例如，宋代的哲学家朱熹（1130—1200）对这些信仰及其背后的自然现象进行了考察，并得出结论，认为它们是自然力量的产物。[2] 鬼魂、巫术、神灵等并不是真正的鬼魂和神灵，而是自然、物理现象的呈现。但关键的一点是，尽管他们的解释和理解能力各不相同，这些信仰仍然是共同的。

朱元璋的许多谋士都是文人。例如，刘基（1311—1375）和宋

[1] Edward H. Schafer 在他的多部作品中探讨了唐人对女神和超自然现象的信仰。参见 *The Divine Woman*：*Dragon Ladies and Rain Maidens in T'ang Literature*，Berkeley and Los Angeles：University of California Press，1973；以及 John S. Major 对 Schafer，*Pacing the Void*：*T'ang Approaches to the Stars*（Berkeley and Los Angeles：University of California Press，1977）一书的书评，载 *Harvard Journal of Asiatic Studies* 40（1980）：278-285。

[2] 参见 Wing-tsit Chan 有关朱熹著作的翻译：*A Source Book in Chinese Philosophy*，Princeton：Princeton University Press，1963，p. 643-646。

濂（1310—1381）都来自浙江。[1] 就拥有土地的情况而言，刘基出身于一个比宋濂更显赫的家族。他曾经入仕元朝，既是为了让自己的才能有更好的发挥，也以恢复浙江的秩序为主要目标。宋濂从来没有入仕元廷，[2] 他在婺州路浦江县富裕的郑氏家族的家学里充当儒学教导的同时，过着道家的隐居生活。朱元璋攻占浙江后，这两个人最终都加入了朱的阵营。朱元璋敬佩刘基是一位杰出的战略家和预言家。他欣赏宋濂的博学，欣赏宋濂懂得政治军事秩序对知识层面的需求，朱元璋让宋濂教育他的长子。

阅读刘基的作品，[3] 几乎没有迹象表明他与朱元璋有同样的鬼神信仰。我们不知道他的文集中没有包括这些内容是表明他没有信仰，或者仅仅是他没有在其中提到这些思想。我们知道他是一位占卜家，他在这一领域的能力受到了朱元璋的敬重。在军事行动之前，朱元璋经常要求刘基进行占卜。从这一意义上来说，刘基的专长与朱元璋对世界自然规律的理解是一致的。

与之形成鲜明对比的是，宋濂的文集则充斥着大量有关元末神灵、巫术、神仙、鬼神信仰的信息。对材料的解释必须谨慎。我们在此提出一种假设，即宋濂有关这些问题的著述，是为了与朱元璋，可能也与其他成员比如朱元璋的心腹进行交流。当然，我们并不是说宋濂不真诚，在他自己看来，他所讲的故事也一定是可信的。在他的叙述中，宋濂所展示的是他和朱元璋同处的一个神奇世界。

---

[1] 参见 Hok-lam Chan 所撰刘基的传记，L. C. Goodrich and Chao-ying Fang，eds.，*Dictionary of Ming Biography*，p. 932 - 938；F. W. Mote 所撰宋濂的传记：*Dictionary of Ming Biography*，p. 1225-1231。

[2] 一些资料显示宋濂名义上曾接受元朝政府的任命，F. W. Mote 在 *Dictionary of Ming Biography* 中对此进行了讨论。参见上条注释。

[3] 有关刘基文集的研究，参见钱穆：《读明初开国诸臣诗文集》，载《新亚学报》1965 年第 2 期，该文对于宋濂文集的研究同样具有重要价值。

宋濂把这个神奇的世界描写得光彩夺目，这可能是他让朱元璋相信他并没有完全脱离文人世界的一种方法。这样一来，宋濂也许就建立起了一种信任的纽带，没有这种纽带，朱元璋大概就不愿意从儒家治国之道的传统中吸取治国方法。这种纽带关系与朱元璋的军事实力一起，可能加速了王朝建立的进程。

下文要考察的很多资料表明明朝的建立在很多方面是“三教合一”的产物。[1] 明太祖朱元璋利用儒家、道教和佛教的符号、制度和仪式，以提高皇权的尊严和威望。他是巫师的外孙，这一事实有助于理解他何以对“神灵”充满深深的恐惧和尊重。他曾多次在位于南京城外蒋山（又称钟山）的太平相国禅寺举办大型佛教活动，同时下令在南京建造一座大型道观——神乐观，在某种程度上与那里的大型佛教寺院相媲美。他从宗勒（1318—1391）[2] 等重要僧侣那里听取有关佛教毗奈耶的讲解，并与傅若霖（1322—1399）一起研究道教经文。后者是江西龙虎山天师的副手，受邀住在宫中

---

[1] 这些术语是指“折中主义”（eclecticism）还是“融合主义”（syncretism），还取决于我们讨论的思想家是谁。宋濂似乎是一个折中主义者，而明太祖，虽然不是哲学家，却是一个融合论者。这是因为明太祖朱元璋是一位还原论者（reductionist）；他将三教中的每一种学说还原至一种共同点。宋濂却并没有试图把它们还原至一个原则，甚至没有论证三教是可以进行这样的还原的。F. W. Mote 未发表的“Eclecticism and Syncretism in Early Ming Thought”（明初思想中折中主义与融合主义）一文，对元末明初三教合一运动中的这两种取向进行了明确的区分。他指出，折中主义和融合主义在那个时代都很流行，选择何种标签取决于他所讨论的思想家。Judith A. Berling 的 *The Syncretic Religion of Lin Chao-en*（NY：Columbia University Press，1980）区分融合主义和折中主义，认为后者具有一种“随机性”。也就是说，在她看来，折中主义是各种宗教思想的随机集合，之间常常相互矛盾，缺乏主导性或中心的思想。在她的分析中，“与折中主义相反，融合主义假定了一个宗教权威的坚实基础。它不是将各种元素随机地并置到一个独特的整体之中，而是将各种元素融入一个主体的传统之中”（第9—10页）。事实上，当我们阅读元末明初的资料时，我们倾向于把明太祖看成是一个还原主义者，而把宋濂则看成是一个折中主义者。但我们不同意这样的观点，即宋濂作品中的所见到的折中主义只是各种元素的随意并列；我们认为这是一种深思熟虑的，对三教的诸元素进行的折中性的考察，这一考察并没有试图将诸元素还原至一个易于理解的标准或名词。

[2] 这些观点参见下文。

为皇帝提供指导。洪武十七年（1386），朝廷在南郊的祭坛举行一年一度盛大的祭天地仪式，傅若霖受命引领仪仗队伍。[1]

宋濂有关神与巫师的著述

虽然宋濂学识渊博，精通宋代理学家的“理性主义”以及佛教、道教、法家和其他许多学派的思想，但他还是写了大量关于鬼神的文章。在《赣州圣济庙灵迹碑》[2] 中，他追溯了这座寺庙的历史。该寺庙在很早的时候就已经建立，之后流传四方，在各郡县都有修建。寺庙供奉的神灵叫石固，赣州（江西）人，生活在秦朝。石固死后，成为一个显示吉凶征兆的神。

汉高帝六年（公元前201年），在赣州的一次军事行动中，石固首次显灵。宋濂追溯了其他各次显灵的情况，神灵预示未来，或者左右自然以操控人事。为了增加叙述的可信度，宋濂指出，这些事件在其他资料中也得到了证实，比如唐宋时期的碑刻和一部名为《嘉济实录》的著作（嘉济是石固在宋朝的一个尊称）。宋濂解释说，宋朝时，该神灵先后五次被授予尊号，而元朝则有三次。汉高祖赐给他一件红黄相间的长袍和一条用珍贵的缠丝玛瑙制成的腰带。南唐的统治者李煜（937—978，961—975年在位）用一块刻有五龙的砚台来祭奠这位神灵。据宋濂考察，所有这些物品都保存在赣州的寺庙里。然后他发表了一段关于神灵的想法：

> 濂稽诸经，国有凶荒，则索鬼神而祭之，士有疾病，则行祷于五祀。先王必以神为可依，故建是祠祝之制也。世之号为

[1] 张宇初：《岘泉集》卷三，四库全书珍本，第26页下。

[2] 宋濂：《宋文宪公全集》卷四，四部备要本，第1页上至第2页下。

儒者，多指鬼神于茫昧，稍与语及之，弗以为诬，则斥以为惑，不几于悖经矣乎？[1]

宋濂显然是用这些言辞来攻击那些把神灵仅仅看作自然现象的宋代学者。为了支持自己的观点，他列举了与自己有类似观点的宋代著名学者的名字：

有若神者，功在国家，德被生民，自汉及今，孰不依之？虽近代名臣若刘安世、若苏轼兄弟、若洪迈、若辛弃疾、若文天祥，亦勤勤致敬而弗少怠。是数君子者，将非儒也邪？[2]

与许多近代以前的中国人一样，宋濂相信，为了维护正义，神灵可以干预法律案件。他的《王弼传》[3] 讲述了一个被巫师残忍杀害的女人如何以鬼魂的形象出现在被派往她家乡主持审判的官员王弼面前。王弼因此才能伸张正义。[4] 在另一篇文章中，宋濂提到道教大师周元真曾被教授召唤鬼魂神灵之法。一次，他遇到被狐神附体的沙弥。当周元真救他的时候，沙弥已经久病虚弱垂死。据宋濂的说法，“（周）嘘气禁咒之”，狐神就从沙弥身上跃出，立刻被众人杀死，沙弥的身体很快得到了康复。[5]

这类传说在近代以前的中国很常见。然而，关于朱元璋的祖上，传说与历史的界限则模糊不清。根据宋濂的神道碑铭，朱元璋

---

[1] 宋濂：《宋文宪公全集》卷四，四部备要本，第2页上。

[2] 宋濂：《宋文宪公全集》卷四，四部备要本，第2页上。

[3] 不要和3世纪同名道家学者混淆。《王弼传》收入宋濂：《宋文宪公全集》卷九，四部备要本，第13页上至第14页下。

[4] 宋濂的故事与元杂剧《窦娥冤》类似。关于《窦娥冤》的翻译请参见 Chung-wen Shi：*Injustice to Tou O：A Study and Translation*，London：Cambridge University Press，1973。

[5] 参见宋濂《周尊师小传》，宋濂：《宋文宪公全集》卷九，四部备要本，第14页下至第15页下。

的外祖父是一个拥有神力的巫师。宋濂奉皇上之命撰写铭文，[1] 其中讲述了朱元璋的外祖父姓陈，曾衷心效力于大宋的海军，直到南宋被蒙古打败。当时，陈氏和同行者，脱死达岸，坚持一段时日之后粮绝，同行者外出寻找食物，陈氏疲极而睡，梦一白衣人告诉他当夜有船来救。夜半，船果至，且有友人助陈氏上船。因为这是一艘元朝的船，他只能躲于船板之下，从板缝间受剩饭水浆。狂风吹船，元将大恐，求神灵相助无果。友人知陈氏“能巫术”，遂将陈氏从船板下放出。陈氏遂召集众神灵助船渡过风暴。正如宋濂所描述的那样，“王（即外祖父陈氏）仰天叩齿，若指麾鬼神状，风涛顿息”。[2] 船和船上的乘客均得以幸存。外祖父陈氏自此不在军伍中求生，而“以巫术行”。对宋濂来说，这个故事证实了一个事实：只有通于天而进入神灵世界的人才会受到神灵的保护。他说，这需要“精诚”。

这篇碑铭的目的是颂扬皇帝的祖先。如前所述，宋濂是奉皇帝之命而写，而且他是根据皇帝本人提供的一个文本写成的。宋濂的这一碑铭被全文收入《明史》，构成《外戚传》中的陈公传。[3] 很明显，关于陈氏生平的故事至少是可信的，宋濂和洪武皇帝可能都相信这一点。即使这个故事是为了美化皇帝的祖先而写，但在他们那个时代，它看起来仍然是可信的。皇帝应当为他的巫师祖父感到骄傲的这一思路本身就非常说明了明朝建立的氛围。

---

[1] 参见宋濂：《大明追崇杨王神道碑铭》，收入宋濂：《宋文宪公全集》卷四，四部备要本，第 8 页上至第 9 页上。

[2] 宋濂：《宋文宪公全集》卷四，四部备要本，第 8 页下。

[3] 《明史》卷三〇〇，中华书局 1974 年版，第 7660—7662 页。《明史》编纂者在序言中指出，宋濂的碑铭是根据朱元璋的《杨王行实》写成的。

太祖与神灵

用于朱元璋思想研究的资料包括《御制文集》[1] 和《明太祖实录》记载的言论。可能有人会问这些材料是否真的出自他本人之手，是否是他本人的思想。明代的学者们显然相信是他写的。学者叶盛（1420—1474）认为《御制文集》中的内容完全是皇帝写的，且明确指出“非词臣代言者”。[2] 我们知道一些明太祖如何著述的信息，而且我们也知道他确实有著述。不仅《明太祖实录》和当时的笔记文集都提到了相关的内容，而且朱元璋还有大量的笔迹存世。[3] 宋濂是皇帝忠实的谋臣，他曾记载，“帝为文时或不喜书，使宋濂受辞榻下，不待凝注，沛然若长江大河一泄而千里”[4]。

---

[1] 本文引用的两种版本均由学生书局再版（1965 年，中国史学丛书），原本为明初内府本；1535 年刻本，由徐九皋汇编，刻印于江都县（今江苏扬州）。我们也使用了杨起元编辑和注释的《训行录》（1597 年），如下所述，这是朱元璋论著的一个选集。内容有句读，杨起元提供了完整的注释。关于《御制文集》的现存版本和《御制文集》刊印史，请参阅 Romeyn Taylor 即将发表的文章：“Some Notes on the Origin and History of the Collected Works of Ming T'ai-tsu”。

[2] 叶盛：《水东日记》卷一，学生书局 1965 年版，第 8 页下。（非常感谢陈学霖教授提供资料）有关叶盛的生平，参见 Lienche Tu Fang 所撰写的传记，L. C. Goodrich and Chao-ying Fang, eds., *Dictionary of Ming Biography*, p. 1580-1582。

[3] 参见索予明：《明太祖御笔释例》，载《故宫季刊》1967 年第 1 期；承名世：《朱元璋的两通军令》，载《文物》1976 年第 7 期。上面引用的 Romeyn Taylor 的文章，对朱元璋作品的真实性进行了有益的讨论。宋濂曾经记载，他看到皇帝写诗，参见宋濂：《宋文宪公全集》卷一，四部备要本，第 18 页上。其中他写到，洪武二年朱元璋曾经赋诗一首；然后，这首诗被书手抄写在“金龙笺”上，参见宋濂：《宋文宪公全集》卷一，四部备要本，第 19 页上（洪武三年，朱元璋又有赋诗之举）。皇帝还与他的谋臣们有诗歌的唱和，参见宋濂：《宋文宪公全集》卷九，四部备要本，第 2 页上至第 2 页下。《实录》显示，宋濂有一次在宫廷中醉酒，皇上觉得很开心，作诗一首，赐与宋濂。皇帝让侍臣把这首诗谱上曲。当宋濂辞官返乡之后，皇帝亲手写了敕文赐予宋濂。参见《明太祖实录》，卷一一一，台湾“中央”研究院 1962 年版，第 1839 页。

[4] 何乔远编：《名山藏》卷十《臣林记》，成文书局 1971 年版，第 3223 页。

一些学者指出，虽然朱元璋的作品很粗糙，但它们肯定是真实的。柳存仁（Liu Ts'un-yan）和余英时（Yu Ying-shih）在评论朱元璋的《道德经》注解时，都认为没有理由怀疑其真实性。[1] 因此，根据现存的归于他名下的著作，对皇帝的思想作出结论似乎不必有太多顾虑纠结。[2]

洪武皇帝朱元璋的著述中充满了关于神灵、道教和佛教、儒士和三教的言论。他非常关注神灵。

朱元璋使用的这个“神”，以及中国历史上的“神”，语义丰富，翻译的难度很大。朱元璋经常用这个词来指代“spirits”，显然他指的是泛神的神灵。正如芮效卫（David T. Roy）对郭沫若的研究表明的那样，泛神论可以用来描述中国人对神的某些态度。[3] 但神也可指一些相当抽象的东西。[4] 皇帝有时用这个词来说明一种灵异的直觉力。“神”这一汉字的以上两种含义，在宋、元、明的笔记文

[1] 柳存仁：《道藏本三圣注道德经会笺》，文章的三个部分最初发表于1972—1973年，在《和风堂读书记》中有重印（龙门书店1977年版，第57—225页）；余英时：《唐、宋、明三帝老子注中的治术发微》，载余英时：《历史与思想》，联经出版事业公司1976年版，第77—86页。

[2] 杨起元在1597年编撰《训行录》以及前一年汇编《御制文集》时，显然没有这样的顾虑。现代有关朱元璋文字能力的评估，参见罗炳绵：《明太祖的文学统治术》，载《中国学人》1971年第3卷。罗炳绵指出，皇帝可以写押韵散文、骈文、祭辞、考题。他非常了解汉、唐、宋的历史。他与宋濂共同研究《春秋》和《左传》，并与学者陈南宾共同研究《尚书》的“洪范”部分。但是他的写法依然是平民化的（第40页）。有关陈南宾，参见《明史》卷一三七，中华书局1974年版，第3950页。陈南宾对皇帝理解文本的贡献据说已经被纳入皇帝对该文本的注解中。该注解已不存世。

[3] David T. Roy, *Kuo Mo-jo: The Early Years*, Cambridge: Harvard University Press, 1971, p. 60-62, 68-69. Edward Schafer 认为异教是理解中国唐人信仰中诸神的方式，参见氏著 *The Vermilion Bird: T'ang Image of the South*, Berkeley: University of California Press, 1967, p. 93。

[4] Wing-tsit Chan 引用张载对“鬼神”的理性定义将其作为理学家在这一问题上的“标准”看法：“鬼和神是阴阳两种物质力量的自发活动”。参见氏著 *Reflections on Things at Hand: The Neo-Confucian Anthology Compiled by Chu Hsi and Lü Tsu-Ch'ien*, NY: Columbia University Press, 1967, p. 366-367。

集中有广泛的存在。朱元璋对“神”这一汉字的理解也一样，两种含义都在他的作品中有所体现。

在朱元璋的眼中，神灵能够干预人类的生活，使之变得更好或更糟。它们能接受来自一切生灵的交流，只要人类能与它们适当地交流并保持对它们的尊重，它们就能被引导从而为人类的最大利益而行动。神灵通过在梦中出现，通过现形，通过伪装成自然现象启示等直接展示于人。神灵就像一面镜子，监视着人们的举止，反映出人们行为的优劣。作为皇帝，朱元璋相信，他的职责是代表人类祭祀神灵。因此，他在干旱的时候有时会扮演祈雨者的角色，在重要的仪式之前进行精心的净化斋戒。[1] 为配合他在这方面的职责，朱元璋重视占卜。例如，在1380年，即洪武十二年，他发布了一条法令：

> 卜筮者所以决疑，国有大事，必命卜筮。朕观往古终日乾乾履道不息之君，虽其视听聪明，犹不能无疑焉，故必以不息之诚决疑于龟筮者，所以通神明之意，断国家之事也。[2]

朱元璋随后引用了一个经典的先例，《尚书》“洪范”部分有一章为“九畴”，其中第七部分是“稽疑”，指的就是占卜。[3]

朱元璋指出，明王朝制度的正常有效和对神灵的祭祀是交织在

[1] 在他统治的第三年（1370），皇帝为结束干旱而举行仪式。他在三天时间里曝晒露宿于户外，期间他只吃简单的农家素食以作斋戒。《明太祖实录》卷五三，台湾“中研院”史语所1962年校勘本，第1033页。

[2] 《明太祖实录》卷一二八，台湾“中研院”史语所1962年校勘本，第2035页。

[3] 参见Clae Waltham，*Shu Ching*：*Book of History. A Modernized Edition of the Translation of James Legge*，Henry Regnery，1971. p. 129-130。

一起的。[1] 他在南京建造了一座特殊的道观，用来训练在祭祀时进行表演的乐师。这就是前面提到的神乐观。洪武十二年（1679）十二月，在他宣布神乐观建成的敕文中，朱元璋指出献祭者需要真的想象神灵是存在的。皇帝引用《中庸》之文："洋洋乎！如在其上，如在其左右。"[2] 一个人必须全心于敬与慎，因为只有这样才能克服怠慢之态。他写道："若君勤于祀事，朝臣、观主无一体之敬，则国有常宪。"[3]

向神灵献祭需要通过斋戒来准备适当的精神状态。"斋戒，古人所以致洁于鬼神也"，朱元璋写道，"朕于祭祀，每斋戒必尽其诚"。随后，他命令诸司各置木牌，其上刻文警示所属官员："国有常宪，神有鉴焉。"[4]

朱元璋写道，神灵是人心和天理之间的桥梁。他更定全国城隍神的名称，以获得他们的帮助，来管理一个有序的世界。他写道，帝王受天命统治宇内，天有祥瑞征兆显示天下，可惜人之见闻有限，不能理解。所以，人们必须仔细关注神灵，特别是城隍神，因为这些神灵掌管善恶。它们既为上天降下神迹，同时又受天命行事。因为统治者的任务是"代天理物之道"，所以他要应天命，而这是"神所鉴"也。如此，"明有礼乐，幽有鬼神，天理人心其致一也"。[5]

---

[1] 有关这一话题，参见 Romeyn Taylor，*Ming T'ai－tsu and the Gods of the Walls and Moats*，*Ming Studies* 4（Spring 1977）：31-49。因为朱元璋曾说过："凡有国者，必以祀事为先。"参见《御制文集》卷六，学生书局 1965 年版，第 3 页下。

[2] Wing-tsit Chan，*A Source Book in Chinese Philosophy*，p. 102.

[3]《谕神乐观敕》，载《御制文集》卷八，学生书局 1965 年版，第 4 页下至第 5 页下。

[4]《明太祖实录》卷七三，台湾"中研院"史语所 1962 年校勘本，第 1348 页。

[5]《明太祖实录》卷三八，台湾"中研院"史语所 1962 年校勘本，第 756 页。同时参见 Romeyn Taylor. *Ming T'ai-tsu and the Gods of the Walls and Moats*，Miny Studies 4（Spring 1977）：31-49。

按照朱元璋的说法，神灵在个人的修养中也起到重要的作用。他为科举考试准备的考题，向考生“问心”。[1] 在这个问题上，他写得好像孔子在直接与考生对话。他指出，所有人的心都是“中虚而不实”，而这正“以居神灵”。他继续说道：“其神灵之运，情性思欲，无所不至。”他说，所有人都有这种品质，但圣贤君子与强窃盗贼、小人、奸人的区别在于“神运”，即“神灵之所以运心也”。因此，自我修养的不同在于一个人的“神灵”对心的控制。

洪武皇帝没有清楚地解释神灵的概念，但似乎有理由推断它意味着人类的神圣智慧和直觉。这个世界有灵性的存在，人类自然也拥有灵性的特质。因此，尽管“神”这个词让人想到特定的神灵和抽象的神灵，两者其实不可分割。朱元璋并没有像我们今天这样予以分析，他以一种整体的、不做区分的方式来谈论“神”。

与宋濂一样，朱元璋也不赞同那些否认鬼神存在的人。他在一篇名为《神鬼有无论》[2] 的文章中讨论了这一问题。朱元璋提到，曾经有人告诉他，孔子不讨论神灵的原因是它们不存在。这个人声称，确实存在的是气：

> 人禀天地之气而生，故人形于世，少而壮，壮而老，老而衰，衰而死。当死之际，魂升于天，魄降于地。夫魂也者，气也，既达高穹，逐清风而四散，且魄，骨肉毫发者也，既仆于地，化土而成泥。观斯魂魄，何鬼之有哉？[3]

朱元璋对这一论点进行了驳斥。他说鬼神之事确实存在，这就

---

[1] 《拟问心》，载《御制文集》卷十八，学生书局1965年版，第11页上至第12页下。

[2] 《御制文集》卷十一，学生书局1965年版，第15页上至第16页下。

[3] 《御制文集》卷十一，学生书局1965年版，第15页下。有关魂与魄的讨论，参见Edward Schafer, *Pacing the Void: T'ang Approaches to the Stars*, p. 178 - 181，他建议用“cloud soul”指代魂，用“protopsyche”指代魄。

是古之哲王设置祀典的原因。他说，鬼神之所以出现，是因为这些人死而“不得其时”。比如夭折、被杀。秦汉以来，战争频繁，杀人蔽野。人君之责在祭祀这众多的死非其时的鬼魂。他质问那位声称鬼神不存在的人说：“卿云无鬼神，将无畏于天地，不血食于祖宗，是何人哉？”洪武皇帝还说，鬼神时隐时现，形态万状。“呻吟悲号，可不信有之哉！”

朱元璋的融合论

“三教合一”是中国宗教不具有排他性的另一种说法。这是明朝建国前几个世纪以来中国宗教生活的一个特点。因此，元末三教的开放性和统一性植根于一个悠久的传统。例如，文人画家顾德辉（1310—1369）在一幅画像中就被描绘成三教合一的形象。这幅名为《三师顾玉山画像》的画作中，顾玉山穿着儒生的长袍，戴着和尚的帽子，脚上穿着道家的鞋子。[1] 与此类似，与顾氏同时代的陶宗仪在他的《辍耕录》收录了“三教一源图”，意在说明这三种宗教有共同的来源。[2] 总之，三教合一是元末知识分子中兴起的一场运

[1] David Sensabaugh 探讨了这幅画像，参见氏著，“Life at Jade Mountain：Notes on the Life of the Man of Letters in Fourteenth-Century Wu Society”，in『铃木先生還曆紀念中國繪畫史論集』（吉川弘文馆，1981 年）43—69 頁。Sensabaugh 指出，这幅画像被认为是倪瓒（1301—1374）和顾德辉所画。与这幅画相关的另一个标题是《顾玉山三教小像》。画像上刻着顾玉山的一首诗，说明了三教的重要性：“儒衣僧帽道人鞋，天下青山骨可埋。遥想少年豪侠处，五陵鞍马洛阳街。”Sensabaugh 认为这幅画可能作于 1358 年。John Rosenfield 展示了三教合一的主题在宋元时代如何流行以及在十四世纪初如何由中国僧人传到日本。他写道，“在这一学说下，统治者对民众福利的关心，僧侣对精神救赎的专注，以及诗人对个人洞察力的探索，三者之间没有矛盾”。参见氏著，*The Unity of the Three Creeds：A Theme in Japanese Ink Painting of the Fifteen Century*，in John W. Hall and Toyoda Takeshi，eds.，*Japan in the Muromachi Age*，Berkeley：University of California Press，1977，p. 205-225。

[2] 《三教一源图》，载《辍耕录》，世界书局 1963 年版，第 463—464 页。

动。朱元璋不能被排除在这一运动之外，他成为这一运动的主要代言人。

宋濂是一个远比朱元璋更缜密的思想家，因为他没有把复杂的三教教义简化至一个简单的共同点。他虽然没有以三教融合的理念来解释其行为，但是他确实对三教都有深入的研究，并在每一个领域都学有所成。荒木见悟分析宋濂的思想，认为儒、释合一在宋濂的思想中占主导地位。这一点具有误导性，因为道教在宋濂的生活和思想中也起到了重要的作用。[1] 宋濂文集中充满了有关佛教教义、道教经文和儒家经典的著述。在这些著述中，他对强调三教融合的饱学之士给予了相当程度的关注。比如出生浙江天台的高僧慧昙。宋濂提到，高僧慧昙在南京天界寺修行，皇帝曾到天界寺与他商讨事宜。有大臣提议清理佛教，朱元璋因此向慧昙征求意见。宋濂记载了这位高僧的言论：“孔子以佛为西方圣人，以此知真儒必不非释，非释必非真儒也。”[2]

最近有研究表明，元末时期，道家学者群体开始注重文学的装点，而这本来是儒家文人所共有的特征。[3] 儒、道文人成为一个更大的知识群体共同的成员。虞集（1271—1348）和吴澄（1249—1333）与许多道教天师关系密切，这样的影响一直延续到明代。张宇初（1361—1410），道家四十三世天师，是一位儒学大师，能够与

---

[1] [日] 荒木见悟：『思想家としての宋濂』，载《目加田誠博士還曆紀念中國學論集》，大安1964年，25—46頁。又参见 [日] 荒木见悟：『明代思想研究』，创文社1972年版，3—22頁。

[2] 参见宋濂：《觉原慧昙禅师诗略》，载《金陵梵刹志》，1627年（1936年重印本），卷十六，第24页下至第26页上。孔子视佛陀为西方圣人的说法源于《列子》中关于孔子的一章。参见《冲虚至德真经》卷四，四部丛刊本，第2页下，参见 A. C. Graham, trans., The Book of Lieh-tzu, London: John Murray, 1960, p. 78, 79。

[3] 参见 Sun K'o-K'uan, *Yü Chi and Southern Taoism during the Yüan Period*，载 Langlois 编，*China under Mongol Rule*，Princeton: Princeton University Press, 1981, p. 212-253。

儒士辩论荀子人性论的精妙。宋濂认为他是“列仙之儒”。[1]

本文不准备考察宋、金、元三教合一的历史，[2] 李纯甫（1185—1231）的《鸣道集说》这一部金代的著作，在明初变得相当重要，这一点就足以说明问题。[3] 因为这是一本由金华学者撰写序言的作品，该序言作者也对朱元璋产生了影响。可能是王袆（1323—1374），也可能是黄溍（1277—1357）为《鸣道集说》撰写了序言。[4] 王袆曾在明初朝廷担任各种职务；[5] 黄溍是宋濂的老师，曾出仕元廷，是元朝最杰出的文人之一。[6] 虽然我们不能确定谁是序言的真正作者，但很明显，序言完成并流传于明初，序言的作者是一位与君主有直接关系的重要文人。《鸣道集说》其他的序言或写于元末，或成于明初，如苏伯衡（1329—1392），一位金华学者，1363 年加入朱元璋阵营；[7] 又如僧侣宗洛（1318—1391），他在 1369 年与皇帝建立了密切的关系。[8]

---

[1] 参见 L. C. Goodrich and Chaoying Fang, eds., *Dictionary of Ming Biography*, p. 107-108。

[2] Berling 在 *Religious Syncretism of Lin Chao-en*（p. 42-61）中有一个简便的总结。有关这一主题的开创性研究是酒井忠夫的《中國善書の研究》（弘文堂，1960）。之后这一领域的学者都深受其惠。間野潛龍的《明代文化史研究》（同朋舍，1979）中补充了一些重要资料。这些资料下面将有引用。

[3] 该书 1719 年日本刻本由京都中文出版社翻印。

[4] 本文引用的版本，序言署名黄溍，但黄溍《金华黄先生文集》中没有收入该序。这一序言确实出现在王袆的文集《王忠文公集》卷四，金华丛书本，第 10 页上至第 11 页上。間野潛龍在其《明代文化史研究》中讨论了《鸣道集说》的重要性及序言的作者问题，参见第 416 页。

[5] 王袆与宋濂一起担任《元史》的编修总裁，参见 L. C. Goodrich and Chao-ying Fang, eds., *Dictionary of Ming Biography*, p. 1444-1447。

[6] 有关黄溍的生平，参见《元史》卷一八一，中华书局 1976 年版，第 4187—4189 页；关于黄溍的生平与思想，也可参见孙克宽：《元代金华学述》，东海大学 1975 年版，第 109—126 页。

[7] 苏的序言并未收录到他的文集《苏平仲文集》中，参见 Goodrich and Chao-ying Fang, eds., *Dictionary of Ming Biography*, p. 1214-1215。

[8] 参见 Herbert Franke 编写的宗洛生平，载 Goodrich and Chao-ying Fang, eds., *Dictionary of Ming Biography*, p. 1319-1321。

《鸣道集说》思想精深、笔法精妙，是一部针对宋代理学家对佛教的攻击而完成的为佛教进行辩护的著作。李纯甫的论述条理清晰：首先他引用攻击者的言论，然后他提出反驳意见。金华学者的序言将该书的优点归因于三教合一的思想，并倾向于将其缩减至一个核心的教义。王祎或者黄溍的序言赞扬李纯甫的学问，他们声称李纯甫读遍天下的书籍。李纯甫于金章宗统治期间（1189—1208）中进士，证明是一个标准的儒学之士。然而序言提到，他熟读《庄子》《列子》《左传》《战国策》。30岁之后，李纯甫的兴趣显然转向佛教教义，随后，他也关注道家经典。作者指出：

> 一旦有会于其心，乃合三家为一。取先儒之说，笺其不相合者，著为成书，所谓《鸣道集说》也。

序言的作者随之指责那些勤勉又拘泥于儒家经典的文人，认为他们“不知会通以求道”。因此，在《鸣道集说》这一著作中，我们可以看到知识群体对三教合一的辩护，在明朝建立和巩固的时期，三教合一是一种流行的学说。

在这一三教合一思潮的发展脉络中还有翰林编修沈士荣，他对洪武皇帝有直接的影响。沈士荣为福建人，他以儒士身份进入朝廷，[1] 但他在佛教和道教经典上的广博知识引皇帝瞩目。事实上，朱元璋为《道德经》与《心经》做注，沈士荣对其多有指导。《道德经》是老子的道家经典，阿瑟·韦利（Arthur Waley）将其翻译为 *The Way and Its Power*；后者是佛教般若经中最短的一部。沈士

[1] 有关沈士荣仕宦生涯仅有的记录来自朱元璋《论翰林待诏沈士荣》，参见《御制文集》卷八，学生书局1965年版，第17页下至第18页上。也可参见酒井忠夫《中國善書の研究》第233頁。間野潛龍引用的说法是，沈士荣受上文提到的李纯甫的影响很大，参见氏著《明代文化史研究》第422页。

荣著有《续原教论》一书，在三教合一的传统中地位重要。自韩愈（768—824）以来，理学家对佛、道再次提出批评，沈士荣在《续原教论》中对这些理学家的批评进行了认真的驳斥。书中收入《三教论》一文。[1] 朱元璋也有一篇题为《三教论》的文章，收入其《御制文集》。[2] 朱元璋可能对沈士荣的《三教论》有所参考。沈士荣还可能为皇帝在南京宫墙上修建观心亭提供了启发。沈士荣《续原教论》中有一篇名为《观心解》的文章，其中沈士荣驳斥了朱熹对佛教的批判。朱熹认为，佛教的"以心求心，以心使心"就"如口龁口"，就修身而言，毫无道理。[3]

沈士荣有关三教的立场是：

> 三教圣人，其言虽不同，然皆足以开人心之天理，救世俗之浇漓，成帝王之治功也。[4]

他指出，过去的一些皇帝有的青睐儒教，有的喜好道教，还有的推崇佛教。有些人的统治很成功，有些很失败；还有一些导致了王朝的灭亡。沈士荣认为，这些结果与君主支持哪一学派并无关联。相反，王朝的衰落通常是这些学派互相猜忌和争胜的结果，从这个角度来说，王朝的衰弱更是儒士过于攫权的结果。东汉时期的党锢和宋代的派系斗争对各自政权造成了巨大的破坏。沈士荣说，这些

---

[1] 沈士荣：1385 年序，《续原教论》卷下，1875 年清刻本，第 18 页下至第 24 页上。

[2] 相关讨论参见下文。

[3] 沈士荣《观心解》一文，参见《续原教论》，卷上，第 7 页上至第 10 页上。观心亭建于洪武十年（1377 年）十月。皇帝声称，建造亭子是为了给他提供一个可以精力集中，身心合一的地方，帮助他为祭祀神灵准备好适合的精神状态。参见《明太祖实录》卷一一五，台湾"中研院"史语所 1962 年校勘本，第 1885 页。受皇帝之命，宋濂撰写了观心亭落成之文。参见《宋文宪公全集》卷二十一，四部备要本，第 4 页上至第 4 页下。宋濂提到，观神亭建造在观心亭对面，东西分布。朱元璋将心、神配合。

[4] 沈士荣：《续原教论》卷下，1875 年清刻本，第 19 页上。

都是儒士引起的。这是“心学不明”的结果。因为儒家坚持认为神鬼并不存在，而可以根据自然现象来解释，由这些儒士占主导的政权“上不惧神明之照察，下不畏民物之相违”。[1] 这些儒士误解了儒家经典，在朝廷中失去了把握事务的能力。沈士荣指出，他们严厉抨击佛教、道教以及杨朱、墨子以及法家各学派的思想，然而他们自己的方法则倾向于使用申不害和韩非以辅助统治，但他们并没有意识到自己的错误，即“往往儒术乃以申韩辅之，亦不自觉其非矣”。

沈士荣为老子与佛陀辩护，指出老子的教义是“治天之教”。君主以老子的教义治国，可以使天下人性回归自然和纯粹，摆脱过度奢侈和欺骗导致的心灵堕败。道家是道士的专门之学。沈士荣声称，这一学派也可以被称为道家哲学，其中并不包括追求长生不老，通过魔法、咒语等治疗疾病这样的内容。追求长生不老的君主，如汉武帝、唐宪宗和宋徽宗，最后都被长生不老药毒死，沈士荣说，此“非老氏之过，乃怪诞之士托其名耳”。他说，把“道家哲学”与黄老妖异之术混为一谈是错误的。[2]

沈士荣指出，佛教也受到了错误的攻击。在现实中，佛教教导人们改过迁善：

> 上士闻之，则明心见性，入圣超凡；下士闻之，则亦识果知因，改过迁善，辅翊王政，使不烦刑罚而治矣。[3]

沈士荣总结道：

---

[1] 沈士荣：《续原教论》卷下，1875年清刻本，第20页上。
[2] 沈士荣：《续原教论》卷下，1875年清刻本，第22页上。
[3] 沈士荣：《续原教论》卷下，1875年清刻本，第22页下。

三教之弊，由人致之，三教之兴，由人作之。不有明哲，何以继其绪余。且世人之习性不同，好尚不一，故教分三等，各有专门，使并行于世而不相悖，则人不归儒，必归于老，不归于老，必归于佛，各随机以率之。则世无不化之民，而为恶者鲜矣，为恶者少，为善者多，则天下大治，心学于是乎明矣。[1]

简言之，一个学派没有理由为了在帝国教化的过程中占据霸主的地位而去攻击另一个学派。沈士荣写道："三教一理而已。"

沈士荣的观点在朱元璋有关三教的论著中得到了呼应。最得朱元璋之心的观点是，三教合一有助于善政。沈士荣直接针对儒家的批评也得到朱元璋的支持，因为儒家否认神灵的存在，事实上否认了皇帝个人信仰中的重要元素，并排除了朱元璋利用神灵帮助建设有序政府的可能性。对于朱元璋来说，对神灵缺乏敬畏之心是一个潜在的威胁。他似乎在说，对神灵缺乏敬畏之心的人对皇帝也会缺乏畏惧之心。

朱元璋自己为佛教和道教进行辩护，提供的理由是这些学派能够"暗助王纲"，[2] 在此基础上"阴翊王度"。[3] 因此，从洪武皇帝的角度看，统治者渴望的是能增强其权力和权威的思想和学派。

朱元璋清晰地表达其三教合一观点的论者包括《三教论》《宦释论》《释道论》《拔儒僧入仕论》《拔儒僧文》。只有《三教论》《宦释论》收入内府本《御制文集》。其他的文章只能在徐九皋汇编的更

[1] 沈士荣：《续原教论》卷下，1875 年清刻本，第 23 页上至第 23 页下。

[2] 《三教论》，载《御制文集》卷十一，学生书局 1965 年版，第 9 页下。

[3] 《谕僧纯一》，载《御制文集》卷八，学生书局 1965 年版，第 8 页下。朱元璋引用了柳宗元（773—819 年）的说法。参见柳宗元关于禅宗六祖慧能（638—713 年）的铭文，《注释音辩唐柳先生集》卷六，四部丛刊本，第 2 页上。

完整的1535年版《御制文集》中,[1] 或杨起元编辑的《训行录》中找到。《训行录》选编了朱元璋的论著，杨起元还提供了丰富的注解。[2]

在《拔儒僧文》中，朱元璋首先要扭转韩愈的观点。唐代的韩愈在多篇文章中对佛教进行了猛烈抨击，在最著名的《原道》一文中，他强烈控诉，在古代有四民，而在唐代则有六民。士、农、工、商由来已久，是良民；唐代增加的两类不良之人为佛教徒和道教徒。按照韩愈的说法，这些令人讨厌的人使得社会道德沦丧、百姓贫困、盗贼充斥。[3] 朱元璋在《拔儒僧文》中专门针对韩愈发言，他说如果卓异之人成为这两类人，则不仅可以把奸恶之徒改变成良善之辈，甚至还能“默佑世邦”。[4]

朱元璋写《拔儒僧文》并有以上洞见，实受宋濂启发。宋濂推荐一名僧人到朝廷任职。宋濂认为这个僧人在儒、释两方面都很博学，正如皇帝所说，是一个“儒僧”。洪武皇帝一方面支持“儒僧”在朝廷任职，另一方面以《拔儒僧文》彻底回击韩愈有关僧侣、道士为社会之害的说法。当然在《拔儒僧文》一文中，皇帝仍将儒学作为首要的统治信条。他指出，儒家学说“立纲陈纪”，“辅君以仁”。

类似的分析也出现在《释道论》中。[5] 他指出，对于一个国家

---

[1] 普林斯顿大学东亚图书馆收藏该版本的复印本。下文引用时作“《御制文集》，1535年版”。

[2] 有关杨起元的生平，请参见 Goodrich and Chao-ying Fang，eds.，*Dictionary of Ming Biography*，p. 1505-1506。

[3] 有关韩愈文章的翻译，参见 Georges Margoulies，*Le kou-wen chinois：recueil de textes avec introduction et notes*，Paris：Librairie Orientaliste Paul Geuthner，1926，p. 177-183. 部分英文翻译，参见 Wm. T. de Bary et al.，ed.，*Sources of Chinese Tradition*，NY：Columbia University Press，1964，p. 1376-1379。

[4] 《拔儒僧文》，载《御制文集》，1535年版，卷十三，第12页下。

[5] 《释道论》，载《御制文集》，1535年版，卷十，第12页上至第13页下。

的君主而言，三教之中只有儒者是不可或缺的。然而，在说明了儒家的中心作用之后，朱元璋继而指出，佛教和道教可以“感动化外蛮夷及中国假处山薮之愚民”。朱元璋用“感动”一词指代将这一类人转变成文明的人。他分析说，这两种教义可以“暗理王纲”，而且“于国有补无亏”。

朱元璋引用归于孔子名下的说法，认为佛陀是西方之大圣人，他敦促博学的僧人应该同样出仕朝廷，并将这一仕宦生涯视作通向“天堂”之路。这是他在《拔儒僧入仕论》中的论述。[1] 朱元璋在这一文章中描述了天堂的生活条件：富有家赀，高堂大厦，儿女妻妾奴仆，身名于世，禄及其家，居众庶民之上。而“地狱”被描述为：坐幽室，亲友杳无音信，刑具加身，苦楚万状，号呼动天地而亦不能免。在这一铺垫之后，皇帝呼吁宇内有学识的僧侣辅助他的统治；同时，他也预示性地提醒，他们必须以“以道佐人主”（引用自《道德经》），[2] 如果违法，则会招致可怕的惩罚。他补充道，僧人出仕朝廷，是对僧徒只有意于空、虚这样的指控的最好反击。

以上论述既有澄清哲理的目的，也是朱元璋本人境遇的产物。在寻求博学之人出仕朝廷的过程中，皇帝很自然地关注到佛教僧侣。正如我们以上所见，这些僧侣们往往精通儒家经典，因此这是一个具有潜在价值的智囊团。他们是元末三教合一的产物，源于女真金朝时期的三教融合的传统。朱元璋在皇觉寺作为行童和托钵僧的背景也应该在其中起到了作用，增强了他对僧侣可能为朝廷所用这一

---

[1] 《拔儒僧入世论》，载《御制文集》，1535 年版，卷十，第 24 页下至第 26 页上。

[2] “以道佐人主”，参见《道德经》第三十章。参见 D. C. Lau 对《道德经》的翻译，*Lao Tzu*：*Tao Te Ching*，London：Penguin，1963，p. 88。

点的赏识。

朱元璋《三教论》的中心思想是：[1] 几个世纪以来，老子一直被误解，甚至被诋毁。皇帝宣称，将老子这一名字与金丹黄冠之术做不恰当的联系，导致了人们从错误的角度看待老子的学说。正如皇帝所说：

> 夫三教之说，自汉历宋至今人皆称之。故儒以仲尼，佛祖释迦，道宗老聃，于斯三事，误陷老子，已有年矣。孰不知老子之道，非金丹黄冠之术，乃有国有家者日用常行，有不可阙者是也。

也就是说，朱元璋认为老子的学说是纯粹的治国之道，不应该与炼金术士的见解相提并论。朱元璋的意思也不是要嘲笑后者。事实上，正如我们下文即将看到，朱元璋对长生不老之术的某些方面有高度的评价。但他仍在文章中探讨老子学说与长生不老之术的区别，并指出老子的思想不应该被视为“教”。显然这背后的原因是，他想把老子的思想提升到一个更高的高度。

> 今古以老子为虚无，实为谬哉。其老子之道，密三皇五帝之仁，法天正己，动以时而举合宜。又非昇霞禅定之机，实与仲尼之志齐，言简而意深。时人不识，故弗用。为前好仙佛者假之。若果必欲称三教者，儒以仲尼，佛以释迦，仙以赤松子，[2] 则可以为教之名，称无瑕疵。况于三者之道幽而灵，张

---

[1] 《三教论》，载《御制文集》卷十一，学生书局 1965 年版，第 8 页上至第 9 页下。

[2] 赤松子经常与长生术以及长生不老药的食用相关。鲁桂珍（Lu Gwei-Djen）将这一传说人物与道家的“炼养”模式相联系。参见氏著“The Inner Elixir（Nei Tan：China's Physiological Alchemy）”，in Mikulas Teich and Robert Young，eds.，*Changing Perspectives in the History of Science*：*Essays in Honor of Joseph Needham*，Dordrecht：D. Reidel，1973，p. 68。

而固，[1] 世人无不益其事而行于世者，此天道也。[2]

儒教、佛教、仙术道教“三教”具有一个共同的“道”，那就是使世人受益。

在讨论了老子政治哲学独特的重要性，以及长生之术与儒家和佛教实属同一时代之后，朱元璋指出，极端沉迷于长生之术是不可取的。他以韩愈为例，韩愈是一个对神鬼都奉行不可知论的人。皇帝指出，韩愈极端的不可知论，导致他的一个家人成为一个对长生之术的极端的追随者。[3] 对于长生之术的正确态度，正如朱元璋所暗示的那样，应该是温和的：

若崇尚者，从而有之，则世人皆虚无，非时王之治。若绝弃之而杳然，则世无神鬼，人无畏矣，王纲力用焉。

皇帝总结道：

于斯三教，除仲尼之道，祖尧舜，率三王，删诗制典，万世永赖。其佛仙之幽灵，暗助王纲，益世无穷，惟常是吉。闻天下无二道，圣人无两心，三教之立，虽持身荣俭之不同，其所济给之理一然，于斯世之愚人，于斯三教，有不可阙者。[4]

朱元璋对其基本观点的阐释十分清晰，即“教”这个词如果应用于儒家和佛教以外的学派，只能应用于赤松子长生不老派。他

[1] 杨起元解释说，“幽而灵”是佛教和道教教义的特点，“张而固”是儒家学说的特点。参见《训行录》卷中，明刻本，第23页下。

[2] 《御制文集》卷十一，学生书局1965年版，第8页上至第8页下。

[3] 杨起元解释说，朱元璋在这里指的是韩愈的侄子韩湘，仙术的信徒。韩愈对道家的理解比较粗浅，并否认道的意义是可视、可听的。杨起元说，鬼神特出仙于其家，以破执导迷，非无意也。参见《训行录》卷中，明刻本，第24页下至第25页上。

[4] 《御制文集》卷十一，学生书局1965年版，第9页下。

说，这一宗派通常被错误地与老子的治国哲学联系在一起。通过将长生不老与老子学说区别对待，朱元璋暗示两者之间的差别即是西方学者所说的哲学的道教与宗教的道教的差别。早在朱元璋之前，人们就已经认识到这样的区别，从这个意义上说，朱元璋在思想史上并无贡献。尽管朱元璋小心地致力于将长生不老之术区别于老子受人尊敬的《道德经》教义，朱元璋仍然继续对于长生不老之术保持尊重，作为“教”，长生不老学派值得尊重。确实，从朱元璋的角度看来，若是否认其对人类的潜在影响和精神交互作用则后果堪虑。

在《修教论》一文中，[1] 朱元璋表明，在他看来，佛教和理学是不可区分的。他是在对未能严格修行的僧侣进行批评的过程中提出这一观点的。他指出，净饭国王之子目睹人们生活的悲苦，就像酒醉不醒，酣睡未觉，罪孽深重而无法自释。净饭王子发大悲心，寻求解救人们于苦难的途径。他登雪岭，冥想六年，道成。回来之后，佛陀开始教导大乘佛教的教义，但是其中幽微之处人都不能理解，于是佛陀又发展小乘之法，即使是最昏愚的人听了也能清醒。这些基本都是天台宗的教义。[2] 在以上的叙述之后，皇帝加上了《中庸》的引文：

> 吾中国圣人有云：天命之谓性，率性之谓道，修道之谓教。今闻佛有二乘之说，岂不修道之谓教乎？[3]

换句话说，佛教之二“乘”与儒家学说是一致的。

---

[1] 《御制文集》卷十，1535 年版，第 28 页上至第 29 页下。

[2] Kenneth K. S. Ch'en, *Buddhism in China*: *A Historical Survey*, Princeton: Princeton University Press, 1964, p. 305-306.

[3] 《御制文集》卷十，1535 年版，第 28 页下。英文翻译来自 Chan, Wing-tsit, *A Source Book in Chinese Philosophy*, p. 98。

洪武皇帝与老子《道德经》

洪武皇帝朱元璋对老子的事迹与教义心怀敬意。对于朱元璋来说，老子代表了理想的朝廷大臣。在一篇劝诫仪礼官员提高志向的文章中，朱元璋向他们提到了老子。[1] 老子曾在周朝当过记录员。朱元璋写道，历年久，“量宽智大”。周朝纲纪不振，老子度关西游。散关令尹喜崇拜老子，老子遂留下5000字的著述，即《道德经》。朱元璋写道，其中“所言皆鉴人君诸侯之失”。因为“语奇句奥”，《道德经》流传长远。朱元璋声称，如果老子生活在周朝的鼎盛时期，他应该会是一位很好的大臣，甚至比圣王舜时期的著名大臣更为出色。

朱元璋对《道德经》的兴趣以及他对《道德经》含义的理解意义深远。他给《道德经》作注，并为自己的这一著述作序。其中他提到，洪武七年末，他用了十天的时间（1375年1月5—15日）完成这一著述。在序言中，他说明自己理解《道德经》内容的困难。他讲述了自己从寒微出身到统治天下的过程，以及他对前代哲王之道的无知。为消除无知，他向人问道，但徒劳无功。他说，一日试览群书，见《道德经》。“文浅而意奥”，很难理解其深层的意义。遂放弃。一段时间之后，又见到《道德经》的另一个文本，注论不同。在朱元璋搜罗到更多版本的《道德经》及其注释之后，他发现“所注者人各异见”，这激励了他自己为《道德经》作注的决心：

---

[1] 《谕仪礼司序班等尚志敕》，载《御制文集》卷七，1535年版，第34页上至第35页上。

> 朕熟视之，用神盘桓其书。久之，以一己之见，似乎颇识。意欲试注，以遗方来，恐今后人笑，于是弗果。又久之，见本经云：“民不畏死，奈何以死而惧之？”（《道德经》第七十四章）[1]

读到这里，朱元璋决定自己撰写老子《道德经》注解。他描述自己做出这个决定的背景：

> 当是时，天下初定，民顽吏弊。虽朝有十人而弃世，暮有百人而仍为之。如此者，岂不应经之所云？朕乃罢极刑而囚役之。

换句话说，朱元璋意识到采用严酷的惩治对付犯罪，这一政策基本无效，因为，正如老子所写，“民不畏死”。这之后的一段时间，朱元璋的统治变得有些缓和，严酷的惩罚暂时停止。然而，正如已经指出的那样，洪武十八年（1385年），严厉的政策又有延续。事实上，即使在他的注解中，也有证据表明，朱元璋从来没有改变他的基本信念，即严厉的惩罚是建立秩序最基本的手段。他对《道德经》的研究更多的只是证实了他的这一观点。[2]

回到之前提出的观点，朱元璋指出，《道德经》是“万物之至根，王者之上师，臣民之极宝。非金丹之术也”，[3] 简言之，《道德经》是哲学的著述，但是其主题却是国家治理。[4]

朱元璋对《道德经》的注解，主要参考元代著名理学家吴澄的

[1] Wing-tsit Chan, *A Source Book in Chinese Philosophy*, p. 173.

[2] 余英时：《历史与思想》，联经出版事业公司1976年版，第84页。

[3] 《道德经序》，载《御制文集》卷十五，1535年版，第2页上至第2页下。

[4] 《御注道德真经》，明刊正统道藏本，收入于萧天石主编：《中国子学名著集成》，中国子学名著集成编印基金会，1978年，第49册。

文本和评论。[1] 他在序言中提到的可能就是这个版本。吴澄版《道德经》的章节结构与今天常见的版本差别颇大。吴澄的注释极为明晰，比朱元璋的要明晰很多。朱元璋的语言有些笨拙，偶尔晦涩，但是对他的文本做过研究的学者认为朱元璋的注解很有用，有些地方甚至相当精彩。洪武皇帝对《道德经》内容的理解是个人和直觉的，而不是学术的、推理的。柳存仁（Liu Ts'un-yan）打趣说，朱元璋的《道德经》注解是“为己作注脚”。[2] 余英时换了一种说法，他认为朱元璋的注解读起来就像朱元璋著名的《六谕》的发挥：孝顺父母；尊敬长上；和睦乡里；教训子孙；各安生理，毋作非焉。[3]

我们可以来看一下朱元璋对位于现代版《道德经》第二十六章中的一行的注解：

> 《道德经》：重为轻根，静为躁君。[4]
>
> 皇帝：持身之道如是，凡君子举事，必先以身为重，然后度所行之事，可全身立名者，方乃施之。所以下重、静、轻、躁四字，乃云不欲胡为轻发，亦不许犹豫也。[5]

---

[1] 吴澄的注解题为《道德真经注》。他将《道德经》分为六十八章，不同意习惯上的八十一章的划分。参见纪昀：《四库全书总目》卷一四六，艺文印书馆 1969 年版，第 12 页下。朱元璋在第 11 页右上角引用了吴澄，除此之外没有说明自己对吴澄的引用。柳存仁对朱元璋注解的研究表明朱元璋对吴澄的引用很多。从柳的研究中，我们也知道他使用了吴澄的《道德经》的版本。但是朱元璋自由注解的风格与吴澄的有所不同。有关柳存仁的研究，参见柳存仁：《道藏本三圣注道德经会笺》，氏著：《和风堂读书记》，龙门书店 1977 年版。

[2] 参见柳存仁：《道藏本三圣注道德经之得失》，载柳存仁《和风堂文集》上，上海古籍出版社 1991 年版，第 483 页。

[3] 余英时：《历史与思想》，联经出版事业公司 1976 年版，第 85 页。

[4] Lau, *Lao Tzu*, p. 83.

[5] 《御注道德真经》（之后标为《御注》），第 14 页，右下；柳存仁：《道藏本三圣注道德经会笺》（之后标为《三圣注会笺》），载柳存仁：《和风堂读书记》，龙门书店 1977 年版，第 111 页。

《道德经》接下来一行紧接以上的观点：

《道德经》：是以君子终日行，不离辎重。[1]

皇帝：终日行者，行道心也，不离辎重者，以此辎重比身也。其道理者，人心也。心乃神魂所栖之处，若神魂而妄虑妄为，使不守其心而纵其所欲，是为离辎重也。譬如帅师远行而入敌境，岂有弃其军粮而先行焉？先行则失粮，所以君子持身若是。[2]

老子批评通过武力获得王位之人，批评以高压政策统治、将自己的意志强加于人的君主。这样的观点对皇帝提出了挑战，所以他不得不对自己作为军事征服者的行为进行合理化。

《道德经》：将欲取天下而为之，吾见其不得已。天下神器也，不可为也。为者败之，执者失之。[3]

皇帝：此老子自叹之辞，朕于斯经乃知老子大道焉。老子云：吾将取天下而将行，又且不行，云何？盖天下国家，神器也。神器者何？上天后土，主之者国家也，所以不敢取。乃曰我见谋人之国，未尝不败，然此见主者尚有败者，所以天命也。老子云：若吾为之，惟天命归而不得已，吾方为之。[4]

看起来，朱元璋不得不努力将《道德经》中的这些思想应用到他自己的情境中。他是否“为之”？他“对天下神器”是否“有为”？他认为（或宣称），他没有逆理违天夺取并损害神器；天命所归，他别无选择，只能依天命行事。

[1] Lau, *Lao Tzu*, p. 83.
[2] 《御注》，第 14 页，右下；柳存仁：《三圣注会笺》，龙门书店 1977 年版，第 111 页。
[3] 第二十九章。Lau, *Lao Tzu*, p. 89.
[4] 《御注》，第 16 页，左下；柳存仁：《三圣注会笺》，龙门书店 1977 年版，第 127 页。

有关死刑的问题，朱元璋对《道德经》中的内容有如下回应：

《道德经》：常有司杀者，夫代司杀者杀，是谓代大匠斫。夫代大匠斫，希有不伤手矣。[1]

皇帝：王者陈纲纪，各有所司，司之以道，民有可罪者，乃有司责之，官守法以治之，然如是犹有过误者，故违者君有所不赦。天地以司君，君乃代天而理物，若或妄为，其有救乎？即人主不赦过误故违者是也。[2]

赦免罪犯在中国历史悠久，帝王经常发布大赦令。金、元统治时期赦令颁布频率相对较低。[3] 这里我们看到朱元璋自己对大赦的观点：大赦不应该包括故意违法的罪犯。皇帝首要考虑的似乎是对其统治的忠诚。

也许对《道德经》最新奇、最怪异的分析，是洪武皇帝对以下段落的注解：

《道德经》：古之善为士者，微妙玄通，深不可识。夫惟不可识，故强为之容：豫兮若冬涉川，犹兮若畏四邻。俨兮其若客，涣兮若冰之将释，敦兮其若朴，旷兮其若谷，浑兮其若浊。[4]

朱元璋的注解基于他对这一段落的独具个性的阅读。他用上述七个特征来讨论皇帝身边的人如何“探”究皇帝的想法。

不管朱元璋周围的人如何在他面前装腔作势，以“探”究他的

---

[1] 第七十四章。Lau, *Lao Tzu*, p. 136.

[2] 《御注》，第38页，右上；柳存仁：《三圣注会笺》，龙门书店1977年版，第211页。

[3] 参见 Brian E. McKnight, *The Quality of Mercy: Amnesties and Traditional Chinese Justice*, Honolulu: University Press of Hawaii, 1981。

[4] 《老子》第十五章，Lau, *Lao Tzu*, p. 71。

想法，君主表现出来的都只是面不改色。这样，他就可以防止他的大臣们探究他内心的秘密和欲望。朱元璋对这段话的注解解释了他的想法：

> 君子所秉者，得天地至精之气，乃神慧而不妄为。使其动，则诸事有理焉。使其静，则灵神于心，人莫知其所为如何，故深妙难通。老子设词假似傍人强立名色以觇视。
>
> 指前君子之人，怀仁坚志，人轻不可得而知彼之机，故设七探之意，使欲知彼之机尤甚难知，盖欲使后人修道坚如是也。又以犹豫二兽名于其中，又以整然之貌见之，加以怠慢之情合之，添淳淳然混之，亦声势以动之，侮以喧哗窥之，凡如此者有七，终不得其真情。是以贤人君子之诚难动，其小人之心安能如是也？[1]

朱元璋的这一解释并不完全就是随意的，这与老子关于君主不应该允许他的臣下知道他的想法这一原则相符。正如老子在另一段落中解释的，“太上，不知有之”。[2] 他还教导说：“圣人在天下，歙歙焉为天下浑其心。”[3] 将这一段落中的“犹”“豫”两字解释为动物的名称也并不奇怪，因为正如柳存仁（Liu Ts'un-yan）指出的那样，这可能来自吴澄的注解。吴澄写道：

> 豫、犹皆兽名。豫，象属；犹，犬子。象能前知，其行迟疑；犬先人行，寻又回转，故迟回不进谓之犹豫。冬涉川者怯寒，畏四邻者惧敌；是以迟回而不进。有道者不敢为天下

[1] 《御注》，第8页，左下和右下，柳存仁漏掉了御注的第一段，参见氏著：《三圣注会笺》，龙门书店1977年版，第86—87页。

[2] 《老子》第十七章，Lau，*Lao Tzu*，p. 73。

[3] 《老子》第四十九章，Lau，*Lao Tzu*，p. 110。

先，其容如此。[1]

朱元璋的注解也表明了他有关神灵的观念。上面我们已经看到，在其他地方，洪武皇帝表达了他反对用理性主义或唯物主义来理解神灵的态度。但在《道德经》的注解中，他部分认可这种解释。他这样做的语境很说明问题：

《道德经》：多言数穷，不如守中。谷神不死，是谓玄牝。玄牝之门，是谓天地根。绵绵若存，用之不勤。[2]

皇帝：人之浩气乃神，神即气也。人之躯中有心，心中有窍，呼窍为谷，以气为神，气若常存，即谷神不死，谷神不死，遂得长生。此以君之身为天下国家万姓，以君之神气为国王，王有道不死，万姓咸安。又以身为天地，其气不妄为，常存于中，是谓天地根。若有所养，则绵绵不绝，常存理用，则不乏矣。[3]

在这一段中，我们看到朱元璋在利用《道德经》营建一种神秘的、将至上的重要性赋予君主的论调。他采用理学将神灵解释为“气”的说法，但在某种程度上，这里的“气”，更接近于孟子所说的“气”。在理学的著述中，气常常是一种“物质力量”；但这里，朱元璋心里想到的“气”显然具有比之更早、同时也更简单的含义。

[1] 引自柳存仁：《三圣注会笺》，龙门书店 1977 年版，第 87 页。
[2] 《老子》第六章，Lau，*Lao Tzu*，p. 62。
[3] 《御注》，第 4 页，左下，柳存仁：《三圣注会笺》，龙门书店 1977 年版，第 72 页。

洪武皇帝与佛陀

和老子的学说一样，佛陀的教义也得到洪武皇帝的高度尊重。他敬仰佛陀的事迹，对人类的苦难心怀慈悲。在他的《谕僧纯一》一文中，朱元璋说，“（佛陀的）善被两间（即现世和来生），灵通上下，使鬼神护卫而听从。故世人良者愈多，顽恶渐少”。[1] 治世人王，减刑法而天下治。但减刑法并不是天下得治的原因，人君的成功治理是“由佛化博被之然也”。

为了推进佛陀在其宇内产生积极的影响，上文提到，洪武皇帝在钟山佛寺举行了盛大的佛教活动。1372 年正月，在这样一个仪式中，朱元璋向佛陀致意再三。他参加高僧宗勒的佛法宣讲，并听慧日和尚讲解戒律。为准备这一佛事，朱元璋斋戒了整整一个月，他命令官员将消息传给全国的城隍神，请城隍神们知会地界所有的鬼魂，聚集钟山参与佛事。[2]

朱元璋看到佛教戒律和作为王朝法典之律两者之间的相似性。他说，事实上，佛教中的“经”和“戒”与国家的“令”和“律”类似。一个告诉人们必须做什么，另一个列出训诫予以制裁。皇帝声称，如果一个人心中充满邪恶，仅仅背诵经文并没有什么意义。佛陀将惩治任何违反佛经教义的人。[3]

朱元璋曾评论过佛教的《心经》。他曾令人为《心经》做

[1] 《御制文集》卷八，学生书局 1965 年版，第 8 页下。

[2] 谈迁：《国榷》（第一册）卷五，北京古籍出版社 1958 年版，第 460 页；宋濂：《蒋山广荐佛会记》，载《宋文宪公全集》卷七，四部备要本，第 2 页下至第 3 页下。

[3] 《诵经论》，载《御制文集》卷十，1535 年版，第 11 页上。

注，自己为这一注解本的《心经》作序。[1] 序言是三教合一的最好例子，因为在皇帝眼中，《心经》教导佛法教义，儒家教导“三纲五常”，两者是一致的。

朱元璋在序言[2]中指出，不是只有中国才有凶顽之人，天下皆有。佛陀释迦牟尼出生在西域，他成就的教义就是“仁慈忍辱”；[3]他教导人们“务明心以立命”。

洪武皇帝说，佛教教义被人说成“空虚而不实”，不能导君子、训小人，因此而受到攻击。但这是完全错误的，皇帝说，正是在这里，佛法是最有用的：“正欲去愚迷之虚，立本性之实。”

事实上，《心经》主要关注的确实是“空”，它教导我们，“五蕴皆空”。[4] 五蕴包括一种物质要素（色）以及四种精神要素(受、想、行、识)。皇帝承认“空”在《心经》中的重要性，并不试图否认它。但他认为，教义的真实含义并不支持以下的指控，即《心经》对于伦常原则是无用的或者有害的。《心经》所说的“空”并不是对《心经》进行批评的那些人理解的“空”。正如洪武皇帝所指出的，《心经》经常提到的是“相空”，即外在样貌的“空”或者不确定。“相”相当于梵文“迹象”，指现象所采取的形式。明太祖认为，有六种类别的相：口（说）、眼（色）、耳（听）、鼻(嗅)、舌（味）以及身（乐）。谈到这六相时，他写道：“其六空之

---

[1] 荒木见悟提到，洪武十一年（1378），朱元璋下令汇编《般若经》《金刚经》《楞伽经》的注解，荒木见悟：「思想家としての宋濂」42—23 頁。宋濂为这些注解本撰写了序言。

[2] 《心经序》，载《御制文集》卷十五，1535 年版，第 10 页下至第 12 页上。

[3] “忍辱”一词被中国佛教徒认为是佛教中“patience”的对等词。Erik Zürcher，“Buddhist Influence on Early Taoism：A Survey of Scriptural Evidence”，*T'oung Pao* 66（1980），p. 117.

[4] 关于《心经》的翻译，参见 F. Max Muller，ed.，*Buddhist Mahayana Texts*（*The Sacred Books of the East*，Vol. 49），NY：Dover，1969，p. 153-154。

相又非真相之空。”他对这一观点有进一步的说明：佛教教义所说的相，即是“空相”，是“妄想之相”。皇帝指出，“空相”愚及世人，祸害古今，前代帝王被空相所惑而几丧天下者，有周穆王、汉武帝、唐玄宗、宋徽宗等。

朱元璋总结说，《心经》教导人们避免被“空相”所误导。“所以本经题云《心经》”，他说，“正欲去心之邪念以归正道”。

结　论

明初是一个高度融合的时代。洪武皇帝朱元璋通过在国家礼仪中的实施，通过详细的叙写，在这方面起到了引领的作用。他的很多谋士，不管他们主要的领域是佛教、道教和儒家，他们本身就是融合论的专家。皇帝在这里那里暗示，儒士试图引发对佛教徒的攻击。他蔑视这种宗派性的嫉妒。早在明初之前，三种教义合一就已经出现，这一潮流经洪武朝，持续至永乐帝统治时期。儒僧姚广孝（1335—1418）对佛、道、儒均有深入的研究，曾经有雄辩之文攻击那些批评佛教教义的思想狭隘的儒士。[1] 这部作品即是《道余录》，与上文描述的李纯甫与沈士荣设定的模式非常接近。

永乐之后，融合的主题失去了朝廷的高度认同，因此变得沉寂。然而，在这些年里，也有一些重要的融合论的代言人，他们使得这一传统得到保留，直到16世纪复兴。在这方面，有两个重要人物：一是景隆僧（俗名陈祖庭，1393—1444），苏州人；另一位是文人祝

---

[1] 姚广孝的传记参见 Goodrich and Chao-ying Fang, eds., *Dictionary of Ming Biography*, p. 1561-1565。《道余录》在1967年由台北商务印书馆再版。

允明（1461—1527），同样来自苏州地区。[1] 融合运动在16世纪报复性地卷土重来，其中，明太祖的著述占有非常重要的地位。在这一时期，他的作品被一再刊印；而在此之前，他的作品传播不广。[2] 正如我们已经看到的，杨起元于1596年汇编了洪武皇帝的著述，1597年他又选编了朱元璋的著述并加以注释。有关朱元璋的"三教论"，杨起元有如下评论：

> 高皇帝以密字言之可谓当矣，以老子之道齐于仲尼，亦有据而无疑矣。奈何学者至今尚惑于韩愈原道之说，视为异端，弃孔子之所尊，倍高皇帝之明训，可胜罪哉。[3]

杨起元只是当时赞美明太祖开明的三教合一的文人之一。另一个是管志道（1536—1608，1571年进士），他写道："御制心经序，阐色空义最精，谓善用之，可以治天下。"[4] 还有一个是杰出的文人李贽（1527—1602），他对明太祖提出的三教合一赞誉有加。他说，"我高皇帝统一寰宇，大造区夏，其敬孔子、敬老子、敬释迦佛有若一人"。[5]

引用明太祖两行诗文可能是总结本文的一个好方法。这两行诗

---

[1] 这些人物在間野潛龍《明代文化史研究》（第423—433页）中有讨论。也可参见Hok-lam Chan编写的祝允明传记，Goodrich and Chao-ying Fang，eds.，*Dictionary of Ming Biography*，p. 392-397；Christian Murck，"Chun Yün-ming and Cultural Commitment in Su-chou"，第三部分第四章："Human Nature，Mind，and the Problem of Syncretism"，Ph. D diss.，Princeton University，1978，p. 528-554。

[2] 徐九皋在附录于1535年版《御制文集》的题记中提到了这一点。

[3] 杨起元：《训行录》，卷中，明刻本，第23页上。

[4] 转引自酒井忠夫《中國善書の研究》，第237頁。关于管志道的行状，参见钱谦益：《牧斋初学集》卷四十九，四部丛刊本，第1页上至第22页下。

[5] 转引自酒井忠夫《中國善書の研究》，第241頁。有关李贽的传记，参见Goodrich and Chao-ying Fang，eds.，*Dictionary of Ming Biography*，p. 807-818；Wm. T. de Bary，"Individualism and Humanitarianism in Late Ming Thought"，in Wm. T. de Bary，ed.，*Self and Society in Ming Thought*，NY：Columbia University Press，1970，p. 188-225。

中，“明”这个词有很好的运用，“明”既是王朝的名字，也与摩尼教的深层教义相呼应。这两行诗说明，通过三教合一，明亮的阳光将照耀天下，新时代即将到来：

儒释道宗同一体，
普天且看日轮明。[1]

[1] 《和储宗师诗韵以发一笑》，载《御制文集》卷十八，1535年版，第28页下。

第四章

蒙古统治下金华儒士的政治思想*

有元一代，位于浙江中部的婺州路（后来的金华府）是最有名的政治思想传统中心。它为宋、明之间的哲学和知识提供了连接。金华儒士以支持道学，即宋代大师朱熹（1130—1200）的学说而著称。但是，金华儒士除了致力于传授朱熹的学说外，还面临着元代非汉族统治带来的问题：不仅“圣王”不在天子之位，关于圣王的一套说法也被大大的缩减。

金华儒士对这些问题作出了自己的回应，他们提出了“真儒”这一概念。“真儒”既是传统儒学大师，又是法律大师。简言之，“真儒”既是有道德修养的学者，又是训练有素的法学家和官僚。

元朝的政府，在蒙古统治者之下的各个层面，都由吏员把控，他们在政府中的专长不是根据意识形态，而是从行政与法律的角度来考量的。他们没有受过传统儒学的训练和考试，也无意于保存和延续儒学的传统。金华儒士重新定位学者的角色，将朱熹的道

---

* 本文原载 John Langlois，Jr.，ed.，*China Under Mongol Rule*，Princeton：Princeton University Press，1981，p. 137-185。

作者感谢哥伦比亚大学理学研究区域研讨会成员（1976 年 10 月在哥伦比亚大学成立）和以下学者为本文提供的宝贵帮助：F. W. Mote，Dr. Wm. S. Atwell，Professor Robert M. Somers 和 Ms. M. Nylan。本文的错误由我个人负责。

德学说与陈亮、叶适等浙东学派的“事功”学说融为一体。[1] 在蒙元这一不把儒士放在首要地位的时代，他们为儒家文人提供了支持朝廷的理论基础。他们给文人提供了一种方法，使他们能够获得和尊重官僚行政技能和知识，这对于作为蒙古统治者的臣属至关重要。

金华（本文中这一现代地名与元朝时期地名婺州会互换使用）不是元代中国唯一重要的知识区域。其他重点地区包括徽州（现代安徽新安）和临川（江西省）。徽州是一个繁荣的经济中心，自宋代以来就一直如此。[2] 这里是朱熹的祖籍，因此保留了朱熹的影响力（不过，这种影响更多地保留在朱熹任教的福建，以及下文将解释的金华。）徽州文人对儒家经典的研究颇为深入，尤其是《春秋》。[3] 据称，这部古代著作是孔子为了传达他的“义”[4]而编纂的。

临川具有与金华、徽州截然不同的特点，这些特点源于有组织的道教在临川地区的强大存在。正如孙克宽教授指出的，临川是这一宗教运动的主要国家中心之一。临川的特征是融通（或折中），因为儒家和道家彼此密切接触，相互尊重。[5]

金华思想在中国文化史上占有重要地位，因为它既为元朝的统治，也为后来的明朝作出了贡献。金华文人在14世纪60年代明政权的发展中发挥了重要作用。两位金华文人担任了官方《元史》编修

[1] 西方学者常用“utilitarian”一词来大致对应这一学派的“功利”学说。关于这个学派的讨论，参见萧公权的《中国政治思想史》，中华文化出版事业社1954年版，第449—481页。

[2] 关于宋代徽州经济增长的研究，参见斯波义信「宋代徽州の地域開発」，「山本博士還歴紀念東洋史論叢」（山川出版社1972年版）215—229頁。

[3] 参见本人撰写的赵汸（1319—1369）传，收入 L. C. Goodrich and Chao-ying Fang, eds., *Dictionary of Ming Biography*, NY: Columbia University Press, 1976, p. 125-128。

[4] 《孟子·离娄下》。参见 James Legge, trans. The Chinese Classics, HK: University of Hongkong Press, 1960, Vol. 1, p. 327。

[5] K'o-K'uan Sun, Yü Chi and Southern Taoism during the yüan Period, in John Langlois, Jr. ed. *China Under Mongol Rule*. Princeton: Princeton University press, 1981, p. 212-253.

的总裁，[1] 因此为我们评价元代历史留下了永恒的印记。明太祖在多大程度上受金华文人的扶持，在现代学术界还没有得到深入的研究。当然，朱元璋并不是只依靠金华文人的扶持，当时的许多文人为明太祖的政权贡献了自己的声望和学识，从而帮助把朱元璋这个乞丐、和尚以及后来的一方军事首领变成了明朝的皇帝。

蒙古在中原的统治经历了不同的转变。13 世纪 70 年代，忽必烈征服南宋时，因为与汉文明的接触，蒙古人的统治已经有所改变。在新的格局之下，蒙古人的统治不再是从中原农耕汉人中夺取战利品的游牧民族的一种占领。它已成为一种混合型的政府：一面是官僚体系的，另一面是殖民性和军事性的；一方面是攫取战利品的，另一方面也致力于在被统治的领土上增加财富和收入，当然朝廷从来没有在蒙古的优越性原则上让步。尽管有证据表明蒙古政权受到汉文化的影响，[2] 但仍然具有强烈的蒙古特征。为争夺王位，血战频仍；兄弟叔侄互相残杀。皇位传承十分残酷，暗杀殊为常见。但在这一切的背后，政府仍在延续。蒙古统治者的那些能够识文断字的臣属——担任行政和税收官员的回回和其他色目人；负责基层行政事务，文书处理，保存账籍等的汉人和南人[3]——实际掌握着日常的权力。蒙古人自己大部分并不认识汉字，因此依赖有

[1] 我指的是宋濂（1310—1381）和王祎（1323—1374）。关于他们的传记，参见 Goodrich and Fang, eds., *Dictionary of Ming Biography*, NY: Columbia University Press, 1976, p. 1225-1231, 1444-1447。

[2] 参见 Joseph Fletcher, "Bloody Tanistry: Authority and Succession in the Ottoman, Indian Muslim, and Later Chinese Empires", paper represented at the Conference on the Theory of Democracy and Popular Participation, September, 1978（经作者许可引用）；另参见拙著，"Yü Chi and His Mongol Sovereign: The Scholar as Apologist", *Journal of Asian Studies* 38.1 (1978): 98-116. 收入本书第二编。——编校者注

[3] 汉人和南人通常分别被解释为蒙古征服前金朝的汉人臣民，和蒙古征服前宋朝的臣民。因此，他们通常分别被称为北人和南人。

文化的官吏，以使蒙元王朝具有中原王朝的某些特征。前辈学者蒙思明在其对元代社会阶级的经典研究中，已经提出了以上观点。[1] 他指出，在蒙古军控制的地区，蒙古人必须依靠回回和其他有文化的官吏来管理财政和其他技术方面的事务。蒙古人在很大程度上不具备的技能主要是官僚政务。蒙古人别无选择，只能依靠被征服民族中的某些人来统治被征服的人民。正如蒙所说，“这是因蒙人不谙政事，不通文字，不习刑名，[2] 不解公牍，乃不得不然耳（只能雇用汉人和南人）”。[3]

结果，许多汉人和南人都获得了相当的实际权力。根据柳城人（现在辽宁省）、学者姚燧（1283—1313）的说法，有三种途径可以进入朝廷担任重要的职位：

> 凡今入仕惟三途：一由宿卫，一由儒，一由吏。由宿卫者，……十之一，由儒者，十分一之半，由吏者……十九有半焉。[4]

金华儒士明白，他们若想改变社会，他们必须在现有的权力结构下行事。他们发现这一权力结构给吏员留下了许多腐败的机会。蒙古统治者并不总是完全了解行政管理的复杂性。只要他们的臣属能够提供足够数量的金钱和货物，他们并不总是关心他们的道德品质。金华儒士对此表示忧虑，他们认为解决问题的办法在于对儒士

---

[1] 蒙思明：《元代社会阶级制度》，哈佛燕京研究所，1938 年特刊第 16 号。

[2] 尽管在上古时期，“刑名”分别意指“形”（事实）和“名”（名称），这里的意思与现代汉语的意义相同。参见 H. G. Creel，“The Meaning of *Hsing-ming*”，载 H. G. Creel，*What Is Taoism? and Other Studies in Chinese Cultural History*，Chicago：University of Chicago Press，1970，p. 79-91。

[3] 蒙思明：《元代社会阶级制度》，哈佛燕京研究所，1938 年特刊第 16 号。

[4] 姚燧《牧庵集》卷四，第 10 页上；转引自蒙思明：《元代社会阶级制度》，哈佛燕京研究所，1938 年特刊第 16 号第 51 页注 290。

阶层的再教育。通过将儒士的角色重新定义为可以包含吏的职责，金华儒士能够在蒙古统治的约束下重新确立儒家的价值观。

孙克宽教授对金华思想的开创性研究，[1] 使得我们可以尝试对蒙古统治下的金华思想进行评估。只有在对临川、徽州等元代中国重要的知识区域进行类似的研究之后，我们才能将金华与这些地域进行有效的比较。

1126年宋朝南迁，以杭州为都城。婺州路的治所所在地位于杭州以南约110公里处。婺洲，现在被称为金华，位于主要的交通干道之上，现在是从上海和杭州往南的铁路线上的一个重要车站。婺州这一地名与对应该地区的星宿婺女有关，婺女为二十八星宿之一，这二十八个星宿与中原各地有一一的对应关系。婺州路是治所位于杭州的江浙等处行中书省下属的三十个路之一。浙东海右道肃政廉访司对该路也有监临权。婺州路下辖六县一州，分别为金华县、东阳县、义乌县、永康县、武义县、浦江县和兰溪州。[2] 据相关资料记载，元代婺州路人口为221 118户，共1 077 540口。[3] 另一资料引用的是1290年的数据，按照这一记载，婺州路有216 228户，有1 088 569口人。[4] 元初，蒙古统治者下令拆除了这一地区以及下级州县的城墙，但在王朝衰落的后期，这些地区为了自卫重建了城墙。例如，在这一地区的廉访副使，[5] 著名的阿沙不华（d. 1309）之子，康里脱脱的长兄伯嘉纳的命令下，金华县的城墙在

[1] 孙克宽：《元代金华学述》，东海大学1975年版。
[2] 《元史》卷六十二，中华书局1976年版，第1497页。提供了有关婺州路行政格局的信息。
[3] 《元史》卷六十二，中华书局1976年版，第1497页。
[4] 《金华府志》卷五，1909年刻本，第5页上。
[5] 《金华府志》卷二，1909年刻本，第3页上。

1352年得以重修。[1]

很早，人们就认识到金华文人史的一种特殊品质。建文名臣方孝孺（1357—1402），这位在燕王篡位时顽固地拒绝遵命行事的殉难者，在不同的言论中提到了这一点，值得重复。方氏说：“宋元之隆，天下大同。荐绅硕儒，皆人中龙。”[2] 方氏是在他为金华学者胡翰（1307—1381）撰写的一篇纪念文章中提出这一说法的。这也表明，对于方孝孺来说，蒙古统治并没有阻止汉文明建立和维持一个近乎乌托邦的社群。胡翰在这一背景下被挑出来得到方孝孺的赞颂，也意味着金华在这一成就中发挥了重要作用。在提及另一位金华文人时，方孝孺还提到，“斯道与宋，俱迁南东；文献卓然，婺（即金华）为之宗”。[3]

方氏还提到另一位金华文人，他说：“自宋之亡，大统中绝。顾瞻金华，有光蝉联。”[4] 方孝孺并不是一个不偏不倚的观察者，因为他虽然是浙江宁海人，但从孩童时代起他就跟随宋濂（1310—1381）这位元末著名的金华儒士学习，因此他是金华学派“收养”的门徒。[5] 但是，尽管方氏对金华的重要性可能存在偏见，他的观

---

[1] 关于伯嘉纳和康里脱脱，参见 John Dardess，*Conquerors and Confucians：Aspects of Political Change in late Yuan China*，NY：Columbia University Press，1973，p. 16-17，43-46。阿沙不华传记见《元史》卷一三六，中华书局1976年版，第3295—3300页。

[2] 方孝孺：《逊志斋集》卷二十，四部丛刊本，第8页下。

[3] 方孝孺：《逊志斋集》卷二十，四部丛刊本，第9页下。这是为纪念元朝的忠臣戴良（1317—1383）所作。参见 Goodrich and Fang，eds.，*Dictionary of Ming Biography*，p. 1234-1237。有关儒家对“斯道”的关心，参见 Arthur Waley，trans.，*The Analects of Confucius*，New York：Knopf，1938，p. 119。“文献”一词来自《论语》，参见 Arthur Waley，trans.，*The Analects of Confucius*，p. 96。

[4] 这句话是为了纪念浦江人郑涛（1315—1384）所作，郑涛是浦江郑氏家族的家长。有关郑氏家族的更多信息，请参见下文。

[5] 参见牟复礼 F. W Mote 所撰方孝儒传，Goodrich and Fang，eds.，*Dictionary of Ming Biography*，p. 426-433。他的宋濂传参见 p. 1225—1231。

点仍然为本文的讨论提供了一个很好的起点。在他看来，宋、元都是“大同”社会。“大同”这一概念源于《礼记》，其中描述了一个理想的和平与和谐的社会。[1] 方氏还指出，宋朝和元朝在皇室统治的合法性和不合法性方面存在区别。在方氏看来，蒙古人割断了宋朝与前几代之间合法统治的连接。换句话说，蒙古人的征服标志着这一基本政治传统的断裂。[2]

然而，元朝非汉统治者的不合法性，并没有影响到这一时期文化流动的连续性。外族统治并没有造成文化层面的断裂。而且，与其他地区相比，金华更是不间断地创造出熠熠闪光的文化成就。方孝孺将蒙古人对合法政权承继这一传统的中断，与未曾中断的金华文化成就放在一起，以此赞颂了他自己所处地区（金华）的学术。它被认为是一种神圣的文化保护行为，这使明朝能够享有过去的文化根源。真正讽刺的是，是汉族的永乐皇帝通过处决方孝孺而结束了金华历史的这一篇章。没有蒙古君主这样做过。

金华在汉以后就有定居者，其经济在宋代有快速的发展。最近的研究表明，在金华，山地复垦技术的使用比华南其他地区更为活跃。事实上，在为提高丘陵山区农业生产力而投资节水技术方面，金华在同一时期与其他地区相比，是非常先进的。这些技术促成了在斜坡上修建灌溉水库，以蓄水和控制侵蚀。[3]

---

[1] 参见《礼记》中的《礼运》。参见 James Legge, trans., *The Li Ki* (*Sacred Books of the East*), Clarendon Press, 1885, Vol. 1, p. 364-393。

[2] 关于方孝孺有关合法性的思想，参考萧公权：《中国政治思想史》，中华文化出版事业社1954年版，第526—530页，以及 John Fincher, “China as a Race, Culture and Nation: Notes on Fang Hsiao-ju’s Discussion of Dynastic Legitimacy”, in David C. Buxbaum and F. W. Mote, eds., *Transition and Permanence: Chinese History and Culture*, HK: Cathy Press, 1972, p. 59-69。

[3] ［日］本田治《宋代婺州の水利開発》，《社会経済史学》41：3（1975），211—234頁。

但这些并没有造成巨大的财富集中。与江南富裕地区相比，南宋时期的金华在经济上并不突出。作为“金华四大名家”之一的儒士王柏（1197—1274）曾写道：“盖金华所谓豪家巨室，实不足以当江西浙西困弱最下之户。”[1] 王柏为了强调金华民众的纯洁性，无疑夸大了金华的贫穷。但是，比较而言，金华并不是一个繁华的经济中心。

1276年，金华投降于千户高兴。高兴为北方汉人，在伯颜带领蒙古入侵宋朝时加入其阵营。蒙古军队占领南宋首都杭州之后，伯颜命令高兴扫荡南部还没有投降的地区。金华向高兴投降后不久，有一个叫章焴的人起义，立自己为婺州总督。高率领5000军人进行镇压。经过七次交战，四十天的厮杀，5000名“叛军”被杀，章焴被处决，战事结束。高兴在金华、浙江以及福建等其他地方都证明是朝廷的得力之臣。因此，他于1277年获朝廷嘉奖，并被委任为婺州及处州的招讨使。[2]

南宋时期金华的经世思想

宋代有两位重要的金华学者。他们是来自金华县的吕祖谦（1137—1181）和永康县的陈亮（1143—1194）。现代人知道吕祖谦当然是因为他是著名的《近思录》[3] 的合编者（与朱熹合编）。《近思录》是理学著作合集，囊括了北宋理学思想，并成为帝制后期“正统”的标准参考书和教学工具。吕祖谦有实用主义的倾向，对历

---

[1] 转引自本田治，第226頁。

[2] 《元史》卷一六二，中华书局1976年版，第3803—3804页。

[3] 参见 Wing - tsit Chan, trans., *Reflections on Things at Hand*, NY: Columbia University Press, 1967。

史和社会制度的发展有着深刻的兴趣。正如陈荣捷（Wing-tsit Chan）所指出的，用王安石的话来说，[1] 吕祖谦对《近思录》的贡献在于将法律的篇章纳入其中。吕祖谦的思想属于南宋思想史上浙江学派的范畴。如前所述，这个学派通常被称为“事功”学派，一些学者将其翻译为“utilitarian”。他们强调通过有机的制度更新和改革，改善社会生活的物质条件。[2] 朱熹指出吕与这些治国理念颇有关联，他写道：

> 其学合陈君举（陈傅良，1137—1203）、陈同甫（陈亮）的二人之学问而一之。永嘉之学，理会制度，偏考究其小小者，惟君举为有所长；若正则（叶适，1150—1223）则涣无统纪，同甫则谈论古今说王说霸；伯恭则兼君举同甫之所长。[3]

对其同僚与浙江学派的密切关系，朱熹有些不以为意。他批评浙江学派，因为在他看来，这一学派没有把道德领域放在首位，而关注历史研究、《春秋》和《左传》、国家治理、军事防御和经济民生。朱熹与浙江学派的思想家就社会治理的优先问题曾经有过辩论。[4] 陈亮强调以实用性看待社会秩序的制度和军事基础，认为这非常重要，而朱熹则认为，任何一套思想，如果不把道德修养置于首要地位，并把道德修养作为社会秩序唯一切实、持久的基础，都

[1] Wing-tsit Chan, trans., *Reflections on Things at Hand*, p. 325-326. 参见第四章第20节。

[2] 萧公权指出他们的主要思想宗旨是“富国强兵”。参见萧公权：《中国政治思想史》，中华文化出版事业社1954年版，第461页。

[3] 黄宗羲：《宋元学案》卷五十一，四部备要本，第15页下至第16页上。

[4] Hoyt Cleveland Tillman, “Divergent Philosophic Orientations Toward Values: The Debate Between Chu His (1130-1200) and Ch'en Liang (1143-1194)”, *Journal of Chinese Philosophy* 5 (1978): 363-389.

存在内在的缺陷。陈亮最终成为中国思想中最伟大的“异端”之一，[1] 因为与吕祖谦相比，陈亮是他所代表的观点的更强大的代言人。陈亮的观点完全建立在儒家经典之上。他强调强大的国防、政府对经济民生的理性规划，像唐太宗这种模式的，而不是神秘的古代圣王模式那样的强大的君主，这些观点在许多方面都与朱熹的观点背道而驰。

朱熹的思想最终成为中国政府的官方学说。正如最近狄培理（Wm. Theodore de Bary）所展示的，[2] 这一状态在元代已经发生，部分原因是朱熹强调道德修养的这一偏好被大多数书院的学者和教导所接受。但是，朱熹学派在后元时期的重要性，使学者们忽视了在金华占据中心地位的南宋事功学派的遗产。

另一位来自金华的学者唐仲友（1151 年进士），也与强烈的军事、经济事功思想有关。唐仲友意志强大，个性鲜明，他无法与对手朱熹和陈亮相处。但他对后期金华的思想家产生了强大的影响。著名的清朝史家全祖望（1705—1755），也是后期浙东学派的支持者，对唐仲友和其他金华学者赞誉有加，他写道：

> 乾淳之际（1165—1189），婺学最盛。东莱兄弟以性命之学起，同甫以事功之学起，而说斋则为经制之学。[3]

全祖望接着指出，永嘉学派，主要指叶适，在“理会制度”方面最为突出。永嘉学派是广义上的浙东学派的一部分，强调研究与

---

[1] Hellmut Wilhelm, “The Heresies of Ch'en Liang”, *Asiatische Studien* 11 (1957-1958): 102-112。关于陈亮思想的讨论，参见吴春山：《陈同甫的思想》，台湾大学 1971 年版。

[2] Wm. Theodore de Bary, “The Rise of Neo-Confucian Orthodoxy in Yuan China”, paper presented at University Seminar in Neo-Confucian Studies, Columbia University, November 1979.

[3] 黄宗羲：《宋元学案》卷六十，四部备要本，第 2 页下。

政府机构有关的，特别是与君主制度和国家防卫有关的历史和儒家经典作品。全祖望认为吕祖谦是所有金华思想家中思想最开阔的一位，因为他的著作涉及哲学的层面，也涉及纯功利主义的层面。尽管各个思想家每人强调的重点各不相同，但至少有一个重要的观念把他们联系在一起：他们相信保持一个强大的政府的重要性，特别是对付在 1126 年宋廷南迁之后控制了整个华北地区的女真这样的外族。

唐仲友的主要作品包括《六解经》150 卷、《诸史精义》100 卷、《陆宣公（陆贽，754—805）奏议解》和《帝王经世图谱》16 卷。所有这些学术著作都切合发展中的、以浙东为中心的经世传统。唐仲友的主要观点是，制度必须适应当前和不断变化的环境，才能发挥作用，因为只有这样，它们才能通过税收获得经济的基础，并得到百姓充分的支持。唐仲友和他的浙东儒家同辈一样，试图把“帝王”变成理性的、不具神秘性的研究主题，从而与许多儒家思想对帝王的理想化观念相区别。

浦江县的倪朴

吕祖谦、陈亮、唐仲友在当时和后来都很有名，但由于所谓的道德有缺，唐仲友的传记未能收入《宋史》。[1] 当然，金华的经世

[1] 全祖望在为唐仲友文集撰写的序言中讨论了这个问题。参见《鲒埼亭集外编》卷二十四，四部丛刊本，第 2 页上至第 3 页下。宋濂为唐仲友写了传记，试图恢复唐的名誉。参见章作楠《跋宋潜溪“唐仲友补传”》，转引自何炳松：《浙东学派溯源》，商务印书馆 1933 年版，第 201—202 页。清代学者章学诚（1738—1801）批评宋濂没有在《元史》中收录唐的传记以弥补《宋史》的缺陷。参见《章氏遗书外编》卷四《知非日札》，1922 年吴兴刘氏嘉业堂刻本，第 2 页下。关于宋濂为唐仲友写的传记（现未存）参见朱友（1314—1376）《题（说斋）先生补传》，参见《宋元学案补遗》卷六十，第 32 页下至第 33 页上。苏伯衡（1329 生）为唐仲友文集所作序文参见《苏平仲文集》卷五，四部丛刊本，第 1 页上至第 2 页下。

思想并不局限于以上这几位学者。与以上各位同乡且同一时代的浦江学者倪朴，是一个有趣且古怪的人。[1] 绍兴年间，南宋受金朝军事入侵的困扰，倪朴自己设计出对付金朝的办法。倪家世代务农，无人出仕为官（尽管他们声称在唐朝时有一个祖先曾经出仕）。南宋朝廷在处理金朝的问题上被认为是无效的，倪朴对此感到愤怒。倪朴的祖父与浦江县知县关系殊为密切，曾协助带领当地民兵镇压这一带的强盗。1157年，倪朴这位受过教育，但是没有任何官职的人向高宗皇帝进言。这一年，倪朴听说朝廷计划派遣军队“扫清河洛（河南洛阳地区）”，他喜不自胜，认为南宋收复国土有望。在给高宗的万言书中，他阐述了他对军事形势的分析。[2] 他提出了对付金人机动力量的战略部署，他认为金是可以被消灭的。在他看来，金朝的灭亡是历史大势的要求。

倪朴的观点基于他对地理和人口分布的研究。他的历史地理论著题为《舆图会元志》，该书从未刊刻，因此在元代就已经散佚。但其中的地图显然仍有存世，因为下面会讨论到的学者吴莱曾经看到这些地图并有评论。元初的一些人也指出，地图详尽，具有历史性和战略性，是政治的、也是自然地理的宇内图。这一系列的地图显示了几个世纪以来汉和非汉之间不确定的位置。据说倪朴在自己家的墙上贴了地图，并把他的住所作为一个非官方的作战指挥部。他在他想象的对抗金人的战役中，在重要的地点和城镇指挥战斗、部署防御。

---

[1] 吴莱在其《渊颖集》（四部丛刊本，卷十，第13页上至第15页下）中讨论了倪朴的杂文。也可参见宋濂：《浦阳人物记》，载《宋文宪公全集》卷五十三，四部备要本，第13页上至第13页下。吴师道《敬乡录》卷六，《适园丛书》本。高伯和《浦阳艺文考》，立志书局1968年版，第69—70页。《宋元学案》卷五十六，四部备要本，第10页上至第11页上，《宋元学案补遗》卷五十六，第18页下至第19页上。

[2] 倪给皇帝的信部分收录于《光绪浦江县志稿》卷九，1916年刻本，第6页下至第17页上。

陈亮认识倪朴，对他十分欣赏。陈亮曾经向朝廷公开陈言，要求对金人采取更主动的政策，这可能受到了倪朴的启发。1169年，陈亮二十六岁时曾致信孝宗皇帝，敦促朝廷致力恢复北方失地。除了以上倪朴和陈亮之间明显相似之处以外，两人还都与金华的地方官员发生过摩擦。陈亮一生三次坐牢，倪朴则在淳熙年间（1174—1189）被罚徒役筠阳（今江西），因为他激怒了浦江知县。

倪朴和陈亮的方式不同，但他们都是勇敢而颇有创意地致力于恢复中原汉地的尊严。只是两人都没有直接与金人对战。浦江有一个英雄却是这样做的，这就是殉难者梅执礼（1079—1127）。梅执礼这位儒臣是一个典型的活动家，其仕宦生涯既有军职也有文职。他是1106年宋徽州时期的进士，之后在不同的职位上一路晋升，最后被任命为武学博士。虽然有人建议，作为一个文人，他不应该接受这样的职位，但据说梅执礼热情而兴奋地接受了这个职位。在他的仕宦生涯中，他曾两次受命汇编皇帝的敕令，这是宋代为适应不断变化的社会环境而定期举行的正规立法活动。钦宗（1125—1127）统治时期，梅执礼力劝皇帝亲征以惩戒金人。他请太上帝后、皇后、太子出避宫外。这一建议没有得到采纳。1126年，金人第二次围攻北宋都城，皇帝最终向金人投降。金人令宋朝提供赎金赎回钦宗，这一巨额的赎金很难凑足。于是，陪同皇帝被俘、并试图谈判赎金的梅执礼被杀。为了达到对其他宋人的心理影响，对梅执礼的处决既突然又残酷。他被枭首示众。[1]

[1] 关于梅执礼，参见宋濂：《浦阳人物记》，载《宋文宪公全集》卷五十三，四部备要本，第1页下至第3页上。《宋元学案补遗》卷三十五，第38页下至第39页下。高伯和：《浦阳艺文考》，立志书局1968年版，第67—68页。关于梅执礼被杀和相关事件，参见刘伯骥：《宋代政教史》（第一册），台北，中华书局1971年版，第273—277页。梅执礼的传记也可参见《宋史》卷三五七，中华书局1977年版，第11232—11234页。

梅执礼的英雄主义和积极的活动并不是独一无二的。他并不是唯一一个想方设法让宋朝战胜金人并因此而被杀的学者。当时也有其他人和他一起被杀害。关于他的记忆，以及有关陈亮、倪朴、吕祖谦的记忆，形成了金华传统的一部分。这是我们在考察金华学派对蒙古统治的回应时必须牢记的传统。

道学与“金华四子”

南宋末年，道学逐渐具有正统的官方地位。[1] 这一过程声势浩大，书院在这一时期不断发展，到元代承担了主要的高层教育，而道学成为这一时期书院主要的课程内容。在金华，道学的传统根深蒂固。[2] 然而，尽管如此，它并没有取代金华学派本土的经世致用的事功取向。在金华，朱熹的道学与当地传统相融合，在国君不是圣贤，甚至不是汉人的时代，对于实现社会和政治秩序的方法，金华形成了一种朱熹理想主义和实用主义相结合的关注。

将朱熹的学说传到金华的是何基（1188—1268），金华县人。何基年轻时，因为其父在江西临川任县丞而来到临川。而朱熹的弟子、女婿黄榦（1152—1221）则为临川县令。黄榦不是一位死读书的学者，金人入侵位于长江北岸的安庆时，他修战备，在防御中起到重要作用。朱熹于1200年去世之前，传衣钵于黄榦，要求黄榦继续完

---

[1] 关于道学声望的提高，参见 James T. C. Liu，“How Did a Neo-Confucian School Become the State Orthodoxy?”，*Philosophy East and West* 23：4（1973）：483-505。也可参见 Conrad Schirokauer，“Neo-Confucians under Attack：The Condemnation of Wei-hsueh”，in John W. Haeger，ed.，*Crisis and Prosperity in Sung China*，Tucson：University of Arizona Press，1975，p. 163-198。

[2] 关于早期金华道学的简介，参见孙克宽：《元代金华学述》，东海大学1975年版，第15—49页。

成其著述，传播其学说。黄接受了这一任务和荣誉，并对自己承担的义务忠心耿耿。[1] 何基成了黄幹的学生，因此，当何基回到金华时，他成为将朱熹的学说与金华传统相结合的纽带。

何基教导学生要以《论语》《孟子》《大学》《中庸》四书为中心，要以朱熹的《四书集注》为首要读本。他认为朱熹的《语录》也应该认真学习，但由于《语录》是不同的人记录，所以不太可靠，总体而言写得也不严密。[2] 17 世纪研究宋元思想的史学家黄宗羲指出，何基主要的哲学和教育立场是，朱熹的《四书集注》占有中心地位。[3]

何基是"金华四子"中的第一位。[4] 何基及其后继者都希望能成为朱熹所传道学的真正的、忠实的追随者。何基之后，"金华四子"中的其他三位是王柏、金履祥（1232—1302）和许谦（1270—1337）。沿着这一顺序，朱熹学说从一位学者传给另一个学者，并从一个学者传给了数以百计的学生。

金华四子的著作试图将朱熹的学说系统化，使之易于传授给众多的弟子。何基在这方面的成果均以"发挥"为标志。《大学发挥》就是其中一个例子。王柏是何基的第一个学生，后来也是他的同事，他和"金华四子"的其余二位一样，希望忠实于儒家经典和朱熹的解释。

但王柏学术关注的广度远远超过何基。在这方面，王柏展示了他父亲的影响，他父亲曾是吕祖谦的弟子。据说王柏本人是三国时期伟大的军事和政治英雄诸葛亮（181—234）的崇拜者。因此，在

[1] 《宋元学案》卷六十三，四部备要本，第 1 页上至第 2 页上。
[2] 《宋元学案》卷六十三，四部备要本，第 1 页上至第 2 页上。
[3] 《宋元学案》卷六十三，四部备要本，第 1 页上至第 2 页上。
[4] 金华四子是《宋元学案》卷八十二的主要人物。

王柏的思想中，既可以看到朱熹道学学说的巨大影响，同时也存在一个包括了实用主义的经世学说和以诸葛亮为代表的积极的英雄主义这样的宽阔视野。[1]

蒙古人

王柏未及听闻1276年蒙古攻占杭州、1279年忠心耿耿的陆秀夫背负年幼的皇帝跳海而死等消息就已经去世。但他应该已经意识到蒙古人的威胁渐大、南宋垮台的可能性也越来越高。宋度宗统治时期（1265—1274），在被围攻五年之后，襄阳失守。也正是在这一时期，忽必烈发布了他对宋朝最后一次远征的诏诰。王柏从未经历蒙元的统治，但是南宋败亡如隐约可见的幽灵，显然也在他的感知之内。

作为王柏思想主要底蕴的经世取向得到了他的学生金履祥的继承。[2]《元史·金履祥传》记载，元军围攻襄阳时，金履祥曾经向朝廷献策，建议以重兵取海道进攻燕、蓟（今北京）。他相信，这可以迫使蒙古人解除对襄阳的围困。[3] 金履祥在杭州提出这些建议，他到杭州的目的就是可以即刻为朝廷效劳。[4] 显然，金履祥具有金华文人的特点：以建设性的思想和努力，针对外族的入侵。

[1] 关于王柏，参见程元敏：《王柏之生平与学术》，学海出版社1975年版；程元敏：《王柏之诗经学》，嘉新水泥公司文化基金会1968年版；《宋元学案》卷八十二，四部备要本，第3页上至第5页下；《宋元学案补遗》卷八十二，第23页上至第83页上。

[2] 关于金履祥，参见程元敏：《金履祥和他的遗著》，载《宋史研究集》卷四，中华丛书编审委员会1969年版，第63—94页；何淑贞：《金履祥的理学》，载《思与言》，13：2（1975年7月）第6—11页；孙克宽：《元代金华学述》，东海大学1975年版，第25—34页。

[3]《元史》卷一八九，中华书局1976年版，第4316页。

[4] 参见金履祥《仁山集》中收入的柳贯为金履祥写的《行状》，国学基本丛书，第97页。

金履祥殊为博学，所学涉略天文、地理、礼、乐、刑、存公田、阴阳、占卜、历法等。宋朝灭亡这一灾难来临时，金履祥举家迁入金华山中以避兵、盗。他去世之前，根据自己的人生经历，将其著作按照他对自己人生不同阶段的回顾进行编排。按时间顺序分为四个时期，每个时期都有一个适当的标题。四十岁以前所写的作品收入《昨非存稿》，其中唤起的是对古代道教隐士陶潜及其《归去来兮辞》主题的记忆。陶潜写道：

> 归去来兮，田园将芜胡不归！既自以心为形役，奚惆怅而独悲。悟以往之不谏，知来者之可追。实迷途其未远，觉今是而昨非。[1]

金氏在1271—1275年创作的作品，题为《仁山新稿》，指的是他藏书和写作的地方。这也是金履祥积极致力于帮助南宋暂时阻挡蒙古征服的时期。

1276年杭州陷落以后的手稿，以《仁山乱稿》为题，而1292年以后的手稿则以《仁山噫稿》为题。根据金氏的学生柳贯（1270—1342）的记录，金履祥曾经解释如此命名的原因如下："自丙子之难，而生前之望觖；自壬辰哭子之感，而身后之望孤。曰乱曰噫，所以志也。"[2]

很遗憾，金履祥现存的文集并没有按照这四个类别进行编排，因此很难评价他的心路历程。然而，从他对蒙古征服中原的反应中，我们可以提出一个重要的哲学假设。在金履祥的《复其见天

---

[1] James Robert Hightower, "The Fu of T'ao Ch'ien", *Harvard Journal of Asiatic Studies* 17 (1954): 220.

[2] 金履祥：《仁山集》，国学基本丛书本，第97—101页。

地之心讲义》[1] 中，我们可以到他以下的思想：虽然周期性的变化不可避免地带来了治世和乱世，但在衰败的时代，儒者有义务为未来必将到来的复苏奠定基础。

金履祥的这篇讲义是对北宋学者程颐言论的注解。北宋学者程颐有关《周易》复卦有一段著名的说法，收入朱熹、吕祖谦所编的《近思录》：“先儒皆以静为见天地之心，盖不知动之端乃天地之心也。非知道者，孰能识之？”[2] 程颐的话表明，自然过程周期性展开，动在先，而静只是为生和长这样的关键阶段做好准备。

金履祥的讲义对程颐的言论进行了富有启发性的注解，旨在让学生们感受到金履祥和金华学派所代表的积极的价值观。在讲义中，金履祥将功夫或“努力”与变化过程中固有的潜能联系起来。讲义的最后一段有力地阐述了这一点：

> 是知复者特此心之初耳，既复之后，无以长养之，则复失矣。朱子所谓“复而不固则屡失屡复”者也。[3] 自天地之有此复也，日长日盛，进而为临，又进而为泰，又进而为大壮，又进而为夬，又进而为纯乾矣。人心之有是复也，亦必日增日长，进而为临之大，为泰之通，又进而为大壮之动，以天夬之刚决，乾之不息，而与天地合德焉，此又复之之后工夫也。又况凡事莫不有复，如学宫既废而新，则为学校之复；纲常既晦

[1] 金履祥《仁山集》收入的这一讲义内容不全，完整的内容参见《宋元学案》卷八十二，四部备要本，第8页下至第10页上。

[2] 《近思录》卷一，四部备要本，第5页下。参见 Chan，Wing-tsit，trans.，*Reflections on Things at Hand*，Columbia University Press，1967，p. 12.

[3] 朱熹《周易本义》卷一，刘氏傳经堂丛书本，第24页下。

而明，则为世道之复；国家既危而安，则为国势之复；[1] 贤卿帅出镇大邦，作兴学校，崇建明伦之堂，[2] 此学校之复也。纲常既废而复明，国势阽危而复振，在诸君子必有得于复之义而充复之功用者，幸不废焉！[3]

宋代灭亡后，金履祥拒绝为新政权服务。在蒙古统治下，他退居于与蒙元朝廷有任何正式的、制度的关联之外，著书立说，教授生徒。但是，正如有关“复”的讲义所表明的那样，他相信，君子致力于世道之善，了解自然变化之道，君子可以从静中汲取力量，伺机而动，转危为安。这就是金履祥教给他的弟子的。

金氏最著名的弟子是许谦，第四位也是最后一位金华先生。他在学术上的主要成就之一是对《四书》及其注解的研究，他将其著作命名为《读四书丛说》。许谦拒绝了元朝不断提出的出仕邀请。但他不是一个遗世独立的隐士。他是浙江地区最受追捧的学者之一。来访者络绎不绝，许谦与朝廷中人也有积极的交流。[4] 许谦甚至有非汉人的学生，比如蒙古人合剌不花，合剌不花在追随许之前曾在泰州任达鲁花赤。[5]

许谦对《四书》的态度，就像忠实的门徒对待理学大师朱熹的态度一样。在文本关键段落的所有讨论中，他试图揭示并清楚地表

[1] “危”出自《论语》：“君子不入危世，不住乱世。”参见 James Legge, trans., *The Chinese Classics*, Vol. 1, p. 212。

[2] 出自《孟子》，参见 James Legge, trans., *The Chinese Classics*, Vol. 2, p. 242-243。

[3] 《宋元学案》卷八十二，四部备要本，第 10 页上。感谢 Fang Chao-ying 博士协助翻译这段文章的最后一部分。

[4] 孙克宽：《元代金华学述》，东海大学 1975 年版，第 40 页。

[5] 《宋元学案》卷八十二，四部备要本，第 41 页下至第 42 页上。合剌不花的传记参见《元史》卷一九三，第 4384—4386 页。也可参见 John Dardess, *Conquerors and Confucians*, p. 204，注 60。从中华书局 1976 年版《宋元学案》卷八十二，第 42 页下的记载来看，收蒙古弟子是一件极为罕见的事情。

达的是“正确”的解释。他无意引入新的思想或解释，因为他的首要任务是在确保准确传播朱熹的学说。

但是这种保存原样的做法，仍要求对思想做重新表述，在重新表述的过程中，思想仍有所改动，哪怕即便是稍微改动。如果弟子只重复与大师相同的话，思想的字面表达可能不会改变；但即便如此，重新表述的背景也会与这些言论初次表达时的背景不同。收集和保存大师的思想可能会使它们变成僵硬的传统；而重新陈述和澄清大师的观点，理顺其间的矛盾之处，纠正或改进模糊和不精确的表达，则可能改动大师的思想。这些改动可能不会被视为改动，但仍引发了很多可能的改动。大师最原初的思想可能会在重述过程中失去神秘的吸引力，或者也可能变得更有说服力。在重述的过程中，关注的重点也可能出现变动。

许谦对大师思想的重新表述确实带入了微妙的侧重点的变化。这可以通过考察一个相当明显的例子来证明。它涉及《论语》的一个重要段落，其中孔子提出国家应该由品德高尚的人统治。原文为："子曰：道之以政，齐之以刑，民免而无耻；道之以德，齐之以礼，有耻且格。"[1]

"政"这个词存在争议。它有时被翻译"regulations"，以传达一种使用政府约束的稍微温和的控制。[2] 理雅各（James Legge）将其翻译为"Law"，是遵循了朱熹的注解："政，谓法制禁令也。"[3] 朱熹对这一段文字是这样注解的：

---

[1] 参见 James Legge，trans.，*The Chinese Classics*，Vol. 1，p. 146。

[2] Wing-tsit Chan，*A Source Book in Chinese Philosophy*，Princeton：Princeton University Press，1963，p. 22，将其翻译为"government measures"；Arthur Waley，trans.，*Analects of Confucius*，p. 88，将其译为"regulations"。

[3] 《论语》卷一，载《四书集注》，四部备要本，第6页下。

愚谓政者为治之具，刑者辅治之法，德、礼则所以出治之本，而德又礼之本也。此其相为始终，虽不可以偏废，然政、刑能使民远罪而已，德、礼之效，则有以使民日迁善而不自知。故治民者不可徒恃其末，又当深探其本也。[1]

在中国政治理论史上，“法律的儒家化”已得到公认。[2] 但众所周知，孔子本人并没有坚持完全取消刑罚。他教导说，惩罚只能被用作虽令人遗憾但又有必要的补充措施，以确保一个好的政府的发展。当然，从具体的实施而言，也没有哪个王朝考虑过废除刑罚制度。在宋代，儒家经世学说自然包括了刑罚的内容。朱熹也不例外，因为他也清楚地看到了法律和刑罚的重要性和必要性。

许谦重申了朱熹对《论语》上一段内容的注解中对刑罚的看法，并由此引入了一种微妙的侧重点的转变。在许谦的重新表述中，对刑罚的强调要大于朱熹本人。许谦是这样说的：

夫子言为政当以德、礼。若但用政刑而无本，不足为善治。然但谓不可独任刑政尔！非谓但用德、礼，而不必政刑也。盖德、礼固能化民，而非政则德意不能遍流于下。所以平天下必用絜矩之道。[3] 有法制禁令，则德泽方可下流。虽尧舜之世而有四凶，[4] 刑亦不可废也。文公恐读书者谓圣人之意前一节不如后一节，只就德、礼上看而轻政刑，故于圈外明此意。圣人

---

[1] 《论语》卷一，载《四书集注》，四部备要本，第6页下。

[2] Ch'u Tung-tsu, *Law and Society in Traditional China*, The Hague: Mouton and Co., 1965, p. 267-279. Hsiao, K. C., “Legalism and Autocracy in Traditional China”, *Tsing-hua Journal of Chinese Studies* 4.2 (1964): 108-121.

[3] “絜矩之道”，参见《大学》注解，第十。参见 James Legge, trans., *The Chinese Classics*, Vol. 1, p. 373。

[4] 关于“四凶”参见《左传》，晋文公（公元前608年）十八年。参见 James Legge, trans., *The Chinese Classics*, Vol. 5, p. 283。

本具此意，非文公强合为一。[1]

在这一段中，许谦暗示当时儒士倾向于忽视法律和刑罚的政治重要性。他声称，朱熹反对这种倾向，而许谦自己也认为有必要这样做。但在以这样的方式重申朱熹的观点时，他更强调了法律和惩罚的必要性。这给中国统治者行用法律与惩罚增加了思想层面的合法性。

下一代

许谦有许多学生，其中一些人成为很有影响力的学者，但没有一个人能像金华四子那样继承发扬这一流派的学说。没有出现金华五子。然而，金履祥和许谦的追随者成为或试图成为元政府事务的积极参与者。他们与蒙古人和其他非汉族的王朝掌权者密切合作。他们全心致力于社会基本道德和政治制度的“复”。

柳贯（他的法律思想将在下文有所讨论）在他为金履祥撰写的《行状》中准确地阐述了这一点。[2] 《行状》是一种“行为记录”，是对死者的赞美性的传记。在这一《行状》中，柳贯写道，从圣学不明到北宋五位哲学家（周敦颐、程颐、程颢、张载、邵雍）重辉继照，中间经历一千五百年。自此，六经之道，焕然复明于天下。赖此教义，人心发奋至善，以辅人君，以济天下。但是柳贯写道，这样的光明焕然，并不是突然而至，且不长久。即风和丽日少，而风雨晦暝之变多；龟龙麟凤少，而鸱鸮蛇虺之群多。章明开

[1] 《论语》卷一，载《读四书丛说》，四部丛刊本，第10页下至第11页上。
[2] 《元史》卷一八九，中华书局1976年版，第4316页。

拓之间即隐含了蛊坏剥蚀。人心世变，至于“无知无欲”。[1] 君子常视此为学术消长之机。当此之时，君子将起而存续圣贤之教。[2] 柳贯是在谈到他导师金履祥的生平和学识这一背景下提出这样的论调的。柳贯在自己的学术和政治追求上对自己以上的言论不可能不认真对待。

总结一下元初金华学派遗产的思想和道德维度：它直接与儒家哲学和朱熹学问这一颇具威望的组合相连接。此外，它也是对南宋浙东学派事功学说的继承。金华文人对他们那个动荡时代具有的有创造力的潜力非常敏感。这样的动荡扰乱了人们的生活，并不是人们所想要的，但它仍然包含着逆转和建立一个更好的道德和政治秩序的可能性。然而，他们知道只有忠诚的人们全心致力于这一重生的重任，这种可能性才会发生。

元初的浦江：忠于宋朝

正如上文所述，在金华，人们强烈地感受到蒙古征服和统治的冷冽的危机感。然而，金华很快成为儒家积极分子的中心，富有建设性地致力于对各项制度的改革和完善。金华文人致力改善元朝统治的强烈情感的来源之一是忠诚，而矛盾的是，在金华，忠诚也是对宋朝的忠诚。以金华为中心，对宋朝的忠诚主要表现为文学集会、儒士的隐逸、以及对宋代烈士的历史纪念等。它并不直接反对蒙古

---

[1] 老子，14。参见 Wing-tsit Chan，*A Source Book in Chinese Philosophy*，p. 146。

[2] 以上是对柳贯《行状》接近原文的概述，参见金履祥：《仁山集》国学基本丛书，第 102 页。《行状》的一部分内容也收入《宋元学案补遗》卷八十二，第 164 页上至第 164 页下。也可参见孙克宽：《元代金华学述》，东海大学 1975 年版，第 71 页。

征服者，而是对于一个统治王朝的理想性的忠诚。在盛元时期（约1310—1355），金华地区儒家积极分子令人印象深刻，其背后的动机和责任感部分源于宋代忠臣的模范行为。

这一点可以通过对浦江县文人较为深入的研究来证明。浦江，在一些资料中又称浦阳，是金华学派儒家积极投身政务这一传统中几位最有趣的人物的故乡。上面已经提到了一些。

浦江位于金华东北部，是浙江一个多山、相对偏远的地区。与属于绍兴路的诸暨州接壤。1276年，随着杭州的投降和蒙古人对江南的全面占领，忽必烈朝廷建置绍兴路和婺州路。浦江大致位于金华和诸暨的中间。从金华县县址（一般由周长为一里左右的城墙所围绕）到金华县的正南边界，大约为55到60里（一里约1/3英里）。这与从金华县址到诸暨州正东，以及从金华县县址到诸暨州府的距离大致相同。浦江呈卵圆形，东西长约102里，南北长约140里。从浦江至元朝的都城大都大约3600里。[1] 在元中期，浦江的人口约为12万。[2] 虽然不是非常富裕，但这个地区很繁荣，至少有两个大的宗族（王氏和郑氏）存在，[3] 并且不断涌现出一批才华横溢的文人。可能是由于流行病、害虫和元末战争，也可能是由于向外移民的原因，明初时浦江人口明显减少，据说到1391年，人口

[1] 《光绪浦江县志稿》卷一，1916年刻本，第41页上至第42页上；《金华府志》卷一，1909年刻本，第11页上至第12页上。

[2] 宋濂：《宋文宪公全集》卷五十三，四部备要本，第3页上。也可参见《光绪浦江县志稿》卷十一，1916年刻本，第4页上。

[3] 关于郑家，参见 John W. Dardess，“The Cheng Communal Family：Social Organization and Neo-Confucianism in Yuan and Early Ming China”，*Harvard Journal of Asiatic Studies* 34（1974）：7-52。Dardess提到了王家。苏伯衡：《苏平仲文集》卷十二，四部丛刊本，第26页下至第28页下收入为王氏已故成员的墓志铭；卷七，第2页上至第3页下提到王氏的祭田；卷十五，第1页上至第2页上收有为王氏家族写的诗。Dardess指出，王氏对郑氏家族有仿照。也可参见宋濂：《宋文宪公全集》卷二十三，四部备要本，第4页上至第5页上；方孝孺：《逊志斋集》卷十三，四部丛刊本，第27页下至第29页上，特别是其中28页下。

已降至 10 万以下。[1]

在元代，只有步行或者借由畜力才能到达浦江。从浦江西北的深袅山中发源的浦阳河在到达诸暨之前的部分水很浅，船只难以航行。它向东流动，正好在浦江县县址之南穿过浦江。另外两条发源于浦江山脉的小河从浦江流出，一条向西流入兰溪，另一条向北流入富阳。浦江县离杭州不远，只是几天的路程，但人们仍然觉得浦江明显没有城市生活的喧嚣。本地人柳贯写道："浦江在婺为山邑，非宾客商贾之所犇凑。"[2] 浦江的达鲁花赤，一个在 1358 年元朝统治的暮色中任职、名叫写云石不花的蒙古人，[3] 曾和婺州路同知赵大讷[4]一起给学者宋濂写信，请宋濂撰写一篇纪念文章，信中是如此描写浦江的：

> 浦阳，婺之蕞尔。邑环以大山长岭，舟车所不通。往岁，大将军赵野逊台[5]首统军道其间，以辎重弗解羽而飞也。途逢农、贾及浮屠、黄冠，师不问能不能，以徽缠絷颈，使肩之。或血流不成，出即杀以徇。民深患苦。[6]

这样看来，浦江也不是没有受到蒙古统治的军事方面的影响。但是总体来说，浦江的地理特征保护了这一地区，赋予它独特的个

---

[1] 《光绪浦江县志稿》卷十一，1916 年刻本，第 4 页上。

[2] 柳贯《柳待制集》卷十二，四部丛刊本，第 9 页下。

[3] 《光绪浦江县志稿》卷七，1916 年刻本第 25 页上。

[4] 关于赵大讷传记见宋濂：《浦阳人物记》，载《宋文宪公全集》卷五十三，四部备要本，第 9 页上至第 9 页下；赵氏的墓志铭，参见《宋文宪公全集》卷四十二，四部备要本，第 1 页上至第 3 页下。

[5] 关于赵野逊台，参见《元史》卷一九五，中华书局 1976 年版，第 4423 页；《新元史》卷一四九。赵野逊台为赵世延（1260—1336）之子，汉化的汪古族人，家族用汉姓。赵世延在朝廷任职近半个世纪，获得了许多荣誉。他是《经世大典》的编撰者。参见《元史》卷一八〇，中华中局 1976 年版，第 4163—4167 页。赵野逊台在《元史》中为赵野峻台。

[6] 宋濂：《宋文宪公全集》卷四十三，四部备要本，第 7 页下。

性。它成为许多仍然忠诚于宋朝的诗人的避难所。月泉吟社，一个忠于宋朝的诗人团体，在距离县址西北仅有两里地一个禅坐之地“月泉精舍”举行集会。[1] 据说，以它命名的泉水随着月亮的相位而升降，因此得名“月泉”。

正如孙克宽在最近的一项研究中所表明的那样，在元初，许多著名的忠于宋代的诗人聚集在浦江。[2] 其中包括谢翱（1249—1295），他曾自立武装与蒙古人作战，并协助文天祥（1236—1282）抗击侵略者；永康人吴思齐（1238—1301），以及浦江人方凤（1240—1321）。[3] 方凤是聚会的关键人物，因为吴氏和谢氏有一段时间都靠他生活。谢翱死后，方氏和吴氏把他葬在钓台，谢氏曾在钓台为文天祥修建有一座祠堂。吴思齐是陈亮女儿的外孙，他曾经为了改革宋朝的军事制度，向皇帝递交了说明详细的奏疏。宋亡之后，他以“全归子”为号。方凤则和陈宜中相识，陈宜中为宋朝的丞相，1276 年作为忠于宋朝的最后努力，陈宜中和两位王子逃离杭州。在福州，其中一位王子被立为皇帝，以陈宜中为丞相。蒙古人发动进攻，将这些效忠者驱赶到更远的南部，在广东附近的海上进行最后一场战斗。陈逃至占城，随后，1282 年，蒙古人进攻占城，他又逃往暹罗。他在暹罗死去，死期不详。方凤是在陈宜中启

[1] 关于月泉诗人，参见 F. W. Mote，“Confucian Eremitism in the Yuan Period”，in Arthur F. Wright ed.，*The Confucian Persuasion*，Stanford：Stanford University Press，1960，p. 235，note 55。也可参见胡怀琛：《月泉吟社及其他》，载《越风半月刊》1936 年第 6 期；全祖望：《鲒埼亭集》卷三十三，第 8 页下；卷三十四，第 6 页下至第 7 页上。关于月泉诗人的诗，参见吴渭编：《月泉吟社稿》，金华丛书本。

[2] 孙克宽：《元代金华学述》，东海大学 1975 年版，第 50—55 页。

[3] 关于谢氏、吴氏、方氏的传记，参见《新元史》卷二四一。

程前往暹罗之前，从陈派来的使节那里得知这些事情的。[1]

元初浦江文化遗产中这一忠诚的特征，为该地区增添了名望。但它在当地所激发的潮流并不是对蒙古的敌视，而是一种全心效力于当朝政权的推动力，不管这一当时的政权是什么。这种全心的效力并非源于对统治者的忠诚，而是对道的忠诚，以及统治者治下百姓的忠诚。对宋朝的忠诚，加上直接源于朱熹的教义，再加上经世学派的学说，形成了元代金华思想的独特特征。

浦江文人到蒙元政府任职。在 14 世纪 60 年代和明初，一些人最终成为忠诚于元朝的人。这一事实支持了这样一种观点，即浦江，或更普遍地说，金华文人，对蒙古统治者的接受不仅是因为他们是事实上的统治者；对中国文化的忠诚超越了单纯的政治结构，支持着甚至那些可能不喜欢少数民族统治的人积极投身元廷。元末，浦江县出现了最著名的忠诚于元朝的学者之一，即学者戴良（1317—1383）。戴良是吴莱、柳贯和黄溍（1277—1357）的学生，是治《春秋》的学者。[2] 上文提到的宋朝宗室、浦江人赵大讷（1278—1358）熟识蒙古文。他在元廷任职时间很长，当金华在 1358—1359 年被明朝未来的开国皇帝征服时，赵氏顽固地拒绝投降。[3] 浦江著名的郑氏家族中有三位成员曾在 13 世纪 40 年代和 13 世纪 50 年代为中书右丞相脱脱做事，在明初时期，他们仍然忠

---

[1] 关于陈宜中（1228—1285），参见陈学霖所撰传记，收入 Herbert Franke, ed., *Sung Biographies*, Wiesbaden: Franz Steiner, 1976, p. 138-146。关于方凤和陈的友谊，参见《浦阳人物记》，载宋濂：《宋文宪公全集》卷五十三，四部备要本，第 14 页上。

[2] 关于戴良传，参见方孝孺：《逊志斋集》卷二十，四部丛刊本，第 8 页下。

[3] 参见《光绪浦江县志稿》卷七，1916 年刻本，第 25 页上。

于元朝。[1]

金华是一个重要的知识区域，朱元璋这一未来明朝的缔造者，在他获得正统权威、成为一代帝王的早期，就自然地寻求对这一地区的控制。朱元璋的大将徐达最先在1358年7月占领浦江。作为婺州路州府所在地的金华县在次年一月被攻占。朱元璋亲自领导了对金华的征战，又监督了金华政治秩序的重建。朱元璋精心策划了对金华的占领，展示具有合法性作用的文化符号，旨在争取文人的支持。[2] 最终加入他的学者们不仅在精英文化圈中给了朱元璋相当的声望，在14世纪60年代后期明朝建立时，他们也帮助朱元璋设计了正式的国家结构。

统治的问题

对于一个热衷于政治思想的儒士来说，蒙古人的统治带来了一个新的问题，那就是这一统治权力很大程度上不在儒士的控制或影响之下，甚至可能不在其知识范围之内。对于所有全心投身朝政的儒臣而言，他们这时候面临的挑战是，蒙元君主遵循的是与汉族传统格格不入的一套行为规则。蒙古人在中原的统治，一如他统治其

---

[1] 他们是郑深（1314—1361）、郑涛和郑泳（一直活到明初）。相关研究可参见我的博士论文：“Chin - hua Confucianism under the Mongols，1279 - 1368”，Princeton University，1974，p. 236-264，268-292。

[2] 在围城的时候，朱元璋命人高举铜板，其上写有“奉天都统中华”。攻占金华之后，朱在新的“行中书省”入口处放了一对皇家黄色的横幅。横幅上写着：“山河奄有中华地，日月重开大宋天。”入口处还放着两块木板，上面写着：“九天日月开黄道，宋国江山复宝图。”在金华的秩序恢复后，他立即命令重新开放儒学。13位著名的地方学者受命讲授儒家经义和历史。他任命了一位五经大师和两位教谕。宋濂加入了这些学者为朱元璋提供指导。参见钱谦益：《国初群雄事略》卷九，中华文史丛书本1966年版，第52页；王崇武：《明本纪校注》，龙门书店1967年版，第61—63、75页。

庞大帝国其他部分的殖民地。他们以这样的基本态度对待当地的汉人，汉人因此没有充分的机会担任朝廷要职。蒙元统治下，朝廷各部门仍需大量的文吏，许多儒家文人通过这条途径进入了蒙元朝廷。从某种程度上说，元政府具有中原王朝的属性，因为它允许既有的官僚程序继续运行。这一事实当然代表了蒙古对待中原汉地政策的成熟，因为在一开始，成吉思汗还曾考虑把这一地域变成他的牧场。蒙古人的统治远非一成不变。忽必烈的统治以不断的领土扩张为标志。而后来的元朝皇帝则为了维持忽必烈给他们打下的战果而努力。皇位争夺者之间经常发生战争。一些皇帝对中原汉地的制度有相对积极的支持，比如 1315 年恢复科举制度。其他皇帝则对中原汉式的统治方式没有兴趣。其中一个皇帝可能对中文有比较好的掌握，而其他皇帝几乎不识汉字。元代最后一个皇帝的统治更是经历了许多不同的阶段。在他统治的早期，政权被那些对中原汉地利益有敌意的权贵把持，之后这些权贵被亲汉的朝臣推翻，这些亲汉的朝臣得到了金华学者的大力支持，直到他们失去权力并被杀害。这些事件标志着元朝统治结束的开端，因为各地的起义军开始蚕食蒙古人对中原领土的控制。因此蒙元的统治是多变的，而汉地学者的应对也相应地体现出不同的目标。

尽管蒙古统治的性质不断变化，有一种方法似乎可以告诉我们，对蒙元统治所引发的政治问题，即金华文人具有怎样的态度。金华文人强调利用律法将蒙元统治转变为有序政府。在前近代的中国，律法首先意味着君主的意志，即皇帝以诏令的形式发布的命令。律法也指一套制订的规范，指导等级秩序中各种社会和政治角色的行为。律法还意指刑法，刑法规定了与儒家伦理的等级原则相呼应的对犯罪行为的惩治。

元代，法律文本的研究和传播成为一种惊人的广泛的实践。重要的“儒家”思想家敦促学生学习律法，精通各种律法的不同原则和实践。有人努力将皇帝的诏令与行政法规编纂成法典，也有人致力于推进对刑法的理解。事实上，最近一项研究认为，“法律职业化”是许多元士大夫的特征。金华学者在这一发展传统中处于重要的地位，他们领先呼吁文人成为律法专家。

之所以出现这种趋势，部分原因在于古代中国政府日益官僚化的要求。这一趋势始于宋朝，而且并不因为蒙古统治而有逆转。实际上，蒙古人很好地利用了这一趋势。在蒙古统治的领土上，管理的官员不是蒙古人，而是有文化的中亚人，在中原汉地，中亚人也成为蒙元君主的代理人，而许多汉人则被吸收进入各个部门落实具体事务。

通过主张参与蒙古政务的儒士应成为律法的专家，浦江的理论家们试图减少肆无忌惮的蒙古统治经常带来的对民生的压制。尽管这些立法活动可能被蒙古统治者否决，但是因为蒙古统治者并不直接进行立法，参与立法和立法解释的儒士就可以对蒙古统治的行为产生影响，并可以影响更大的社会。学者—法律解释者们通过刊印法律、掌握立法的目的和方法，可以赋予整个政治制度（包括法律制度）以秩序和合理性，而这似乎是浦江理论家们心照不宣的前提。

柳贯和吴莱

元代金华学派的思想和道德成就，在很大程度上是建立在浦江文人所提供的核心基础之上的。这方面，柳贯（1270—1342）和吴莱（1297—1340）是最为有名的代表。我们可以从一句一般归功于柳贯的名言探究他的动机："六经，群圣人之言。载道以行乎万世者也，赖诸儒发微阐奥，莹然无疑。"[1] 柳贯一生不懈地追求这个目标。他通过在元政府的长期和积极的服务，以及在致仕后的几年中教授生徒，达成了这一目标。

作为一名浦江的年轻人，柳贯师承金履祥、方凤、吴思齐和谢翱。[2] 后来，他去了杭州和其他城市中心，拜会曾经生活于宋、因此经历了蒙古征服并幸存下来的前辈学者。其中包括诗人和画家龚开。龚开为宋朝的忠烈文天祥和陆秀夫撰写了传记。[3] 柳贯的仕宦生涯始于1300年，这一年他出任位于金华东南的江山县教谕，以后他在元朝的职位都与教育或教育的管理有关。

1311年至1326年，他大部分时间都在大都任职。[4] 从1326年到1341年，柳贯在江南出任一系列职位，期间1329年他曾为其父亲守制。1341年，他被召回首都，在脱脱的支持下在重新组建的朝廷任职，他被任命为翰林院待制兼国史院编修。[5] 1342年5月，柳贯前往首都，这一年内柳贯辞世。柳贯的葬礼由三位学者负责安排，其中一位是吴直方（1275—1356），即吴莱之父，吴直方是丞相脱脱长期的个人谋士和导师。

柳贯去世时，他是宇内最受推崇的文人之一。他不是一个重要的哲学家，元朝很少有重要的哲学家。他致力的是前文提到的他的目标。他的著作反映出他对治国之道的深切关注，尤其是如何将武

[1] 《宋元学案补遗》卷八十二，第192页上。

[2] 孙克宽在《元代金华学述》第55—60页中说明了柳贯传记的主要资料来源。

[3] 关于这个材料参见我的博士论文，"Chin-hua Confucianism under the Mongols, 1279-1368", p. 61-69。

[4] 1319年柳贯任国子学助教，文散官42阶，从八品；1321年升至文散官四十阶，正八品；1324年，他升至文散官三十七阶，从七品；1326年，至文散官三十五阶和正七品。

[5] 他升至42阶文散官中的34阶，从六品。

断的统治转变为有序的治理。他在这方面进行分析的一个很好的例子可以在他为《唐律疏议》所作的序言中找到。《唐律疏议》是传统中国的法典典范。由唐代学者长孙无忌（659 年）等编纂，《唐律疏议》是前近代中国所有编纂的法典中最具影响力的。

在中国法典的编纂历史上，唐律是一个重要的“分水岭”。[1] 所有后来的法典或者对其有直接的仿照，或者从根本上受到它的影响。宋代编纂《宋刑统》，即直接源于唐律。当然宋代日常的法规是通过皇家法令颁布的。法律变化迅速，这要求王朝定期发布补充性的法令汇编。在适当的时候，所有过时的法规都被淘汰或修正。[2]

元代有类似的编纂法典的努力，[3] 尽管元代没有颁布正式的律典。蒙古治下汉人致力于建立和维护一个良好的律法体系，这一努力的一个面向是对《唐律疏议》的校对和刊印。早些时候，在金朝的统治下，这一校对和刊印的工作已经开始，元朝的文人继续这一工作。元代，在朝廷的主持下刊行了两个版本的《唐律疏议》。第一版是也孙铁木儿，即泰定帝（1323—1328）时期，第二版在最后一位元帝妥懽贴睦尔（1333—1370 年在位）统治的至正时期（1341—1368）。[4]

从以上这些事实来看，柳贯对《唐律疏议》的兴趣代表了元代

---

[1] 关于这一论点的相关资料，可参见仁井田陞：「中国法制史」，岩波书店 1975 年版，62—73 頁。关于 57 条唐律的翻译，参见 Wallace S. Johnson, trans., *The T'ang Code*, *vol.* 1., *General Principles*, Princeton: Princeton University Press, 1979。

[2] 关于宋代的刑法典，参见徐道邻：《宋朝的刑书》，载《中国法制史论集》，志文出版社 1975 年版，第 273—304 页。

[3] Paul H. C. Chen 追溯了元代法典的发展，参见其 *Chinese Legal Tradition under the Mongols: The Code of* 1291 *as Reconstructed*, Princeton: Princeton University press, 1979, p. 3-40。

[4] 第三版由位于汴梁（原开封）的山南江北道刊印。现存的《唐律疏议》只有一个是宋本，但到底是不是宋本也有争议，也可能是一个元朝的版本。见仁井田陞：「中国法制史研究：法和习俗，法和道德」，东京大学东洋文化研究所 1964 年版，65—81 頁，特别是 68 頁。

学者和官员对法制状况的关注。柳贯的同乡兼同僚吴莱也对《唐律疏议》有所研究，甚至编辑了《唐律疏议》的删节本供官员使用。

在浦江学者对蒙古统治的回应中，吴莱的父亲吴直方是一个默默无闻但至关重要的人物，也是浦江学者对律法感兴趣的一个关键因素。[1] 他没有留下任何可供我们研究的著述，因此我们对他的思想只能有一种模糊的理解。以吴直方的堂兄弟为族长的浦江吴氏家族并不贫困，按照当时的精英的标准，包含吴莱母亲在内的许多吴家成员都受过良好的教育，这个家族能够接待那些著名的，前文提到过的忠诚于宋朝的诗人。但是这个家族并不强大，他们受到比他们更强大的其他家族的欺凌。吴直方从在浦江县衙担任文员开始其仕宦生涯。在这里，他对刑法产生了兴趣，这是一个传统上吏员涉及较多的领域。随后他前往杭州，在那里他试图对刑法有更好的掌握，并在朝廷获得更高的职位。但是在杭州的这几年，吴直方并不成功，在经历了颇多的挫折之后，他直接离开杭州，前往帝国的首都大都。

在大都，起初吴氏的情况不太好。朋友们因此劝他放弃雄心壮志，回到浙江。吴氏拒绝了，据说他是这样说的："生为寄，死为弃，等一死耳。何分冀北与江南？"[2] 大德年间（1297—1308），他被礼部任命，用金墨抄写毗卢遮那佛经。但是这个事项后来被取消了。在延祐年间（1314—1321），吴氏被推荐担任和世㻋（1300—1329）的儒家经典的侍讲。和世㻋是蒙古王子，当时居住位于大都

[1] 下文的讨论主要基于宋濂为吴直方所写《行状》，载宋濂：《宋文宪公全集》卷四十一，四部备要本，第5页上至第8页下。也可参考卷五十三，第8页下至第9页上和卷四十六，第16页上至第16页下。现代研究参见孙克宽：《元代金华学述》，东海大学1975年版，第77—78页。

[2] 宋濂：《宋文宪公全集》卷五十二，四部备要本，第9页上。

的王子府邸。作为海山的儿子，和世瑓是可汗的可能的继承人，但在1315年他的竞争对手将他赶出了首都，由此也结束了吴直方与他的关系。[1]（和世瑓于1329年成为皇帝，统治只持续了几个月，直到被他兄弟的支持者暗杀。他是元朝最后一位蒙古统治者妥懽贴睦尔的父亲。）

接下来与吴直方有关的消息出现在1324年，他在这一年被任命为上都路学正。上都为元朝的夏宫。在上都他实际上并没有真正获得这个职位，因为有人取代了他，但他最终还是赢得了与上都路总管马扎儿台面谈的机会。这次面谈改变了吴直方的一生。马扎儿台对吴印象深刻，并聘请他为他的两个儿子脱脱、也先帖木儿的儒家经典私人讲席。在妥懽贴睦尔的统治初期，脱脱成为蒙古人中赞成行用汉式体制的主要倡导者。当时他还只是个十几岁的孩子。吴直方成为了他的得力汉人助手和知己。在脱脱风波迭起的政治生涯中，吴直方一直站在他身边，提供建议和指导。脱脱发动1340年政变的时候他也在场，并且机智地赶走了在妥懽贴睦尔统治的前七年控制政权的反对汉文化的权贵。[2] 政变后，吴直方被授予四品官衔，并在集贤院任职，获三品荣誉头衔。后来吴直方的官品提升至二品，皇帝亲自表示祝贺。在接下来的七年里，吴氏作为学者和谋士一直活跃在大都。1347年，吴直方遭到脱脱对手的弹劾而致仕，他被授予一品荣誉头衔，“食俸赐终身”。他拒绝了朝廷赐予的1900亩土地，回到了浦江，直到1354年他八十岁高龄的时候，他回到大都，哀悼他一生非常熟悉的脱脱母亲的去世。同时，他在浦江

[1] 关于这一时期的政治，参见 John Dardess，*Conquerors and Confucians*，p. 18。

[2] 吴引用了《左传》来证明脱脱对于他的叔叔伯颜的行为是正当的。参见 John Dardess，*Conquerors and Confucians*，p. 201，注13。

建立了松林书院，该书院坐落于浦江城以西四十里左右的松林山脚下。

吴直方的儿子吴莱的仕宦生涯与吴直方的完全不同。在吴莱七岁之前，他母亲教授了一些基本的读本（如《论语》《孝经》《春秋》等）。方凤当时住在吴家，他把吴莱的名字从原来的“来”变成了“莱”，特意与《诗经》的以下诗文相联系：“南山有台，北山有莱。乐只君子，邦家之基。乐只君子，万寿无期”。[1]

这样的联系表明，方凤希望吴莱成为一位伟大的文人和社会的支柱，扶持开明君主，以实现天下的和平与繁荣。方凤对这个孩子的进步印象深刻，他把孙女许配给他，并亲自指导他学习。吴莱的阅读涉略广泛，包括政治制度、阴阳占卜、地理和词源学等。

吴莱试图通过科举考试入仕元廷。[2] 这个制度于1315年恢复。1318年，当地官员推荐他在杭州参加科举考试。他选的是《春秋》，成绩很好，接着去大都参加进士考试，却没有通过。1320年他离开了大都，回到浦江，此后再也没有参加科举。吴莱在1320年后的活动缺乏记载。孙克宽发现了一些文学资料，可能说明吴莱在13世纪30年代末，或可能在1340年，即政变和吴莱自己去世的那一年访问了大都。[3] 但这也并不确凿。

吴莱在浦江附近的宗族私学任教多年。14世纪20年代他在诸暨的一所类似的学校任教，学生中有宋濂、郑深、郑涛等。后者是浦江郑氏家族的成员，而宋濂是金华县人，后迁居至浦江郑氏家族附近。大约在1333年，郑氏家族在浦江建立了自己的义学，吴莱应邀

[1] Arthur Waley, trans., *The Book of Songs*, NY: Grove, 1960, p. 179.
[2] 他的事迹参见孙克宽：《元代金华学述》，东海大学1975年版，第83—88页。
[3] 孙克宽：《元代金华学述》，东海大学1975年版，第86页。

成为那里的讲习。1334 年，宋濂也到浦江继续随吴莱学习。1335 年，吴莱的身体状况见差，请宋濂接任其教职，宋濂遂成为郑氏家族义学的新任讲习。宋濂与郑氏家族的正式关系一直延续到 14 世纪 50 年代。《郑氏规范》的编撰和修订持续了二三十年，毫无疑问是在郑氏家族的两个先生，即吴莱和宋濂的指导下完成的。由于宋濂也是柳贯的学生，柳贯的影响也可能在编纂过程中有所体现。《郑氏规范》以朱熹《朱子家礼》为先例，内容具有很强的法律性，因为其中仔细规定了对各种违法行为的惩罚和惩治程序。

柳贯的序言

柳贯为《唐律疏议》[1] 写的序言体现了与金华传统完全吻合的对律法和惩罚的重视。同样，吴莱给《唐律删要》[2] 所写的序言也提出了对《唐律疏议》这一典范的法典进行简化，以帮助复兴本朝制度这样的理论。柳贯在江西行省刊印《唐律疏议》时作序，吴莱的序可要晚一些。

柳贯在其序言中指出，在刑法典编纂的历史上，唐代远不是发端。但就唐朝的高度文明和礼仪典范来看，唐代无可匹敌。唐太宗（626—649 年在位）在其重要谋臣魏征（580—643）[3] 的敦促下，下令编撰宽仁之法。经过多次修改后，唐律成。太宗并不希望“法禁”胜于“德化”。柳贯认为这与当时朝廷中最具有哀矜慎恤的

[1] 该序言收入苏天爵编：《国朝文类》卷三十六，四部丛刊本，第 10 页上至第 12 页上。序言并不见于柳贯的文集。

[2] 序言参见吴莱：《渊颖集》卷十一，四部丛刊本，第 4 页下至第 6 页上。

[3] 关于魏征，参见 Howard J. Wechsler, *Mirror to the Son of Heaven*, New Haven: Yale University Press, 1974。

学者的意见是一致的。《唐律疏议》颁行于650年，之后出现令、格、式，并有不时的汇编。这些法规皆“源于律”，唐律成为唐代法律体系永久的基础。柳贯认为，虽然唐律制订于很久以前的唐代，但它“通极乎人情法理之变”。他继续说，近年来，各朝代在建设自己的制度结构时，往往参考唐制，因此都以唐律作为其首要的律法基础。柳贯提出自己的评价说：

> 予尝备数礼官，陪在廷末议，见吏抱成法置前，曰律当如是，不当如彼。虽辩口佞舌，莫不帖帖顺听，无敢出一语为异，及按而视之，则本之唐，以志其常；参之祖宗睿断，以传其变。非常无古，非变无今，然而必择乎唐者，以唐之揆道得其中，乘之则过，除之则不及，过与不及其失均矣。呜呼，法家之律，犹儒者之经。五经载道以行万世，十二律垂法以正人心，道不可废，法岂能以独废哉?[1]

柳贯解释说，他曾请求江西廉访刊印《唐律疏议》，是因为江西学生虽然有丰富的儒家经典可以阅读，却没有唐律文本可以学习。他觉得这种情况令人遗憾。他对廉访使说：

> 礼刑其初一物，出礼入刑之论，固将以制民为义，而非以罔民为厉也。吾欲求故唐律疏议，稍为正讹缉漏，刊之龙兴（现江西南昌）学官，以庶几追还时曾读法之遗。[2]

在柳贯看来，法典应被赋予与儒家经典同等的地位。他认为，在建立良好的社会规范方面，它们本质上是相同的。除此之外柳贯还认为，只有当朝廷官员是知识渊博的律法专家时，才可能有

[1] 苏天爵编：《国朝文类》卷三十六，四部丛刊本，第11页上至第11页下。
[2] 苏天爵编：《国朝文类》卷三十六，四部丛刊本，第11页下至第12页上。

好的政府存在。在他看来，政府应该由精通伦理和法学的专业人士，参考已公布的标准、法规和刑法进行治理。

吴莱的序言

吴莱的序言中也有类似的观点。序言开篇写道，唐律的繁复令人苦恼。而且，他还指出，有些律条很难理解。因此他觉得有必要编写一个删节本，删去不必要的部分，把关键部分清楚地展现出来。他这样做，希望能“观乎古今立法之浅深、用刑之轻重”。[1] 吴氏的删节本已不存世，似乎也没有任何铭文或题跋可以探知其内容。但吴莱在序言中表明了他的理论前提：“夫古者先王之治人也，以德而辅之以刑；后世之治人也，德则不足而惟刑辟之是用。”[2]

吴莱暗示，他有关唐律的工作是为了纠正三代以后对刑法的过度依赖。但是，随着他的论点的展开，很明显，在他看来，过分依赖惩罚的原因是因为在职的司法的官员缺乏专业的律法知识。

吴莱追溯法律制度的发展，认为刑罚是在三代衰落以后开始制度化的。之后，战国时期，魏国的李悝（前455—前395）编撰了第一部刑法，即法经。[3] 商鞅为秦王之相，用的就是法经。汉朝继承了秦朝的法律和制度，之后，代代相因直到隋朝。隋朝编纂了《开皇律》，吴莱写道，“盖唐律本隋，汉律本秦，其实一出于战国李悝

[1] 吴莱：《渊颖集》卷十一，四部丛刊本，第4页下。

[2] 吴莱：《渊颖集》卷十一，四部丛刊本，第4页下。

[3] 关于《法经》，参见 T. Pokora，“The Canon of Laws by Li K’uei：A Double Falsification”，*Archiv Orientalru* 27（1959）：96-121；小林茂樹：「李悝法經考」，载《东方学报》1934年第4期，266—314頁。

盗贼囚捕之绪余而已”。[1] 因此，中国的法律传统原则与古代圣贤君主统治所具有的忠厚哀矜毫无关系。这些圣贤君主对法律的态度可以总结为“刑期无刑”这一古老的格言。[2] 换句话说，惩罚合适的目的是让人们害怕惩罚。因为害怕惩罚，人们就会行为规范，从而不再有使用刑罚的理由。

但是吴莱认为，秦在暴虐的焚书坑儒中摧毁了这一古老的理想。秦始皇命令天下学习“法令”，并“师吏”。就任法以治国这一点而言，后来的隋与秦非常相似，但是，秦和隋各自崛起的历史背景在性质上有所不同。秦兴于孔子死后“异端”出现的时代。矛盾和不负责任的各种学说被广泛兜售，秦国重首功，任法用吏以为治。

不同的环境影响了隋朝法律制度的特征。隋朝建立时，齐（479—502）和梁（502—557）所在的江左（现在的南京地区）地区殊为颓废。以前被北周（556—581）和北齐（550—577）占领的北方地区，则人们“习蕃夷”。隋的偶然统一并没有彻底清理天下这两类有害的影响，这是因为朝廷议政之臣都是“俗吏”和“米盐之徒”。他们行事苛刻却无足够的“纪”。隋朝统治者也鄙视这些人的华而不实，但由于没有意识到“真”儒的重要性，他们对此无能为力。结果，隋和秦的统治者一样，“任法用吏以为治”。

秦和隋都存在问题，这并不是因为运用律法治理天下本身是错误的，这两个朝代失败的原因在于他们的朝廷均缺乏熟悉律法的儒士。秦完全忽视了儒士群体，吴莱说，这无异于“自暴”。而隋则不

---

[1] 盗、贼、囚、捕是《法经》中的类别。还有两个其他的：杂和具。对早期律法的介绍，参见 Derk Bodde and Clarence Morris, *Law in Imperial China*, Cambridge: Harvard University Press, 1967, p. 52-60。

[2] 摘自《尚书》，James Legge, trans., *The Chinese Classics*, Vol. 3, p. 58-59。

知“真儒”，因此，在追求良好治理的过程中，无法恰当地寻求他们的帮助，这相当于“自弃”。[1]

秦和隋的比较显示，秦完全依赖律法，比隋更为暴力；但隋朝用律，则“犹袭秦之故智而或过焉者”。两个朝代均短命而亡，“若出一辙”。它们都提拔俗吏，都把律法定为人人都要遵守的规则。它们都宣扬“法律之密”和“督责之峻”,[2] 而且它们都充分使用各种手段以实现“钳制束缚”。[3] 在那个时候，朝廷中的狡诈猜忌之辈，让人对整个天下都持怀疑态度。导致两朝灭亡的原因是“德化”之不足和刑罚之过度。

秦和隋亡，“汉以宽仁攟秦法，唐以仁义变隋律”，希望改变秦、隋的做法，吴莱写道，这样的转变只有儒士才能做到。“俗吏”并不能完成这样的任务。只有儒士才能“创立国法，粉饰朝章”。汉、唐的统治者虽然不是先王圣贤般忠厚哀矜但他们能够恢复对各自国家的有序治理。他们的统治中也可能存在对良善官员的罗织陷害，百姓生活也多困苦，但由于这些统治者按照儒者的建议建设朝政，他们得以避免本来可能困扰帝国的巨大混乱。在他们的朝代建立后不久，精通律法的儒者出现了，他们对律法进行了整理。这成就了汉、唐盛世；如果没有那些精通律法的儒者，这两个时代均不可能有所成就。

在汉代，儒者马融（79—166）和郑玄（127—200）主持法典的

---

[1] “自暴”和“自弃”出自《孟子》。参见 James Legge, trans., *The Chinese Classics*, Vol. 2, p. 301-302。

[2] 李斯在给秦二世写的信中提到了这些控制手段。参见司马迁：《史记》卷八十七，中华书局 1972 年版，第 2554 页。也可参见 Derk Bodde, *China's First Unifier*, Leiden: Brill, 1938, p. 12-55。

[3] 关于汉朝行用的“钳制束缚”，参见仁井田陞：「中国法制史研究：刑法」，东京大学东洋文化研究所 1959 年版，75—77、607 頁。

编纂。在唐代，主要是长孙无忌编纂了《唐律疏议》。他们视时代需要对律法进行修订和删减。在汉朝，常常是引用儒家经典以断狱，这样可以深得“法律之本”。而唐代的取士制度则选拔熟知律法之实而不为“空言”之儒士。吴莱说，天下致治，乃“儒者用世之功”。吴莱认为，古代先王以“明刑”“弼教”治理天下，[1] 其中睿智远非秦、隋任法用吏可以企及，先王之成就也远非汉唐可以匹敌。吴莱认为，儒者应该知俗吏之事，吏则应该通儒之事，总之，在圣贤先王已经不存的时代，天下治理需要儒和吏，儒士如果是“真”儒，精通伦理和法学，天下致治才有可能。吴莱总结说，“尚德化者何尝不任刑辟，任刑辟则不可不务乎德化者也。是盖汉唐之所以得，秦隋之所以失，诚可为后世之龟鉴矣”。[2]

吴莱的言论当然是对上文提到的《论语》“为政”一章的间接注解。在语气上与金华学派大师许谦的学说相呼应。但吴莱更进一步阐明了律法学习对于希望出仕的儒者的重要性。吴莱的观点和柳贯一致，律学和“德化”是并驾齐驱的。

吴莱一生有一个遗憾是他未能在朝廷为官。作为一个早产儿，吴莱一生身体虚弱。作为弥补，他经常鼓励自己的学生出仕。用他自己的话说，“世涂人事岂可测，儒术政理须攀援”。这是他的学生郑玄和郑涛启程前往大都任职时吴莱给他们的忠告。[3]“攀援”意味着持身高尚，以求升迁到更高的位置。吴莱敦促，为了推进“儒术”，即儒家的治国之道，就应该如此。吴莱的学生达成了这一目标，在脱脱的支持下，他们在大都担任经筵之职，为皇帝讲解儒

[1] 出自《尚书》，参见 James Legge，trans.，*The Chinese Classics*，Vol. 3，p. 58。
[2] 吴莱：《渊颖集》卷十一，四部丛刊本，第6页上。
[3] 吴莱：《渊颖集》卷二，四部丛刊本，第7页下。

家经典。

黄溍的考题

黄溍（1277—1357），婺州路义乌县人，可能是出仕元廷的最杰出的金华儒士。他的大部分仕宦生涯涉及的都是类似“吏”的事务，在刑法事务方面也颇为深入。[1] 黄溍是落实金华学派学说的最好例子。

黄溍年轻时从方凤学习诗歌，上文提到，方凤是吴莱的老师，是忠心于宋的诗人。在1315年以前，黄溍没有职业可言。1315年，黄溍三十八岁，得中进士，这是元朝科举制度恢复的第一年。从那时起到1331年，他曾担任过一系列的职位，均与吏的职能接近。1331年，元文宗邀其入京，担任翰林国史院编修，但很快因父丧守制去职。但在继位的皇帝统治时，黄溍成为国子学博士，在职六年。从1340年到1350年，他在大都内外担任一系列重要职务。直到1350年致仕，在家里度过了他人生的最后七年。

黄溍综合了金华学派所有的特质。他是朱熹学说坚定的拥护者，也是一位律法专家。在他的仕宦生涯中，特别是在1340年后的显赫时期，黄溍有机会为科举考试出题。元代的科举考试为汉人和非汉地士子设置了不同的成绩标准，以确保对儒家经典之微妙之处较少可能掌握的蒙古人和中亚人也有成功的机会。黄溍为这两类举子都出过题。[2] 在两类的考题中，他都坚持考生应该对道学的道德

[1] 关于黄氏的生活和仕途，参见孙克宽：《元代金华学述》，东海大学1975年版，第109—126页。

[2] 黄溍：《金华黄先生文集》卷二十，四部丛刊本。本卷包含了黄溍准备的各类策问。

优先和法律制度的务实优先有深刻掌握。

在《上都乡试蒙古色目人策问》中，黄溍要求考生，“毋徒为甚高论也”，[1] 这当然是指考生回答问题时要贴近实际。同样针对蒙古色目人的另一系列策问中包括涉及以下主题（还有其他的主题）的十八个问题：为什么朝廷清明而天下仍有盗贼？如何对待民众而不使之为盗？政府中大量的吏员如何保持清廉？均衡财富分配最好的办法是什么？

黄溍的提问要求考生有相当的世故人情。比如在如何保持吏员清廉的问题中，黄问道：谈者谓，禁令严、禄秩厚，则吏者廉；而今禄秩非不厚，禁令非不严，而廉吏不多，贪吏不少，他问，“其理安在乎”？[2]

黄溍希望考生们质疑上古时代治理模式与当代的相关性。在关于“治”的问题中，黄溍指出，圣贤论治，总是取法于古。颜渊问如何治帮，孔子告之以四代之礼乐；滕文公问如何为政，孟子告之以古代的井田制和学校。对于孔子的建议，颜渊“无其位而不得行”；对于孟子的建议，滕文公“有其志而不能行”。后世君主或有行之，却多未尽其意。黄溍问道：“今亦有当讲者欤？”[3]

黄溍的另一个问题涉及君主制定政府规章时的先后次序。黄指出，“为法必有先后之序”，他说，知道先后顺序，则容易落实相关的措施。他指出，古代有以下十个优先的重要事项，即明黜陟、抑侥幸、精贡举、择官长、均公田、厚农桑、修武备、减徭役、覃恩信、重命令。黄溍问，这十事中，孰于今为急，而当先；孰于今为

[1] 黄溍：《金华黄先生文集》卷二十，四部丛刊本，第3页上至第7页上。
[2] 黄溍：《金华黄先生文集》卷二十，四部丛刊本，第5页下。
[3] 黄溍：《金华黄先生文集》卷二十，四部丛刊本，第5页下至第6页上。

缓，而当后？[1]

黄溍还要求考生对儒家经典教义有批判性的理解。在一个为蒙古色目人准备的问题中，黄溍要求考生展示经典教义和实际的治国需要之间的关系。黄溍指出，北宋理学创始人之一胡瑗（993—1059）曾说过：“夫穷经而不能致用，则经为空言矣 。”胡瑗还指出：“作事而不师于古训，则其为事亦苟焉而已。”黄溍然后让考生回答以下问题：诸君子朝夕所论无非“经义”，则所治事果何事欤？[2]

对于在国学读书的汉人（主要指北方汉人）来说，黄溍准备的一系列的问题则在要求考生分析古代做事之方法和古代学习儒家经典之方法。[3]

黄溍让他们回答这一问题：为什么在儒术盛行的元朝，法家和道家仍然没有销声匿迹？秦国崇尚申不害和韩非，故其治刻薄而少恩；晋朝崇尚庄子和列子，故其俗浮华而无实。黄溍说，“我国家尊尚儒术，褒孔子之道以昭示乎四方”，缙绅先生“非敢为申韩法家之言”，“非敢为庄列道家之教”，但是非儒家的邪说仍然深入人心。黄溍问，这是否是因为士者“昧于当世之所尚”？[4]

在治国之道上，黄溍的问题也同样具有探究性。在一个问题中[5]他指出，古代治国有四个制度面向，分别为井田、封建、学校以及肉刑。黄溍说，保存至今的只有学校，其他三个方面都已经消亡。他接下来给出了三个问题：夫阡陌之已开者不可复矣，何以使

[1] 黄溍：《金华黄先生文集》卷二十，四部丛刊本，第6页下。
[2] 黄溍：《金华黄先生文集》卷二十，四部丛刊本，第6页上至第6页下。
[3] 黄溍：《金华黄先生文集》卷二十，四部丛刊本，第7页上至第16页下。
[4] 黄溍：《金华黄先生文集》卷二十，四部丛刊本，第14页下。
[5] 黄溍：《金华黄先生文集》卷二十，四部丛刊本，第9页上至第9页下。

民无甚贫而遂其生乎？郡县之已置者，不可复矣，何以使吏无数易而成其治乎？箠令已定，则法之轻者不可加重矣，何以使人无易犯而不陷于罪戾乎？

黄溍甚至还就学校制度提出了问题。指出学校“以著令仅存”，其发展却仍然不足。其结果是，仁义圣明之教不能普及于万民百姓。在这种情况下，他问道，则国家“何以使之成其材就其实乎”？最后，黄敦促考生们：“二三子游于庠序之间而务为有用之学，得无夙讲于此乎？其酌古今之宜以对。”

黄溍特别关注制度变迁的问题，并因此对那些坚持认为古老制度永远有效的学者进行了严厉的批评。在为蒙古色目人准备的一个问题中，他在一开始就清楚地表明了他假设的前提：“一代之治必有一代之法，儒之者论恒以为古之治纯任道，后之治纯任法”，给考生提出的问题就是这样的儒者之论是否正确。黄溍问道：“天下其果有道外之法欤？”[1]

黄溍初入仕途，担任是类似吏的职位，因此他对律法事务相当熟悉。他清楚地认识到了律法专业知识的重要性。这一认识也体现在他的考题中，其中最好的例子是他为国子学汉人出的以下问题：

> 问：昔之大儒，盖有以习文法吏事见称于史氏者，然则文法吏事亦君子之所宜知也，安可忽乎？孔子曰，古之知法者能省刑，本也；今之知法者不失有罪，末矣。惟夫使之无讼而后可以省刑，是诚难能也。苟非有以得其情，鲜或不失有罪者，岂易然乎？律学之废已久，理官所掌固非诸生所得与闻，乃若先王立法之意，考诸载籍，犹可见也。二三子姑以所

[1] 黄溍：《金华黄先生文集》卷二十，四部丛刊本，第16页下。

知者究其本末而极言之可乎？[1]

毫无疑问，黄溍和他的金华同僚们认为官员专业的律法学习十分重要。这是政府有效治理的需要，是一个公正的法律体系的需要，也是一个正常运作的朝代的需要。作为皇帝的臣属，官员们应该将律法的学习置于各项事务的中心。

律法也应该是皇帝这一角色的核心。吴莱在讨论唐太宗时就已经讲得十分清楚。他认为，唐太宗的统治对后世的统治者来说是一个宝贵的榜样，实际上比上古圣贤君主的例子更有价值。吴莱曾经为唐太宗的《帝范》一书作序，《帝范》一书在1325年元朝征战云南时被呈送朝廷。吴莱在序言中提到，唐太宗通过使“法度典章之炳然，播于宗庙，布在有司”而确保了唐朝的成就。[2]

唐太宗知道他的后继者可能不是伟大的统治者，因此他在《帝范》中规定了他的后继者统治所需要的原则和法规。吴莱认为，唐朝的开创之君就是这样使唐朝得以兴盛。因此，唐朝成功的基础在于其制度和律法的延续性，而这一延续性也使得平庸的君主也能有效地进行统治。

吴莱指出，一个王朝的律法往往形成于立国之初，制订于危乱之际：“汉承秦乱而高祖立汉家之法，唐受隋乱而太宗设唐室之制。”[3] 他认为，汉和唐的成功是因为他们比之前严酷的、任法的朝廷更为仁义。而更重要的是，汉唐两朝都在立国的战争与纷乱之中设置了朝廷的体制，并有效地将其延续。同理，吴莱也认为后代

---

[1] 黄溍：《金华黄先生文集》卷二十，四部丛刊本，第14页下。

[2] 关于《帝范》，参见《四库全书总目》卷九十一，艺文书局1969年版，第27页上；关于吴莱的《读唐太宗帝范》，参见吴莱：《渊颖集》卷十，四部丛刊本，第1页上至第3页上。

[3] 吴莱：《渊颖集》卷十，四部丛刊本，第2页下至第3页上。

元朝的君主也应认真听取开国皇帝，即忽必烈的经验教训。

金华儒士对政府的态度是相当“功利主义”的，他们拥护历史时期的有名君主，而不是神秘的上古圣贤之王；他们切实地强调有序治理的法律基础的重要性。但这些态度也符合朱熹的教义。这也是朱熹的教义在金华受到尊崇的一个原因。朱熹从未声称功利主义价值观是错误的。他的独特之处在于他对个人——无论是君主还是臣民——从内心或思想开始的道德改造的重视。正如萧公权所说，朱熹对上古三代的制度适合当代这样的幼稚说法提出异议。用朱熹的话说：“行古之政，则未见其利而徒有烦扰之弊。”[1] 朱熹认为，时过境迁，即使是圣贤在当代重生，他们的做法也会有所不同。

将元代金华儒士与朱熹区分开来的一个基本问题是，金华儒士愿意承认，即使没有贤明的君主，一朝的制度也可以有良好的运行。对于金华儒士来说，君主或许无法将自己转变为圣人，或者无法完全接受儒家学者的道德判断和要求，但这并没有关系。他们可以接受这样的状态。对他们来说重要的是，君主可以允许“真儒”作为其代表来治理天下。在这种情况下，帝国将得到良好的治理，而统治者本人的效率是高是低将无关紧要。这并不是说金华儒士对统治者的道德品质漠不关心——远远不是。但他们完全能够适应君主不是圣贤的情况。

朱元璋控制浙江以后，金华的儒士们准备好了为其提供专业知识和建议。朱元璋不是一个受过良好教育的儒士，但这一点无关紧要，因为这时的金华儒士已经形成了适应需求的务实的政治哲学。金华儒士并不是唯一具有这种思想的儒士群体，在这个领域还有其

[1] 参见萧公权：《中国政治思想史》，中华文化出版事业社 1954 年版，第 504 页。

他的儒士群体，他们同样为蒙古和朱元璋服务，务实地致力于改善国家治理，但最清楚地表达这些价值观的则是金华的儒士群体。他们在元代脱颖而出，在明初仍然独树一帜。他们赋予了元明过渡一定程度的延续性，否则这样的连续性就不会存在。蒙古统治者和朱元璋一样，两者的政权均有军事的渊源，双方都在中国精英传统文化之外，金华学派帮助了蒙古人和朱元璋建立和维持被文人接受为合法的政权。

元政府的标志之一是它依赖于非儒的吏来管理甚至是最重要的机构。蒙古统治者严重削弱了中国传统儒士在政府中的作用。政府选拔官员的主要途径并不是科举考试，虽然1315年之后确实有少数儒士通过科举考试进入政府任职。绝大多数在朝廷任职的人都是通过荐举获得职位。这些吏员，不管是汉人还是非汉人，都识文断字。他们当然了解儒家传统，但他们并不一定致力于保护这一传统。在某种意义上，他们是不拥护任何意识形态的技术人员。他们在法律体系中负有重要的责任和义务，他们从经验中了解律法，他们甚至有自己的专业文献，包括《吏学指南》这样的指导手册。[1]

在此背景下，在忠诚于儒家传统的文人看来，重新塑造儒者的角色至关重要。由于放弃儒士的儒家传统从未有人公开地想过，这些文人的任务就是设计一种将儒和吏的角色和学识相结合的方法。如果能够做到这一点，儒士们就会在政府中找到一个有效且有用的角色，一个与蒙古统治的现实相契合的角色。

这一重塑的风险很高。对于儒士阶层而言，这超越了简单的

---

[1] 这本著作完整标题是《习吏幼学指南》。在宫崎市定『宋元时代的法治与裁判机构』（《亚洲史研究》卷四，东洋史研究会1964年版，245—249頁）中有所讨论。关于《吏学指南》，还可以参见Paul Ch’en，*Chinese Legal Tradition under the Mongols*，p. 60，n. 62。该注说明，《吏学指南》是元朝许多吏员指南中的一种。

“面包加黄油”的问题。在吴莱和柳贯对儒士角色的表述背后，有一种强烈的对以下认识的不满：专业的吏员阶层，他们治理天下，却没有对儒家信仰和思想有任何的投入。如果没有这样的投入，吏员只是蒙古统治者的仆从。对于金华儒士来说，必须找到一种避免被非儒的吏完全接管国家治理的方法。金华儒士在重塑儒者角色时找到了答案，他们将吏的学问和专业知识与儒家学者的学识和专业知识相结合。

第二编

立法与权威

第五章

虞集和他的蒙古统治者：士大夫之为辩护者*

士大夫虞集（1271—1348）的仕宦生涯经历了蒙元最后的九任皇帝。虞集诗文造诣很高，有《道园学古录》集结刊行，[1] 这本身就是有趣的话题。但是，虞集的仕宦生涯也值得研究，因为我们可以从中获知十四世纪的汉人士大夫支持外族统治的原因，包括象征性的和实质性的原因。

蒙古统治者在中原大地上建立了征服王朝，他们像统治殖民地一般统治汉地。在官方的政策和律法中，种族、民族的区分原则随处可见。汉人被体制性地排除在实权职务之外。然而，广为人知的是，大量的汉人儒士为蒙古征服者服务，全心奉献。因此，一个有趣的问题就是为什么一些汉人选择在征服者的政府为官。

为了理解汉人何以选择妥协，个案研究十分必要。一方面我们需要特定的蒙古皇帝的信息，包括他们如何登基即位，他们对于政治和汉文化的理解等。另一方面，我们也需要在蒙元朝廷为官的个

---

* 本文原载 *Journal of Asian Studies* 38.1（1978）：99-116。作者感谢包弼德（Peter Bol）、劳延煊、牟复礼（F. W. Mote）、罗茂锐（Morris Rossabi）、孙克宽和奚如谷（Stephen West）对本文前一稿的部分内容提出了颇有帮助的评论。

[1]《道园学古录》有两个方便易得的版本：四部备要本和四部丛刊本，两者内容一致。本文引注的是四部丛刊本，翻印自明刻本。以下不再说明。明清时期，虞集的作品有很多版本刊行，参见《钦定四库全书总目提要》卷一六七，艺文印书馆 1969 年版，第 23 页上至第 24 页下。

别汉人士大夫的信息，包括他们的动机、仕途的轨迹和背景。

在本文所涉及的这一个时期，蒙古的军事力量显得尤为重要。在王朝末期军事力量衰落之前，直接抵抗蒙古的霸权是不可能的。而且，总体上说，汉人并没有将蒙古统治者视为不具合法性的天子，也没有证据表明在当时汉人将蒙古人视为“异类”，并认为因为蒙古人不是汉人就没有资格统治帝国。基于实际需要和意识形态的原因，妥协和接受在很大程度上成为士大夫阶层的日常之选。

迄今为止，关于在元代中后期为官朝廷的汉人士大夫的研究并不多见。牟复礼（Frederick W. Mote）和何惠鉴（Wai-kam Ho）考察了当时拒绝出仕元廷的士人和南宋官员。[1] 陈学霖（Hok-lam Chan）和罗依果（Igor de Rachewiltz）讨论过元初蒙古皇帝的汉人和汉化的亲信。[2] 关于 14 世纪文士的研究，孙克宽的成果尤为突出。在其近期有关浙江婺州地区文士的研究中，孙克宽认为出仕元廷的文人成功地让汉族文化免受蒙古统治的影响，他们以一种类似现代民族主义的精神与热情弘扬这一时期的儒学。[3]

在此文中，笔者集中关注虞集在元文宗图帖睦尔朝的活动。虞集也在其他皇帝统治时期为官，但在图帖睦尔朝的活动有详细的记载，方便考察并容易做出评价。文章最后对虞集效力蒙古皇帝的动机提出了一些假说性的讨论。

---

[1] F. W. Mote, “Confucian Eremitism in Yuan Period”, in *The Confucian Persuasion*, ed. Arthur F. Wright（Stanford：Stanford Univ. Press, 1960）, p. 202-240. Ho, “Chinese under the Mongols”, in *Chinese Art under the Mongols*：*The Yuan Dynasty*（1279-1368）, eds. Sherman Lee and Wai-kam Ho（Cleveland：Cleveland Museum of Art, 1968）, p. 73-112.

[2] Igor de Rachewiltz, “Yeh-lü Ch'u-ts'ai（1189-1243）：Buddhist Idealist and Confucian Statesman”, in *Confucian Personalities*, eds. Arthur F. Wright and Denis Twitchett（Stanford：Stanford Univ. Press, 1962）, p. 189-216. Chan, “Liu Ping-chung（1216-1274）：A Buddhist-Taoist Statesman at the Court of Khubilai Khan”, *T'oung Pao* 53：1-3（1967）：98-146.

[3] 孙克宽：《元代金华之学述评》，载《幼狮学志》1976 年第 3 期。

士大夫虞集

在14世纪20年代，虞集达到了他仕宦生涯的顶峰。欧阳玄（1282—1357），北宋著名文学家欧阳修的后裔，和虞集一样也是元代著名的文人，他提到："一时宗庙、朝廷之典册，公卿答复之碑板，咸出公手。"[1] 欧阳玄和虞集共同代表了蒙古治下文人士大夫生活的另一面向，他们均长期忠诚地效力于元廷。

虞集，作为南宋时期抵抗金人入侵的英雄人物虞允文的后裔，却成为蒙古入侵者长久而热切的支持者，乍看之下十分突兀。虞集在年近七十之际，在一首送友人从江西去孔林的诗中道出了他效力元廷的重要原因：蒙古人让中国再度统一。"观夫徂徕之松，新甫之柏"成为可能。"前代分裂隔乱之世，欲往而不可得"，故"其游岂不快哉"？[2] 这首诗显示，对于很多汉人，特别是与长期被金人占据的北方领土隔绝的南方汉人而言，蒙古统治带给他们来之不易的出游自由。显然，至少对虞集而言，有机会游历北方本身就很重要，统治者不是汉人这一点也不能让此失色。

对于虞集这样为蒙古朝廷服务了四十年之久的人而言，这些都是后见之明。虞集的仕宦生涯开始于1297年，这一年，他离开家乡江西前往大都担任儒学教授。[3] 1307年，他到国子监任职，在元武

[1] 欧阳玄：《道园学古录·雍虞公文序》，载虞集：《道园学古录》卷首，四部丛刊本，第2页上至第3页上。

[2] 虞集：《道园学古录》卷三十二，四部丛刊本，第6页下。

[3] 虞集的个人传记资料参见《元史》卷一八一《虞集列传》，中华书局1976年版，第4174—4182页；赵汸：《东山存稿》卷六，四库全书本；欧阳玄：《圭斋集》卷九，《虞雍公神道碑》，四部丛刊本，第23页上至第34页上；孙克宽：《元虞集与南方道教》，载《大陆杂志》1976年第6期。

宗海山统治期间（1308—1311），他一直在此任教。武宗治下，虞集虽然没什么机会影响皇帝本人，却结识了武宗之弟、确定的继承人爱育黎拔力八达，即日后的元仁宗。

在仁宗统治期间（1311—1320），元朝的文化政策日益宽容，无论是制度上还是宣传上，朝廷对传统儒学均有更多的支持。科举考试被重新恢复。一些重要的伦理、政治著述，如《大学衍义》《贞观政要》《资治通鉴》，被全译或选译成蒙古文。[1] 朝廷对《孝经》、唐代陆淳所注的《春秋集传纂例》《辨疑》《微旨》和农业巨著《农桑辑要》的刊刻流传均有支持。[2]

1311 年，武宗海山时期，虞集获得第一个官品（正八品）和荣誉头衔。在仁宗的统治下，虞集平稳晋升，对其政绩的象征性奖赏也不断增多。1317 年，他成为集贤院修撰，品阶提高到了正六品，并负责大都路乡试。在英宗硕德八剌（1320—1323 年在位）在位期间，虞集大部分时间都因丁忧之故守孝在家，但在英宗之后的泰定帝也孙铁木儿时期他重回朝中。虞集的升迁自此加速。1323 年，他担任进士考官，任职国子监司业，品阶提升至正五品。1325 年，虞集随从泰定帝去上都，并为其讲解儒家经典。[3] 元朝于 1323 年恢复“经筵”，这代表着元朝统治者为增加其威望而对汉文化的这一象征予以有效的利用。尽管“经筵”的对象泰定帝谋杀了前任英

[1] 参见《元史》卷二十四至二十六《仁宗本纪》，中华书局 1976 年版。

[2] 《农桑辑要》在英宗、文宗和顺帝在位期间被重印。参见天野元之助『亚细亚历史词典』（平凡社，1959—1962 年）303 頁；以及他的论文「关于元司农司农桑辑要」东方学 30 辑（1965 年）50—67 頁。

[3] 参见宫崎市定所撰“经筵”词条，『亚细亚历史词典』（平凡社，1959—1962 年）91 頁，有关宋代经筵制度的讨论可参见 Robert Hartwell，“Historical Analogism，Public Policy and Social Science in Eleventh and Twelfth Century China”，*American Historical Review* 76. 3（1971）：690-727。

宗才得以登基，虞集仍对“经筵”有充分的意愿和热情。

虞集的努力得到奖赏：1327 年，他成为翰林直学士，知制诰，同修国史，并成为“经筵官”，又晋一阶文散官。[1] 最后，在 1328 年朝廷剧变前夕，他被任命为国子监祭酒，[2] 成为从三品朝廷大员。[3]

作为经筵官，[4] 虞集面临的一个问题是，他需要通过翻译才能向蒙古皇帝讲解儒家经典。虞集对蒙古语言一无所知，泰定帝也不通汉文，《元史·虞集传》记载如下：

> （虞集）患夫陈圣学者未易于尽其要，指时务者尤难于极其情，每选一时精于其学者为之，犹数日乃成一篇，集为反覆古今名物之辨以通之，然后得以无忤，其辞之所达，万不及一，则未尝不退而窃叹焉。[5]

很显然，虞集相信，或者他至少抱着这样的希望，即他的讲授可以对国家政治有所贡献。虞集将经筵讲授的内容作为官方材料用心保存，用上好的纸张誊写，存放于特制的盒中，[6] 但是他对经筵的效果极不确定：“所虑者，言不足以达圣贤之旨，诚不足以感申明

[1] 仍然是正五品，但是在 42 阶位等级中晋了一阶。参见《元史》卷九十一《百官志》，中华书局 1976 年版，第 2321 页。

[2] 祭酒，有时被翻译成 libationer。

[3] 《元史》重要章节法文译本参见 Paul Ratchnevsky，*Un code des Yuan*，Paris：E. Leroux，1937，1973，Ⅱ，p. 22-26。

[4] 包含虞集在内的，在 1328 年任命的经筵官有 10 人，名单参见《元史》卷三十《泰定帝本纪》，中华书局 1976 年版，第 685—686 页。

[5] 《元史》卷一八一《虞集列传》，中华书局 1976 年版，第 4177—4178 页。

[6] 虞集在 1328 年 1 月 13 日撰文纪念此事。《道园学古录》卷十一《书赵学士简经筵奏议后》，第 10 页下至第 11 页下。此文亦参见苏天爵主编：《国朝文类》卷三十九，四部丛刊本，第 13 页上至第 15 页上。

之通。”[1]

文宗图帖睦尔 1328 年与 1329 年的两次即位

泰定帝在 1328 年 8 月去世时，将皇位传给他的第四子，阿速吉八。阿速吉八当时只有 9 岁，他于这年 10 月在上都夏宫即位，定年号天顺。然而，泰定帝去世的消息一经传开，武宗海山的两个儿子图帖睦尔和他的兄长和世㻋的支持者们就开始行动。近来关于这项政变的研究显示，是钦察人燕帖木儿计划并实施了针对天顺帝阿速吉八的政变。[2] 武宗之子图帖睦尔，在汉地长大成人，他从驻地江陵（湖北南部长江沿线城市）被匆忙召回，赶往首都大都（今北京一带）。10 月 16 日，他在大都即位，改元天历。武宗的另一个儿子和世㻋，比图帖睦尔年长四岁，此时正在亚洲腹地的蒙古草原，近巴尔喀什湖一带，他忠心耿耿的追随者们支持他东进参与皇位争夺。在东进途中，1329 年 2 月 17 日，图帖睦尔宣布让出皇位，和世㻋即位，是为明宗。图帖睦尔宣称的让位理由是汉文化传统的长幼有序，但是影响图帖睦尔决定的可能主要还是实际权力的考量。

图帖睦尔宣告退位时，燕帖木儿已经牢牢控制了大都，因此他们的这一阵营对于来自汉地的反对势力已经无所畏惧。上都也同样不构成威胁，因为在之前的几个月，阿速吉八和他的支持者们或已被杀或已被捕。文宗退位只是一个象征性的举动，燕帖木儿静待时机，等待猎物进入他的罗网。作为退位的交换条件，图帖睦尔被确

---

[1] 虞集：《道园学古录》卷一一《书赵学士简经筵奏议后》，四部丛刊本，第 11 页下。

[2] See John W. Dardness, *Conquerors and Confucians*: *Aspects of Political Changes in Late Yuan China*, N. Y.: Columbia Univ. Press, 1973, Chap. 2, “The Restoration of 1328.”

定为皇位继承人。和世球逐渐靠近上都，有进入并占领此城的意向，燕帖木儿和图帖睦尔来到草原深处迎接这位皇帝。三个月过去，这对表面上友好但互相敌视的兄弟关系日近。最后，8 月 26 日，在旺忽察都（靠近现在内蒙古的多伦），图帖睦尔进入了他兄弟的营帐。[1] 和世球设宴招待他的“太子”。四天之后，和世球去世，年仅 29 岁。

图帖睦尔和燕帖木儿随即返回上都，9 月 8 日，图帖睦尔再度登基。在追逐皇权的过程中，图帖睦尔违反了许多惯例。他无视蒙古人集会推选领导人的传统，推翻了先皇泰定帝也孙铁木儿的指定继承人，并且从谋杀其兄长一事中获利。为弥补他在合法性上的缺陷，图帖睦尔朝发起了一连串旨在制造其合法形象的宣传。这一努力的核心在于宣称武宗海山之后才是正统，而泰定帝是不合法的、插入这一世系的皇帝。图帖睦尔试图论证的实质是：按照正常的本朝继承原则，如果不是从忽必烈到忽必烈之孙答剌麻八剌的直系后代（见图 1），就不能继承大位。当然，任何宣传都需要以军事实力作为后盾。基于文宗图帖睦尔的汉地背景，他更依靠汉地的军队，他看到也更愿意利用汉文化所特有的意识形态和象征意义作为合法性来源。

---

[1] 关于这一地名以及明宗和世球行程中的其他地名，可参见 Paul Pelliot（伯希和），*Notes on Marco Polo*，3 vols，Paris：Imprimerie Nationale，1959，1967，1973，I，p. 322。关于这个地点的具体位置，可参考青山定雄『中國歴代地名要覽』。此书最早于 1933 年在东京出版，有重印本《中国历代地名概览》，乐天书局 1975 年版，第 708 页。多伦位于中国农耕定居地区和草原游牧地区的边界，在滦河之南。

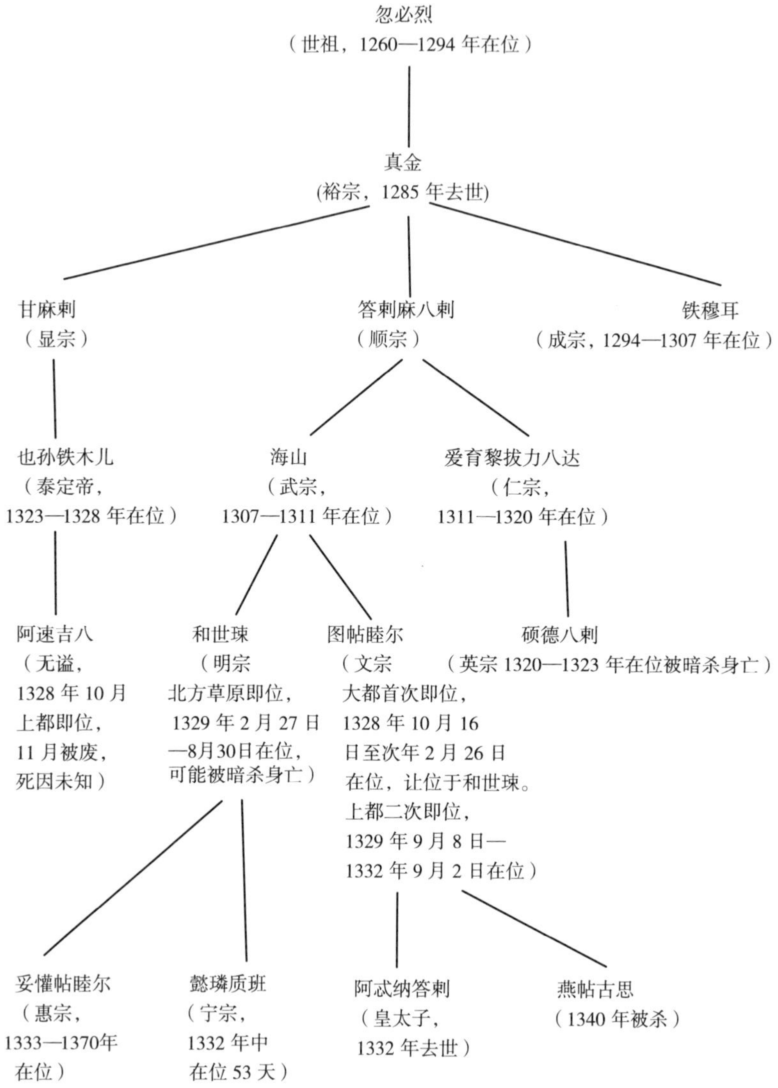
忽必烈
（世祖，1260—1294 年在位）
真金
(裕宗，1285 年去世)
甘麻剌
（显宗）
答剌麻八剌
（顺宗）
铁穆耳
（成宗，1294—1307 年在位）
也孙铁木儿
（泰定帝，
1323—1328 年在位）
海山
（武宗，
1307—1311 年在位）
爱育黎拔力八达
（仁宗，
1311—1320 年在位）
阿速吉八
（无谥，
1328 年 10 月
上都即位，
11 月被废，
死因未知）
和世㻋
（明宗
北方草原即位，
1329 年 2 月 27 日
—8月30日在位，
可能被暗杀身亡）
图帖睦尔
（文宗
大都首次即位，
1328 年 10 月 16
日至次年 2 月 26 日
在位，让位于和世㻋。
上都二次即位，
1329 年 9 月 8 日—
1332 年 9 月 2 日在位）
硕德八剌
（英宗 1320—1323 年在位被暗杀身亡）
妥懽帖睦尔
（惠宗，
1333—1370年
在位）
懿璘质班
（宁宗，
1332 年中
在位 53 天）
阿忒纳答剌
（皇太子，
1332 年去世）
燕帖古思
（1340 年被杀）

图 1　元代帝王世系

为了宣传运动的有效，皇帝需要得到汉人士大夫的支持。只有这些士大夫知道如何充分利用正统的汉文化有关合法性的言辞，以发挥最大的效用。文宗延请了一些人来辅助他的这项工作，虞集是其中之一。虞集以其忠诚和才干为前几任皇帝效力，其中自然包括泰定帝，这次他坚定不移地参与了文宗的事业。

可汗与士大夫

图帖睦尔为证明他继承大统具有合法性，不仅要证明覆灭阿速吉八势力的正当性，还要掩盖谋杀兄长和世瑓的事实。上文已经提到前者的合理性是如何建立的，即图帖睦尔宣称他通过正义的战争让皇位重归于武宗海山一脉。后者很难被合理化，干脆避之不谈。新皇帝只是简单声称自己是个友爱兄弟之人，在合适的时间已经将皇位让给了兄长。新皇帝除需要克服这两个困难之外，他很清楚地看到，一个更大胆的举动，我们现在或许可以称为建立文化阵线的举动，对其宣传会有极大的帮助。基于以上种种，皇帝召唤虞集寻求辅佐。

文宗图帖睦尔早在 1321 年就认识了虞集，当时作为一名王子，他居住建康（现南京）。[1] 他对虞集的才智评价甚高，在政变发生前的数年中，他显然也不时地听到有关虞集的信息。政变发生之时，虞集是大都一个行将卸任的经筵官。图帖睦尔即位不久，就命令虞集起草即位诏，并再次任命虞集为经筵官；之后，当图帖睦尔作为和世瑓的确定继承人时，在虞集的帮助下，他建立一个新的

[1] 吉川幸次郎「元代的文学」『吉川幸次郎全集』（筑摩书房，1969 年）257 頁。图帖睦尔之后迁居江陵。

学术机构：奎章阁；当图帖睦尔于1329年第二次登基时，虞集再次起草了诏书。

虞集起草的诏书[1]可以作为典范，在诏书中，他在图帖睦尔与和世㻋两兄弟之间，在图帖睦尔与阿速吉八的支持者之间已经发生的充满暴力的权力斗争的表面，宣扬汉文化式的恭谦和兄弟之间的尊重，作为美化和装饰。第一次登基诏书有下列要点：[2]

> 1. 世祖皇帝混一海宇，爰立定制，以一统绪，宗亲各受分地，勿敢妄生觊觎，此不易之成规，万世所公守者也。
>
> 2. 世祖皇帝之后，成宗皇帝、武宗皇帝、仁宗皇帝、英宗皇帝，以公天下之心，以次相传。
>
> 3. 贼臣也先帖木儿等潜通阴谋，冒干宝位，使英皇不幸罹于大故。
>
> 4. 朕兄弟播越南北，备历艰险……于今六年。（明宗、文宗兄弟均被流放，文宗流放海南，明宗流放中亚）
>
> 5. （也孙铁木儿）权臣倒剌沙、乌伯都剌等专擅自用、疏远勋旧、废弃忠良、变乱祖宗法度，空府库以私其党类。
>
> 6. 宗王大臣以宗社之重、统绪之正，协谋推戴，属于眇躬。
>
> 7. 朕以菲德，宜俟大兄，固让再三，宗戚、将相、百僚、耆老以为神器不可以久虚，天下不可以无主，周王辽隔朔漠，民庶惶惶已及三月，诚恳迫切，朕姑从其请，谨俟大兄之至，以遂朕固让之心。

[1] 诏书参见《国朝文类》，刊刻于文宗去世之后的1334年。苏天爵编：《国朝文类》卷九《即位改元诏》《即位诏》《亲祀南郊赦》《即位诏》，四部丛刊本，第15页上至第19页上。这些诏书不见于虞集的文集。

[2] 苏天爵编：《国朝文类》卷九《即位改元诏》，四部丛刊本，第15页上至第16页上。

8. 致和元年九月十三日，即皇帝位于大明殿，其以致和元年为天历元年，可大赦天下。

9. 是以勉徇舆情，尚赖尔中外文武臣僚协心相予，辑宁亿兆，以成治功。

在这一诏书中，虞集有效地确定了图帖睦尔继承皇位的正统版本。这一官方口径在次年文宗图帖睦尔再次登基的诏书中有了进一步的阐释。在再次登基的诏书中，泰定帝也孙铁木儿被严厉谴责为“违盟构逆，据有神器，天示谴告，竟陨厥身”。[1] 诏书接着说明，泰定帝死后，皇室成员和朝廷勋旧试图恢复正统、肃清政局和惩治罪恶。这些重任落在了图帖睦尔肩上，而图帖睦尔谦逊地拒绝了这样的大任：“念大兄播迁朔漠，以贤以长，历数宜归，力拒群言，至于再四。”[2] 这份1329年的诏书紧接着回顾了文宗图帖睦尔二度即位的经过：

(在和世瑓前往大都的路途上，图帖睦尔前往迎接) 八月一日，大驾次王忽察都，朕欣瞻对之有期，独兼程而先进，相见之顷，悲喜交集。何数日之间，而宫车弗驾，国家多难，遽至于斯！[3]

虞集就这样描述了和世瑓的死亡，这份诏书还表明图帖睦尔万般无奈之下才同意主持朝政，在和世瑓死后的第九天于上都二次即位。虞集用严肃的训诫作为诏书的结语：

於戏！戡定之余（戡定意指镇压泰定帝、天顺帝余党），莫

[1] 苏天爵编：《国朝文类》卷九《即位改元诏》，四部丛刊本，第16页下。
[2] 苏天爵编：《国朝文类》卷九《即位改元诏》，四部丛刊本，第16页下。
[3] 苏天爵编：《国朝文类》卷九《即位改元诏》，四部丛刊本，第17页上。

急乎与民休息；丕变之道，莫大乎使民知义。亦惟尔中外大小之臣，各究乃心，以称朕意。[1]

奎章阁

虞集为文宗图帖睦尔提升形象的作用，并不仅限于上述诏书的撰写。在文宗二次即位之前，这位可汗就为其在蒙古帝王使用的政治合法化技术方面做最重要的革新打好了基础。这便是奎章阁的设置。奎章阁以二十八星宿中的奎宿命名。奎宿在传统意义上为主宰文化运势的星宿，是十六颗被认为在天空中组成文字的星群。中国古代的一部典籍宣称“奎主文章”，[2] 奎章阁也因此得名。奎章阁成立于1329年3月27日。[3] 文宗图帖睦尔此时还是太子，故当时奎章阁隶属于“东宫”，畏兀尔人忽都鲁笃尔弥实和汪古人赵世延被任命为奎章阁大学士，正三品。[4] 二人之下有两位侍书学士，分别是深受皇帝信任的御史撒迪[5]和虞集。

忽都鲁笃尔弥实、赵世延和撒迪这三位中亚人士掌握多门语言，忽都鲁笃尔弥实和赵世延是精通汉文化的杰出学者。忽都鲁笃尔弥实曾将《大学衍义》译为蒙文，并在1317年将此译本献给爱育

---

[1] 苏天爵编：《国朝文类》卷九《即位改元诏》，四部丛刊本，第17页下。

[2] 这些文字源自纬书《孝经援神契》，魏时宋均所注，此书散佚，明代有部分内容重辑。此处所引文字参见唐代士人徐坚（卒于729年）的《初学记》卷二十一，1597—1598年编纂，明刻本，第12页下。

[3] 屠寄：《蒙兀儿史记》卷十五《图帖睦尔可汗》，世界书局1962年版，第8b页。

[4] 关于忽都鲁笃尔弥实的事迹，可参见《新元史》卷一九二《普颜列传》，退耕堂1922年版，第10页下至第11页上。关于他的名字的写法可参考 Francis W. Cleave（柯立甫），“The ‘Fifteen “Palace Poems” ’ by K’o Chiu－ssu”，*Harvard Journal of Asiatic Studies* 20（1957）：432。

[5] 撒迪之名可参见 P. Ratehnevsky 所翻译的法文版《元典章》，P. Ratehnevsky，*Un code de Yuan*，Ⅱ，p. 34，n. I。

黎拔力八达可汗，即元仁宗。[1] 赵世延是功勋老臣，自世祖忽必烈时开始供职朝廷。他的女儿嫁给了著名学者许有壬（1315 年进士），[2] 许有壬在元代最后一任皇帝顺帝妥懽帖睦尔在位时期声望卓著。撒迪在明宗和世㻋被暗杀之前，曾作为文宗图帖睦尔的信臣与和世㻋交接。[3] 除此之外，所知不多。

文宗二次即位之后，他匆忙重组奎章阁，奎章阁得到快速的发展，说明文宗及其支持者们意识到奎章阁是有助于提高皇帝威望和合法性的宝贵资源。文宗重登大宝的第三天，他就将奎章阁大学士的品级从正三品提升为正二品，不久之后，又在奎章阁下设置了负责翻译、刻印和传播儒学典籍的机构：艺文监。[4] 奎章阁有自己独立的藏书楼和刻印馆，也收藏宫廷的玉器、绘画、书法和古董。书法家和画家被任命到艺文监负责书画评鉴工作。这些鉴赏行家手持

---

[1] 《元史》卷二十六《仁宗本纪》，中华书局 1976 年版，第 578 页；《道园学古录》卷七，四部丛刊本，第 1 页上。这部著作之前也已经被翻译，据说武宗海山对此书评价很高。《元史》卷二十四《仁宗本纪》，中华书局 1976 年版，第 536 页。泰定帝也孙铁木儿也曾听过此书的经筵讲解，《元史》卷二十九《泰定帝本纪》，中华书局 1976 年版，第 644 页。

[2] 陈旅：《安雅堂集》卷十一《故鲁郡夫人赵氏墓志铭》，载《四库全书珍本》二集，第 17 页下至第 20 页上。许有壬的事迹参见《元史》卷一八二《许有壬列传》，中华书局 1976 年版，第 4199—4203 页，以及 John W. Dardess，*Conquerors and Confucians*，*Aspects of Political Change in Late Yuan Chin*，Columbia University Press，1973，p. 62-63，75-76。赵世延的事迹参见《元史》卷一八十《赵世延列传》，中华书局 1976 年版，第 4163—4167 页。

[3] 《元史》卷一三八《燕帖木儿列传》，中华书局 1976 年版，第 3331 页；《元史》卷三十二《文宗本纪》，中华书局 1976 年版，第 723 页。

[4] 《元史》卷三十三《文宗本纪》，中华书局 1976 年版，第 739 页。而且，奎章阁之名也扩大而为"奎章阁学士院"。艺文监主管为正三品官员，其职责包括将儒家经书翻译成蒙古文，参见《元史》卷八十八《百官志》，中华书局 1976 年版，第 2223 页。关于"艺文监"的英文翻译，笔者参照 David Farquhar，"Structure and Function in the Yuan Imperial Government"，该著作正在出版中。

奎章阁印章去鉴定宫廷的书画藏品。[1] 除这些文学和艺术人才之外，奎章阁还聚拢了一批经筵官和翻译人员。[2]

按照杭州文人杨瑀（1285—1361）[3] 的描述，奎章阁位于宫内，其建筑南北纵轴分布，由三部分组成。[4] 北部为皇帝专用，设有坐北朝南的御座，两侧陈列着珍贵古董，并且为经筵官设置了座位。总共有 113 名人员在奎章阁内任职。[5] 这些人享有佩戴特制象牙腰牌的权力，象牙腰牌上刻有文宗用汉文、畏兀尔文和蒙古文三种文字亲笔书写的“奎章阁”三字，汉文写在一面，蒙古文和畏兀尔文写在另一面。[6]

奎章阁的核心功能是将汉文典籍翻译成蒙古文，其他的各项事务也都与向蒙元宫廷传播高雅的儒家文化有关。除通过经筵官将儒家的教义传达给可汗之外，他们的任务还包括教育帝国怯薛和达官贵人的子弟、追赠官员封号、培养文学艺术品位，总之，是一切能

---

[1] David Farquhar, “The Official Seals and Ciphers of Yuan Period”, *Monumenta Serica* 25 (1966): 362-93, esp. 383-384 页。亦参见陶宗仪：《辍耕录》卷二，台北，商务印书馆 1963 年版，第 44 页。陶宗仪在《辍耕录》中提到奎章阁鉴赏家们所用的两方印章，其印文的书法出自虞集。吉川幸次郎对已知的奎章阁收藏的书画做过总结，参见『吉川幸次郎全集』255—256 頁。

[2] 《元史》卷八十八《百官志》，中华书局 1976 年版，第 2223 页；P. Ratehnevsky, *Un code de Yuan*, Ⅱ, p. 34。

[3] 杨瑀：《山居新话》，知不足斋丛书本，第 22—25 页。此书已被傅海波（Herbert Franke）翻译成德文，*Das Shan-ku sin-hua des Yang Yu*, Wiesbanden: F. Steiner, 1956, p. 77-79。陶宗仪近乎一字不差地照录了杨瑀对奎章阁的描述，《辍耕录》卷二，台北，商务印书馆 1963 年版，第 44—45 页。

[4] “奎章阁记”这一碑文由虞集撰写，刻在碑上的是文宗的手迹，按照碑文的叙述，奎章阁在一座已有宫殿基础上建造，改建工程十分简单，主要是为通风而添加了门，为藏书而添加了书架。碑文参见虞集：《道园学古录》卷二十二《奎章阁记》，四部丛刊本，第 9 页上至第 9 页下。

[5] 杨瑀：《山居新话》，知不足斋丛书本，第 22—25 页。《元史》中只列出了 95 个，参见《元史》卷八十八《百官志》，中华书局 1976 年版，第 2223 页。这一段落的英文翻译参见 Cleave, “The Fifteen Palace Poems”, p. 465, n. 136。

[6] 杨瑀：《山居新话》，知不足斋丛书本，第 22 页下至第 23 页下。

用于装点的“文事”。[1]

《经世大典》

在奎章阁的诸项职事中，《皇朝经世大典》的编纂是一项重大的成就。用汉文编纂的《经世大典》是由众多汉官参加的一个巨大工程。其编纂的目标是类似于《唐会要》《宋会要》之类的官方文件和律令汇编。《经世大典》的编纂耗时三年，最终定稿 800 卷，它是有关元朝制度的大型百科全书。

很明显，文宗图帖睦尔认为编纂《经世大典》是一项严肃而又急迫的工程。在他二次即位后，他和他的追随者随即返回上都，于 1329 年 10 月 6 日到达，在 7 日的早晨，文宗即召集了奎章阁以及翰林国史院人员，命令他们着手《经世大典》的编纂工作。[2] 在 1330 年 1 月 23 日，农历新年的那一天，文宗命赵世延和赵世安主持编纂，并给出了更加具体的指令。[3] 这一年二月，文宗命令奎章阁学士们专门负责这项编纂工作，翰林国史院的人员则显然有其他任务需要完成。[4] 为了这项编纂工作，朝廷文书被翻译成汉文。赵世延和虞集共同担任总裁官，为文宗即位提供军事支持的燕帖木儿被任命为监修官。朝廷录用三十名文职人员从事誊抄工作。编纂《经

[1] 吉川幸次郎在其研究中对奎章阁的功能有所总结，参见『吉川幸次郎全集』253—255 頁。

[2] 《元史》卷三十三《文宗本纪》，中华书局 1976 年版，第 740—741 页；P. Ratehnevsky，*Un code de Yuan*，I，p. xx。

[3] 这一天也是新的年号至顺开始的第一天。《元史》卷三十四《文宗本纪》，中华书局 1976 年版，第 749 页。赵世延是河北人士，其家族从金朝开始，屡出名宦。屠寄：《蒙兀儿史记》卷六十《赵柔列传》，世界书局 1962 年版，第 1 页下，亦参见 Cleave，“The Fifteen Palace Poems”，p. 298-299。

[4] 这一时期，文宗催促国史院加快宋、辽、金等王朝史书的修撰。参见《元史》卷一八一，中华书局 1976 年版，第 4179 页。

世大典》的花费则由帝室支出。[1]

为了让《经世大典》尽快完成，文宗甚至准备打破成规，允许编纂《经世大典》的汉人学者查阅蒙古国书《脱卜赤颜》。《脱卜赤颜》是一部一般情况下禁止汉人学者涉猎的史书。奎章阁的学者们曾经请求参阅此书，以查考成吉思汗以来各蒙古统治者的事迹。文宗起初答应了学者的请求，随后又改变了决定，因为一些蒙古大臣提醒文宗，该书事关宫廷秘禁，“非可令外人传写”。[2] 尽管如此，1332 年，文宗同意了撒迪的请求，将文宗如何“尊敬”兄长等事续入《脱卜赤颜》，并存放奎章阁。[3]

赵世延在 1330 年卸任，虞集此后成为《经世大典》的总裁官。[4] 他与这项工程总体的政治以及意识形态目标，即为文宗图帖睦尔的即位正名，有了更为直接的联系。表面上，《经世大典》仿照前代的相关做法进行编纂，被视为珍藏王朝重要文件的宝库。事实上，这项浩大工程确实也起到了这个作用。不过，这项工程背后的主要动机是政治的和意识形态性的。

编纂的动机在《经世大典》第一部分《帝号》的序言中就已显现，表达层层推进。该序言宣称，秦朝以来，中国的历朝历代，都是在处于下位、不尽合法的状态下建立的，其中只有元朝除外。毫无疑问汉朝、唐朝、宋朝都是伟大的时代，但是与其建国的方式有

---

[1] 《元史》卷三十四《文宗本纪》，中华书局 1976 年版，第 751 页；P. Ratehnevsky，*Un code de Yuan*，I，p. xx。虞集：《道园学古录》卷五《经世大典序录》，四部丛刊本，第 17 页上至第 18 页下。

[2] 《元史》卷三十五《文宗本纪》，中华书局 1976 年版，第 784 页；《元史》卷一八一《虞集传》，中华书局 1976 年版，第 4179 页。

[3] 《元史》卷三十六《文宗本纪》，中华书局 1976 年版，第 803 页；吉川幸次郎『吉川幸次郎全集』254 頁。

[4] 《元史》卷一八一《虞集列传》，中华书局 1976 年版，第 4179 页。此时，燕帖木儿仍然是监修官，Dardess，*Conquerors*，p. 47。

关，每个朝代都存在内在的缺陷和不稳定的因素：

> 汉起亭长，则已微矣。唐启晋阳之谋，宋因陈桥之变，得国之故，其亦未尽善者乎！其余纷然，窃据一隅，妄立名字，以相侵夺，历年不多者，何足算哉？惟我圣朝则不然，圣祖之生，受命自天，肇基朔土，龙奋虎跃，豪杰云附，历艰难而志愈厉，处高远而气弥昌，神明协符，以圣继圣。至我太祖皇帝而大命彰、大号著、大位正矣。于是东征西伐，莫敢不庭……至于世祖皇帝，天经地纬，圣武神文，无敌于天下矣……若夫北庭、回纥之部，白霄、高丽之族，吐蕃、河西之疆，天竺、大理之境，蜂屯蚁聚，俯伏内向，何可胜数。自古有国家者，未若我朝之盛大者矣！盖闻世祖皇帝，初易大蒙古之号而为大元也，以为昔之有国者，或以所起之地，或因所受之封，为不足法也。故谓之元焉。元也者，大也，大不足以尽之，而谓之元者，大之至也。[1]

序言的这一段聚焦于元朝的个性和特殊性。之前的中国王朝都微不足道，只有元朝是随着圣人般的创始者出现，世界各民族的豪杰龙奋虎跃、云集景从而建立的。

在说明元朝的伟大之后，序言由一个明显的转折而开始为文宗图帖睦尔背叛泰定帝也孙铁木儿的继承人阿速吉八这一事件辩护。与这一辩护相应，序言指责泰定帝也孙铁木儿“信用奸谋，违于祖训，天怒人怨”。而正是文宗图帖睦尔改变了这一沉郁的状态：

> 我今上皇帝，应天顺人，义师克捷。期月之间，正位凝命，而又克让明宗皇帝，出于至诚，凡属有生，莫不感悦，重

[1] 苏天爵编：《国朝文类》卷四十《帝号》，四部丛刊本，第3页下至第4页下。

居大宝，诞受尊号。[1]

从以上序言可以清楚地看到，编纂《经世大典》的首要功能，是为文宗图帖睦尔继位提供他所宣称的说法。在记载燕帖木儿和阿速吉八的支持者在上都开战这一部分，序言将虞集起草的图帖睦尔首次即位诏书压缩收入，并归结如下：

> 明诏即下，于是倒剌沙之罪暴于县宇，中外同心，奋勇敌忾，卒致乾坤清夷……自八月甲申，[2] 今太师、中书右丞相燕帖木儿举义，至十月庚戌齐王臣鲁帖木儿奉上宝玺……[3]

1328 年 9 月 8 日，是燕帖木儿宣告对抗阿速吉八并接管大都皇宫之日。[4] 1328 年 11 月 23 日，倒剌沙被囚禁于大都，帝国玉玺转入文宗图帖睦尔之手。[5]

文宗图帖睦尔逝后的辩护者

文宗图帖睦尔攫取了大位，但并未解决皇位继承的问题。文宗的太子阿忒纳答剌在 1332 年已经去世，他的另一个儿子燕帖古思，缺乏必需的争夺皇位的支持。而且，不知道什么原因，文宗并不支持燕帖古思染指皇位。相反，明宗和世㻋的两个儿子却得到朝

[1] 苏天爵编：《国朝文类》卷四十《帝号》，四部丛刊本，第 5 页上。

[2] 引文中的“甲申”二字，当为“甲午”之误，参见《元史》卷三十二，中华书局 1976 年版，第 704 页。

[3] 苏天爵编：《国朝文类》卷四十《帝号》，四部丛刊本，第 5 页上。倒剌沙是天顺帝阿速吉八一方支持者们的领袖。

[4] 《元史》卷三十二《文宗本纪》，中华书局 1976 年版，第 704—705 页；Dardness, *Conquerors*, p. 38-39。

[5] 《元史》卷三十二《文宗本纪》，中华书局 1976 年版，第 716 页。倒剌沙在十一月癸未日（12 月 26 日）被公开凌迟处死。《元史》卷三十二，中华书局 1976 年版，第 721 页。

廷权力集团的支持。为提前安排平稳的继承，文宗设法为明宗幼子的继位铺平道路。当文宗在1332年于上都驾崩时，六岁的懿璘质班在竞争中处于有利位置，七个星期之后，他登上大位。

在这一系列的事件中，虞集扮演了为当朝统治者辩护的角色。遵照文宗之命，虞集起草了意在否定明宗和世瑓长子妥懽帖睦尔继位梦想、而为懿璘质班继位铺平道路的诏书。[1] 不幸的是，这一诏书已不存世。当然，妥懽帖睦尔知晓这份诏书的存在，也知道这份诏书的作者是虞集，很明显他没有原谅虞集在这些事件中的作为。[2]

懿璘质班登基时，虞集起草了即位诏书。在诏书中，他沿用了之前他为文宗图帖睦尔即位进行正名时用过的言辞，他重述了从成吉思汗到英宗硕德八剌诸位皇帝的英明神武，强调他们的目标在于“法度明著”，虞集继续写道：

> 我曲律皇帝，入纂大统，修举庶政，动合成法，授大宝位于普颜笃皇帝以及格坚皇帝，历数之归，实当在我忽都笃皇帝，札牙笃皇帝，而各播越辽远……（泰定帝也孙铁木儿放逐明宗和世瑓、文宗图帖睦尔兄弟，并否定了他们的合法继承权。）[3]

---

[1]《元史》卷一八一《虞集列传》，中华书局1976年版，第4180页。

[2] 1340年6月的诏令参见《元史》卷四十《顺帝本纪》，中华书局1976年版，第856—857页。在这份诏书中，顺帝妥懽帖睦尔谴责文宗试图剥夺他的继承权，他公开指责文宗造成了他父亲的死亡。

[3] 有关武宗海山和仁宗爱育黎拔力八达的蒙古庙号，参见Francis W. Cleaves，“The LingJi of Arugh of 1340”，*Harvard Journal of Asiatic Studies* 25（1964-1965）：41。关于格坚皇帝这一名字，参见《元史》卷四，“国防”研究出版社，第48页。该说法不一定可靠。关于和世瑓这一名字，参见Cleave，“The Fifteen Palace Poems”，p. 435，n. 29。“历数”这个带天命意味的词语出自《书经》。参见James Legge，*The Chinese Classics*，Vol. 5（rpt. Hongkong：Hongkong Univ. Press，1960），Ⅲ，p. 61。本段史料出自苏天爵编：《国朝文类》卷九《即位诏》，四部丛刊本，第18页上至第18页下。

诏书谴责泰定帝也孙铁木儿打乱了天命所归的合法的皇位继承顺序。虽然诏书并未提供令人信服的依据，但是其假定的当然是，武宗海山一脉是唯一合法的继承者。

是否真的存在“海山一脉”这样的情况？这可能只在非常有限的意义上存在。“忽里勒台”设置的意义，就是从那些有资格的候选者中选出可汗，因此，没有任何一脉可以垄断皇位继承。候选者必须是元朝建立者忽必烈的子孙，这个因素最为关键。除此之外，没有任何具有说服力的理由可以证明文宗图帖睦尔一脉比泰定帝也孙铁木儿一脉更具正统性。泰定帝也孙铁木儿和武宗海山都是真金的直系后代，而真金则是忽必烈所选定的继承者。“忽里勒台”制度已经失效，但是蒙元并未将其彻底替换。之前文宗图帖睦尔试图将汉王朝的嫡系继承原则应用于他自己的皇位继承，因此他强调“恢复海山一脉”。但是，即使使用汉王朝的嫡系继承原则，文宗也无法否定泰定帝的合法性。懿璘质班的即位诏书也同样代表了一种用汉文化的皇位继承原则来平息蒙古皇位继承冲突的意图。诏书随之明确强调，懿璘质班是明宗和世瑓的“世嫡”，换言之，对妥懽帖睦尔的出身表示怀疑。[1]

懿璘质班在1332年12月14日驾崩，在位仅有53天。[2] 围绕皇位继承的另一场复杂的权力斗争随即爆发。[3] 当它最终尘埃落定

[1] 在当时，很多人相信顺帝的出身不合法，尽管现代学者认为这种怀疑毫无根据。参见魏青鉽：《元顺帝为宋裔考》，重刊于周康燮编：《宋辽金元史论集》，崇文书店1971年版；余嘉锡：《四库提要辩证》卷九，《钦定四库全书总目》，艺文印书馆1974年版，第297—307页。笔者感谢劳延煊提供余嘉锡一书的信息。

[2] 按照《元史》卷一三八《伯颜列传》，中华书局1976年版，第3333页，宁宗在位时间为43天。但按照《元史》卷三十七《宁宗本纪》，应该是53天，直至1332年12月14日。

[3] 藤岛建树指出，文宗图帖睦尔谋杀其兄和世瑓，给王朝带来极负面的影响，特别是顺帝妥懽帖睦尔对这一事件的感受。藤岛建树「元顺帝和他的时代」大谷学报49卷4号（1970年）。

时，其结果对于虞集的仕宦生涯是灾难性的，因为妥懽帖睦尔成为新任可汗。妥懽帖睦尔于1333年7月19日即位，虞集的仕宦生涯实际上已经结束。新任皇帝到上都避暑，诏命虞集随行，但是他借故拒绝了。[1] 很快，虞集致仕，返回江西，从此他再也没有回到大都。在其人生最后的16年中，虞集作为一名致仕学者，在汉族士人和汉化的非汉族士人中享有崇高声誉。

虞集出仕元廷的动机

1340年，顺帝妥懽帖睦尔实施了对文宗图帖睦尔的报复，将文宗从帝室的宗庙中移除。[2] 文宗曾将泰定帝移出宗庙，剥夺了他汉式享祭的尊荣，具有讽刺意味的是，文宗本人也遭遇了相同的命运，对于之后的蒙古后裔而言，文宗就是一名篡位者。

如果文宗图帖睦尔的继位没有比泰定帝更为合法，那么应该如何评价虞集参与文宗的意识形态运动？虞集忠诚而坚定地效力于文宗之前的所有蒙古皇帝，他在1328年突然背弃泰定帝的指定继承人，这个举动似乎奇怪。这意味着虞集并不关心皇位继承权本身。而且，替一位杀害兄长、没有传国玉玺而继承大位的人撰写诏书，造谣妥懽帖睦尔的身世，这些看起来都是对汉文化皇位继承原则也全无尊重的政治打手的行为。人们可能会认为，无论哪位蒙古王子入掌大宝，虞集都会心甘情愿投入其怀抱，声名利禄是他考虑的首要之事。

但是，对虞集的行为也可以有一种截然不同的解释。既然夺取

[1]《元史》卷一八一《虞集传》，中华书局1976年版，第4180页。
[2]《元史》卷三十六《文宗本纪》，中华书局1976年版，第806页。

元室皇位的成败主要取决于蒙元的军事力量和政治因素，虞集可能十分明白，他对于皇位继承之事无法产生任何影响。谁能成为可汗，这一问题超越了虞集的影响力范围，甚至超越了他的认知范围。因此，虞集可能得出结论，最明智的办法是等到皇位继承落实之后，他出手去巩固皇位的稳定性。稳定本身和稳定所能带来的后果都十分可贵，因为如果不稳定，就会出现内战。虞集对文宗图帖睦尔以及宁宗懿璘质班在文书上的支持，都发生在蒙古人自己已经决定了皇位继承之后。虞集或许认为，为了创造和平局面，让更多的人接受皇位归属的决定至关重要。当虞集受邀参与这一政治过程时，皇位继承的道德问题已经不甚相关。虞集可能认为他的作用是正当的而且是纯文字的。或许可以这么说，即使皇位继承人被对手谋杀，但是虞集相信皇位继承中的道德因素在很大程度上是次要的，剩下的唯一重要的是利用皇位继承的故事为另一个道德目标服务，那就是为新的“现状”正名并保证稳定。无论是对于文宗图帖睦尔还是宁宗懿璘质班，虞集的价值在于他的文学才能，这种才能可以被用于强化他们不那么确定的政权合法性，或许，也可以提高政治稳定的概率。

至于宁宗懿璘质班，虞集是不知不觉地为这位可怜的继承人做了辩护。没有人会预料到宁宗会如此短命。因此，虞集为宁宗所创造的合法性的努力全都白费了，甚至让蒙元维持正常统治秩序的问题更为复杂。顺帝妥懽帖睦尔在持续半年多的宫廷动荡之后才得以继位，而在顺帝登基后的最初几年，则充斥着暴力和骚乱。[1]

后代史家批评，对于文宗汉式的皇位合法性的运动，虞集的支

[1] 对于这系列变化的研究，参见 Dardess，*Conquerors*，Chaps. 4，5。

持不够真诚。毕沅（1730—1797）评价虞集的努力等同于“元人为文宗饰说也”。[1] 毕沅援引并赞同明人丘濬（1420—1495）的看法。丘濬清楚地看到泰定帝即位是否合法（或是否不合法），此事难有定论，因为泰定帝也是皇族成员。事实上，如果长幼和出生是主导的因素，作为真金长子之子的泰定帝，与所有武宗海山的后裔一样，即使没有更应该，也同样享有合法的皇位继承权。然而元代的皇位继承没有什么既定常规，也不是按照汉王朝的继承法则。继承“可汗”这一称号的法律基础十分薄弱。一位可汗的去世往往触发夺位大战。尽管候选者的资格被限定在皇族范围之内，但是选择其中某位候选者而不是他人，实际权力比法律或者习俗更为重要。[2]

在考察虞集的动机时，必须考虑到文宗对汉文化有相对较高的理解这一事实。文宗能读懂汉文，并且可以写不错的毛笔字。作为一个汉文书画的收集者和鉴赏行家，如同一位学者所推测的，文宗或许把宋徽宗视为榜样。[3] 文宗对汉文化的掌握，使他可以很好地利用汉文化中的政治、文化意象，从而赢得汉族士人，特别是供职于奎章阁的大量“南人”的爱戴。[4]

虞集与文宗图帖睦尔建立了情义，文宗去世，他作诗一首表达强烈的哀思。这首诗难以准确地翻译，但是其大意十分清楚。文宗在1332年8月12日驾崩，四天后，送葬队伍离开上都，朝着帝国传

---

[1] 毕沅：《续资治通鉴》卷二〇四，中华书局1958年版，第5560页。

[2] 参见 Rene Grousset, *Empire of the Steppes*, trans. Naomi Walford, New Brunswick, N. J.: Rutgers Univ. Press, 1970, p. 320：“尽管占据了天子之位，黄金家族的子孙们仍然不得安宁，他们公开诋毁对方，彼此抢夺权力，摧毁对方。”

[3] 吉川幸次郎『吉川幸次郎全集』260頁。

[4] 吉川幸次郎『吉川幸次郎全集』259頁。

统的位于克鲁伦河河谷的墓地行进。[1] 虞集作《八月十五日伤感》诗，诗不长，全文如下：

宫车晓送出神州，点点霜华入敝裘。
无复文章通紫禁，空余涕泪洒清秋。
苑中苜蓿烟光合，塞外蒲萄露气浮。[2]
最忆御前催草诏，承恩回首几星周。[3]

虞集那种怅然若失的情绪显而易见。虞集认识到尽管文宗对汉文化有着高度的理解，但他本质上和其他的蒙古统治者没有任何不同。这种认识让虞集更觉忧伤。按蒙古习俗，文宗遗体被送出“文明之邦”，即中原汉地，并“送至其直北园寝之地深埋之，则用万马蹴平”。[4] 最终，以苜蓿和葡萄为象征，以变幻无常、不可预料为特点的蒙古游牧文化，并没有因其与文明之地的接触而发生改变。

当文宗的遗体被送出汉地时，虞集就意识到他的仕宦生涯结束了。他一定知道自己在文宗似是而非的合法性上下了重注，也需要为此承担未来的风险。我们可以看到他试图在宁宗身上延续这种努力。最终，这些努力因为顺帝妥懽帖睦尔的上位成为泡影，虞集试图阻止妥懽帖睦尔即位但是没有成功。

从一个狭义的角度看，虞集试图增强蒙元帝国稳定性的努力收效甚微，皇位继承没有因此而变得更为有序；但是从更宽阔的视角

---

[1] 《元史》卷三十六《文宗本纪》，中华书局 1976 年版，第 806 页，起辇谷之名参见箭内亘『蒙古史研究』（弘文堂，1930 年）751 頁。箭内亘将起辇谷定位于成吉思汗的斡儿部。亦参见驹井善成「关于起辇谷」東洋史研究 6 卷 2 期（1941 年）123—129 頁。

[2] “苜蓿”和“葡萄”是草原文化的象征。参见王维：《送刘司直赴安西》，杨中讷编：《全唐诗》，王维诗卷二，第 5 页下。

[3] 虞集：《道园学古录》卷三《八月十五日伤感》，四部丛刊本，第 17 页上。

[4] 这段有关蒙古首领葬礼的描写，源自明初叶子奇《草木子》，箭内亘「蒙古史研究」751 頁引用和讨论了这段记载。

来说，虞集的部分努力在顺帝妥懽帖睦尔统治时期开花结果。1340年朝廷毁谤文宗，但是文宗所珍爱的奎章阁并没有被废除。相反，它被重新命名和整修。并且，奎章阁的新名字“宣文阁”保留了旧有的含义。[1] 虞集努力地为蒙元朝廷包装上儒家的外衣，这层外衣在顺帝治下的14世纪40年代依然显耀，尽管虞集曾经试图将顺帝排除于皇位继承之外。虞集的很多同僚和学生，比如欧阳玄，继承了虞集的志向，继续为蒙古可汗充当汉文化的传播者。

或许对于虞集而言，蒙古统治者才智上还是道德上的真实特征并不是关键，相反，引起他深切关注的是可以被帝国内的汉族臣民看到的统治者的外在形象。在这一方面，虞集为确保汉人持续支持蒙元政权做出了贡献。在虞集的整个仕宦生涯中，他都在努力提高并美化蒙元王朝的“儒家”外表，以科举考试、颁布诏令、开设经筵，以及包括奎章阁在内的学术机构为象征，虞集帮助蒙元王朝披上了汉式的正统的外衣，保证王朝延续。

用这样的方式，虞集也为自己供职蒙元朝廷做了合理的辩护。但是人们一定会问，这对于蒙元王朝统治区域内的汉族臣民是否有实际利益？大都政府的这层儒家外衣的精美化，除了带给蒙元朝廷短暂的稳定之外，是否引发其他方面的实质性改善？要回答这些问题，人们不能排除虞集等人的所作所为产生的精神方面的益处，认识到蒙古朝廷的“儒家”追求不仅让许多汉人打消疑虑，而且，更具体来说，朝廷对儒学机构的显著支持，很可能鼓励了中亚人的汉化以及对汉文明更好的理解。蒙古帝国在行政上得到很多中亚人（色目人）的帮助，他们之中很多是穆斯林，朝廷对儒学的公开支

---

[1] 关于“宣文阁”及其与“奎章阁”的关系，参见陶宗仪：《辍耕录》卷二，世界书局1963年版，第44—45页，以及《元史》卷四十《顺帝本纪》，中华书局1976年版，第860页。

持，也鼓励了这些人在必要时站在汉人一边。这一定程度上给蒙古统治下的汉族臣民带来了实际的利益。

那么表象和假象是不是蒙古统治下虞集仕宦生涯的实质和全部？蒙古在汉地的统治是各种制度和族群的复杂混合体。蒙古的统治依靠的是其军事上的优势，元朝的合法性则建立在政治、意识形态和宗教诸因素之上。虞集努力挖掘的汉地精英传统中有关合法性的政治和意识形态来源，自有其功效。从这个角度来说，得到文宗和其他蒙古君主不时支持的这些蒙古统治中的“儒家”或者“汉化”元素，可以更好地被描述为总体的一个部分。自然，最能认同这些元素的，无疑是居于中原的精英的臣民。他们的存在并不能证明蒙古人已经“汉化”，就整体而言，蒙古人并没有因为与汉文化的接触而相应地发生大的改变。相反，蒙元朝廷中的一些明显的儒家特征，更大程度上意味着蒙古人有能力和意愿去运用这些元素来加强他们在汉地的统治。如果没有杰出的士大夫相助，蒙古人无法做到这一点，虞集仅仅是这些士大夫中的一个典型。这些士大夫们帮助蒙元朝廷在其政权中创立和维持儒家的元素，使蒙古统治下的汉族臣民把蒙元的统治看作中国延续的传统王朝中的一个阶段。不过，这种正统化的效果只有在蒙古人拥有足够的力量维持最低限度的和平和秩序时才能起到作用。只要有足够的和平保证可以观览“徂徕之松，新甫之柏”，汉族臣民就能在蒙古统治中看到真正的利益。

第六章

明代的法律*

传统中国的法律源于皇帝的命令，法典就是皇帝给地方官员的指令，指示他们如何去惩处一切违背皇帝利益的行为。[1] 明代开国皇帝在1368年登基时颁布了一批命令，明代的法律开始存在。成文法的形式是详细说明对具体罪行进行具体惩罚的规定和汇编。规定和汇编由皇帝下令颁布，明太祖在位的初期就小心翼翼地确保他的王朝会得益于称为律的成文法。他如此密切注意编制法典（律）的行为是出于这样一种认识：在此之前蒙古人统治中国期间的元朝，因为缺乏一部正式的法典而弊病百出。明代开国皇帝认为一部法典是有价值的，因为它能协助他维持以他的世系为中心的官僚的纪律、公众的秩序和固定下来的制度，此外，一部法典是他统治的合法性的象征。[2]

---

* 本文原载 Frederick W. Mote and Denis Twitchett, eds., *The Cambridge History of China*, *Vol.* 8, *the Ming Dynasty*, 1998, p. 172-220。

[1] See William C. Jones, "Introduction", *The Great Qing Code*, Clarendon Press, 1994. p. 1-28.

[2] 关于明太祖对元代的看法，参见《明史》卷九十三，中华书局1974年版，第2279页，关于对明初期法典的概览，参见内藤乾吉「大明令解說」東洋史研究2卷5号（1937）439—465頁，重印于内藤乾吉著『中国法制史考証』(有斐閣，1963年）90—116頁，缺乏正式法典在元代是一个令人难堪的话题。关于元代知识分子主张应有一部法典的论点，参见Langlois, "Law, Statecraft, and the Spring and Autumn Annals in Yüan Political Thought", in Hok-lam Chan and William Theodore de Bary, eds., *Yüan Thought*: *Chinese Thought and Religion Under the Mongols*, Columbia University Press 1982, p. 89-153, esp. p. 100-109。

由于明太祖花了相当精力致力于编制一部正式的法典，在他在位时期出现了不同的明律版本，明代的第一部法典化的法律在1368年以律令的标题颁布，虽然合并的版本已经佚失，但我们仍有令的1368年版本，它包括令145条，[1] 佚失的1368年版的律有285条，这些命令和条款被归并成与中央政府六部（吏部、户、礼、兵、刑和工）相应的类别。

在明朝建立之年的年终前，皇帝命令几名学者审定653年版的《唐律疏议》的条款，其用意是要修订明代的律。他命令朝中的学者从唐律中每天约选20条条款在他面前详细分析，从中他选出适合在他的王朝中继续使用的条款，不过它们规定的惩罚的性质和力度在认为必要时被改动了。

在明太祖在位的几乎整个时期，中央成文法审定和编制的工作一直在进行。1373年，他命令其官员修订律。令没有包括在这次修订工作中，事实上，令在明代的法律制度中从来没有发挥重要作用。它们作为辅助性立法的作用已被明太祖自己的“大诰”和“榜文”代替了。修订后的成果在1374年颁布，其内容结构与第一个版本完全不同。新版的内容沿用唐律的12类（总则《名例》、御用卫队《禁卫》及禁忌《杂律》、行政规定《职制》、户和婚姻《户婚》、公用马厩和粮仓《厩库》、未授权的征用《擅兴》、暴行和抢劫《贼盗》、侵犯和控告《斗讼、诈伪》、拘捕和逃逸《捕亡》、审判和监狱《断狱》）。这版明律共有606条，而过去的唐律只有502条。这606条中，有的是从1368年版照搬过来；有的条目是被并成律的原

[1] 已由Edward L. Farmer译成“The Great Ming Commandment（Ta Ming ing）”，但尚未出版。（Edward Farmer翻译的《大明令》，“The Great Ming Commandment［*Da Ming Ling*］”，刊于氏著*Zhu Yuanzhang & Early Ming Legislation*：*The Reordering of Chinese Society Following the Era of Mongol Rule*，Leiden：E. J. Brill，1995，p. 150–194。——编校者注）

来的令；有的条目或是对旧律作了修改，或是新定的。

在1376年、1383年和1389年又对1374年的法律进行了修改，而最后一次又对内容作了重大的改动，每次修订条数都有变动，但到1389年，其数被固定为460条。1389年的最后版本称《大明律》，它又按照原来的1368年框架进行编排。它由与六部相应的六大部分组成，再加上来自唐律的第七部分。第七部分为名例，被置于新法典之首，这样，内容共有七大部分。在以六部命名的六部分中，其内容又根据基本法律的分类进一步被细分成若干小类（见表1）。

表1　1389年的大明律

序号	类目及细目	条	数
1	总则（名例）	47	
2	吏律（二卷）	33	
	行政规定（职制）		15
	官员行为准则（公式）		18
3	户律（十五卷）	95	
	户与劳役（户役）		15
	地产（田宅）		11
	婚姻		24
	政府仓库及粮库（仓库）		24
	税及关税（课程）		19
	借贷（钱债）		3
	集市（市廛）		5
4	礼律（二卷）	26	
	国家祭祀（祭祀）		6
	礼仪规定（仪制）		20

续表

序号	类目及细目	条	数
5	兵律（五卷）	75	
	宫廷及护卫（宫卫）		19
	兵员管理（军政）		20
	边卫（关津）		7
	战马及牲畜（厩牧）		11
	递驿及运输（邮驿）		18
6	刑律（十一卷）	171	28
	暴力和偷窃（贼盗）		20
	杀人（人命）		22
	打架伤人（斗殴）		8
	谩骂（骂詈）		12
	控告与诉讼（诉讼）		11
	贿赂与压榨（受赃）		12
	欺诈（诈伪）		10
	性犯罪（犯奸）		11
	杂罪（杂犯）		8
	拘捕及逃逸（捕亡）		29
	审讯及囚禁（断狱）		
7	工律（二卷）	13	
	公共建设（营造）		9
	河道疏浚（河防）		4
总计		460	

资料来源：Derk Bodde & Clarence Morris, *Law in Imperial China*, *Exemplified by 190 Ch'ing Dynasty Cases*（*Translated from the Hsing-an Hui-lan*）*With Historical*, *Social*, *and Juridical Commentaries*, Harvard University Press, 1967, p. 60-61。

注：户部的类目数与细目数之和不符，后者为101款。

作为王朝的奠基人，朱元璋把自己树立为帝国唯一合法的法典制定者和最高法官。他精力惊人，他在漫长的在位期间亲自审讯了数百人。在消灭政府弊病的运动中，他觉察到蒙古人疏于行政管理的缺点，所以乘机颁布了他自己特定的司法裁决和规定。这个过程中有针对性的主要产物是1385年、1386年颁布和1387年两次颁布的《大诰》。[1] 在这四篇有意识的以简明易懂的文字写成的《大诰》中，皇帝亲自选登了他审讯贪污官员、胥吏、军官和普通老百姓的记录。在判决时，他常常应用在律令中都未规定的惩罚。相反，他选择的惩罚是专断和想入非非的，而且常常是任性和吓人的。出台《大诰》的方式从来没有被以后的皇帝再次采用过，因为只有开国皇帝才有当场制定法律而不顾正规的法律文本的特权。后来的皇帝受王朝家法的束缚，必须遵守体现在《大明律》中的规制。

在1397年，明太祖连同他从《大诰》中选出的材料一起，再次颁布了他的法典。[2] 这部文献称《大明律诰》，它由《大明律》本身和《律诰》组成，其中《律诰》关涉以钱赎免死罪的规定，以及从前四份《大诰》中选收的约36项内容。[3]

明太祖还以“榜文”形式颁布法令和他个人的谕旨。根据他的

---

[1] 关于大诰，参见上引的文件及沈家本：《明大诰峻令考》，载《沈寄簃先生遗书》，文海出版社1964年版，第822—841页；邓嗣禹：《明大诰与明初之政治社会》，载《燕京学报》1936年第20期，转载于朱元璋：《明朝开国文献》，载吴相湘编：《中国史学丛书初编》第34辑，台北，台湾学生书局1966年版，第1—26页；杨一凡：《明大诰研究》，江苏人民出版社1988年版。又参见 Edward L. Farmer, “The Despot as Lawgiver: The Codes of the Founding Ming Emperor” (Paper Presented at Association for Asian Studies Annual Meeting, March 1993)。引用材料得到作者允许。

[2] 参见杨一凡：《洪武三十年“大明律”考》，载《学习与思考》1981年第5期；杨一凡：《明大诰初探》，载《北京政法学院学报》1981年第1期；黄彰健：《大明律诰考》，转引自黄彰健：《明清史研究丛稿》，台北，台湾商务印书馆1977年版，第155—207页。

[3] 根据杨一凡：《洪武三十年“大明律”考》，载《学习与思考》1981年第5期。

命令，榜文张贴在全帝国的公开场所。例如，1389 年的一张榜文规定，本身已得死罪，又诬指人，凌迟，都家迁化外。[1] 这些榜文没有被官府机构载入法典，所以只有少数流传至今。但它们的确真实地反映了开国皇帝统治中个人的怪异的特性。

明代法律的特点

由于明太祖经常以《大诰》和榜文的方式颁行他自己权宜性的命令和惩罚，明代法律的特点是，它不能算是正式法典的简单产物。在开国皇帝治理期间，他正在设法巩固他的权力，并采用了这些临时性的手段，以记录和推行他的意志。

对比之下，以后的皇帝，特别是在永乐帝显然非法地取得皇位以后，需要通过坚持开国皇帝的合法秩序的门面，来支撑他们的合法地位。这意味着，他们不能按照自己的兴致来颁布成文法。相反，他们必须支持一种神话，即《大明律》是王朝长期不变的法律基础。他们在这样行事时，却不必受此法典的束缚，因为他们与开国皇帝一样置身于法典之上，但另一方面，他们也不能像开国皇帝那样继续修订法典。这部法典必须保持长期不变，从而提供一块合法、公平、公正统治的神话赖以存在的坚实的基石。

结果，这部法典可以从两个角度进行观察，它可以被看成是集法律教义之大成，任何时候都生效。它也可被视为一批高度具体的规定，它们制约着官员，并规定了一些条件，官员在这些条件下必须得到皇帝的批准才能进行治理。在另一方面，法典因与社会和经济情况的步调不一致而失效了，因为在王朝史的 276 年间，这些情

---

[1] 关于皇帝对榜文的使用，参见黄彰健：《明洪武永乐朝的榜文峻令》，载《中央研究院历史语言研究所集刊》，1975 年第 46 本第 4 分，转引自黄彰健：《明清史研究丛稿》，第 237—286 页，关于文中所引的榜文，参见第 247 页。

况发生了剧烈的变化。

为了应付这些变化的情况，后来的皇帝在对来自官员的奏议时就事论事地作出反应，官员们在提出请求时则以法典和皇帝的告示为指导方针，这种就事论事的决定称例。[1] 作为一种未列入法典和未成体系的法，这些日益增多的例构成了一种次要的立法。在一开始，这些裁决是作为对具体情况作出的特殊反应，并不被视作事后的法律。但是，这些事例无意中就成了后来出现的情况的既定先例，以致它们被官员们以条例的标题随时地收集起来。

在明代开始进行这种活动时相对来说是非正式的，皇帝也没有主持。但在1500年，孝宗皇帝颁布了《问刑条例》。这是明代把存在的例条理化的第一个全面和正式的企图。[2] 孝宗朝曾被人称作明智统治的“中兴期”，而他颁布的《问刑条例》的出台的确是他培养的几名优秀官员积极游说的结果。而这次游说又是可追溯到太祖时期的历史争论的结果，那时他把法典和不断发展的法律需要之间的矛盾具体化了，太祖曾宣称：“法令者，防民之具，辅治之术耳。有经有权。律者常经也，条例者一时之权宜也。”[3]

关于固定不变的法典和不断变化的世界之间的矛盾的争论在宪宗时期出现了。登基不久，他取消了已在前一代进行的编订条例的

[1] 例作为法律形式仅次于律，但明代是律例并行，例是有同律一样的法律效力。关于则例与清代立法的讨论，参见 Derk Bodde and Clarence Morris, *Law in Imperial China, Exemplified by 190 Ch'ing Dynasty Cases* (*Translated from the Hsing－an Hui－lan*) *With Historical, Social, and Juridical Commentaries*, Harvard University Press, 1967, p. 63－68。明代例的基本参考材料见黄彰健的《明代律例汇编》，台北，“中央”研究院历史语言研究所1979年版。

[2] 参见怀效锋点校：《大明律》，辽沈书社1990年版，其中包括这部明法典、万历《问刑条例》和《大明令》。

[3] 转引自杨一凡：《洪武三十年“大明律”考》，载《学习与思考》1981年第5期。

工作。[1] 学者丘濬在他著名的《大学衍义补》中也强烈主张，这种情况应通过系统地审核重要的条例来解决这一矛盾。在孝宗登基后不久，他力主翰林学士应“取其可为万世通行者，节其繁文，载其要语。分类条例，以为一书，颁布中外，与《大明律》并行”。[2] 其他在孝宗面前参加这一辩论的有记录可查的官员有刑部尚书何乔新（1427—1503）[3] 和彭韶（1430—1495）。[4]

法律被主要理解为一种威慑手段。古代中国的理想，即“刑期于无刑”，就总结了这一目的。[5] 法被视为惩处错误行为的一整套界定。基于这样的理解，前近代时代的中国司法的主要问题是为犯罪行为确定惩处办法。法典规定了对犯罪行为的惩处办法，但由于没有一部法典能预想到一切非法行为，所以它们被视为定罪的有限的但又是必要的司法程序的主体。得到规定的犯罪行为包括官员行政管理上的渎职、贵族的胡作非为和平民做的坏事。当胡作非为涉及不同身份的群体时，惩处的力度按照犯罪人的身份及其受害人的身份而有所不同。

结果，法典宣称的主要司法行为就是判决的行为，审判官在初步判决一名罪犯时，需要引用法典的有关条款。当一条特定的律不

---

[1] 这项工作由王恕（1416—1508）主持，参见王圻编：《续文献通考》第一六八卷，文海出版社 1979 年版。王恕传记参见 *Dictionary of Ming Biography*（1368－1644），eds.，L. C. Goodrich & C. Y. Fang，Columbia University Press，1976，p. 1416－1420。

[2] 丘濬：《大学衍义补》，收于《丘文庄公丛书》上册卷一〇六，丘文庄公丛书辑印委员会 1972 年版，第 2 页上至第 2 页下。

[3] 传记载 *Dictionary of Ming Biography*（1368－1644），p. 505－07。其奏疏参见黄彰健编著：《明代律例汇编》上册《明代律例汇编》序，台北，“中央”研究院历史语言研究所 1979 年版，第 7—8 页。

[4] 传记载 *Dictionary of Ming Biography*（1368－1644），p. 1118－1119。其奏疏参见黄彰健编著：《明代律例汇编》上册《明代律例汇编》序，台湾“中央”研究院历史语言研究所 1979 年版，第 10 页。

[5] 这一理想首先见于《尚书》，被广泛地引用。

适用于在审的犯罪行为，主审官可以通过比附，即间接地引用另一条律，从而为提议的惩处找出合理的根据。但在通过比附的办法断案时，法典要求所提出的惩处须直接取得皇帝的批准。因此，对中国的法官来说，"无律不刑"的信条已经生效。

西方民事法中"无律不刑"的信条在19世纪充分表现出来。它在阻止国家独断地行使权力方面发挥了作用。但在中国，这个信条似乎只被用来限制官员的权力，因为在涉及皇帝的权力时，这个信条显然就会被置之不理。[1]

由于《大明律》作为前近代的中国法典，它并不意在界定犯罪，我们可从明律的条款中了解到这点。乍一看，这一条款似乎是认定在法典颁布前所犯的事是犯罪："凡律自颁降日为始，若犯在已前者，并依新律拟断。"[2] 法典并不打算追溯以前的行动是否为犯罪行为，而是要改变对原来就被认定为犯罪的行为的惩处。

另一条款专门提出了法典的规定有限的问题："凡律令该载不尽事理，若断罪而无正条者，引律比附，应加应减，定拟罪名，转达刑部，议定奏闻。若辄断决，致罪有出入者，以故失论。"[3]

法典提供了分析的框架，主审官应比附引用律条，这一律条与案件没有直接的关联。他还应有高标准的审判水平，因为如果他引律断案不当，他本人就会因"故失"而面临惩处。换句话说，就误

[1] Shuzo Shiga, "Criminal Procedure in the Ch'ing Dynasty: With Emphasis on its Administrative Character and Some Allusion to its Historical Antecedents", in *Memoirs of the Research Department of the Toyo Bunko*, No. 32, 1974, p. 1-45; No. 33. 1975, p. 115-138; esp. No. 32, p. 3 and No. 33, p. 124-138.

[2] 《大明律》，第45款。关于《大明律》的条款，我参照的是荻生徂徠著，内田智雄、日原利国校訂『律例对照 定本明律国字解』（創文社，1966年）一书的内容，前文提及的《大明律》内容，也源于此书。

[3] 《大明律》，第46款。

判而言，其预设是这一误判出于别有用心的或有预谋的动机，而不仅仅是断案失误的结果。

上述关于判决的讨论在明代法律制度中并不是独一无二的，因为比附的做法，在唐代甚至更早就已存在了。

明律并不讨论犯罪行为的专门定义。哪种行为属于犯罪经常由常识或儒家教义来确定。这就是明法典中“泛论”性律条的理论根据，以下就是一例：“凡不应得为而为之者，笞四十。事理重者，杖八十。”[1] 这种“泛论”性的律条自很早以前就有，至少可以追溯到唐律。[2] 它假定对“不应为”是有共识的，并在惩处较轻的罪行时给司法当局以有限的便宜行事的处理权。

这些关于法的观念表达了对法的传统的基本了解，这一传统正是明太祖制定其法典的基础。

明代与其以前朝代不同的是，明代开国皇帝坚定地希望法在他的天下广为流传。他在位初期，就命令其官员编写一部白话律注，主要针对与百姓生活有关的律条。这部作品名《律令直解》，于1368年颁布，现已佚失，但皇帝对法典的广为流传的关心却是十分明显的。他宣称，任何犯有一项罪行的人如果拥有一份《大诰》，就可减轻惩处。此外，法典中有一款要求官员们都要通晓法典，并责令都察院对官员每年进行考核。[3] 这些条款都是明代的创新。

后来的皇帝偶尔也强调法律传播的重要性。例如，1404年永乐帝收到大理寺一份奏折，指责一名商人在他交易中使用不合标准的

[1] 《大明律》，第410款。
[2] 《唐律疏议》，第450款，参见《唐律疏议》卷二十七，台北，西南书局1973年版，第522页。
[3] 《大明律》，第63款。

提秤。大理寺意欲引用《大明律》“违令”条惩办这名商人。[1] 皇帝询问禁止使用不合标准的量器这一规定的榜文是否已经张贴。答复是：有关规定已经发给相关部门，榜文尚未张贴。皇帝说道：“民知令，则不犯令；不从，则加刑。不令而刑之，不仁甚，释之。”[2] 我们不禁怀疑这些记载，因为它们把皇帝打扮成保护平民福利的卫士。毕竟明太祖的《实录》至少被精心编辑和修订了两次。[3] 这一主题思想经常出现在形形色色的材料中，以致我们可以放心地相信，是皇帝亲自炮制了这一场争论。

明代的刑罚体系

明律详列了各种用于判决的惩处，但在《大明律》专门论述刑罚的部分，没有包括在律文其他部分规定的刑罚。这也许是因为明律中正式论述刑罚的部分不过是照搬唐律，并不打算概括实际情况。表 2 概括了标准的五种刑罚。[4] 没有在正式表中所列的惩处出现在明律的其他部分，其中包括最令人生畏的惩处，即凌迟。[5] 不列在规定的五种惩处但包括在明律中的还有充军和迁徙（也是一种发配形式）。[6]

---

[1] 《大明律》，第 409 款。“凡违令者，笞五十”。

[2] 《明太宗实录》卷二十八，台北，“中央”研究院史语所校勘 1976 年版，第 505—506 页，转引自杨雪峰：《明代的审判制度》，台北，黎明文化事业公司 1978 年版，第 317 页。

[3] 黄彰健：《读明刊毓庆勋懿集所载明太祖与武定侯郭英敕书》，转引自黄彰健：《明清史研究丛稿》，台湾商务印书局 1977 年版，第 142 页。

[4] 此表根据《大明律》，第 1 款。

[5] 凌迟处死只在《大明律》第 277 款“谋反”中有规定。

[6] 关于充军，参见《大明律》，第 34、366 款；关于迁徙，参见第 366 款。

表 2 《大明律》的五种标准刑罚

类别	具体方式
1. 笞	10、20、30、40、50 下
2. 杖	60、70、80、90、100 下
3. 徒	杖六十，徒一年 杖七十，徒一年半 杖八十，徒两年 杖九十，徒两年半 杖一百，徒三年
4. 流	杖一百，流两千里 杖一百，流两千里五百里 杖一百，流三千里
5. 死	绞 斩

明律规定各种惩处可用缴付罚金的办法来赎免。这些罚金可被用来代替已定的惩处，特别是“杂犯死罪”，这是名义上的死罪，与“真犯死罪”不同。[1] 后者要判上面所提到的死刑，而前者可用付钱或服劳役来赎免。实际上真犯死罪以外的刑罚都可折成铜钱、纸钞或劳役。在整个明代，钱与罪的折换率经常有调整，这反映了货币和货物的价值变动。

明代法律中赎罪的特权适用于广泛的人群，针对犯罪的赎法相当制度化。[2] 明律的创新之一是在涉及徒、流刑时，把赎罪的权

[1] 杂犯死罪的罪行比真犯死罪轻，通常以引起伤害的动机的程度加以区分，前者通常被认为所犯的罪是无意的。

[2] 参见 Derk Bodde and Clarence Morris，*Law in Imperial China*，p. 78-80，关于清代以钱赎罪的讨论。

利扩大到妇女。从晚清的学者薛允升的评论中可以证实这种做法已经完全实行："明律一概收赎，未免宽纵，无怪妇人犯法者之日益增多也。"[1]

《问刑条例》收了许多关于赎罪的条例，其意图是保证应用法律的地区的秩序。实际上，在司法实践中，"五刑"也被折换成罚役，例如，笞、杖、流和"杂犯死罪"被折成劳役，依据具体的标准运炭、大米、砖和谷物。这些赎法的实施部分是为了减轻体罚的严酷程度。因为许多官员抱怨责打和其他的惩处过于严厉。明律以后的版本本身也规定了以钱代替实际惩处的措施。

但明代官员享有的赎罪特权与以前的朝代相比却减少了，这反映了明代开国皇帝对根除官员不法行为的近乎执迷的关注。[2]

三法司

刑罚制度是由一套精心设计的机构进行管理，[3] 其最高层为京城的三法司：刑部、都察院和大理寺。1385 年，在明代开国皇帝的命令下，三法司全部集中在南京京城外一个被墙分开的建筑群内。这个建筑群有一特别的名称，它源自一个圆形的称为"贯"的星宿。皇帝在解释其名称时提到了这个星宿的圆形，从中只能偶尔看到其他的星星。按照皇帝的说法，如果从"贯"内看到了星星，就意味着在帝国某地有着受到不公平的监禁或审判的犯人。这

---

[1] 参见《大明律》，第 19 款；参见薛允升：《唐明律合编》，台北，台湾商务印书馆 1977 年版，第 57—58 页。

[2] Ch'ü T'ung-tsu, *Law and Society in Traditional China*, Mouton & Co., 1965 对明代官员待遇的概述，参见劳政武：《论唐明律对官人的优遇》，台北，万年青书店 1976 年版。

[3] 参见杨雪峰：《明代的审判制度》，黎明文化事业公司 1978 年版，第 37—133 页；Charles O. Hucker, "Governmental Organization of the Ming Dynasty", *Harvard Journal of Asiatic Studies* 21 (1958): p. 1-66。

个建筑群称“贯城”，以表示皇帝不让无辜百姓被监禁的愿望。[1]但当永乐皇帝迁都北京时，开国皇帝“贯城”的观念被放弃了。

1393年《诸司职掌》颁行，三法司的根本制度基础就被勾画了出来。[2]由于此书出现在开国皇帝统治的末期，所以对了解明代政府来说是有价值的资料来源。

刑部

1390年，刑部机构有所调整，始分十二部，后来为十三清吏司——每个司负责一个省。司署设在京城。《诸司职掌》描述该部的职能如下：

尚书侍郎之职掌天下刑名及徒隶勾复关禁之政令。[3]

1390年分设十二部以后，每部仍分四个科，每科负责明律中的不同部分。这四科分别为宪、比、司门和都官。宪科主管一般的审判、官和吏的任命、官俸和会计粮储。比科负责监督征收罚金和没收与刑事案件有关的非法物品和赃物，并审定送京复议的初步判决。比科还负责准备判决的年报，年报详列在复审期间被判应受各种刑罚的人的人数。

司门科负责被判服军役的犯人，他们一般被发配到边境。在落实这个职掌时，它必须根据开国皇帝定下并在《大诰》中颁布的规定以及《大明律》进行审定。司门科还要负责帝国狱吏的管理。但都官科也有管理监狱的责任，它的职责是管理犯人及指定犯人的劳

[1] 杨雪峰：《明代的审判制度》，黎明文化事业公司1978年版，第40页；朱元璋：《高皇帝御制文集》卷八，嘉靖十四年序刊本，第15页上。

[2] 翟善：《诸司职掌》卷一，洪武二十六年刊本，转引自张卤编：《皇明制书》两卷本，古典研究会1966—1967年版，第173—412页。

[3] 《诸司职掌》卷五，《皇明制书》，古典研究会版，第50页上。

役。都官科还负责监管涉及官员贪污渎职的事务。[1]

都察院

都察院在 1380 年大动乱后没有进行大规模的改组。军事组织和文官政府作为对皇帝的威胁而被分编和削弱，都察院则与它们不同，依然保留原来的完整性。但它被重新命名，御史台这一传统的名称被名声不那么显赫的都察院所代替。其职能如下：

左右都御史、副都御史、佥都御史职专纠劾百司，辩明冤枉，提督各道及一应不公不法等事。其属有十二道监察御史，凡遇刑名，各照道分送问发落。其有差委监察御史出巡追问审理刷卷等事，各具事目，请旨点差。[2]

大理寺

大理寺是三法司中的第三个机构：

本寺官其所属左右二寺官职专审录天下刑名。凡罪有出入者，依律照驳。事有冤枉者，推情辩明。务必刑归有罪，不陷无辜。[3]

然后，《诸司职掌》详细规定它有权重新审定由下级政府先审的案件，和由刑部、都督府、都察院审理的案件。[4]

军事司法机构

五军都督府也受权审理案件。在 1380 年以前，军事等级制度中有一个可直接向皇帝报告的集权的行政机构。在 1380 年，五军

[1] 《诸司职掌》卷五，《皇明制书》，古典研究会版，第 53 页上至第 73 页上。
[2] 《诸司职掌》卷六，《皇明制书》，古典研究会版，第 1 页上。
[3] 《诸司职掌》卷六，《皇明制书》，古典研究会版，第 29 页上。
[4] 《诸司职掌》卷六，《皇明制书》，古典研究会版，第 29 页上。

都督府一分为五，每个府都能对皇帝负责，这样的军事建制就群龙无首，在皇帝面前就见弱小。但是改组并没有改变军队中司法权力的集权化。称为断事官的军事法官所负的责任概括如下：

左右断事官职专总督左右中前后五司官。问断五军所辖都司卫所军官军人刑名。[1]

省和地方的司法权力

相对来说，省和地方的司法管理在职能上没有什么分工。最低一级是县，由一名知县主管。这名官员广泛的义务可以用民间所称的“父母官”一词来概括。他负有多种义务，从征税到调解争端和主持审判。作为一名审判官，他的工作往往包括调查和裁决，研究司法案例，甚至还要验尸。[2] 在明代，有将近1200个县。知县既不能在其出生地任职，也不能置产业。[3] 对知县的这些限制旨在使他在调解争端和征税时保持客观。一名知县被分配6名以下也来自外地的文职助手；他们则依靠近11名至12名来自本地的胥吏。[4]

县以上为州和府，其官员向省一级报告工作。明代省一级组织相当复杂，由三个平等的机构组成：

1. 都指挥司，它对京城的五军都督府负责；

2. 提刑按察司，它向都察院报告工作；

3. 承宣布政司，它为省一级主要的文官行政机关。

---

[1] 《诸司职掌》卷六，《皇明制书》，古典研究会版，第37页上；但Charles O. Hucker，“Governmental Organization of the Ming Dynasty”，p. 57-58没有提到断事官。

[2] John R. Watt：*The District Magistrate in Late Imperial China*，Columbia University Press，1972。

[3] 《大明律》，第100款。

[4] Ray Huang，1587，*A Year of No Significance*：*The Ming Dynasty in Decline*，Yale University Press，1981，p. 50. Charles O. Hucker，“Governmental Organization of the Ming Dynasty”，p. 44-45.

到15世纪30年代，各省已经受巡抚的监督，巡抚实际上是皇帝的特命代理人，被派遣去视察和直接控制省的行政工作。这种做法始于永乐帝，皇帝把它当作一种在其宇内延展其个人控制的手段。

按正规的形式，承宣布政司由两名布政使主管，在布政司正式组织内部处理司法事务的结构在一定程度上按职能分工。布政司既有理问所，又有司狱司。[1]

提刑按察司也发挥高度明确而又相对专业的作用。这一职官名"提刑""按察"，因此，提刑按察使具有监督知县对诉讼的处理，并且充当申诉的法庭。[2] 它们可以根据自己的职责，审理六品或以下的官员；经过皇帝批准后，也可审理品级更高的官员。"户婚、田土、钱粮、斗讼"等案件中，按察司官员也可充当申诉和复议的审判官。

条例规定，这些诉讼事件必须通过正常渠道从最下级的法庭处理，再向上提交。根据明律在诉讼过程中越级上诉要受惩罚。此外，提刑按察司还有一项附带的职能：它必须考核省和地方官员关于律法的知识。[3]

其他具有司法职能的机构

明代因畸形发展宦官控制的机构而闻名。宦官充当皇帝的私人代表，获得司法的职权，控制了监狱及有关的设施。这些设施包括锦衣卫、东厂和西厂。

锦衣卫是皇帝的私人保安机构。它于1382年由明太祖建立起来，当皇帝亲自主审时，其成员就充当皇帝的代理人。虽然明太祖

[1] Charles O. Hucker, "Governmental Organization of the Ming Dynasty", p. 41-43.

[2] 《宪纲事类》，张卤编：《皇明制书》，古典研究会版，卷十五，第8页。

[3] 《宪纲事类》，张卤编：《皇明制书》，古典研究会版，卷十五，第8、14—15页。

明显地并不打算让宫廷宦官取得政治实权，但他对宦官的依赖以及宦官们表现出来的重要性，为锦衣卫在后来皇帝的治理下取得大权打下了基础，因为这些皇帝并不那么倾向于遏制他们的权力。锦衣卫由受皇帝信任的宦官指挥，它与宦官操纵宫内的司礼监和可能建于1420年的所谓东厂紧密合作，实际上成了把宦官权力向国土进行侵略性扩张的发源地。在王朝的以后时期，称为西厂的一个对应组织也被建立起来，并发挥类似的作用。[1]

宦官控制的组织拥有涉及直接威胁到皇帝利益这类事务的司法权。关于威胁内容的界说当然会产生各种理解和滥用。因此，宦官的机构能对官员集团横行霸道。清初期编修的明代正史详细论述了这些暴政的历史，并把明朝的大部分时期描述为黑暗时期或恐怖统治时期。[2]

由于皇帝是最高法官，他需要可靠的情报来源。又由于中华帝国统治中内廷和外廷向两极分化，皇帝们常常感到他们只能放心地依靠直接对内廷负责的代理人，以便取得他们统治时所需要的情报。这些代理人就是宦官，他们到了明末形成了一支庞大的队伍。明太祖不信任外廷官员，并在1380年撤销了中书省，这就加剧了以后诸帝在施政时愈加依赖宦官的倾向。这一行动使主要的文官政府没有一个正式的领头人，从而把沉重的负担转嫁给皇帝。为了帮助皇帝支撑这种负担，宦官的机构就应召搜集情报并进行视察。

如上所述，锦衣卫助长了皇帝统治不受限制和独断专行的程度。洪熙帝短暂的统治时期发生的一件事就很说明问题。作为一个

[1] 丁易：《明代特务政治》，中外出版社1951年版。Charles O. Hucker, *Censorial System of Ming China*, Stanford University Press, 1966, p. 44–45, 111–112ff.

[2] 参见《明史》卷九十三《刑法志》。《明史》在一定程度上夸大了宦官的胡作非为，其部分目的是使清代的过渡显得合法化。

统治者，他一般倾向于宽厚待人，但他容易冲动，对官员的批评的反应是暴跳如雷，一次翰林院的一名官员敢于劝他在他法定的丁父忧期不要与其妃子有性行为，对此他大发雷霆，皇帝反击的手段是贬谪这名冒犯他的官员，把他投入锦衣卫的监狱。这个不幸的人在皇帝死后一年仍在牢中。[1] 一个皇帝如此苛待一个人，除他自己的妄想狂的“犯上”的理由外，是不需要什么合理的根据的，锦衣卫就是执行皇帝命令最方便的工具。

世宗登基是因为死去的皇帝——他的堂兄——没有后嗣，在他在位期，宦官的滥用权力变得极为肆无忌惮。皇帝很少上朝听政，而是通过心腹宦官作为中间人进行统治。1549 年司礼监一度控制了东厂，宦官实际上完全掌握着司法机构，多年来充当皇帝恐怖统治的代理人，并左右着朝廷的官员。[2] 下一朝的著名政治家张居正（1525—1582），对这个时期进行了回顾：

> 嘉靖间，肃皇帝以威严驭下，大狱数起，群言事忤旨，辄逮系锦衣卫讯治或杖之廷，有立毙者。而当事者亦以鸷击为能，侦伺校卒，猛若乳虎，一旦不如意，所夷灭不可胜道，京师为之重足。[3]

明代的法律程序

虽然皇帝可以不按规矩和不受控制地行事，但官员们必须在形式上遵循精心制定的程序规定，不遵守这些规定就会获罪受到惩

[1] Charles O. Hucker, *Censorial System of Ming China*, p. 113.

[2] 怀效锋：《嘉靖专制政治与法制》，湖南教育出版社 1989 年版。

[3] 张居正：《张太岳文集》卷十二，转引自怀效锋：《嘉靖专制政治与法制》，湖南教育出版社 1989 年版，第 159 页。

处。《大明律》是中华帝国第一部专门用一节规定“诉讼”程序的法典。但是这一节的12款只是在明法典和其他颁布的文献中对程序进行规定的许多条款中少数的几条。例如，《诸司职掌》内就有重要的程序规定。在明代法律中，制定程序规定的目的主要是保证准确和公正，防止官员的胡作非为。

《诸司职掌》刑部宪科“问拟刑名”的相关规定提供了一个关注程序的例子。这一节一开始详细论述了与控诉有关的记录的必要性，然后讨论对原告和被告的处置，以及如何进行听审。它声称，主审官首先审查原告，以弄清控告的理由，然后再审被告。如果被告不承认对他作出的控诉，证人就被传讯。如果证人的证词支持控方，被告就再被讯问。如果双方仍各执一词，《职掌》就指导主审官将他们一起询问，并要主审官注意以下的建议：

> 观看颜色，察听情词，其词语抗厉，颜色不动者，事理必真。若转换支吾，则必理亏。略见真伪，然后用笞决勘。

如果这样受审的人仍不能证实真相，主审官就可以使用重杖：

> 仔细磨问，求其真情。若犯重罪，赃证明白，故意持顽不招者，则用枡拷问。[1]

这意味着要用刑具。这些刑具通常包括笞、杖（前面已经提到），第三种是打后腿的更重的棍棒。其他刑惩也被使用，虽然在法典中未被提到。它们包括《问刑条例》准用的鞭打，和其他不准用的刑惩（夹指、烙铁、鞭脊背、脑箍和用其他刑具的酷刑）。[2]

---

[1] 《诸司职掌》卷五，《皇明制书》，古典研究会版，第53—55页。

[2] 杨雪峰：《明代的审判制度》，黎明文化事业公司1978年版，第256—266页；黄彰健：《明代律例汇编》，“中研院”史语所1979年版，第975—979页、第1003—1004页。

经过招供，真相得以证实，案情被全部详细记录存档。相关衙门就起草拟定的判决，大致叙述诉讼的事实。如果是死刑、徒或流，必须向皇帝呈上拟刑的奏议。如果拟定的判决为笞或者杖，只要起草下令执行判决的官方知照就可执行。建议判为徒、流、死刑的奏议与囚犯一起被送到大理寺进行复审。如果大理寺对判决无异议，拟刑就被顺利地呈交给皇帝，而犯人则被押入大牢。皇帝一旦批准，判决就由规定的有关机构执行。

诬告和杀人

《大明律》中有一节主要着重于诉讼，并且极力试图在法律上制止诬告。[1] 根据这些规定，凡越级上诉者笞五十。[2] 凡提交不署名控诉状者应处以绞刑，凡发现一份不署名起诉状者应立刻把它焚毁。除控诉状的原作者外，凡向衙门提交诉状者将处以杖八十。凡接受这种第三方的状纸并按此行事的官员将被杖一百。在这种情况下，被控一方即使在其他方面有罪，对所控的罪行不负责任。此外，对抓住并拘留这类诉状作者的人，将授予 10 两奖银。[3]

这部明律大力制止诬告的要旨也包含在一条称为“诬告”的条款中。从文字上看，它认识到如果整个帝国要秩序井然，官员本身就必须要有适当的纪律约束，所以这部明律就规定了惩处那些不能正确地接受诉状的官员的条例，根据 1500 年颁布的《问刑条例》中的有关这个问题的条例的数量来判断，“诬告”是明律中的活跃的部分。明律和条例规定，诬告要予以重罚。如果他不能在官署中说明他的起诉是对的，就会冒被严厉责打的风险。明律的用意显然

---

[1] 《大明律》，第 355—356 款。

[2] 《大明律》，第 355 款。

[3] 《大明律》，第 356 款。

是要威慑那些滥用诉讼程序而目的只是骚扰对方的人。但是似乎同样明显的是，这个条款限制了人们进行正当的告状，因为他把原告置于检察官和调查者的地位。审案官署可以简单地裁定控诉不可信而把它拒之门外。在司法实践中，有人指出，当起诉人无疑是出于诚心和善意时，审案官署实际上倾向于将这一条款严厉的一面进行宽厚的处理。[1]

明以前的法典已经有禁止诬告的条款。唐律就包括了关于这个主题的几条条款。[2] 这些条款中的基本规定是实行“反坐”的惩处，即诬告者要受到如控诉属实被诬告人应受的惩处。明律对诬告的惩处比唐律的规定更加严厉。例如，如果控诉的罪行按规定要处以笞，诬告者将按此惩处力度罪加二等；如果罪行要处以杖、徒或流，其惩处力度要增加三等。最重的惩处是杖一百，流三千里。

明律比唐律规定的更加详细。它预想到被诬告者由于诬告，已经蒙受了他从未犯过的罪行的不公正的惩处。于是它提出了若干具体的假设的案例作为例子：

· 如果被诬告人已被徒或被流，诬告者必须负担受害人的返程费用，并要从重受到惩处。

· 如果被诬告人因诬告已经典卖田宅，诬告者必须备价取赎还给受害人。但如果诬告人太穷，无力按上述规定补偿，同时他没有可用于抵押的财产，他将受到其力度增加三等的基本处罚。

· 如果受害人有一名有服亲属因陪同他服徒刑、流刑而在途中死去，诬告人将被处以绞刑（“以命抵命”），他的财产的一半将

---

[1] Shuzo Shiga, “Criminal Procedure in the Ch’ing Dynasty: With Emphasis on its Administrative Character and Some Allusion to its Historical Antecedents”, in *Memoirs of the Research Department of the Toyo Bunko*, No. 33, 1975, p. 116—117.

[2] 《唐律疏议》，西南书局1973年版，第341—344款。

转归被诬告人。

· 如果被诬告人因所诬之罪已被处死，诬告人将坐死。

· 如果被诬告人被判死刑而尚未执行，诬告者将被判杖一百，流三千里，加役三年。

此外，关于诬告的条款规定，被诬告人以诬告报复诬告者，那么他将承担本条款主要规定的后果；原来的诬告人不必支付条款中特别规定的返程费用或他的财产的一半。

这一条款的其他规定还涉及对几种罪行的告发，罪行的轻重程度不同，其中的一项属实，而其他几项不实。如果他举报的最严重的罪行准确无误，而其他罪行不实，举报人不受惩处。条款中还涉及诬告一人以上的内容。最后，如果已承认犯罪的犯人的亲属不顾一切地上诉，他们要受到惩处。

《大明律》是将杀人作为一种特定法律范畴的首部中国法典，因为以前处理犯罪的法典都没有把杀人提高为自成一类的条目。[1] 除了包括以前法典中大部分有关杀人的内容，《大明律》中关于人命的二十条规定为司法官员提供了更加严密的判决指南。[2] “人命”类首条“谋杀人”，增加了关于动机（如贪婪）等考虑因素，而过去的法典对这方面是不注意的。此外，这些条款详细提出与不同杀人形式有关的应予考虑的问题，并且以相当的篇幅谈起与通奸有关的杀人。总之，这一部分的要旨是通过加强审判官正确地判决行凶者的能力，以严明法纪。

---

[1] 薛允升：《唐明律合编》，台湾商务印书馆 1977 年版，第 397—399 页。Geoffrey MacCormack, *Traditional Chinese Penal Law*, Edinburgh University Press, 1990, p. 19 - 20. Geoffrey MacCormack, “The T'ang and Ming law of Homicide”, *Revue Internationale des Droits de l'Antiquité*, Tome XXXII, 1988, p. 27-28. 唐律中关于杀人的条款分散在盗贼、斗讼等部分。

[2] 《大明律》，第 305—324 款。

程序法规

《大明律》中关于审讯和拘禁的规定[1]也包括了一些值得一提的程序法规以及在审讯和惩处犯人时一些应予维护的积极的准则。关于狱吏，明律规定在以下情况中他们将受到惩罚：

· 如果他们没有拘禁应该拘禁的人。[2]

· 如果他们故意拘禁无事的人，或对他们施刑，或对可豁免受刑的人施刑。[3]

· 如果他们拘禁百姓时间超过需要，拖延判决的实际执行。明律规定判决必须在批准它的最后决定的 3 日内执行，而被判流或徒的犯人必须在 10 日内被遣往该地。[4]

明律规定狱吏必须恪尽职守。如果他们通过肉体凌辱，或者不提供食物或医药护理以虐待犯人，他们应受惩处。[5] 明律宣布狱吏向犯人提供使之出逃的尖锐工具为非法。[6] 把如此明确的规定收入法典的原因令人费解。费解程度较轻的一条也许是禁止狱吏鼓动犯人“反异”（推翻供词）。反异相当于收回自己的供词，自动地形成了申诉。这一款法的企图是阻止的确有罪的犯人无根据的上诉。

关于审讯程序，对 70 岁或以上的老人、15 岁或以下的青少年，体弱的人和残疾人，以及一些应予特殊照顾的人不能施刑。法律特别规定，涉及上述各类人的案件，审讯只能依靠证人提供的证

[1] 《大明律》，第 419—447 款。
[2] 《大明律》，第 419 款。
[3] 《大明律》，第 420 款。
[4] 《大明律》，第 421 款。
[5] 《大明律》，第 423 款。
[6] 《大明律》，第 424 款。

据，不能用行刑的办法引出供词或证实真相。[1]

另一款批准审判官员从其他辖区引渡涉及审判官正在听审的罪行的人，除非两地相隔超过300里。在收到传召的10天内，涉案的人必须被押解到公堂。拖延要处以笞。如果一桩罪行涉及两人以上，而且涉案人住在两个以上的县，决定引渡的规定还要求审讯公堂设在罪行较重的人所住的县。如果罪行牵涉一大批人，审讯要转到大多数涉案嫌疑人所在的县。[2]

审判官不准以起诉犯人为借口刺探其他无关的犯罪。明律特别规定只能审讯原来指控的犯罪行为。但是如果在逮捕时，或在对控诉作出反应而进行搜查时发现一件无关的罪行，第二罪行也可以被调查和审讯。[3]

在审讯期间，拘留原被告双方是正常的。但根据法律，如果事实真相已经查清，被告已经承认而原告仍被拘禁，有关官员就要受笞刑的惩处。总之，一旦原告的在场在法律意义上变得没有必要时，明律要求审判官必须立刻释放控诉人。[4]

一条重要的程序性条款限定了官员执行判决的一系列行动，并要求上级对严重案件必须进行复审。一旦审讯完成而事实已被完全弄清，一旦有关的调查以及对贿赂和非法财物的没收工作已经完成，那么有关徒、流或更轻的判决，可由府、州和县的官员执行，但对死刑的案件，监察御史（在北京）和提刑按察司（在京外）就要自动地复审案件。这种复审或上诉以确定是否存在误判为

[1]《大明律》，第428款。
[2]《大明律》，第429款。
[3]《大明律》，第430款。
[4]《大明律》，第431款。

目标。根据明律，复审官员必须对草拟的判决作出评估。他们的复审结果然后被转到刑部作最后的研究。刑部的这次研究结果相当于又一次上诉的听审，它然后以奏折形式上呈皇帝，如果得到皇帝批准，判决就被执行。在两京地区，刑部要指定一名官员，会同监察御史一起监督执行（审决）。

同一条款又规定了翻供，这种行为有效地导致一次自动的再听审。家庭成员的呼冤也能导致再听审。无论哪种情况，案件被重新开庭审理。如果发现有不公平的情况，案件被发回原审官员纠正。另外，如果已经结案，执行前的一切程序已被办理，但执行无充分理由而被拖延，负责官员应严予惩办（杖六十）。

这些条款是明代的革新。[1] 明代还超越了以前的王朝，把必须由皇帝审查死刑的举措制度化：这个程序称为朝审。朝审在1459年设置，这是前一年秋季颁发的谕旨的结果。朝审的内容是复审死刑案件，参与朝审的官员则通过三法司向皇帝上呈的奏议而被任命；朝审在每年霜降时期进行。清代通常称这种做法为秋审。[2]

关于妇女的条款

明律收了几条关于妇女的条款，与以前的王朝相比，这必须被视为一个相对的进步。唐律收了禁止对怀孕妇女进行刑讯的条文。它还规定对犯死罪的怀孕妇女要等她生下婴儿后100天才能行刑。[3] 明律保留了类似的条款，但在庇护妇女方面更超过了它们，在大部分情况下，它防止她们坐牢带来的危险。明律中专门有

---

[1] 薛允升：《唐明律合编》，台湾商务印书馆1977年版，第688页。

[2] 薛允升：《唐明律合编》，台湾商务印书馆1977年版，第688页；Derk Bodde and Clarence Morris, *Law in Imperial China, Exemplified by* 190 *Ch'ing Dynasty Cases*（*Translated from the Hsing-an Hui-lan*）*With Historical, Social, and Juridical Commentaries*, p. 134-135。

[3] 《唐律疏议》，西南书局1973年版，第495款和第494款。

一条涉及妇人犯罪的条款。明法典基本上归纳了唐律中关于妇女的两条，但另外加了未见之于唐律中的重要的一款。[1]

根据明代关于妇人犯罪的条款，除了犯有性罪行或死罪的妇女，她将被押回交由其丈夫拘留，如果她无丈夫，她将被交由亲属或者近邻拘留。其用意似乎是不让妇女留在狱内，因为在那里她们有遭受强奸的危险。

明律中对婚姻法的界定也可以被认为多少比唐代的做法更加开明。根据唐代法律，男方家庭反悔婚配，并单方面退出，它不受惩处；但如果女方家庭反悔，其家庭成员将被处以杖六十。唐律甚至指出男方家庭有惩处的豁免权。[2] 相比之下，明律规定无论哪一方单方面不履行婚约，都应惩处。

明律扩大了家庭的法律定义，以致家庭关系能对公堂作出的惩处产生影响。[3] 同时，在法律能适当地保护一名妇女的地位之前，它必须被解释，有时可以据以上诉。法律常常不在下级执行。1452 年的一件案例为法律保护妇女地位的程度提供了一个轶事般的注释。在这一年，兵部尚书王骥（1378—1460）[4] 直接向皇帝申诉，要求纠正一件有偏向的司法决定。根据王的骥奏议，[5] 都督之子吕瑛很早就与卫指挥官葛覃之妹有婚约。但在正式娶葛之妹为妻前，吕瑛调往北面的山海关，在那里娶了一个妇女为妻，她就是千户所俞胜之女。他又纳了陈女为妾。在与俞女和陈女的婚姻中，吕瑛有了一子一女。在此期间，原来的未成婚的新娘葛女年龄

[1] 《大明律》，第 444 款。
[2] 《唐律疏议》，西南书局 1973 年版，第 175 款。
[3] 牧野巽：「明律に於ける親族範圍の擴大」牧野巽著『中国家族研究』第 1 卷（御茶の水書房，1980），83—106 頁。
[4] 传记见《明史》卷一七一。
[5] 《唐明律合编》第 278 页有记载。

已届 30 岁，此时成了千户所刘昱之妻，并生了三个儿女。但吕瑛显然仍想要葛女为妻（在法律意义上应该是妾），理由是多年前她已许配给他。吕控诉的下级公堂同意吕的要求，命令葛女离开其夫和三个儿女，而去当原先的、又是未来的丈夫吕瑛之妾。

但奏议者强烈反对这个裁决，并直接呈请皇帝处理此事。王骥坚决认为下级公堂的裁决使葛女“不惟节义两失，抑且难为命妇，况母子分离，夫妻别异，其情可怜”。奏议者因此请求皇帝命礼部重审此案，她与千户所吕瑛的“再婚”作罢。

在公堂争论的问题已经不是吕瑛独断地破坏了婚约，而是葛女是否非法重婚。这就是争论的所在，而不顾她原先盼望的丈夫已经抛弃了她而不是她把他抛弃这一事实。这个案件给人们留下的印象是，明律的这一款没有充分地保护妇女的婚姻权利。但同时它又提醒我们，这类问题相当被重视，以致在解决之前，它们能够，而且经常被提到司法系统的最高层。

从使妻子依附丈夫这一点看，明代与中国其他前近代时期相似。早期的一切法典都严惩对其夫或其夫的家庭有暴力行为的妇女。明律中规定的对妇女最重的惩处是凌迟，其罪行是故意杀死她的丈夫。[1] 故意杀人的正常的处罚是斩首[2]，而且丈夫把妻子殴打致死的确要处以绞刑。[3] 但如果他的行为在当时被认为有充分的理由（如她辱骂公婆），他只被处以杖一百的惩处。[4]

因此，妻子对丈夫行为不当要比丈夫对妻子行为不当的惩处更为严厉，在许多情况下，犯罪的妻子被押回交丈夫拘留。法律非常

[1]《大明律》，第 338 款。
[2]《大明律》，第 313 款。
[3]《大明律》，第 338 款。
[4]《大明律》，第 316 款。

重视维护男尊女卑这一“自然”的等级制。[1] 但同时法律也禁止她的丈夫把她仅仅当成一件动产。明律中的一条就把男人将其妻、妾或女儿典给他人作为妻妾的行为视为非法。如果男人把其妻或妾以自己姐妹的名分嫁给另一男人，他应受惩处，进行任何这种交易而知道此女人的实际身份的一方应受到惩处，涉及的钱财被官府没收。妇女不承担责任。[2]

这些条款大部分未见之于唐律，[3] 这个事实表明，明代法典总的倾向在于扩大传统的服丧等级限制之外的“家庭关系”。在唐律中，如果受害人在“五服”的范围内，对伤害他的人的惩处就要加重。但在明律中，只要受害人恰巧是亲属，惩处就加重；至于该亲属是否在“五服”范围以外，则与惩处无关。

性犯罪

明代关于性犯罪的法律反映了看法上的类似的变化，并且与唐律有明显的不同。《大明律》“杀死奸夫”一条特别规定，丈夫杀死其妻及她的非法性伴侣，如果杀害行为发生在丈夫当场发现俩人作乐之时，丈夫不受惩处。如果只是奸夫被杀，妻子只受规定的通奸行为的惩处，丈夫获准可以随意把她卖给他人为妾。[4] 唐律中没有这些规定。显然这些条款在元代被引入中国，但在明代，它们作为律条而被收入法典。[5] 一部明代的对明律的注解详细论述了关于这些条款的解释和执行。[6] 如果丈夫当场发现妻子与其非法

[1] Ch'ü T'ung-tsu, *Law and Society in Traditional China*, p. 102ff.

[2] 《大明律》，第 108 款。

[3] 《唐明律合编》第 282 页认为，这些条款在元代开始行用。

[4] 《大明律》，第 308 款。

[5] 薛允升：《唐明律合编》，台湾商务印书馆 1977 年版，第 404 页。

[6] 出于对法典的“小注”，引于《唐明律合编》，台湾商务印书馆 1977 年版，第 403 页。

性伴侣作乐，但只杀死妻子而放走奸夫，那么他将按杀妻罪的律来惩处。同样，如果丈夫到达非法行为现场，在室外而未在性行为现场抓获奸夫，然后把他杀死，丈夫将被杖责，理由是他做了不该做的事。如果通奸行为与丈夫赶到和杀死奸夫之间经过一段相当长的时间（如在路上或在次日赶到），那么丈夫将按故意杀人（故杀）之律论处。这一款律条的言外之意似乎是，不能指望丈夫在发现其妻与另一人在床上时能控制自己的情绪。但是令人奇怪的是，法律规定只有丈夫把通奸双方都杀死，才能免予惩处。

逼人自杀

明律视逼人自杀的行为为犯罪，更早的法律似乎没有类似的规定。对这种罪行处以杖一百，如果一名官员非出于公务而逼平民自杀，该官应受惩处，另外还需向受害人家庭支付埋葬银。逼期亲尊长致死的惩处是绞刑。如果因奸、盗而威逼致死的，将处以斩首。对这一款的注疏表明它解释的范围很广。例如，某人走近他人房屋，模仿武装匪徒大声威胁，使受惊的户主自杀，虽然此人甚至没有进入受害人之屋，也应受到惩处。甚至还有一个更牵强的例证：如果一名窃贼被户主及其友人追逐，户主或他的一名友人在混乱中跌倒身亡，那么此窃贼按“威逼人致死”之律接受惩处。[1]

如果威逼一等服丧亲属致死情况又是怎样？明律没有对这种可能作出规定。但我们知道明代的一个案例解决了这个问题。1503年刑部江西清吏司上奏皇帝关于江缘一的案子，江缘一与其弟江缘四因粮食之事打架，后者的前额受到致命一击而死亡。案件没有被上报有司，但当其母自杀后才真相大白。事情似乎是，在江缘一杀害

[1] 薛允升：《唐明律合编》，台湾商务印书馆1977年版，第426页。

其弟很长时期后的一天，江缘一被债务所逼，向其母索取其弟之女许配他人时张家所收聘金的一部分。江母拒绝，江缘一因此辱骂她，并强行取走了钱财。她万般无奈，在盛怒之下上吊身亡，下级公堂根据儿子辱骂母亲的条款作出的初步判决是对江缘一处以绞刑。江西巡抚王哲（1457—1513）在复审时坚持绞刑对这种可鄙的人来说过于宽大：“（江）缘一手杀亲弟，逼死亲母，使得全首领，情重律轻。”王哲要江缘一的首级，但判处斩首的困难在于，逼人自杀的条款中没有专门规定受害者刚巧是一等服丧之亲属。同样杀弟之罪并不会招致斩首。因此，除了通过采用比附的办法，审判官无法依据法律规定对江缘一起草斩首的判决。该官员于是向皇帝建议比附殴打父母之律（按律应斩首）来解决这一问题。[1] 他在奏议中提议，应通知全帝国司法官员将这一比附此后作为普天下有约束力的法律。皇帝批准了这一建议。[2]

经济犯罪

明律对经济犯罪的处理比以前的法典更加详尽。这反映了自宋代以来发生的土地使用权和经济的变化。为了保持财政收入，国家当然要注意去控制土地的交易和土地的使用权。具体做法是要求当局对土地交易登记，在售地契约上盖章并收费，但这早在明代以前很久就已实行。明律则明确地把这些要求收入而成为法律。明律规定，在付清交易税（税契）和新耕种权得主向税务当局登记之前，一切抵押和售地契约都不生效。[3] 明律没有具体列出税契的

[1] 《大明律》，第342款。
[2] 关于奏议的摘要，参见黄彰健：《明代律例汇编》，台湾商务印书馆1977年版，第817页；薛允升：《唐明律合编》，台湾商务印书馆1977年版，第428页。
[3] 《大明律》，第101款。

税率，但按传统它定在售价的4%。[1]

明律明确地规定违反这一款规定的惩处，惩处的对象是卖方。不付税契者处以笞五十，并没收售价的一半。如果纳税义务未正式转让（转让过程称过割），惩处按财产的多少实行，一亩至五亩[2]的惩处是笞四十，每增加五亩，惩处就加重一等，但最重的惩处不得超过杖一百。无论何种情况，涉案的土地都应交给官府处理。由于惩处轻于徒、流，地方衙门不必复审就可执行。

抵押有期限的专门规定，逾期应归还借款和赎回财产。在抵押期间，原主就成了自己土地的佃户，缴纳田赋的义务就转给典入人。明律还规定，在抵押契约规定期间如典入人不容许典出人赎回抵押的产业，就要执行处罚。它还保护在规定期内无力赎回产业的典出人：按本款的规定免予处分。

后来的条例对无力筹措资金赎回土地的典出人提供保护。1500年颁行的《问刑条例》容许典出人作为佃农耕地两年。此外，在抵押期间，典入人定的利息最高不得超过财产的全值。[3]

明律对关于债务的法律也作了比较详细的规定。它特别规定合法的利率的限额。明律的一款规定了地产抵押的利率限额，另一款规定私人借贷的利率。[4] 明律规定可收的最高利息为月息3%。为借款所付的利息总额不得超过借款额的100%。违反这一规定的惩处是笞四十，超收的利息视同非法货物予以没收。征收者最重的惩

[1] 刘重日、武新立：《研究封建社会的宝贵资料：明清抄本“粗底簿”两种》，载《文献》1980年第3期。关于概述，参见内藤乾吉：『中国法制史考証』（有斐閣，1963年）306—311頁。

[2] 一亩大致相当于1/3英亩。

[3] 黄彰健：《明代律例汇编》，“中研院”史语所1979年版，第493页。

[4] 《大明律》，第168款。

处是杖一百，同样，明律规定不还债的惩处。例如，欠钱五贯逾期三月不还应被笞一十；欠钱多，拖欠期长，惩处加重。[1]

明律作出规定的另一个经济领域是公共集市。法典规定了试图以不正当手段把持行市的惩处办法。例如，通同牙行并控制价格的商贩将被处以杖八十。如果有人故意向一名商贩寻衅，在附近以悬殊价格销售同样货物，使市场陷于混乱而从中牟取暴利，他将受笞四十的惩处。[2] 这些条款很可能在此以前没有执行过，但它们可以追溯到唐律的法律传统。[3] 由于明代的牙行处于重要地位，明律的这部分内容试图遏制牙行和商贩之间勾结的可能性。

法律教育和职业化

在传统中国，司法事务并非司法部门独有的禁区，因为各级文官政府和军事部门都有行使司法的职能。在唐宋时期，政府在招募有法律专业知识人士时要专门进行考试，但法学的专业化在以后时期没有持续下去。这不是说后来的行政官员对法律一无所知，事实上他们应该通晓法律，以便行使行政官员的司法责任。甚至发展到后来的时代，也未曾有什么人能与唐代的法学家相提并论，但清代为地方官和其他官员效劳的无官职的幕友是一个重要的例外。由于司法管理的复杂性，清代的官员组成一批批忠于他们的随从，这些人从行政的法律角度向他们提出建议，并常常代表他们处理这些事

[1]《唐明律合编》，第625—626页提出，这些规定可追溯到元代，但有更早的先例。
[2]《大明律》，第173款。
[3]《唐律疏议》，西南书局1973年版，第421、423款。

务。司法事务自然会受到重视。[1] 但在明代，这种倾向还没有发展成一种独特的社会现象；可以有把握地说，这种法律的职业化相对而言还没有发展起来。

尽管如此，明代仍涌现出一批法律文献。这些著作以明律的注疏和概括法律学说与程序的官员手册的形式出现。现存的注疏和手册（见本文附录乙）显示了一些令人注目的企图，即精心界定律的正确的意义、它们的应用以及在诉讼中的正确使用。其中许多著作收有假设性的案例，以便说明律的实际应用。

明代的官员不时地向皇帝上呈奏折，提出实行原则上为明律所要求的法律考试。1532 年明律的注疏作者和精通法律的官员应槚（1494—1554）提出了这一建议。他认为他同时代人所写的判决太书卷气，很难证明掌握了实质性的法律问题。他不满于这种状态，力主皇帝对所有官员进行法典和条例的年度考试。官员一次不及格，罚俸一月；两次不及格，笞四十并记过；三次不及格，则被贬谪。[2] 成为刑部侍郎的刘玉（1496 年科进士）也表达了类似的观点。[3] 他尖锐地批评了从刑部、大理寺以下的整个司法机制。他还攻击了当时正在最高法庭听审的重大案件的处理，指责审判官对“律意”的了解甚少。为了补救这个缺陷，他建议到大理寺任职的官员必须对律和例进行六个月的学习。如果他们通过考试，才能被认定可以处理刑事案件。那些当时在任而知识不够的人则边见习边学。如果见习期满仍未通过考试，就被调任其他职务。孝宗的宠

[1] Ch'ü T'ung - tsu, *Local Government in China under the Ch'ing*, Harvard University Asia Center, 1962.

[2] 《条例备考》刑部卷二，嘉靖刊本（藏于美国普林斯顿大学东亚图书馆），第 18 页上。

[3] 关于“律意”和“刑讯”的奏折，参见王圻编：《续文献通考》卷一六八，文海出版社 1979 年版，第 10 页下至第 12 页下、第 15 页下至第 20 页下。

臣马文升（1426—1510）[1]也强烈批评司法人员，攻击他们在一些有代表性审判中的推理，他与应槚一样，建议要执行明律就需要所有官员掌握明律的条款。[2]

根据这些批评来判断，到15世纪晚期，明太祖要求所有官员成为法律专家的愿望落空了。这些批评还提出，14世纪建立起来的司法制度早已过时，到15世纪晚期甚至有缺陷，官员们应用现行明律的困难是可以理解的。1500年《问刑条例》的颁布体现了能干和关心此事的弘治皇帝想处理这个问题的企图，而且是对上述批评的一个反应。此外，16世纪有关明律的注疏和手册数量的日益增加说明，对明太祖的司法制度的过时性质确实正在补救。不过在监察制度方面，有证据表明，法律专业知识的重要性没有被忽视，[3]所以，真实情况并不像批评者奏折中所暗示的那样阴暗。

法律手册和注疏

法律手册被分发给地方官员，其用意是启发他们对法律的性质和形式的了解，并指导他们如何应用。苏茂相的《临民宝镜》就是这些手册中极佳的例子。[4]《宝镜》全文转载明律，并在字里行间加进注解。明律的每一款后面都附有该款所谈问题的各种材料。这些材料来自对明律的各种注疏，来自《大明会典》[5]，来自以审（听审）、参（复审）、断（裁决）、议（解释）、判（判决）和示

[1] 传记参见《明史》，卷一八二。

[2] 奏疏参见王圻编：《续文献通考》卷一六八，文海出版社1979年版，第12页下至第15页下。

[3] 巨焕武：《明代巡按御史》，台北，“国立”政治大学研究所1970年博士学位论文，第25—27页。

[4] 苏茂相为1592年科进士，此作品全名为《大明律例临民宝镜》，于崇祯五年（1632）刊布。

[5] 《大明会典》有正德六年（1511）刊本与万历十三年（1587）重修本。

(指示）引出的有关材料，还来自条例，每一页分上下两部分，下一部分大致占1/3的篇幅，载明律的正文。上一部分载以上提到的材料，所占位置多少与下面部分的内容相关联，在《临民宝镜》中，上部分使用的材料，主要是针对同一页下部分法律正文的假设性案例。针对监察职能的律令载于书末的前几页。书末的附录部分包括：

《刑统赋》(宋版)。

《洗冤录》，宋慈作，1242年的法医书籍。

《无冤录》，元代的法医著作。

《平冤录》，可能是明代的法医著作，附有帝国明令规定的当时的物价表（用于衡量涉及从事非法货物所犯罪行的严重程度)。[1]这种格式在明代手册中是普遍采用的，甚至有所附著作书名的细节。

手册中包含许多关于审判准备、解释和应用条例及相类事务的有用的详细材料。其中有的还登载押韵的歌曲，以便官员们记住明律不同部分的重要主题和主张。其他手册则包括如《为政规模》和《法家总论》之类的著作。《法家总论》附于《三台明律招判正宗》的末尾部分，在重刊附录的《洗冤录》上栏。这一文本的主旨是：在许多事件中，案件必须上诉；《法家总论》试图用假设性的案例来概括这些事件。

《法家总论》提出在传统上大部分由古代哲学家荀子树立的法律的意义和价值观：

> 古法……制事物而相平，束人心而咸服。萧何（死于公元

[1] 参见“The ‘Hsi Yuan Lu’ or Instructions to Coroners”, trans. by Herbert Allen Giles, *China Review* 3 (1874-1875): p. 30-38, 92-99, 159-172。再版题为“Section of the History of Medicine”, *Proceedings of the Royal Society of Medicine*, Vol. 17, (1924)。较近期版本参见 *The Washing Away of Wrongs: Forensic Medicine in Thirteenth-Century China*, trans. Brian E. McKnight, University of Michigan Center for Chinese Studies, 1981。

前193年）定律，以安天下之非；夫子明道，以法君臣之则。是词讼者，由法度之主也。盖词讼者出于人心不是，强弱相併，物欲不平乎？

《法家总论》继续指出，人们不能互相脱离而孤立生存，同时让读者去作出结论：人们需要法律，以便让社会发挥作用。

文中还指出，使用一部法典有限的法去控制世上能发生的无数的事情存在困难。它坚决认为法典、条例和开国皇帝的《大诰》为提供指导诉讼的手段，因为只有诉讼（词讼）才可能给人类提供公平解决问题的种种办法（推事物之公平）。它把词讼看成是一个使人们把米和稻壳分离的扬弃过程，这个过程使不能自保的人得到扶持：

代哑言，扶瞎步，伸愚志，伐强梁，除塞枉，裨不足，去有余，辱奸徒，磨恶辈，砌缺路，渡深河，济弱扶危，褒善贬恶……

《总论》继续讨论了词讼的形式、规则和辩论程序，向地方官员建议辨别真伪的办法，并告诫他对每件事都要维护明律的要旨。正文强调了法律文字写作的易懂性：务必避免晦涩难懂的文风。词讼的申诉必须写得条理清楚，应分三部分写。第一部分为争端的起因，必须写清事情的细节和缘由。第二部分必须精确地叙述有关的非法行为。这部分要详述殴打、争吵、强夺或欺诈他人钱财的情节。它还必须详列有关证据和赃物。第三部分包括审判官对事情的分析，其语言应鲜明严密，直陈要旨。[1]

---

[1] 舒化：《三台明律招判正宗》卷十二，东京大学文化研究所藏，原书无刊刻日期，第1—2页。作者在本文附录甲中指出刻书为余员作。《三台明律招判正宗》卷目下署名：大同宣府开平卫经历方山余员注招，江西赣州府定南县典史鲁斋叶伋示判，福建建邑书林双峰堂余象斗梓行。因此历来有将余象斗、余员、叶伋等人署名为作者的，作者将舒化作为《三台明律招判正宗》的编撰者，不确。——编校者注

《总论》给司法官员提供了不同类型告诉的精确的例子。在“户役”类中，它提出了如下的要点：当某人遇到困难时，他应上告。提供的例子是假设性的，其中包括争夺遗产、兄弟对簿公堂以及其他类似的事情。这些案例被安排成以下几类：婚姻、继立、贼盗、人命、斗殴、犯奸和专门的上告。某人之养子携其所有钱财潜逃就是这些材料中的一例，其文如下：

> 身老子故，风烛无常，将媳某氏凭媒某招某养老送终不索分毫财礼，过门三载，抚若亲生，岂今顿起负心，横行诋触，盗我钱，盗我谷，别做人家。资则走，诫则仇。[1]

该怎么办？建议“上告”！

另一个例子的假设性情节是：某人收养一男孩为嗣，男孩与其养父共同置了家产。

> 后娶庶母某氏生弟某，致生妬心，意图独占家业。枕言唆父害身。某日，无故捉身毒打，情急奔走，父逐，手揪发，口咬肘，透骨痛极，悮扯门牙，遭母棍打，遍体重伤。母心不满，谗父告台。……上诉。[2]

徐继及其妹之案

明法规定，对死刑必须以最慎重的态度处理，因为它们必须在最高层复查。此外，犯死罪的人可以通过监察衙门请求重新听审。这种重新听审在上级司法官员的指示下常常在地方一级举行。有时重审需要几个知县进行（会审）；知县有时发现自己要去审理在其辖区以外发生而又近得他可以进行有效调查的案件。

---

[1] 舒化：《三台明律招判正宗》卷十二，第43页。
[2] 舒化：《三台明律招判正宗》卷十二，第43页。

16世纪的海瑞（1514—1584）在任浙江严州府淳安县知县时审理了一件启发人的案件。[1] 海瑞在1558年任该县知县，直至1563年他调任他县。他在1561年审理此案。[2] 案子发生于严州府的桐庐县。海瑞听审此案时，它已被审理和重审了七次，其中包括一次三县的会审。海瑞最后应用常识性的分析和对事实的专注才解决了这一案件。在此过程中，他成功地纠正了一大冤案。

案中人物为徐继、他的母亲、他的妹妹、妹夫戴某和一名地方胥吏潘某。如同海瑞最后断案的事实那样，徐继之母曾借给戴某白银三两，但徐几次代表其母向戴某索要债款，都未成功。一天胥吏潘某在戴某家过夜。就在那天晚上戴某还跑到其姻兄徐继那里，请徐与他和潘某一同饮酒。徐继又提到了逾期的借款，殴斗随之发生。徐继以石击中戴的头部并把戴推入一池塘中，戴就在此地身亡。徐继就用一块重石压在戴的尸体上，把它沉入池中。

此案被上报到浙江提刑按察司，该司命杭州府将此案交桐庐县知县审理。桐庐知县审讯了徐继、其妹和潘某，认定他们有罪。在初步判决中，他根据因通奸而蓄意杀夫罪行之律判徐之妹以凌迟[3]（明律规定这项罪行应处以凌迟）。潘某因在此案中扮演的角色被判斩首，徐继则以“谋杀人从而加功”被定绞刑。知县断案的理论基础是，徐继之妹已犯了与胥吏潘某的所谓的通奸罪，并带头与潘某和兄长徐继密谋谋害其夫戴某。虽然徐继作了致命的一击，但这个妇女起了主谋的作用。这一分析得到了胥吏潘某供词的

[1] 传记参见《明史》卷二二六；又参见 Ray Huang，1587，*A Year of No Significance*：*The Ming Dynasty in Decline*，p. 130-155。

[2] 参见海瑞：《海瑞集》，中华书局1962年版，第175—176页；Ray Huang，1587，*A Year of No Significance*：*The Ming Dynasty in Decline*，p. 150-151。

[3] 参见海瑞：《海瑞集》，中华书局1962年版，第175—176页；Ray Huang，1587，*A Year of No Significance*：*The Ming Dynasty in Decline*，p. 151-153。

支持。

初审之后，此案在省一级进行了规定的复审。在这一阶段，关于所谓通奸的情节没有上报，因此审判官以“斗殴杀人”之律减判徐之妹为绞刑。[1] 案件通过正常渠道送交上级审核。经过巡按的听审后，案件呈交都察院然后又交大理寺。大理寺发现了应将此案退回由三名知县会审的理由；这一次由严州府的桐庐、建德和淳安三县的知县会审。可能是出于对同僚的维护，他们支持桐庐县知县所作的原来的初步判决，恢复徐继之妹凌迟处死、潘某斩首、徐继绞死的判决。

案件又通过正常渠道上报审核。1561 年，另一名巡按在杭州听审。徐之妹在那里提出了个人的动情的申诉，她要求审判官明察，为什么她——一名与其夫生了二子一女的妇女——竟会与胥吏潘某通奸并密谋杀害其夫。由于这一申诉，巡按将此案批行分守道，然后转到府，最后转给淳安知县，要求研究案情，弄清事实。这名知县就是海瑞。

海瑞发现戴某之死是由徐继的猛击引起的，起因是徐母借给戴某钱财而发生的殴斗。海瑞断定，此事与潘某无关，他断言，原拟潘某与徐继之妹“同行谋死，尤不可通者。此是极大之恶，极难行之事，极不可对人言之语”。因此，他对案件作了常识性的分析，断定徐之妹没有谋杀亲夫的动机。她对所谓的情夫并无所图，因为他并不比她丈夫富裕。此外，她与其夫生有子女。海瑞声称：“丈夫可弃，母子天性，于人情似当念其子女因念及其夫。况徐氏于天麒（即潘某）谋为之妾尔。”[2]

---

[1] 《大明律》，第 313 款。
[2] 海瑞：《海瑞集》，中华书局 1962 年版，第 176 页。

海瑞努力搜集事实，首先，潘某有原配妻子，因此，徐之妹如果要嫁给潘某，她必定成为其妾。她为什么甘愿如此降低自己的地位？其次，潘某并不比其夫富有，所以以潘某代替其夫对她来说没有可信的经济目的，由于海瑞未能找到徐继之妹的所谓犯罪的可信的动机，海瑞认为：唯一的结论是戴某“因取银忿争打死”。

最后，这也许是海瑞处理此案的最为关键之处，他自信地断定，使这名妇女受到牵连的潘某及其仆人的伪供是通过刑讯作出的。

海瑞的立场显然被上级认可。按照新的判决，潘某和徐女会被释放，徐继将被处以绞刑。

结　论

明法研究受制于案例记载的缺乏，因为我们没有类似于清代《刑案汇览》的汇编。[1] 结果，我们就难以确切地知道法律是如何应用的，官员真正懂法到什么程度。存在学者们就官员相对地缺乏法律知识的争论的记载，但这些是高度政治化的讨论。如果徐继及其妹的案件是一个信手拈来的例子，那么这说明严重的案件可以被复审多次，这一案子之所以出名（我们至今都知道），是因为海瑞后来成为著名人物，他的关于刑案的著作被保存至今。但是人们可以假定，还有许多以相似的方式复审的其他案件，人们也许可以从这件单一的案例中断定，明代法制偶尔也的确为“平民百姓”的复

[1] 参见 Derk Bodde and Clarence Morris, *Law in Imperial China, Exemplified by 190 Ch'ing Dynasty Cases (Translated from the Hsing-an Hui-lan) With Historical, Social, and Juridical Commentaries*。《刑案汇览》编于 1834 年。

审花费相当多的时间和精力，以争取较好的说法，但是，可能只有死刑才会受到衙门如此细心的关注，而绝大部分较轻的犯罪和经济纠纷被提交地方和宗族组织去解决。[1]

在16世纪，皇帝通过颁布诸如《问刑条例》等文献，试图抑制贵族的胡作非为。同时，由于皇帝实行其指令的手段有限，官方颁布的一系列文献不可能对贵族产生很大的作用。但对亲王和贵族的约束，皇帝显然很认真地作出了努力，自开国皇帝以来，这个群体的人数已经大为增加。

皇帝通过不同版本的《问刑条例》，设法协调许多特定的条例，这些条例在一段时期内是为了应付固定不变的明律中没有精确预见到的特殊情况。这样，明代就享有一种便利，即在固定不变的基石上保持它的法律秩序，同时为了适应社会的变化，通过不时地颁布条例来保持灵活性。

也许是因为制度本身并不鼓励法律专家的培养，一批几乎是白话文的文献问世了，它们的目的是帮助官员们懂法。

对罪犯的判决是一项复杂的量刑行为。审判官应该应用明律，但明律并不总是完美地针对每一件处理的案子，因此审判官被指望去参照明律，并比附明律中的条款作出不同的判决。为了防止独断和轻率的判决，在通过比附进行判决的情况下，法律要求审判官草拟初步判决，然后呈报皇帝批准。这样会给皇帝增添沉重的负担，因为可以设想，大部分呈上的案件与明律中有规定的案例总会在这一点或那一点上有所不同。结果，包含在判决规定中的制约和平衡的原则可能会因让皇帝复查大量上报的案件的不切合实际的做

[1] 这是黄仁宇的观点，参见 Ray Huang，1587，*A Year of No Significance*：*The Ming Dynasty in Decline*，p. 148-150。

法而失效。

这些问题在后继的整个清代时期依然是令人关心的事，因为清代继续沿用明代的法律理论和实践。

附录甲　明律的注疏和法学手册

1.《折狱新语》，李清（1591—1673）作，卷十。

2.《法家体要》，无作者，1565 年本。

3.《祥刑要览》，吴讷（1371—1457）作，1486 年本。

4.《刑书据会》，彭应弼作。

5.《益智编》，孙能传作，1614 年本，《刑狱类》第 24—27 卷。

6.《律解辩疑》，何广作，1386 年序刊。

7.《律条便览直引》，陈氏作，明中期，不晚于 1566 年。

8.《律条疏议附律条罪名图》，张楷作，1471 年。

9.《三台明律招判正宗》，余员作。

10.《大明刑书金鉴》，无作者，手抄本，藏于北京图书馆。

11.《大明律集解》，王楠编，1551—1552［参见傅吾康（Wolfgang Franke），6.3.3（2）］[1]。

12.《大明律集解》，胡琼编［傅吾康，6.3.3（4）］。

13.《大明律集解附例》，高举（1553—1624）作［傅吾康，6.3.3（10）］。

14.《大明律解附例》，郑汝璧（1546—1607）作［傅吾康，6.3.3（6）］。

[1] Frank，Wolfgang. An Introduction to the Sources of Ming History. Kuala lumpur and singapore：University of Malaya press，1968.

15.《大明律例附解》，杜氏编［傅吾康，6.3.3（3）］。

16.《大明律例注释招拟折狱指南》，佚名编［傅吾康，6.3.3（12）］。

17.《大明律附例》，舒化作［傅吾康，6.3.3（5）］。

18.《大明律附例笺释》，王樵（1521—1599）及其子王肯堂（1589年科进士）作，1612年本［傅吾康，6.3.3（11）］。

19.《大明律附例注解》，姚思仁（1583年科进士），约1600年［傅吾康，6.3.3（8）］。

20.《大明律例致君奇术》，朱敬循作，藏于普林斯顿大学东亚图书馆。

21.《大明律例据会细注》，江户时期日本版，藏于普林斯顿大学东亚图书馆

22.《大明律例祥刑冰鉴》，董裕（死于1606年）作，1599年［傅吾康，6.3.3（7）］。

23.《大明律例临民宝镜》，苏茂相（1592年科进士），1632年。

24.《大明律例添释旁注》，徐昌祚（万历期）作［傅吾康，6.3.3］

25.《大明律［例］释义》，应槚（1494—1554）作。

26.《大明律疏附例》，明太祖敕撰，但日期为1568年。

27.《大明龙头便读傍训律法全书》，贡举作，藏于普林斯顿大学东亚图书馆。

28.《读律佩觿》，王明德作，1674年。

29.《读律琐言》，雷梦麟作，1563年。

附录乙　官箴书

蒋廷璧（1522年科进士）作《蒋公政训》。著作见之于1584年、

1629年和崇祯本的《官常政要》。此著作的全称有时为《国子先生璞山蒋公政训》，又称《蒋璞山政训》。北京图书馆藏的单行本很可能印自1584年的刻本《官常政要》。日本内阁文库所藏的单行本用1629年版的《官常政要》的木刻板刻印，由于木刻板裂纹加宽，瑕疵增加。另一个我未能查阅的版本是藏于中山大学图书馆的《格致丛书》本。一种经过整理的版本附于倪清茂（Thomas G. Nimick）的《晚明时期的县、知县和衙门》（1993年普林斯顿大学论文）第229—251页。此作品原来是在1539年著者给在河南新任知县的儿子的家训。它反映了16世纪30年代蒋在四川青神县任学监时的地方的施政观点。1559年蒋的儿子和孙子们将家训分成几个题目。此官箴书专门讨论地方行政的具体程序。

《治要录》，潘游龙作，抄本，1637年序言，藏于杭州大学图书馆。在他所作的《康济谱》的凡例中，潘声称《治要录》为他的著作，但内容几乎与吴遵的《初仕录》相同，潘从未当过官，但他参加编辑不同风格的作品，看来潘抄袭了以前的作品。

朱逢吉（1403年卒）所作的《牧民心鉴》，无日期，木刻本。重刊于《从政典范集》（台北，1979），内阁文库藏有几种版本。近期版本为林秀一译注的《牧民心鉴》（东京、1973）。附全部原文。此著作最初于1404年付印。它反映了朱在洪武期间（约1390）在河北宁晋县任知县的从政经验。该著作主要为地方的施政提供全面的指导。

《初仕要览》见之于1629年版和崇祯年间版的《官常政要》。其中一部分提供全面指导，一部分专门论述地方行政的具体程序。

《居官必要为政便览》见之于1629年版和崇祯年间版的《官常政要》。其中有些材料取自许堂的《居官格言》和《新官轨范》中的两种官箴书，材料有编辑和增补。该官箴书专门论述地方行政的具体程序。

何文渊（1385—1457，1418 年科进士）作《牧民备要》，尚未发现单独的文本。可能部分重刊于官箴书《新官轨范》。著于 1435 年或 1436 年，反映了何在浙江温州任知府时进行地方行政调研之所得。何还担任过湖广和山东的御史。原版的序言保存在他的《东园遗稿》中。

《新官轨范》见之于 1584 年、1629 年和崇祯年间版的《官常政要》。内阁文库所藏的单独版本很可能印自 1584 年版《官常政要》同一刻本。国会图书馆所藏的单独版本虽然列为嘉靖本，但与 1629 年版《官常政要》为同一刻本。另一个我未查阅的版本是藏于中山大学图书馆的《格致丛书》版。经过整理的版本附于倪清茂的《晚明时期的县、知县和衙门》（1993 年普林斯顿大学论文）第 252—278 页上。这一作品是更早的两部官箴书的校勘整理本。第一部为《体立为政事情》，它由一个当过知县的人所写，因为他以第一人称评述他作为一个知县的事迹。第二部文本称《牧民备用》，它可能抄自何文渊所写的更早期的作品。这两部官箴书专门论述地方行政的具体程序。

许堂（1495 年科举人）作《居官格言》，见于 1584 年、1629 年和崇祯年间版本的《官常政要》。另一种我未查阅的版本是藏于中山大学图书馆的《格致丛书》版。内阁文库藏有两种抄本，普林斯顿大学东亚图书馆藏有 1816 年抄本的影印本，一种经过整理的论具体程序的版本附于倪清茂的《晚清时期的县、知县和衙门》（1993 年普林斯顿大学论文）第 223—228 页。这部官箴书反映了作者在 1508 年至 1511 年在山西峰县和陕西安化县任知县的经历。他原先为陕西乾州的儒学学生撰写此书，后来在 1513 年至 1519 年在国子监任职期间作了修改。序言日期为 1513 年，但在文中一处出现的日期为 1519 年。此官箴书的一部分为一般指导，另一部分专门论述地方的行政程序。

薛瑄（1389—1464，1421 年科进士）作《从政名言》，其全称有时为《薛文清从政名言》，序言日期为1535年，重印于《从政典范集》（台北，1979）。此书不是原始材料。1535年，胡缵宗（1480—1560，1508年科举人）从薛瑄的《读书录》中选收了有关施政的材料付印。《宝颜堂秘笈》（上海：文明书局，1922）中的《从政录》作了进一步的删节。

《康济谱》，潘游龙编，明刻本，序言日期为1641年，藏于普林斯顿大学东亚图书馆。这是一部大部头汇编，搜集了模范官员的传记、关于地方行政著名的政论、明代地方行政方面的官方公告以及一般性的评论。潘游龙本人从未当过官。

高攀龙（1562—1626，1589年科进士）作《则成州县约》，载于《从政遗规》卷下，又载于《五种遗规》，陈弘谋（1696—1771）编，1742年版。重刊于《四部备要》（台北，1965年）。这一作品由《申严宪约责成州县疏》删节而成，高攀龙所写的这一奏疏从未呈上。原文可在他的《高子遗书》（1632年本）中找到。这一作品并不打算被人视为一个同僚的指导，它被写成中央政府通过省级官员颁布的指导方针。它专门论述了地方行政的具体程序。

《官常政要》，南京，金陵书坊，1584年版。共有21卷，收入11种著作和几种官箴书。迄今为止无人发现有完整版本。部分版本藏于北京图书馆，部分版本我未能查阅，因系私人收藏。第二版，金陵书坊，1629年。共有41卷，收22种著作。它包括1584年版的全部著作。完整的一套藏于北京大学图书馆，部分版本藏于中国科学院图书馆。第三版全称《重刻合并官常政要全书》，南京，金陵书坊，崇祯年间。这一版共有50卷，收了29种著作。它包括1584年版和1629年版的全部著作。浙江省图书馆和山东省图书馆各有完整的版本。这部集成专为地方官员准备。它重刊了许多官箴书及有关地方行政的其他材料。

吕坤（1536—1618，1574年科进士）作《实政录》，1598年版藏于北京图书馆，万历年版的副标题为《新刻吕叔简先生居官必要》（文史哲出版社，1971）。这部著作是他作为地方高级官员以指示形式写的早期官箴书的整理合编本。它对地方行政总的指导方针和具体程序都有专门的论述。

《牧鉴》，杨昱编。1535 年刻本藏于北京图书馆。清刻本收于《得月簃丛书》，《百部丛书集成》（1967）有重刊。这部著作集中论述施政的总的原则，其形式是提供重要官员著作中的箴言和中国历史中有成就的官员的传记轶事。

《牧津》，祁承爜（1563—1628，1604 年科进士）编，1624 年刊印。它通过大量搜集中国历史中官员的传记来阐述施政的总的原则。

《牧民政要》作品见之于 1629 年版和崇祯版的《官常政要》。书的内容表明它是崇祯时期的。它专门对使用鞭笞与酷刑提出警告，并提出征税的具体程序。

《仕途悬镜》，王世茂编，序言日期为 1626 年。此书又称《新刻精纂详注仕途悬镜》。文本藏于国会图书馆和北京图书馆。这是为新任知县准备的材料集成。其中《筮士始末》这一部分收集了几种官箴书的材料，或取自《初仕录》，或取自《居官必要为政便览》。材料专门论述地方行政的具体程序。

王达（1343—1407）作《笔畴》，万历版，《宝颜堂秘笈》（上海文明书局，1922 年）重刊。撰写此书时王可能是国子监的助教。这一官箴书专门论述施政的总的原则。

汪天锡作《官箴集要》，1535 年版藏于北京大学图书馆，1619 年版藏于北京故宫博物院图书馆。我未能将此文本与其他官箴书对照，但有的材料取自元、明的其他来源。它包含了地方行政的总的原则及其具体程序的建议。

《为政准则》，此官箴书在1513年被广泛使用。[1] 它还收于《明史·艺文志》。[2]《明史·艺文志》指出，在《菉竹堂书目》中，其名为《救荒活民为政准则》。[3] 迄今未发现有存书。

吴遵（1547年进士）作《初仕录》，南京国子监，嘉靖本。藏于北京图书馆。此书也被收入1584年版、1629年版和崇祯年间版《官常政要》。此外，藏于山东省图书馆和首都图书馆的《格致丛书》也收入《初仕录》。我还未查阅。该官箴书反映了16世纪40年代作者任福建长乐县知县的从政经验。它有一节论地方施政的总的指导方针，另一节论地方行政的具体程序。

佘自强作《治谱全书》，1637年本，藏于中国科学院图书馆。这是吸取以前许多官箴书材料的汇编。我还未能与其他文本比较，该书对总体原则和具体程序均有关注。

---

[1] 许堂：《居官格言》，第1页下至第第2页上（原注释未标明版本）。

[2] 《明史艺文志·补编·附编》，商务印书馆1959年版，第258页。

[3] 叶盛：《菉竹堂书目》，收入《粤雅堂丛书》。再版于严一萍选辑：《百部丛书集成》卷五，艺文印书馆1965年版，第18页下。

第七章

《大明律》与明代的权宜立法*

与中国历史上其他朝代不同，蒙元（1279—1368）统治者们从未采用过一部通用的法典。[1] 因此，明朝（1368—1644）的开国皇帝在建立各项制度之初，就特别关注法典的修订。显然，他认为一个朝代的长盛不衰需要基本的法律原则，而元朝的统治者们在这一重要的方面存在缺陷。但正因为他是一位开国皇帝，具有军人和统帅的背景，明太祖朱元璋（1328—1398，1368—1398 年在位）经常独断专行。他权力无限，凌驾于法律之上，也因此给朝政带来根本性的矛盾，在后代一直延续。这样，尽管明太祖曾明确下令法典的内容不得被更改，在法典中得到神圣规定的、本来具有永久性的法律体系，却不断地被之后的皇帝变动。本文考察的就是这一矛盾性。原则上，明代法律体系建立在一个永久性的法典之上，而明太祖的继承者们理论上也必须遵守这一法典，但他们并没有遵守。此外，有明一代，社会和经济环境发生巨大的变化，至于最初修订的法典很多条款都已经不再适用。在明代中后期，不少人已经认识

---

* 本文原载 *Asia Major*, 3rd ser. 6. 2（1993）：p. 85-112。

[1] 关于这一话题，参见 Langlois，Jr.，“Law，Statecraft，and the Spring and Autumn Annals in Yuan Political Thought”，in Hok-lam Chan and Wm. T. de Bary，eds.，*Yüan Thought：Chinese Thought and Religion under the Mongols*，Columbia University Press，1982，p. 89-152。收入本书第一编。——编者注

到法典的这一问题，官员和皇帝在不同的程度上也试图予以解决，但这一问题从未被彻底解决，因为如果要解决这一问题，就意味着对帝制统治的本质进行重大的改变。

朱元璋与蒙古和内地的对手征战多年，他对于剔除元朝统治的弊政有很大的决心，这一弊政也可能是他想象中的。[1] 和人们所想不同，在朱元璋看来，蒙古统治过于“纵弛”。[2] 比如，蒙元没有严格地执行死刑，对于这一事实，朱元璋和他的一些大臣都有指责。此外，一些官员也经常批评蒙古统治者们失于约束官僚体系中的贪污腐败现象。按照朱元璋的说法，蒙元朝廷缺乏纲纪，他要着手革除这样的弊病。补救的办法就是用重典，正纲纪，修订适合时代需要的法典。

早在1368年，朱元璋就颁布了明朝的律令，[3] 其中令145条，律286条，律条根据政府的六部（户、吏、礼、兵、刑、工）分类。令这一部分保留至今，律条则已经失传。但是这一年的晚些时候，朱元璋对这些律法已经表示不满，并命四位儒臣与刑部官员们讨论唐律（《唐律疏议》）来修订明朝的律法。在当时的中国，唐律仍被视作律法的典范。[4] 这样，官员们每天选择20余条

---

[1] 参见 Ssu-yu Teng 所写人物传，in L. C. Goodrich and Chao-ying Fang，eds，*Dictionary of Ming Biography*，Columbia University Press，1976，p. 381-392。也可参见吴晗《朱元璋传》，三联书店1979年版。

[2] 一些当代的学者认为蒙古的统治是相对比较仁慈的。参见 Paul H. C. Ch ‘en，*Chinese Legal Tradition under the Mongols*：*The Code of* 1291 *as Reconstructed*，Princeton：Princeton University Press，1979。关于明太祖的观点，参见《明史》卷九十三，中华书局1974年版，第2279页。

[3] 内藤乾吉对明初的立法活动有所总结。参见其《大明令解说》一文，收入氏著《中国法制史考证》，东京大学出版社1964年版。关于明初立法更新更全面的研究，参见杨一凡：《洪武法律典籍考证》，法律出版社1992年版。

[4] 关于唐律，可参见 Wallace Johnson，trans.，*The T'ang Code*，*Vol.* 1，*the General Principles*. Princeton University Press，1979。

唐律，与皇帝一起，仔细分析。从中选取在皇帝看来适用于明代的部分条目，对这些条目的惩治力度作出不同程度的调整。

这一讨论与修改的过程几乎持续了明太祖统治的整个时期，到太祖洪武末年，《大明律》至少经过了五次重大修订。[1] 其中1374年版的明律和1368年版的截然不同。1374年的版本沿用了唐律的分类，由名例、卫禁、职制、户婚、厩库、擅兴、贼盗、斗讼、诈伪、杂律、捕亡、断狱十二大类组成。不同的是，唐律总计502条，1374年版的明律则为606条。这606条中，288条来自之前颁布的旧版明律，128条为"续律"，36条由旧令改律，31条是全新的。据称朱元璋对每条每目都仔细审阅，并将律文张贴在宫殿走廊两侧的墙壁之上。[2]

经过更多次的修订之后，1389年版的明律成为最终的版本。这一版明律在内容的编排上做了重大的调整，之前律条数量起伏不定，至此确定为460条。[3] 1389年版明律按六部分为六类，另加上参考唐律而来的第七类，即《名例律》。《名例律》是《大明律》中的首卷。这一版的明律一直沿用，直到明朝灭亡。最后，17世纪满清政府也采用了这一体例。

1397年，即朱元璋驾崩的前一年，他再次颁布律法，这一版明律增加了《大诰》的内容。[4] 前文提到，朱元璋认为自己凌驾于法律之上。他持续不断地致力于在官员中建立纲纪，驯服民众，这

[1] 杨一凡：《洪武法律典籍考证》，法律出版社1992年版，第2—3页。

[2] 杨一凡：《洪武法律典籍考证》，法律出版社1992年版，第4—6页。

[3] 杨一凡：《洪武三十年大明律考》，载《学习与思考》1981年第5期；杨一凡：《洪武法律典籍考证》，法律出版社1992年版，第10—12页。

[4] 参见杨一凡：《洪武三十年大明律考》，载《学习与思考》1981年第5期。也可参见黄彰健《大明律诰考》，收入氏著《明清史研究丛稿》，台湾商务印书馆1977年版，第155—207页。

一努力在其于1385年、1386年、1387年颁行的四篇《大诰》中得到充分的体现。在四篇《大诰》中，他将自己审讯、处断（经常为死刑）贪官污吏的具体过程公告天下。在这一过程中，他经常行用在各种版本的明律中均没有规定的刑罚。他对于行贿贪污惩治最为严酷。[1]《大诰》其他方面的内容会在下文讨论。1397年，朱元璋将《大诰》部分内容编入《大明律诰》。确切地说，朱元璋1397年颁布的法典包括了《大明律》与《律诰》，《律诰》包括与死罪赎免有关的条文，以及从各篇《大诰》中摘录的36条条目，后者附于内容相近的律条之后。[2]

《大明律诰》早期完整的版本已不存世，但是我们确实知道它与之前刊行的《大明律》的一些内容相矛盾，甚至违反了《大明律》的规定。朱元璋认为这种法律体系内在的矛盾是合理的：他自认为自己作为开国之君，与其子孙后代不同，在他认为合适的时候，他可以权宜从事，改变律法。因此，他会“法外加刑”，即行用明律中没有规定的刑罚。[3]因为他的话是律法的唯一来源，他的命令经常以“榜文”的形式颁行天下，张贴于地方衙门、集市，以及被称为申明亭的专门修建的亭子里。[4]申明亭最早于1372年建置，同时也是临时审讯以及解决乡里纠纷的地方。犯错的

[1] 参见沈家本：《明大诰峻法令》，载《沈寄簃先生遗书甲编》卷二，文海出版社1964年版，第822—841页；邓嗣禹：《明大诰与明初之政治社会》，载《明朝开国文献》卷一，学生书局1966年版，第1—26页；杨一凡：《明大诰初探》，载《北京政法学院学报》1981年第1期；杨一凡：《洪武法律典籍考证》，法律出版社1992年版，第69—148页；杨一凡：《明大诰研究》，江苏人民出版社1988年版。

[2] 杨一凡：《洪武三十年大明律考》，载《学习与思考》1981年第5期。

[3] 朱元璋：《皇明祖训》，载《皇明制书》，古典研究会1967年版，第4页上。朱元璋在其他地方还提到，为了国家治理的需要，他也可以“屈法”。参见谈迁：《国榷》，古籍出版社1958年版，第516页。

[4] 关于朱元璋对榜文的利用，可参见黄彰健《明洪武永乐朝的榜文峻令》，参见氏著《明清史研究丛稿》，台湾商务印书馆1977年版，第237页。

人，其罪行也会被曝露于申明亭。[1]

从《大诰》可以看到朱元璋使用过的许多酷刑，包括灭族，凌迟，在脸部或身体的其他部位刺字，挑筋去指，剜去膝盖，断指，阉割，为奴，刖足，枷号，免死发广西拿象，全家迁徙，以及抄家。[2]

朱元璋颁行多篇《大诰》的主要目的在于消除官场弊病。百分之八十以上的条目涉及到对官吏的严厉惩治。[3] 这样来看，《大诰》是朱元璋革除前元统治中颇具特点的弊端的手段。[4] 事实上，《大诰》中的刑罚比《大明律》中的要重很多，有些酷刑甚至不在《大明律》的规定之内。按照《大明律》本该杖一百的罪行，在《大诰》则遭受灭族的惩治。[5] 因此，1397 年，当朱元璋下令将《大诰》中的一些条目并入《大明律》一起颁行时，他私人的法和表面上具有正义性和永久性的朝廷之法之间的矛盾增加。这样的矛盾并不只是理论层面的，而是的确极大地增加了量刑的困难，也给朱元璋增加了不必要的工作负担，让皇帝成为一个超级的法官。朱元璋是一个精力充沛的皇帝，其他并不那么积极的皇帝，则很难应付这样的重负。

[1] 黄彰健：《明洪武永乐朝的榜文峻令》，载黄彰建：《明清史研究丛稿》，台湾商务印书馆 1977 年版，第 256 页。黄在其中引用了一份可能在申明亭中张贴的 1389 年 9 月 18 日的榜文，该榜文规定好词讼诬告之人，凌迟于市，枭首于住所；家下人口，移于化外。参见第 264 页。

[2] 这些酷刑在邓嗣禹《明大诰与明初之政治社会》中有罗列。

[3] 杨一凡：《明大诰初探》，载《北京政法学院学报》1981 年第 1 期。

[4] 晚清法史学家沈家本评论如下：“唐代优礼臣下，体恤倍至，故立法宽。明祖承元代废弛之后，以峻厉驭臣下，故立法严。宗旨不同，法遂悬殊如此。”参见沈家本《沈寄簃先生遗书》卷二，文海出版社 1964 年版，第 778 页。

[5] 参见杨一凡《明大诰初探》一文（第 55—56 页）中所列表格，其中比较了《大诰》所用刑罚与《大明律》的相关规定。

尽管朱元璋并不愿意接受批评，在朱元璋统治时期，律法中的自相矛盾并不是没有招来批评。《明太祖实录》的记载证实了这一点。洪武二十八年（1395），刑部的一位官员在上疏中提议更定《大明律》和皇帝发布的各种条例之间的矛盾。朱元璋回复这种更定没有必要：

> 法令者，防民之具，辅治之术耳。有经有权。律者常经也，条例者一时之权宜也。朕御天下将三十年，命有司定律久矣，何用更定?[1]

尽管律典和朱元璋发布权宜之法之间存在矛盾，朱元璋也不愿取消后者。看起来奇怪的是，他在1397年颁布了以下诏令，将这一矛盾进一步根植于法律体系之中："今后法司只依《律》与《大诰》议罪"，"——令子孙守之。群臣有稍议更改，即坐以变乱祖制（即太祖之法）之罪"。[2]

从朱元璋的立场来看，他当然不是指继任的皇帝不能颁行他们自己的权宜之法。他只是认为他自己颁布的律法应该成为本朝的经，而他的继任者们修订的法只能是用于特定情形下的条例。[3]

---

[1] 杨一凡：《洪武三十年大明律考》，载《学习与思考》1981年第5期；原文参见《明太祖实录》卷二三六，"中研院"史语所1962年校勘本，第3456页。

[2] 杨一凡：《洪武三十年大明律考》，载《学习与思考》1981年第5期；原文参见《明史》卷九十三，中华书局1974年版，第2279页。

[3] 元代在提到律的重要性时，已经有律令如经的说法。元代儒士柳贯（1342年去世），曾经为明太祖一位重要谋士的老师，他曾经写到"呜呼，法家之律，犹儒者之经"。参见Langlois，Jr.，"Political Thought in Chin-Hua under Mongol Rule"，in Langlois，Jr.，ed.，*China under Mongol Rule*，Princeton University Press，1981，p. 172。有明一代，这样的说法一直存在。《为政规模论》一书关注法律与国家治理，在明代各种法律注解与法律手册中有广泛的收入刊印。其中提到："尝谓经者，圣贤道统之传；律者，治世安民之要。盖律以明经，则所以验其学者益广；经以通律，则所以资其士者益深。"转引自杨雪峰：《明代的审判制度》，黎明文化事业公司1978年版，第28页。

他唯一关注是后世子孙不许改变本朝的根本大法。

继承朱元璋皇位的是他的孙子朱允炆（1377—1402）。很明显，朱允炆曾努力改变太祖司法的残暴。他废除了大部分洪武时期的权宜之法，从而恢复了律法的一致性。但是朱允炆的在位时间很短。他的叔父朱棣（1360—1424）推翻了他的统治。朱棣的统治类似于明朝的第二次建立。[1] 朱棣，史称“永乐”皇帝，这位明王朝的第三任统治者与他的父亲一样，都注重军事，独断专行。为了使他的统治合法化，朱棣宣称他要“恢复”明太祖制定、却被朱允炆废除的法律与制度。但是，尽管他再三强调《大明律》十分重要，为国家的根本大法，他还是颁行与《大明律》相矛盾的权宜之法。因此，尽管太祖之后没有皇帝对《大明律》有所改动，律法的基本矛盾却一直存在。之后刊行的《大明律》都没有包括有关《大诰》内容的附录。这一事实也解释了为何附有《大诰》内容的《大明律》极其罕见。对于17世纪《明史》的编纂者们而言，《大明律诰》已经成了一个谜。

我们已经触及明朝历史上一个颇具讽刺意味的问题。尽管明太祖朱元璋认为经久可行的《大明律》极其重要，他自己的“法外加刑”却削弱了《大明律》的重要性。与此同时，继任的皇帝们需要采用权宜之法以保证律法应对社会经济剧变所需要的灵活性，而朱元璋也没有为他们提供一个标准的程序。

传统上，皇帝可以颁布临时的命令、法律的裁决，这些命令与裁决均具有法律的效力，在之后案件的处理中，就可以成为判例。这些判例定期整理，成为“条例”。这一做法从宋朝（860—1279）

---

[1] 参见 Goodrich and Fang，eds.，*Dictionary of Ming Biography* 中关于朱允炆、朱棣的传记。也可参见黄彰健《明洪武永乐朝的榜文峻令》一文。

就已开始。[1] 但是在宋代，条例的删减殊为体系化，那些已经不用的或者与当时的社会不相关的条例都会被删去。明代在这一方面就没有这般的体系化。这样，随着时间的推移，明代的法律体系就为各种矛盾与问题所困扰，情况比明初更为严重。直到1500年才有皇帝颁行一套正式的修订的条例，这些条例事先经过刑部官员的仔细审阅。作出这项改变的是明孝宗朱祐樘（1488—1505）。这一条例的汇编即《问刑条例》。孝宗被一些史家认为是明朝“最仁慈的皇帝”。[2]《问刑条例》是多年努力的结晶，也是许多官员对律法状态不满的结果。他们对这一问题的批评可以追溯到朱棣统治时期：朱棣曾经下令刑部官员废止太祖的“榜文”，其目的正是在于恢复与律条的一致性。

朱棣之后第一个直接解决这一问题的是明宪宗朱见深（1465—1487在位）。在即位的第一年即成化元年，宪宗重新宣布法司定罪量刑一依不包括太祖《大诰》内容的《大明律》正律。与此同时，他也革除了之前皇帝颁行的各种条例。[3] 十五年之后，即1479年，刑官王恕（1416—1508）上疏向宪宗提到有《会定见刑律》一书流行，其中汇编了108条律文。其时，王恕为南直隶巡抚。王恕极力主张焚毁该书书板：“（该书）不知何时会定者，在

---

[1] 条例，即皇帝的司法裁定之例，因此说条例为“precedents”，也不能说错。关于这一词汇的讨论，可参见 Derk Bodde and Clarence Morris，*Law in Imperial China*，Cambridge：Harvard University Press. 1967，p. 63-68。1585年，《问刑条例》与《大明律》合为一编刊行，条例就具有了“substatutes”的性质。清朝沿袭律、例合编这一做法，Bodde 和 Morris 提到例的时候就用“substatutes”一词，其他很多学者讨论清朝法律时，也是这样用。我在本文中用“precedents”一词指代例，尽管这些例也逐渐具有“statutes”一样的性质，在《问刑条例》中有最为明显的体现。参见下文的讨论。

[2] 参见 Goodrich and Fang，eds.，*Dictionary of Ming Biography*（p. 376）中关于明孝宗的传记。

[3] 《明史》卷九十三，中华书局1974年版，第2286页。

内法官老于刑名者必不依附，但恐流传四方，未免有误新进之士。”[1]

宪宗接受了王恕的请求，他随即下令，引用《会定见刑律》量刑的官员本人会受到惩罚。可能正是由于这道命令，《会定见刑律》可能彻底被销毁，今已不再存世。但无论《会定见刑律》律文出自何处，其中很可能包括了前任皇帝们颁布的“判例”或“例”。从某种意义上来说，《会定见刑律》的汇编是官员们致力于调和权宜之法与不断变化的社会经济形势的结果。

以上王恕的态度并不是个例。1474年，一位兵科给事中在奏疏中请求仔细选择见行条例并予以刊行。兵部和大理寺支持这一提议。据说宪宗也赞成这些意见，但是很显然并未有实际行动。四年之后另一位给事中向皇帝提出了同样的请求，但同样没有任何结果。[2]

明孝宗朱祐樘统治时期，朝廷上下为恢复法律体系的前后一致性和平衡作出了重大努力。除了《问刑条例》，《大明会典》的修订工作也在1502年前后开始。到1506年，修订工作在下一任皇帝统治时期得到继续，最后成果于1510年刊行。此外，孝宗还下令编撰了《皇明条法事类纂》。[3] 这位皇帝对建立有序的律法与政府有极大的兴趣，这一点还促成了丘濬《大学衍义补》皇家版本的刊印。《大学衍义补》是对儒家治国之道的汇编，其中有关法律的观

---

[1] 关于这一奏疏，参见王圻：《续文献通考》卷一六八，文海出版社1979年版，第7页下至第8页上。关于王恕，参见Goodrich and Fang, eds., *Dictionary of Ming Biography*, p. 1416–1420。

[2] 黄彰健：《明代律例汇编》，台湾“中央”研究院1979年版，第6页。

[3] 参见该书日本古典研究会的重印本，1966年。

点恰好提到了我们这里讨论的明朝律法中最基本的问题。[1]

丘濬对人的本性与人们之间发生纠纷的看法，与荀子的理论中与法家接近的那部分相同。他认为“民生而有欲，不能无争”，争则必有讼，听讼必须中而不偏，如果以是为非，以曲作直，则民心不平，至于相斗、相杀，“祸乱之作由此始也”。[2] 丘濬继而提出朝廷有责任为解决纠纷提供公平的方式，这就意味着这些方式必须是前后一致的、可靠的。他提醒当政者要关注皇帝随意颁布条例带来前后矛盾的问题，并极力主张翰林院与三法司的官员一起将明朝建立以来至1487年，即孝宗入继大统这一年，所有颁布的条例通行稽考，“取其可为万世通行者，节其繁文，载其要语，分类条例，以为一书，颁布中外，与《大明律》并行”。[3]

丘濬完全明白解决明朝律法的根本问题所面临的制度性阻碍，并提出迂回的方案。他的想法即使从现代角度看也很激进，即在觉得合适的时候可以规避《大明律》。也就是说，丘濬会将《大明律》缩减至完全形式上或者名义上的法律教条，而不是适用于某种特定情形的有法律效力的律条。他在《大学衍义补》中请求皇帝下令官员们确定《大明律》中哪些条文与当时的司法实践有碍，则“明白详著于本文之下”，即在这些律条之后予以注明。他还希望皇帝禁止司法官员引用与这些律条有关的判例，而是上奏皇帝请求会

[1] 关于丘濬，参见 Goodrich and Fang，eds.，*Dictionary of Ming Biography*，p. 249-252 中的传记。《大学衍义补》，载《丘文庄公丛书》第一册，丘文庄公丛书辑印委员会，第1—1542页。

[2] 丘濬：《大学衍义补》卷一〇六，《丘文庄公丛书》，丘文庄公丛书辑印委员会1972年版，第2页上至第2页下。

[3] 丘濬：《大学衍义补》卷一〇三，《丘文庄公丛书》，丘文庄公丛书辑印委员会1972年版，第5页。

官集议。[1] 因为《大明律》既不能被废除也不能被修改，丘濬提出的方案可以有效地抹除这些律条的影响力，围绕这些律条，已经形成了一堆互相矛盾的条例。

丘濬对司法稳定的兴趣深入而广泛。他希望官府发放有关土地所有权的文书，以减少纠纷。他认识到土地纠纷案的关键在于证据是否充足，明确土地所有权可以减少很多纠纷。他指出，争是非，人证很重要；而有关土地所有权的诉讼，则图本疆界这样的证据最为关键。在丘濬看来，土地争讼增加，主要是因为人口的增长与随之而来的用地压力。他发现土地纠纷持续数十年，延续好几代，诉讼的费用其实已经超过了所争土地本身的价值。为避免这种情况，丘濬再次提议官府仔细稽考地契、详细地段。丘濬知道上述事务对官员而言十分烦琐，但是他相信这样做带来的好处会证明付出的代价是值得的。[2]

与丘濬同时代的另一位杰出人物何乔新（1427—1503）也向皇帝提议解决惩罚体系的混乱状态。[3] 1488 年，刑部尚书何乔新上书孝宗皇帝，建议对历任皇帝们颁布的条例进行选择、汇编。[4] 废除不再适用的条例，但是除此之外，他没能给出更进一步的解决方案。即便如此，他的奏疏仍值得仔细探究：

> 律例兼行，其来久矣，律者万世之大法，例者一时之权

[1] 丘濬：《大学衍义补》卷一〇三，《丘文庄公丛书》，丘文庄公丛书辑印委员会 1972 年版，第 13 页上。

[2] 丘濬：《大学衍义补》卷一〇六，《丘文庄公丛书》，丘文庄公丛书辑印委员会 1972 年版，第 7 页上至第 8 页下。

[3] 关于何乔新，参见 Goodrich and Fang，eds.，*Dictionary of Ming Biography*，p. 505-507 中的传记。

[4] 关于这一奏疏，参见黄彰健：《明代律例汇编》上册，序，台湾“中央”研究院 1979 年版，第 7—8 页。

宜，所以辅律之不及。自成化元年以后，一应条例虽出于臣下之建明，实本于先帝（宪宗）之所裁处，其间亦有深意焉。如造妖书妖言者，律该正犯处斩，例则全家发烟瘴地面充军，盖虑其造言以惑众也。略卖良人者，律该坐以徒流，例则连家小发边远充军，盖恶其使人骨肉生离也。盗仓粮者，于律止坐杂犯绞，而近年盗边粮至一百石以上者有充军之例，盖虑其因盗而乏军需也。犯私盐者，于律止坐徒罪，而近年贩卖私盐至二千斤以上者有充军之例，盖为其私贩以亏国课也。似此之类，难以枚举。所以救时之弊，亦皆辅治而行者，一概革去，恐虑百弊重生，异时法不足以惩奸，言律者又复申明旧例，未免烦渎圣听。——但各项条例，或因一人之建言而行，或因一事之有弊而设，不能一适中，其间有事同而法异者，有情轻而例重者，或前后自相矛盾，或重复莫知适从，以致事不归一，人难遵守。诚有如御史吴裕所言者。在内问刑衙门一有不合于例者，大理寺悉行驳正；在外问刑者，既无参驳，有等不谙律例官员，未免轻重任情。

何乔新提议对明宪宗成化一代（1465—1487）的条例进行稽考，将其中轻重失伦、矛盾不一及重复难以适从者，尽行革去。何乔新没有给出具体的评判标准，可能是希望皇帝指派他自己来负责这一事务。然而，皇帝虽然对何乔新的提议表示赞同，却没有发布何乔新期望的诏令。

何乔新继续努力。在 1490 年 2 月，他又就同样的问题呈上奏疏：

高皇帝定律，以垂万世之法。例则辅律而行，贵在得中，难以执一。是以列圣继统，因人情之变态不常，定事例之轻重不一。有情重律轻者，虽徒流而发遣充军；有情轻律重者，虽绞斩而准其收赎。[1]

何乔新承认很多太祖以来颁布的条例的确很好，他主张将这些条例保留。让他觉得难办的是那些自相矛盾的条例，特别是条例颁行的过程，使惩罚的力度出现经常性的变化。在这份奏疏中，他提出了一个与1488年不一样的策略：他不再提议对条例进行全面的审阅，而是提议“今后凡有奏议刑狱条例者，法司会议斟酌，须要深思审处，务在精当，明白条陈，奏请上裁，著为事例”。[2] 很显然，何乔新认为条例的问题出现在条例形成的过程。他希望这一过程能够体系化，这样就可以减少条例的混乱和互相矛盾。总之，何乔新的努力在于确立条例立法过程的秩序。

1492年，几经仕途起伏的彭韶任刑部尚书。[3] 他支持鸿胪寺少卿的提议，对条例进行整理修订。皇帝对这一提议表示赞同，但很显然在1499年之前并没有给出任何具体的命令。最终，在1500年3月5日，当时的刑部尚书白昂和其他几位刑部大臣将编好的《问刑条例》进呈皇帝。[4]

《问刑条例》包含279条条文，[5] 与《大明律》并行。[6]

---

[1] 黄彰健：《明代律例汇编》上册，序，台湾“中央”研究院1979年版，第9页。

[2] 黄彰健：《明代律例汇编》上册，序，台湾“中央”研究院1979年版，第9页。

[3] 关于彭韶，参见Goodrich and Fang，eds.，*Dictionary of Ming Biography*，p. 1118-1119中的传记。

[4] 关于白昂的奏疏，参见黄彰健：《明代律例汇编》上册，卷首，台湾“中央”研究院1979年版，第3—4页。关于1500年版《问刑条例》的内容，参见《皇明制书》。

[5] 黄彰健：《明代律例汇编》上册，序，11页称有281条，《实录》记载279条有误。Bodde和Morris称有297条（*Law in Imperial China*，p. 65）。本人在《皇明制书》收入的1500年版《问刑条例》发现279条条例。

[6] 上文提到，直到1585年《问刑条例》重修之时，其中的条例才与《大明律》合刊。但是条例作为《大明律》的补充而存在，从这一意义上来说，条例从一开始就附属于《大明律》。

《明史·刑法志》评论，律例并行，“网亦少密”。[1]《明史》还提到，《问刑条例》的一个重要成果，是“王府禁例六条，诸王无故出城有罚，其法尤严”。[2] 很显然，皇帝有意利用《问刑条例》的颁行，积极加强帝室对宗藩的控制。《问刑条例》涵盖的另一个重要的方面则是赎法。这一点会在后文论及。

《问刑条例》颁行之后五十年，嘉靖帝朱厚熜（1521—1567 在位）颁行了重修本。1550 年，《重修问刑条例》完成并进呈皇帝时，刑部尚书顾应祥概述了那些困扰过历任皇帝并且仍然存在的问题。[3] 顾应祥提到《问刑条例》与《大明律》一体颁布，天下问刑衙门，永为遵守。但是五十年过去，“世变风移，自应通变以宜于民”。问题在于大量条例出台，特别是钦定条例数多。其结果是，许多官员未能把握通晓全部的条例，感觉一片混乱。“其中有不谙例文，妄自摘引，或拘泥全例，添情就狱，以致引拟欠当，民多冤死，甚非慎重民命以召和气也”，顾应祥写道。

嘉靖皇帝为这些劝他关注以上司法问题的奏疏所动，下令重修《问刑条例》。他也承认刑罚系统的混乱是由律法的困境引起的：“近年有司非法用刑，妄引条例，故入人罪。小民怨抑何伸。”[4]

《问刑条例》在此之后还有两次修订，一次是在上述《重修问刑条例》颁行五年之后；另一次则是在明神宗朱翊钧（万历皇帝；1573—1620 在位）统治时期，完成于 1585 年。每一次修订都是为了让法律适应时代的实际需要。正如刑部尚书舒化在进呈 1585 年

[1] 《明史》卷九十三，中华书局 1974 年版，第 2286 页。
[2] 《明史》卷九十三，中华书局 1974 年版，第 2286 页。
[3] 黄彰健：《明代律例汇编》上册，卷首，台湾“中央”研究院 1979 年版，第 7—10 页。
[4] 黄彰健：《明代律例汇编》上册，卷首，台湾“中央”研究院 1979 年版，第 8 页。

版《问刑条例》时的奏疏中说，修订的目的就是“上有画一之法，民知趋避之途”。以一套情法适中的法律为依据进行审案，可以避免擅自妄引条例，以致刑罚或轻或重。显然，《问刑条例》的修订并没有解决法律秩序中的根本性问题，因为尽管这些言辞都很美好，但是毕竟没有什么能限制皇帝出台互相矛盾的司法决定。

明朝法律中的赎罪体系由朱元璋制定，规模超过之前各个朝代。《问刑条例》修订，试图保持这一赎罪体系，但是这样的努力很难实现，因为赎法涉及的是以金钱和劳役来赎免惩治，但是随着白银数量的变化和价值的波动，明朝的货币系统本身也发生重大的变化。[1] 这样，犯罪的“代价”也随之出现不断的改变。负责落实赎法的官员缺少固定不变的准则，整个惩罚体系因此出现失衡。

明太祖朱元璋曾尝试以大明宝钞这一纸币作为唯一的交易媒介，不准用金银进行交易。这一政策在明初可能的确得到了落实。傅衣凌在1980年研究明初的土地买卖合同，发现在计算和记录土地价值时，大多数用的是宝钞而很少用白银。[2] 但是，宝钞的通货膨胀逐渐变得很严重：在1376年，大明宝钞一贯钱相当于一两银或一石米；到了1397年，赋税缴纳中，一两银相当于四石米，而两贯半的宝钞只能买到一石米。在二十一年间，宝钞对应白银贬值了百分之一千，对应大米则贬值了25%。[3] 因此可以清楚地看到，明初发行的纸币并不是衡量价值的不变标准。然而，1397年颁布的《大明律》却是根据当时宝钞的价值来定赎法，受贿以及

---

[1] 彭信威：《中国货币史》，上海人民出版社1958年版。关于明代货币的一般讨论，可参见Ray Huang，1587，*A Year of No Significance*：*The Ming Dynasty in Decline*，New Haven：Yale University Press，1981；也可参见William S. Atwell，“International Bullion Flows and the Chinese Economy circa 1530-1650”，Past & Present 5（1982）：p. 68-90。

[2] 傅衣凌：《明代前期徽州土地买卖契约中的通货》，载《社会科学战线》1980年第3期。

[3] 彭信威：《中国货币史》，上海人民出版社1958年版，第462页。

偷盗所受的惩罚参照的也是宝钞的价值。

1440年，三法司（都察院，刑部，大理寺）官员上疏指出宝钞贬值对律法体系的影响：

> 洪武定律时，钞贵物贱，所以枉法赃至百二十贯者，免绞充军。今钞贱物贵，若以物估钞至百二十贯枉法赃俱发充军，轻重失伦矣。[1]

三法司官员随之提议将宝钞八百贯作为一个分界点，八百贯及以上按律定绞罪，定发充军；少于八百贯，则根据上文提到的《问刑条例》发落。

用钱财赎免惩治的做法，在中国由来已久，相关记载最早见于《尚书》。该书提到圣贤之君舜帝就已经开始对某些罪行用罚金取代肉刑进行惩治。此外，《吕刑》一章记载，如果一个案件的事实存疑，则有五种不同的赎金代替肉刑。这样，如果有人犯罪本该刺字，由于案情存疑，“其罚百锾”以为赎免；如果本该被割鼻，则要缴纳两倍于刺字的赎金，以此类推。[2]

在宋朝，赎罪只限于因为出身和功绩而享受八议待遇的罪犯。[3] 在明朝，赎法得到更广泛的应用。正如《明史》解释，朝廷这样做出于两个目的：其一，《大明律》律条严苛，赎法的应用可以“济法之太重也”；其二，赎法的应用给朝廷提供了额外的收入。[4]《大明律》和各种条例汇编都包含了赎法。缴纳赎金并不是

---

[1] 《明史》卷九十三，中华书局1974年版，第2289页。

[2] 参见 Bernhard Karlgren, trans., *The Book of Documents*, Stockholm: Museum of Far Eastern Antiquities, 1950, p. 77。

[3] 起码《明史》是这样说的。参见《明史》卷九十三，中华书局1974年版，第2293页。关于八议，可参见 Bodde and Morris, *Law in Imperial China*, p. 34–35。

[4] 《明史》卷九十三，中华书局1974年版，第2293页。

唯一一种赎罪的方法——犯人总是可以（有时是被迫）以劳役的方式赎罪，包括运煤、运砖或其他物资到北京或边区。

《大明律》和条例各有一套赎法的规定，因此会出现互相矛盾的情况。《大明律》中的赎法为“律得收赎”，而条例中的赎法则为“例得纳赎”。律赎部分不能更改而例赎部分则通过皇帝的命令而经常发生改变。因此赎法成为司法中很混乱的领域。到明宪宗成化年间，这早已成为大臣们批评的对象。

《大明律》在《名例律》部分规定了基本的赎法。[1] 比如笞四十赎铜钱二贯四百文，徒二两年半的赎 21 贯。最高的赎金 42 贯，用于赎免斩、绞之刑。[2] 朱元璋对律赎的范围设定有限，[3] 但是在具体的条文中，却将赎法扩展至以下各类犯罪。

1. 文武官犯公罪（第 7 条）

2. 文武官犯私罪（第 8 条）

3. 无官时犯公罪，有官时事发（第 13 条）

4. 凡犯死罪非常赦所不原者，而祖父母父母老疾，应侍在家（第 18 条）

5. 钦天监天文生习业已成能专其事者（第 19 条）

6. 年七十以上、十五以下，废、疾，犯流罪以下（第 21 条）

7. 年八十以上、十岁以下，笃疾，盗及伤人者（第 21 条）

8. 过失杀伤人（第 315 条）

---

[1] 可以引用的《大明律》版本很多，为方便起见，本文引用的是荻生徂徕（1666-1728）《律令对照定本明律国字解》的重印点校本，内田智雄、日原利国编，昭文社 1966 年版。

[2] 荻生徂徕《律令对照定本明律国字解》律条 1，第 7—8 页。

[3] 荻生徂徕《律令对照定本明律国字解》律条 1，卷首，第 21 页。

9. 若（诬）告二事以上，轻事告实，重事招虚；或告一事，诬轻为重者，皆反坐所剩，若已论决，全抵剩罪；未论决，笞杖收赎，徒流止杖一百，余罪亦听收赎（第359条）

以上的这些条文大多能在《唐律》中找到，[1] 但1500年《问刑条例》的第一条对相关内容进行了拓展。这一条具体规定了以金钱赎免之外的各种赎法，这些赎法适用于以下各类人，无论其犯罪的严重程度如何：军民诸色人役及舍余总小旗审有力者，文武官吏、举人、监生、生员、冠带官、知印、承差、阴阳生、医生、老人、舍人。[2]

而《问刑条例》所列举的大部分的赎罪方式不是钱钞类的，而是运炭、运灰、运砖等劳役以及纳米、纳料等。

这一条例还具体说明了这些赎法应用的条件：若官吏人等例该革去职役，与舍余总小旗军民人等审无力者，笞杖罪不能赎免；徒、流、杂犯死罪各做工、摆站、瞭哨；罪情严重者，煎盐炒铁五年（死罪）或四年（流罪）。

1500年《问刑条例》描述的这一赎法体系似乎已经与以金钱赎免的方式渐行渐远。这在1500年之前就已经出现许多类似的尝试。比如，在1461年（明英宗天顺五年），朝廷颁布了一条赎罪条例，详细地列出了各种赎罪方式：笞一十，运灰一千二百斤，砖七十个，碎砖二千八百斤，水和炭二百斤，石一千二百斤。四笞五杖，每增加一等，则炭各递加六百斤，砖各递加三十五个，碎砖各递加一千四百斤，水和炭各递加一百斤，石各递加六百

[1] 参见 Wallace Johnson, trans., *The T'ang Code*, p. 55, 57-61, 93-102。
[2] 黄彰健：《明代律例汇编》上册，台湾“中研院”史语所1979年版，第248页。

斤。以此类推。[1]

但是，在同一年，朝廷也颁布了与以宝钞赎罪的相关规定：

> 每笞一十，钞二百贯，余四笞，各递加一百五十贯，至杖六十，增为一千四百五十贯，余杖各递加二百贯。[2]

所以这两种体系（以劳役赎罪和以金钱赎罪）同时存在，尽管后者存在明显的问题。

到1501年，朝廷把白银纳入赎法，并颁布条例明确规定以下人犯折银赎罪的数量：例难的决人犯，妇人及有力之人。[3] 每杖一百，应以宝钞二千二百五十贯赎免，折银一两。其他的惩治以此为基准递减计算：每减杖十，减宝钞二百贯，直至杖六十，折银六钱赎免。[4] 笞罪的赎免也按照同样方式计算。这一条例规定，宝钞也可以折换成铜钱。每银一两折七百文铜钱。[5]

《明史·刑法志》追溯了有明一代赎法发展的历史，指出《大明律》规定的赎法轻，条例规定的赎法重，但开始的情况并不是如此，这一状态的出现与宝钞的严重贬值有关。朝廷设计了折算的方式，以维持《大明律》条文仍有效行用这一说法。按照《大明律》的规定，宝钞一文，相当于银一厘，这样，笞一十折钞六百文，定银七厘五毫，等于当时的银钱六钱。杖刑的换算规则是“杖一百折钞六贯，银七分五厘”，等于当时的银钱六两。这样，《大明律》规定的赎法，与银价进行换算，在最轻的一等惩治发生了千倍的变

[1] 黄彰健：《明代律例汇编》上册，卷首，台湾“中研院”史语所1979年版，第49页。
[2] 黄彰健：《明代律例汇编》上册，卷首，台湾“中研院”史语所1979年版，第49页。
[3] 黄彰健：《明代律例汇编》上册，卷首，台湾“中研院”史语所1979年版，49—50页；《明史》卷九十三，中华书局1974年版，第2295页。
[4] 一钱等于0.1两。
[5] 一文是0.001贯。

化，而在杖一百这一等，则发生了一百倍的变化。[1]

为了保证复杂的赎法与物价之间保持相对合理的关系，朝廷每隔一段时间就会发布具体的折算表格。[2] 北京地区的货币体系运转相对良好，地方就不太一样，因此需要颁行在京、在外不同的规则。已知最早的折算表颁布于1461年，题为《会定运砖运灰等项做工则例》。[3] 在“杖七十”条下，列举以下类目：

灰四千八百斤

砖二百八十个

碎砖一万二千六百斤

水和炭八百二十斤

石四千八百斤

米七石

做工四个半月

钞一千六百五十贯，折铜钱四百九十文

这一折算表给有资格赎罪的犯罪不同的选择，以赎免他们按照律法所定的罪行。

1507年，朝廷颁行了一份专门针对在京罪犯赎免的类似的列表。[4] 其中“杖七十”下所列类目与以上1461年列表的内容基本一致，唯一的区别是1507年的列表中说明，米七石可以折谷十石五斗。1461年和1507年的这两份列表最主要的不同在于前者为死

[1] 《明史》卷九十三，中华书局1974年版，第2299页。

[2] 关于1489年以后朝廷颁布的物价表，参见黄彰健：《明代律例汇编》上册，台湾“中研院”史语所1979年版，第350—357页。

[3] 黄彰健：《明代律例汇编》上册，卷首，台湾“中研院”史语所1979年版，第46—48页。

[4] 黄彰健：《明代律例汇编》上册，卷首，台湾“中研院”史语所1979年版，第53—56页。

罪（斩、绞）提供以下的赎罪选择：

灰六万四千二百斤

砖三千二百个

碎砖一十二万八千斤

水和炭九千斤

石六万四千二百斤

做工五年

米五十石

但是1507年的列表中，以上这些选项只适用于“杂犯死罪”人犯。

《明史·刑法志》明确指出，明代赎法有二，一罚役，一纳钞。[1] 因为罚役不存在通货膨胀的问题，比较而言，纳钞更受欢迎。但是罚役也逐渐折工值纳钞；而随着宝钞系统的混乱，甚至废而不用，纳银、纳米（或谷）成为以钱财赎免惩治的方式。[2]

值得注意的是，根据《明史》的记载，尽管以力役赎罪逐渐被折工价代替，与力役赎罪相联系的一项传统的做法却一直得到保留，具有了仪式化的目的。明初，犯罪以力役赎罪，或修造，或屯种，或煎盐炒铁，工役期满释放时，先引赴御桥，叩头，表明他们对君主的服从，然后送应天府，给路引回家。其中充军的罪犯，则发付陕西司，按籍编发。后来，力役赎罪不再行用，而以折纳工价代替，但是赴御桥叩头的传统却一直得到了保留。[3]

---

[1] 《明史》卷九十三，中华书局1974年版，第2300页。

[2] 1955年在四川的明墓中出土了正德、嘉靖年间铸造的银锭，为犯人赎罪所用。参见刘志远：《四川洪雅县明墓出土的银锭文字》，载《文物参考资料》1956年第5期。作者感谢盖杰民（James Geiss）提供这一资料。

[3] 《明史》卷九十三，中华书局1974年版，第2300页。

这些试图重新调整赎免的例子，以及官员上疏抱怨律法系统不合理的例子，均表明明朝统治存在固有的严重问题。法律领域的混乱远超过上文所讨论的内容。在其对唐、明律细致的比较中，晚清法律史学家薛允升提到“凡明律之不甚允协者，不用可也”。这里他主要是指《大明律》有关“官吏受财”的规定，其中对向官员行贿人的惩治比受财官员的惩治要重。薛允升指出这是明代特定之法，虽仍载在律内，实际上已经不再行用。[1] 同样，黄仁宇近来也提到《大明律》对典当财物取利的限制，实际上不太可能执行。[2]

明代，成文法被视为一套具体的惩治违禁行为的规定。同时，人们也认识到没有一部法典可以包含对每一种需要惩治的行为都予以惩治的规定。总之，律法罗列出具体的条目惩治犯罪，但是律法不能穷尽潜在的犯罪行为。因此，一部律法就其有效性而言，存在固有的局限。[3] 但是正如上文已经提到的，明太祖朱元璋强调《大明律》的重要，规定《大明律》是明朝经久行用的根本大法。他可能没有预料到明朝统治两个多世纪中巨大的社会经济变化。这些变化需要司法体系做出相应的调整，而在某种程度上，《大明律》本身不得不被太祖之后的皇帝忽视，或者被更定。后代的皇帝自己也颁布各项法令与司法决定，这些法令与决定不仅互相矛盾，而且与《大明律》的条文也存在冲突。这样《大明律》之外的各种法令条例就成为一个混乱的领域。1500 年，在官员的提

[1] 薛允升：《唐明律合编》下册，台湾商务印书馆 1977 年版，第 210 页。

[2] Ray Huang，1587，*A Year of No Significance*，p. 138，144.

[3] 关于更早时期中国法律的这一问题，参见拙作“‘Living Law’ in Sung and Yuan Jurisprudence”，*Harvard Journal of Asiatic Studies* 41. 1（1981），p. 165 - 217。特别是其中的第 165—169 页。

议下，朝廷减少条例数量，在适用的各种法规中消除其内部的各种抵牾，试图解决这一混乱的问题。

1500 年的尝试只是一次性的努力。《问刑条例》的颁布并没有引发制度化的、可持续的方法以解决司法混乱的根源。其根源在于皇帝可以几乎不受任何限制地通过命令来立法。虽然明代的统治者从未解决这一问题，但是他们允许对这一问题进行批评和探究，继任的满清统治者在这一领域取得成功，可能正获益于此。满清统治者一方面极为关注《大清律》的不断修正，与此同时，也把则例的不断修订置于相当重要的位置。[1]

[1] 参见 Bodde and Morris，*Law in Imperial China*，p. 66-67。

第八章

家法中的权威：《郑氏规范》*

一直以来，研究中国家族法的历史学家们都被元明之际郑氏家族的家族法规所吸引。清水泰次（1890—1960）的《中国的大家族制度》是最早的研究之一，他在其中概述了宗族的谱系，并分析了大家族中家长和宗子的角色。十五年之后，仁井田陞出版他的皇皇巨著《中国身份地位法发展史》，他重制清水泰次的谱系，并且将自己关于郑氏家规的研究放入这本有史以来最为纷繁复杂的中国家族法著作之中。同年，清水盛光的力作《中国家族的构造》出版，他也发觉郑氏家规十分重要，极具研究价值。七年之后，清水盛光的又一力作《中国族产制度考》出版，[1] 其中郑氏家族再次得到强调。[2]

达第斯（John W. Dardess）最近发表了一篇关于郑氏家族的史学研究，题为《郑氏大家族：元明之际的社会组织和理学》[3]。该文章对有关郑氏家族历史的原始材料进行了全面深入的分析，在家

---

* 本文原载 Dieter Eikemeier and Herbert Franke, eds., *State and Law in East Asia*: *Festschrift Karl Bünger*, Wiesbaden: O. Harrassowitz, 1981, p. 272-299。

[1] 清水盛光『中國族產制度考』(岩波書店, 1949)。

[2] 与之形成鲜明对比的是滋贺秀三『中國家族法の原理』(創文社, 1967), 内中并未提及《郑氏规范》。滋贺秀三的主要关注点是家族财产的分割法则，《郑氏规范》并无相关内容。

[3] *Harvard Journal of Asiatic Studies* 34 (1974), p. 7-52.

族的崛起、意识形态和内部组织等方面颇有创见。

《郑氏规范》是现存最早的郑氏家族的家族法规，1397 年作为《浦江郑氏旌义编》中的第一卷刊印。这个三卷本的《浦江郑氏旌义编》由宋濂（1310—1381）作序，宋濂是郑氏家族多年的儒学教习，和很多家族成员关系密切。宋濂的序作于 1378 年，另外两个序作于 1397 年。[1] 从 1378 年的序文中可以得知，郑氏家族的家长在之前一个世纪汇集有 223 条家规，现存的 168 条“郑氏规范”是从这部分家规中精挑细选出来的。其中包括了郑太和（1268—1348，郑氏第 6 代）撰写的 58 条，郑钦（？—1320，第 7 代）撰写的 70 条，郑铉（1295—1364，第 7 代）撰写的 92 条以及郑涛（1315—1382，第 8 代）撰写的 3 条。宋濂注明郑涛和他的兄弟们修订这一家族法规，删去了与当时实际不相符合的那些条目，最后

[1] 《浦江郑氏旌义编》的复印本存放于台湾。普林斯顿大学东亚图书馆藏有该版本的微缩胶卷。168 条均以“一”字为始。为便于引用，我对这些规范进行了编号。《郑氏规范》在 1397 年之后另有版本，研究者们更容易获取。基于之后的版本与 1397 年的版本有重要的区别，所以略作说明如下。《郑氏规范》的其他版本：（1）学海类编本。编纂于 1831 年，题名为《郑氏家范》。（2）金华丛书本。编纂于晚清，刊行于民国，此版本与《旌义编》内容相同，其序言写于 1870 年。（3）基于学海类编本和金华丛书本点校、整理而成的丛书集成本，由商务印书馆出版。（4）最近的版本是台湾艺文出版社出版的四部丛书本。该版本是金华丛书本的再现，保留了一些微小的文句差别。这些后来的版本与 1397 年版的区别在于：（1）规范的第 1 条至第 81 条，各个版本内容相同，除了一些细微的文句差别。（2）第 82 条在最初的版本和其后的版本中均有出现。但是在其后的版本中，它不作为单独一条出现，没有以“一”字做开头。为计数方便，在 1397 年的版本中，我将其与 81 条合并记录。（有人假设该条中“一”的省略是一个排印上的无心之失，然而宋濂在前言中明确指出规范共有 168 条，如果该条作为单独一条，那么规范总数就是 169 条。因此这个“一”字大概率是被有意省略的）。（3）1397 年版本中的第 82 条至第 134 条与其后各版的第 83 条至第 135 篇内容相同。（4）1397 年版本中的第 135 条不见于其后各版本。（5）第 136 条至第 168 条在所有版本中完全一致。在本篇文章中，我以 1397 年版本中的编号为准。除上文提到的版本之外，另有《郑氏家范》的缩写版本被丛书《说郛》所收录。该版本内含 48 条（虽然其中一条规范是由另外单独两条规范组合而成的）。该版本之后被重印并收录于郑氏后裔汇编的《居家必备》和《青照堂丛书次编》中。郑氏规范也被《四库全书》收录，但是我没有核查该文本内容。

集成168篇，以《旌义编》为名刊行。[1] 这些“家规”“家范”在元代已享有名声，类似郑氏家族的“宪法”。家规包括的原则和条规，由家长或以家长的名义订立，对所有家族成员都具有约束力。郑氏兄弟将理想化的家庭行为和组织形态立为家法，制定行为准则，并设置制裁机制以减少失范行为。

权威的问题

《郑氏规范》是郑氏大家庭共同体（joint-family commune）的家法，包括四个方面，我们或许可以分别称为刑事、监管、财产和行为礼仪。“刑事”是指确定笞、杖之类的体罚，或加以不孝之名，或暂时性或永久性地驱逐出家族，或随人随事采取的某种惩治。“监管”是指在家族管理系统中设置职位，说明这一职位的责任、任命方式，以及其他涉及家族财产和活动管理的事宜。财产类家规禁止个人拥有私产，禁止任何人以任何形式出售和抵押家族财产。郑氏家族设有公堂，其功能类似家族的国库，拥有家族土地的所有权。行为礼仪类规范确立和管控家族成员在礼仪方面的义务，其中包括道德训诫，要求家族成员参与各种仪式和祭祀的规定，以及有关行为规范的规定。每个方面的规范均会在之后的翻译中有所体现。

从以上简单的内容分析可以清晰地看到，规范涉及的是各种形式的行为控制。这种控制有消极的，比如禁止违规以及制裁失范；

[1] 宋濂的序文被上述大部分版本收录，Dardess的文中对该序文有简单讨论，可参见其文章第19页。Dardess以宋濂序文为依据，认为《郑氏规范》刊行于1379年，但是宋濂序文的准确时间是1378年，因此《郑氏规范》也可能是在这一年刊行。

也有积极的，比如设定具体的规范和要求。这些消极或积极的控制，其基础在于对规范的合法性和权威性的假定。没有一条规范具体说明规范的权威基础，序言和誓词也没有提到规范的起源及其强加于家族之上的理由。确切地说，这些问题被视为是理所当然的。

尽管规范的权威性只是假定的，然而规范确实间接地涉及了权威的问题。因为虽然这些规范建立于外在的文化、传统权威来源之上，虽然这些外在的权威来源使规范合法化，但是规范包含了相当多的内在设置直接指向这些权威的来源。对于任何一套控制某一群体行为并关涉其利益的规范而言，如果要被这一群体接受，则规范自然要展示最基本的内在的合法性。这一原则适用于所有的社会和群体。因此，《郑氏规范》的内在合法性应该是有迹可循的。

家规权威的外在来源很多。它们根植于家族组织的传统习俗以及祖先崇拜的思想观念，它们也源于法律法规，几乎所有《郑氏规范》所要达成的目标都可以在唐代、宋代的律法和元代的条例中得到支持（元代没有颁布正式的律典）。关于《郑氏规范》背后的法律法规的支持会在下文中有所探讨，不过，《郑氏规范》合法性的社会基础和历史背景在这里不能做全面和整体的讨论。

本文的目的主要在于考察《郑氏规范》权威的内在来源。其试图解决的问题是，《郑氏规范》本身何以显得具有权威性并因此而有约束力？这一问题的困难在于，如果要真正地与规范的外在权威来源相吻合，对权威的内在来源的确定只能在社会实践的背景下才能成立。然而，也可以单独检视规范所采用的一些重要措施，这些措施提醒家族成员规范具有合法的约束力。

把握规范建立内在权威的措施，其途径之一是研究他们如何界定规范落实其权威性的团体与社群。大致上，规范设定了四类成员：第一类为“众”或者“家众”，范围最为广泛；第二类为“子孙”，通常指男性，也可以将女性包含在内，这一群体与在一部分规范条目中使用的“宗族”或者“宗人”多少有些类似；第三类为“子弟”；第四类则为“诸妇”。此外，诸如“女子”“小儿”等用词也出现在规范中。但是它们与本文所讨论的并不特别相关，因此暂且略过。

家众包含其他各类的成员。这样，家众是唯一一个不以共同血统界定的成员类别。宗族成员可以依两种大的思路分类：其一，将宗族成员视作很多个人组成的社群，并不明确规定与特定血统之间的血亲关系或者姻亲关系；其二，将宗族成员视作父系血缘的共同子孙。这两个思路可以与牧野巽用“大家族”和“宗族”进行表达的两大家族/家庭组织相对应。[1] 郑氏家族是两种类型的结合体，这在《郑氏规范》中得到体现。

规范的权威性源于对规范所适用的成员的设定。按照规范的规定，这些群体也有权参与和其利益相关的各种活动。因此，解决规范合法性和权威性的一个方法是检视成员的权益。在权益之外，规范也为成员规定了不同的义务和责任。

有 19 条规范直接与家众相关，我们可以从中看到家众的下列权益：

> 每年始迁祖生日，家众在宗子带领下参与献礼。(条目 10)
>
> 每月两次在家长带领下参谒祠堂，参与随后仪式性的诵读有关服从的条令。(条目 11)

---

[1] 牧野巽『近世中國宗族研究』（日光書院，1949）第 11—27 頁。内中文章论及司马光（1019—1086）的大家族思想和朱熹（1130—1200）的宗族观念。

每天都参加有序堂的集会，在集会中宣读男女禁令。(条目 12)

如果有子孙私置产业、私留钱财，他们应当报告家长，他们也要和家长一起告于祠堂。(条目 17)

他们应当参与对有不当行为的子孙的处罚。(条目 18、条目 107、条目 160)

他们可以间接地否决协助家长的两位典事（条目 23）和监视（条目 25）的任命；也有权留用任期结束之后的监视和新旧官。(条目 49)

他们参与每夜聚会商议决定管事和典事需要落实的家中事务。(条目 24)

他们在男女专用的饭堂就餐。（条目 12）食物由掌膳监督。(条目 56)

家众参与讨论郑氏宗族女子的婚事。(条目 79)

家众有疾，族中延医救治。（条目 141）他们可以得到主母的照顾，因为主母旨在使家众“悦服”。(条目 153)

以上这些家众的不同权益中，也有不少是家众的义务。比如，按照规范，家众有义务参加一月两次和一日一次的仪式活动，不参加的人会受到谴责。

从另一角度而言，强制性地纳入成为家众获得权利，或者用现代的说法——特许权的途径。比如强制参加仪式活动，随带了从基本的衣食分配到参与刑事和家族事务管理等重要的权利。从以上的观察中，我们可以得出一个推论，施加于家众的规范权威，相应地源于同一家众可以享受到的规范给予或认可的重要权利。在这个意义上，在规范中得到充分表述的家众的权利，成为规范权威性、合法性的内在来源，使得这些规范在家族成员们看来是具有约束力的。

从这些观察中，我们可以得到的另一个推论是，在家族事务的处理中，共识扮演着重要的角色。即家长的行为也受制于共识。尽管规范在很多方面强调了家族成员服从家长的重要性和必要性，家长也受不成文的行为准则的约束，家众期待他维护公正。正如规范所规定的，"如其有失，举家随而谏之"。（条目 14）这一规范虽然没有提到家众，但确实是要求家众们对家长的不当作为保持警惕。

家众也被视为宗族共有财产的最后保障。规范要求家长在家众面前封存《砧基簿》（条目 16）。[1]《砧基簿》是重要的法律文书。作为确保田产得到正当登记的重要措施，《砧基簿》曾被纳入南宋绍兴年间的经界法改革。《砧基簿》需要报备当地政府，法律规定每三年家族进行一次修订，以及时反映土地变动的情况。

基于郑氏家族财产公有这一事实，值得指出的是，规范设定了正式的机制，使家众确认《砧基簿》中登记的基本数据准确、安全，以保护其自己的权益。通过正式认可家众对《砧基簿》的主体利益，规范确认了一个以家众为基础的合作机构。除此之外，规范也强化自身的合法性，作为确定的有约束力的条目，有效作用于家众。家众和规范之间的关系因此可以简化为表达如下的一个循环或同义反复：规范定义并认可了一个基于家众的机构，家众作为这一机构的成员认可并接受规范，因为规范定义并

[1] 关于《砧基簿》的研究，可以参考周藤吉之『中國土地制度史研究』（東京大学出版会，1954 年）258、394、560 頁。亦可参见其『宋代経済史研究』（東京大学出版会，1962 年）475—480 頁、496—500 頁。

保护了家众的利益。

规范中“子弟”和“子孙”的用法也需要辨别。一般来说，在讨论家族管理机构各职位的分派或任命时，规范会用到“子弟”一词。子弟充任这些管理职位。“子孙”一词则通常用在针对不良行为的禁令中。虽然有些禁令是特别针对“子弟”的，还有相当数量的禁令和行为规范是针对“诸妇”的。

关于“子孙”一词的用法，其关键之处在于这一群体被授予了特殊的任务和权利。上文提到，规范假定家众对《砧基簿》的利益。值得指出的是，财产的真正所有者是公堂，而公堂的财产则由所有“子孙永守”（条目16）。而且，子孙还有“永远保守”祭田之责，祭田收入明确划拨作为祭祀祖先和祠堂日常的费用（条目5）。

条目16和条目5涉及财产的关键字是“永”。家族这一机构被视为永远性的，一如立宪政府认为宪法也是永久的。在中国的家族体系下，已婚女性必须离开本生父母家族，加入其丈夫的家族。政府既无类似信托和公司法人制度的建设，家族则须在男性或父系后代那里找到永久性。《郑氏规范》明确考虑到这一需求，并且要求子孙恪守对家族组织的义务。

这样看来，我们可以有理由推论，由《郑氏规范》管控的这一团体具有双重的定义。第一重通过“家众”一词得到表达，定义为家众的成员在家族共同体中拥有精神的和物质的利益。从这个意义上说，家族就是分享经济和精神利益的共同体，这一共同体依赖于成员之间的和谐合作。这里排除了血缘关系程度的因素，因为合作的需求和责任并不取决于血缘的亲疏，合作的需求和责任是无条件的。

而从依据永久的父系血缘来进行定义这一点而言，家族则是一个等级化分布的家族始祖男性子孙们的集合体。这些男性是家族产业的唯一合法永久的守护者。家族共同体被设想为永远存在，家族财产由公堂托管并由后世子孙守护。由家族永久托管的财产不限于祭田，也包括妆奁田和其他家族财产。

在组织形态和思想意识上，郑氏家族借鉴了众多前代的模式，当然其最终的形式独树一帜。“同居共财”就是一个旧的观念。[1] 同样，《郑氏规范》和礼仪也借鉴了早先宋代士大夫及其家族的一些文本和例子，包括司马光、[2] 张载（1020—1077）、[3] 范仲淹（989—1052）、[4] 朱熹、[5] 陆象山（1139—1192）、[6] 赵鼎（1084—1147）[7] 和袁采[8]。这些相关的例子来自宋代，而不可能更早，因为中国家族体系在宋代经历了显著的结构变化。[9]

同居共财的决定是自愿的，《唐律》《宋刑统》等律法并没有

---

[1] 关于“同居共财”的史料梳理，可参见中田薰写于1926年的文章「唐宋時代の家族共産制」，此文收录于『法制史論集』第三卷（岩波書店，1943）1295—1360頁。仁井田陞的《中国身份地位法发展史》讨论了同样的话题，并介绍了更多的史料，参见该书第438—466页。滋贺秀三在他的『中國家族法の原理』中，对此做了更宽泛的讨论，参见该书第149—168页。该话题在 I. R. Burns，“*Private Law in Traditional China*（*Sung Dynasty*）：*Using as a Main Source of Information the Work Ming-kung shu-p`an ch`ing-ming chi*”（Oxford，1973）中也有讨论，很遗憾我没有机会查阅这一研究。

[2] 牧野巽曾就《书仪》展开讨论，内容参见牧野巽「近世中国宗族研究」（日光書院，1949年）。

[3] 张载关于宗法的论述参见《张子全书》卷四，1719年清刻本，第14页上至第17页下。

[4] D. C. Twitchett，“Documents on Clan Administration：I. The Rules of Administration of the Charitable Estate of the Fan Clan”，*Asia Major*（New Series）7. 1（1960-61）：p. 1-35.

[5] 牧野巽曾就《家礼》展开讨论，内容参见牧野巽「近世中国宗族研究」（日光書院，1949年），11—27頁。

[6] 参见罗大经《鹤林玉露》卷十七《陆氏义门》，商务印书馆1920年版，第6页上至第7页下。

[7] 赵鼎：《家训笔录》，《函海》本，1144年序。作者认为，如果数量众多的家族成员聚居一处，修订永久的家法很有必要。

[8] 袁采：《袁氏世范》，《知不足斋丛书》本，袁采在其中制定了详细的规范，要求家人遵守。

[9] Hui-chen Wang Liu，*The Traditional Chinese Clan Rules*，N. Y：Locust Valley，1959.

相关的要求。而且，一旦决定同居共财，其组织方式也是个人的选择和发明。但是国家律法仍有作用：如果父母仍然健在，儿子拥有私人田产和独立住处，就会受到律法的惩治。[1] 元代的条例也不例外，不允许父子分家的行为。[2] 还有，以“共财”为基础的大家庭形成之后，对于违背家长的家庭成员，律法也会予以惩治。[3]

郑氏家族汇聚家族财产的方式十分独特，虽然与范氏宗族有一些共同的特征（比如义冢），郑氏家族并没有完全仿照范氏的例子。范氏宗族以义庄的方式汇集财产，以惠及宗族成员为目的。他们不禁止宗族内的分支和个人拥有私产。当然，他们也期望各分支和各成员都能参与义庄这一共同的宗族大事。义庄是一个由范氏子孙永远守护的永久性财产托管。[4]

朱熹的《朱子家礼》强调祠堂的重要性，他坚持每一个宗族都应该有自己的祠堂来祭祀四世祖先，并且需要设置祭田，作为共同所有的收入来源，专门用于祠堂的花费。[5] 在这些提议中，朱熹援引程颐（1033—1107）的观点，程颐认为家庭或者宗族应当祭祀始祖，即最早迁居当地最先繁衍宗族的那位祖先。[6]

郑氏家族综合了以上的各种元素，他们祭祀所有的祖先，特别是始祖。通过这种方式，他们将家族的概念扩大，突破了血缘、土地和时间的限制。并且，他们将全部的族中财产转化成永久的家族

---

[1] 仁井田陞：《中国身份地位法发展史》，第442—451页。

[2] 清水盛光：《中国家族的构造》，第158页。

[3] 仁井田陞：《中国身份地位法发展史》，第451页。

[4] D. C. Twitchett, “The Fan Clan's Charitable Estate, 1050-1760”, in David S. Nivison and Arthur F Wright eds., *Confucianism in Action*, Stanford University Press, 1959, p. 97-133.

[5] 牧野巽『近世中国宗族研究』18—19頁。清水盛光『中国族產制度考』13—16頁。

[6] 清水盛光『中国族產制度考』85—87頁。

共有。他们重申了朱熹关于祭田和其他田地的区别，将祭田确定为祭祖所需花费的特定收入来源（祭田收入是可以预估的）。

郑氏家族结构具有双重特性：一方面，它是共享资源以获得共同的平等的经济利益的家众共同体；另一方面，它是通过祭祖等仪式延续的父权性机制。这一双重结构在其双重领导方面得到反映：家长和宗子。

《郑氏规范》对家长和宗子的角色区分很清楚，其中后者似乎更具形式上的重要性。在具体生活中，在两者之间的关系中家长地位更重。作为一个俗务的管理者，家长对宗子也拥有权威。考察两者之间的关系及其分别与家族成员之间的关系，就可以得出以上的结论。

家族首先是由血缘定义的，因为家族最基本的性质是父系血缘；家族也是一个比血缘关系更大的家庭共同体，其根本的特性则是经济。其轻重关系在规范中得到体现。规范开篇遵循朱熹的观点，规定“立祠堂”。规范随后则与朱熹分道，规定祠堂的目的是让家族成员“奉先世神主”，因此所有的祖先都得到祭祀，而不仅仅是四世祖先。规范同时要求家族成员每月初一、十五参谒祠堂。紧随其后的若干条规范都是对家族成员在祠堂中的行为提出要求。其中一条规范设置“督过”一职，其职责在于监督家族成员在祠堂中的仪态，惩罚行为不当之人（条目 4）。另一条规范规定设置祭田，并规定在祠堂对这些田产进行登记的方式（条目 5）。最后，《郑氏规范》第 7 条至第 10 条规定了宗子的作用。而在这之后的第 11 条至第 23 条则罗列了家长的地位及其所需承担的责任。

尽管《郑氏规范》规定宗子在形式方面的重要地位，宗子的作用其实简单。在祠堂里，他是始祖后继子孙的代表，主持并率领众人进行所有的祭祖仪式。而与之不同的是，家长则掌管家族各方面的事务。[1] 在祭祀之外的所有事务中，家长是负有责任的权威。他对家庭成员的违法犯罪行为负法律责任；按照法律的规定，他需要向地方政府如实上报家族财产，他是宗族财产的最高管理者；在处理家族成员之间的纠纷或各种行为不端方面，家长也具有适度的司法权威。[2] 因此，可以这样说，宗子的影响力在于与祭祀活动相关的男性血系子孙、未出嫁的女性家族成员以及子孙之妇；家长则掌控了祠堂之外的所有家族事宜。

然而，在相当多的情况下，家长的权威也进入了祠堂。比如，家众一月两次拜谒祠堂，是由家长率领的（条目 11）。尽管这两次拜谒没有祭祀的活动，但家长在祠堂这一神圣之地仍有职责。

即使在这样的权力跨界中也可以看到，家长的职责在于他是家众的首脑，而非子孙的领袖。关于家长与宗子更好的区别，或许可以表述如下：家长管理的是家众，宗子主持的是血缘宗亲。宗子对于子孙在祭祖方面的行为具有完全的权威；而家长的权威则体现在所有家族成员的俗世事务。当然，家长也受惠于祠堂，家长会利用祠堂这一场所来强化他在大家族中的权威。

《郑氏规范》对宗子的有限权威和职责有明确的规定。条目 7 规定：“宗子上奉祖考，下一宗族。”按照这一定义，宗子是家族世系的联结和焦点。与始祖有血缘关系的成员通过宗子这一中介，通过祭祀落实这一关系。

宗子对于宗系的仪式上的权威，虽然很重要也很基本，但是即

---

[1] 清水泰次认为宗子一职的继承是后辈继承，类似于父死子继；家长一职的继承是同辈继承，类似于兄终弟及。

[2] 有关家长责权的问题，可参见仁井田陞的《中国身份地位法发展史》第 418—425 页；以及清水盛光的《中国家族的构造》第 488—522 页。

使在宗子的领域，即祠堂之内，他也并不具有自主的权威。这是《郑氏规范》中至关重要的也是很奇特的一面。

家长可以对宗子施加权威。因为宗子只是一个角色，具有单纯的仪式性，这个角色和在职的人是分开的。因此，在这一职位上的人并不能从宗子这一角色中获得不可剥夺的权威，宗子需要符合行为准则，如果没有达到要求，宗子就会被其他人取代。所以条目 7 规定：

> 家长当极力教养（宗子），若其不肖，当遵横渠张子之说，择次贤者易之。[1]

这样，宗子作为个人，必须按照规范标准行事，而家长是宗子行为是否符合规范的裁定者。宗子这一职位并不全然由血缘决定，他也必须是一个适合的人选。因此，他的权威来自他对于其职责的落实，而不是来自遗传，而且他的权威局限于祖先祭祀。

《郑氏规范》没有说明如何推举家长，也没有指出在现任家长能力不足的情况下，如何进行替换。规范只是规定，“若其不能任事，次者佐之”（条目 14）。因此，家长不是规范的产物，在某种意义上，家长存在于规范之上。

家长在规范中是一个有深厚基础的角色。他联结了权威的两层重要来源。我们已经提到了第一个，即传统的和习惯的伦理思想；[2] 第二个是祖先精神，这一方面值得特别关注。

就祭祖一事而言，家长当然和其他家庭成员并无二致。当他进入祠堂时，理论上他与众人一样，需要接受监督者的仔细监督，看

[1] 参见张载：《张子全书》卷四，康熙五十五年刻本，第 14 页上至第 17 页下，张载在卷四，第 16 页下中写道：“宗子不善，则别择其次贤者立之。”

[2] 清水盛光讨论了家长权威的中国传统基础，参见他的著作《中国家族的构造》第 431—448 页。

是否存在失仪的行为，而且，每月两次，家长必须聆听一名子弟朗诵如下禁令：

> 听，听，听！凡为子者必孝其亲，为妻者必敬其夫，为兄者必爱其弟，为弟者必恭其兄。听，听，听！毋徇私以妨大义，毋怠惰以荒厥事，毋纵奢以干天刑，毋用妇言以间和气，毋为横非以扰门庭，毋耽麴糵以乱厥性，有一于此，既殒尔德，复隳尔允，眷兹祖训，实系兴废，言之再三，尔宜深戒！听，听，听！[1]

家长不仅要尊重礼仪，他还需要祖先的帮助，以落实拥有私产这样的禁令。《郑氏规范》规定，一旦家长知道家庭成员拥有非法的私人财产，他需要在祠堂聚集家众并且向家众通报这一罪行：“（家长）击鼓声罪而榜于壁。”（条目 17）公堂没收该非法财产。如果该家庭成员不服，就会被论为不孝，并上报官府。

威胁告官是最后之选，宗族当然希望自己能解决这样的问题。因此祠堂像是一个“审判”的场所，家长当众谴责违规的成员，这是其强化其权威的一种手段。同样，家族成员中有沉迷赌博的，或者其他一应违背礼法之事的，家长也要“告于”祠堂，并将违规家庭成员的名字从家族谱系中削去（条目 18）。除名意味着切断这些家族成员与祖先的关系，不再有资格从家族共有财产中获利。

家长在任命家族组织中的职位时并非完全自主。很多职位都有任期。每次任期结束，前后任交接时，双方均要聚集祠堂，拜谒祖

[1] 此处引用的禁令出自规范 11 条，看起来受启发于陆象山家族使用的类似禁令，参见罗大经：《鹤林玉露》卷十七《陆氏义门》，商务印书馆 1920 年版，第 6 页上至第 7 页下。关于家长权威的限制问题，清水盛光的著作《中国家族的构造》是最基本的参考，参见第 491—522 页。也可以参见 Hui-chen Wang Liu, *The Traditional Chinese Clan Rules*, p. 90。

先，以书写的祝祷告知祖先新一任的掌事。然后新任掌事再拜家长，在以上的活动背后均有祖先的权威，完成这些流程后，新任掌事就可以被授权领事了（条目22）。

因此，存在家族机构中的以及以规范形式确定下来的权威，来源于祖先、家长和更大的家族共同体之间的关系网络。这些关系，以及规范的声望，会在家族子孙迎娶妻子之后的仪式中进一步强化。

规范规定，男性子孙娶妇之后第三天，新妇拜谒祠堂，新郎拜中堂，行“受家规之礼”。在这一仪式中，新郎先向家长拜四拜，家长授之以家规，嘱其谨守勿失。新郎再次向家长拜四拜，仪式宣告结束。在这一时刻，新郎具有了在郑氏大家族中建立新的家庭分支的资格（条目76）。

新郎在中堂接受规范，以及新娘在祠堂中亮相，这些仪式活动使规范和家长的权威得到了强化。新郎和新娘分别表达他们对郑氏祖先、《郑氏规范》以及家长权威的接受。

已经行冠礼的男子需要每月轮流当众背诵“已记之书，及谱图家范之类”。如果有人第一次没有通过背诵，他就要被去头巾一天作为惩罚；如果第二次没有通过，他会被去巾两天；如果第三次没有通过，他可以领取的衣服和食品就会被减少到未加冠男子的水平。只有背诵通过之后，才能恢复其配给（条目70）。很明显，所有男性子孙都被要求熟记规范，未能熟记的，会受到去头巾以及减少配给的经济处罚。

规范规划了家族成员的生活和度支，规范也依赖众多的制裁方式，以制止偏离理想行为的做法。一些制裁前文有所提及，这些制裁包括：

——口头训斥。

——以不孝论。

——暂时性摘去头巾。

——公开的书面谴责。

——杖责和鞭打。

——罚跪拜。

——逐出宗族和除名于宗谱。

——将违规者告于官府。

——减少配给。

家族中有不同的监管人员被授权处罚违规的家庭成员。除了家长，前文中提到的“监视”和“督过”都有这样的权力。监视记录家庭成员的违规行为，职掌重要。他掌管三类文簿，分别是：

——《劝惩簿》，其中监视逐月记录家族成员的功和过。与《劝惩簿》同时设置两块木牌，一块刻“劝”字，一块刻“惩”字，下空一截，张贴公告何人有何功、何人有何过，木牌悬挂于家众日常聚集的公堂，功过帖在其上张贴三天后才收走（条目 28、条目 29）。

——《推仁簿》，其中记录家族成员救助乡党之举。规范仔细说明，吝啬和沽名失实都会遭遇天谴（条目 100）。

——《夙兴簿》，家族成员在清晨听到钟声后就应起身，然后在《夙兴簿》上签名，没有签名是要被处罚的行为。条目 108 规定：“或有托故不书者，议罚。”

为家族之团结

除了不断地监督家族成员遵行行为规范、记录其功过，以及用不同的方式制裁违规行为以外,《郑氏规范》也设置了重要的措施灌输和教化家族成员。日常教育的主题为有助于举止得体以及服从家庭这一类的教导。然而《郑氏规范》设置了严格的日常活动来促进更大家族共同体的团结。关于这点,有必要查看条目12:

每旦,击钟二十四声,家众俱兴。四声咸盥漱,八声入有序堂。[1] 家长中坐,男女分坐左右,令未冠子弟朗诵男女训戒之辞。

《男训》云:“人家盛衰,皆系乎积善与积恶而已。何谓积善?居家则孝悌,处事则仁恕,凡所以济人者皆是也;何谓积恶?恃己之势以自强,克人之财以自富,凡所以欺心者皆是也。是故能爱子孙者遗之善,不爱子孙者遗之恶。《传》曰:‘积善之家必有余庆,积不善之家必有余殃。’[2] 天理昭然,各宜深省。”

《女训》云:“家之和与不和,皆系妇人之贤否。何谓贤?事舅姑以孝顺,奉丈夫以恭敬,待娣姒以温和,接子孙以慈爱,如此之类是也;何谓不贤?淫狎妒忌,恃强凌弱,摇鼓是非,纵意徇私,如此之类是也。天道甚近,福善祸淫,为妇人者不可不畏。”

诵毕,男女起,向家长一揖,复分左右行,会揖而退。九声,男会膳于同心堂,女会膳于安贞堂。三时并同。其不至者,家长规之。

---

[1] “有序”见于《易经》,《易经》的英译本可以参见 Richard Wilhelm and Cary Baynes, *The I Ching or Book of Changes*, New York: Pantheon Books, 1950, I, p. 217。

[2] 从本段评论至卦象二,参见 Wilhelm and Baynes, *The I Ching or Book of Changes*, Ⅱ, p. 26-27。

中国文化中一种主要的社会控制方法是行为的仪式化，过去是这样，现在也可能还是如此。这些仪式化的行为或者是全国性的，由政府主持；或者是地方性的，由家族主持。仪式化，或者说将可接受的行为规范表演出来，是将社会可接受行为日常化的有效途径。《郑氏规范》体现了这类社会控制和教化中更宽阔、更为根本的中国式关注。在上文讨论的条目 11 和条目 12 中，有清晰的体现。

男女有别是郑氏家族的大事，规范中有不少条目予以关注。郑氏家族以奉行以下原则闻名：妇女的言论不能干扰家族事务的管理。[1] 规范体现了这一原则，在这一原则下，一个孀居的寡妇要将她的意愿凌驾于家长的职责之上是几乎不可能的。孝道和公平合理之间存在经典性的冲突，在中国的很多家庭出现，《郑氏规范》设置了不同的条目来规避这样的冲突。在规范的规定之下，一个年长的寡妇，比如已故家长的妻子，在理论上很难凭借孝道这一伦理获得家众或者继任家长的顺服与对自己的让步。在更大的家族事务领域，她也不能用孝道来干预其儿子的决定。

孝道将最强烈的情感集中于父母和子女之间的密切关系。为此，孝道可能会与郑氏家族这样的大家族共同体提出的家族团结的要求发生冲突。[2] 尽管孝道是中国的基本伦理，然而具有讽刺意味的是，孝道其实威胁到大家族的经济团结。因此《郑氏规范》采取了不同的措施来克服由孝道造成的潜在的、家族不和的影响。措施之一是规定家长和家众每日会面，并要求家众表达同等的对家长权威的服从。措施之二即是强化性别隔离。

性别隔离可以被视为清教徒式的、原教旨主义的政策，也可以

[1] John W. Dardess, “*The Cheng Communal Family*”, p. 18, 20.

[2] 清水盛光：《中国家族的构造》，第 444 页。

被视为将孝道限制在直系亲属的、小家庭范围之内的功能性的一种手段。《郑氏规范》规定，在宴会上，男女不得相互敬酒（条目139）。《郑氏规范》要求诸妇全心投入养蚕和丝织品生产。她们与郑氏之外的亲戚往来有严格的限制，如果亲戚来探望她们，需要由郑氏子弟护送亲戚进门，如果天黑已经点灯，那么任何探视都不被允许。如果妻子违反了规范，丈夫就会被处罚（条目160）。为了避嫌，男女使用不同的厕所和浴室（条目166）。“男女授受不亲”这一常规的禁令得到重申（条目167）。这些条目绝大部分都可以在《礼记》[1] 中找到出处，这一传统的礼仪禁令通过限制女性来维护宗族的利益和团结。因此，《郑氏规范》禁止年轻的母亲接受除自己儿子和儿媳以外的人的跪拜礼（条目165），借此小心地限制女性以礼仪为基础的权威。极其重要的是，规范要求监视监督这一规范的落实，对于违规的行为，他有权予以惩治。儿子以外的男性子弟对年轻母亲表达尊敬的唯一形式是长揖。[2] 与之形成鲜明对比的是，家长比他自己的母亲享有更多的仪式性权威。当然，在他这一房中，他有义务做一名孝子。然而《郑氏规范》明确规定，他作为家众家长的角色优先于作为孝顺儿子的角色。而他的母亲，毕竟只是一个需要每日向其表示服从的家众。

郑氏家族努力控制女性可能为家族团结带来的潜在的家族不和的影响，这基于广泛存在的共识，即女性存在惠顾其血亲的危险倾向。在他的著作《至正直记》中，元代的孔齐提到了这一共识，并且高度赞扬了郑氏家族采取措施对这一倾向进行遏制。他引用了两

[1] 特别是在《礼记·内则》中。《礼记》的翻译可参见 James Legge，*The Li Ki*（Sacred Books of the East），Oxford，Clarendon Press，1885，I，p. 449-479。

[2] 除此之外，规范只提到主母，主母负责家中诸妇的养蚕纺织之事。

条“郑氏规范”，其中一条并不见于本文利用的168条版的《郑氏规范》，另一条则是条目63：

> 亲宾往来，掌宾客者禀于家长，当以诚意延款，务合其宜。虽至亲，亦宜宿于外馆。

孔齐高度评价了这条规范：

> 此规尤善，盖杜渐防微之遗意。尝见浙西富家，多以母妻之党，中表子弟，使之入室混淆，渐致不美之事。此无他，盖主者不学无术，又无刚肠，纵令妇人辈溺于私亲，失于防闲之道，往往蹈此辙耳。[1]

郑氏家族属于浙东，在孔齐看来，郑氏家族全然避免了浙西家族常见的“不美”之事。孔齐所说的“不美”之事，暗指宗族诸妇对家族以外的人的惠顾。从本家族的观点出发，这样的惠顾不仅不利于宗族的团结一致，宝贵的财产的流失也损害了宗族的经济利益。

孔齐引用的第二条规范，不见于本文依据的《郑氏规范》，该规范表明郑氏家族利用各种方式限制外人进入内室。该规范规定如下：

> 仆人无故不入中门，[2] 亦不可与媵妾亲授。既立一转轮盘供送器物，又立一灶于其侧，外则注水而爨，内则汲汤而醴，子孙守之，勿轻改易。[3]

---

[1] 孔齐：《至正直记》卷二，粤雅堂丛书本，同治元年刊本，第8页上。

[2] 中门，根据朱熹的观点，是指祠堂外的门，参见《朱子家礼》卷一，洪氏公善堂丛书，第1页上。《郑氏规范》中，“中门”含义有所不同，是指家族内院的正门。

[3] 孔齐：《至正直记》卷二，粤雅堂丛书本，第8页上至第8页下。

在孔齐看来，这两条规范彻底根除了妇道不当对家族的影响，他发誓在本家族的治理中，他要将这些铭记于心。换言之，孔齐见证了如下的事实，即郑氏家族通过特别的努力，防止本宗族以外的人在家族的内庭产生影响，这一努力促进了郑氏家族的团结。

从内部而言，家族本身在以下两个不同的方面都有自然的层级分布，他们并不总是处于和谐的状态。一方面是正式的世系上的层级，通过四世之后男性后裔的命名得以明确的展现，每一辈分取名都有确定的规则。第四代使用反文旁（如政字）；第五代使用德字（如德璋）；第六代使用文字（如文厚）；第七代使用金字旁（如钦）。自此之后，子孙之名依照五行顺序依次作为偏旁，金之后是水，因此第八代使用水字旁，比如涛；第九代使用木字旁，比如楷；第十代使用火字旁，比如炳；第十一代使用土字旁，比如奎。

以男子命名作为正式世系象征的分层，和年龄的分层并不匹配。很可能后一辈分的人比前一辈分的人出生要早。比如郑燿，生于1326年，比他年幼的叔辈郑楫（1338—1359）早出生12年。[1]这使得世系分层和年龄分层之间出现冲突。《郑氏规范》选择偏重年龄分层来避免这种冲突，一些条目中明确规定年龄分层占主导，比如：

卑幼不得抵抗尊长，一日之长皆是。其有出言不逊、所行悖戾者，姑诲之。诲之不悛者，则重箠之。（条目105）

子孙受长上诃责，不论是非，但当俯首默受，毋得分理。（条目106）

子孙固当竭力以奉尊长，为尊长者亦不可挟此自尊。攘拳

[1] 郑燿的事迹，参见宋濂：《宋学士文集》，国学基本丛书本，第370页。郑楫的事迹，参见宋濂：《宋文宪公全集》卷四十二，四部备要本，第9页上。

奋袂，忿言秽语，使人无所容身，甚非教养之道。若其有过，反复喻戒之；甚不得已者，会众箠之，以示耻辱。（条目107）

在家族的分层中，年龄比辈分重要；在家族事务的处理中，管理者这一角色定义比亲属这一角色定义更重要。通过这些方式，《郑氏规范》使家众团结一致。而《郑氏规范》这一受家众认可的家法，也使得人为制定的准则凌驾于传统的可能导致家族不和的准则之上。新的人为的准则的颁行，我们或许可以称为“法”，使家族掌事在做出将家族共同体的利益置于个人和小家庭利益之上这样的决定时，可以亮出规范以示权威。

法律的背景

《郑氏规范》这一家法连接了地方政府和个人。地方政府管理只到县一级，在郑氏家族所在的浦江地区，元代时的人口大约为12万。[1] 这个数字已经超出了规模不大的地方政府有效行政和治安的能力范围。基于这一背景，郑氏家族的努力可以被视为真正的地方立法的尝试。

元朝政府于1270年创设“社”这一机构，开始尝试地方治理。按照设定，每五十户组成一个社，[2] 众人推举一名德高望重的人

[1] 这是根据宋濂的估计，参见宋濂：《宋文宪公全集》卷五十三，四部备要本，第3页上。

[2] 有关社的研究，可以参考松本善海「元代に於ける社制の创立」東洋學報11編1号；井崎隆興：「元代社制の政治考察」東洋史研究15卷第1期；杨讷：《元代农村社制研究》，载《历史研究》1965年第4期；大田彌一郎「元代社制の性格」東洋學集刊第23辑；冈本敬二『通制条格の研究译注』第1辑（國書刊行會，1975年）153—154頁，『通制条格の研究译注』第2辑（國書刊行會，1972年）135—139頁。

担任社长。如果社没有达成期待的目标，社长需要承担责任，并有可能受到地方政府的惩罚。社长的责任在劝农、拓土、兴水利等。在处理社内纠纷时，社长也享有一些小的司法权威。此外，他代表社，管理义仓；负责学校，学校教授幼童《孝经》《小学》《论语》《孟子》之类的儒学经典和历史。[1]

社长和郑氏家长的作用、责任大体相同，此事并非巧合。两者的社会功能都是沟通地方政府和大众的中介。确实，家长有额外的顾虑和动机，这来源于他所管理的家更具个人化的特征。社长虽然由众人推选，却由政府起意与任命。因为社具有更多的非个人色彩，许多社长并不是理想的管理者。郑氏家族由于其家族属性，不容易受到管理不善的影响。但如果暂且搁置这些区别，显而易见的是，由家长管理的大家族，在自然村或聚集的村落的基础上建立的社，都是类似的具有中间性质的管理机构。

按照法律的规定，家长和社长一样，需要承担政府强加的法律责任。家长要为家族成员非法逃避劳役负责。[2] 家长要为税收负责，出于这个原因，《郑氏规范》设置了名为"掌门户"的职位，由老成多谋的人担任，作为家长的助手。他的作用是"输纳赋租，皆禀家长而行"（条目 31）。按照元代法律，土地买卖需要家长签字。[3] 根据唐、宋、金和明代的刑法，家长需要为家族成员的违法行为负法律责任。元代没有正式的刑法，但在蒙古治下的法律实践中，家长需要为家族成员负责的法律惯例得到维持。律条所考虑

[1]《大元圣政国朝典章》卷二十三，故宫出版社 1976 年版，第 2 页上至第 7 页上。

[2]《通制条格》，参见冈本敬二『通制条格の研究译注』第 1 辑 57 頁。郑氏家族自元代以来就被政府免除劳役。参见 John W. Dardess, "The Cheng Communal Family", p. 30。

[3]《大元圣政国朝典章》卷十九，故宫出版社 1976 年版，第 15 页上。亦参见清水盛光『支那家族の構造』511 頁。

到的家族成员的违法行为包括伪造钱币和触犯礼仪规定等。比如，《大明律》规定居丧之家，如果男女混杂饮酒食肉，家长杖八十。[1] 唐代和宋代的法律规定，如果家族的田地出现休耕并长满荒草，家长会受到处罚。[2]《郑氏规范》规定家族管事要招募佃户开垦荒芜的土地（条目43）。

法律也授权家长利用官府的惩治以处理忤逆的家族成员。这点在条目17和条目18中有明显的表达。而且，按照规范确定的不孝，正是从刑法中借用的犯罪类别。几乎所有中国传统的刑法都力图弹压的不孝，属十恶之一。根据《元史·刑法志》，不孝包括辱骂祖父母和父母，在祖父母和父母在世的情况下另立门户，各蓄家产，以及对他们的照顾不周等罪行。[3] 从某种程度上说，《郑氏规范》承担了地方政府依据刑法制裁不孝的任务。由此亦可以推论，《郑氏规范》作为合法的切实的地方法，得到国家刑法的全力支持。

附录：《郑氏规范》中的四类规范条目举例

在这一节，笔者从《郑氏规范》中选择一些条目并翻译。有一些条目涉及不止一种类型的规范。比如一条关于监管的规范条目，其中也详述了违反该条的处罚。然而出于简化的考虑，笔者在做分类时稍显武断。

第一类：财产类规范

条目5：拨常稔之田一百五十亩，世远逐增，别蓄其租，专充祭祀

[1] 清水盛光：《中国家族的构造》，第516页。
[2] 仁井田陞：《中国身份地位法发展史》，第420页。
[3] 《元史》卷一〇二，中华书局1976年版，第2607页。

之费。其田券印“义门郑氏祭田”六字，字号步亩亦当勒石祠堂之左，俾子孙永远保守。有言质鬻者以不孝论。

条目16：家中产业文券，既印“义门公堂产业子孙永守”等字，仍书字号。置立《砧基簿》书，告官印押，续置当如此法。家长会众封藏，不可擅开。不论长幼，有敢言质鬻者，以不孝论。

条目17：子孙倘有私置田业、私积货泉，事迹显然彰著，众得言之家长，家长率众告于祠堂，击鼓声罪而榜于壁。更邀其所与亲朋，告语之。所私即便拘纳公堂。有不服者，告官以不孝论。其有立心无私、积劳于家者，优礼遇之，更于《劝惩簿》上明记其绩，以示于后。

条目33：增拓产业，长上必须与掌门户者详其物与价等，然后行之。或掌门户者他出，必俟其归，方可交易。然又预使子弟亲去看视肥瘠及见在文凭无差，切不可鲁莽，以为子孙之害。

条目34：凡置产业，即时书于《受产簿》中，不许过于次日，仍用招人佃种。其或失时不行，家长朔望检点议罚。

条目35：增拓产业，彼则出于不得已，吾则欲为子孙悠久之计，当体究果直几缗，尽数还足。不可与驵侩交谋，潜萌侵人利已之心，否则天道好还，纵得之，必失之矣。交券务极分明，不可以物货逋负相准。或有欠者，后当索偿，又不可以秋税暗附他人之籍，使人陪输官府，积祸非轻。

第二类：监管类规范

1. 监视

条目25：择端严公明、可以服众者一人，监视诸事。四十以上方可，然必二年一轮。有善公言之，有不善亦公言之。如或知而不言，与言而非实，众告祠堂，鸣鼓声罪，而易置之。

条目26：监视莅事，告祠堂毕，集家众于有序堂，先拜尊长四拜，次受卑幼四拜，然后鸣鼓，细说家规，使肃听之。

条目 27：监视纠正一家之是非，所以为齐家之则，而家之盛衰系焉，不可顾忌不言。在上者，必当犯颜直谏，谏若不从，悦则复谏；在下者则教以人伦大义，不从则责，又不从则挞。

2. 主记

条目 30：设主记一人，以会货泉谷粟出纳之数。凡谷匣收满，主记封记，不许擅开，违者量轻重议罚。如遇开支，主记不亲视，罚亦如之。钥匙皆主记收，遇开则渐次付之，支讫，复还主记。

3. 掌门户

条目 31：选老成有知虑者通掌门户之事。输纳赋租，皆禀家长而行。至于山林陂池防范之务，与夫增拓田业之勤，计会财息之任，亦并属之。

4. 掌管旧事、掌管新事

条目 36：每年之中，命二人掌管新事，所掌收放钱粟之类；又命二人掌管旧事，所掌冠婚丧祭及饮食之类。然皆以六月而代，务使劳逸适均。

条目 39：新管置一《总租簿》，明写一年逐色谷若干石，总计若干石，又新置田若干石。此是一定之额，却于当年十二月望日，以所收者与前谷总较之，便知实欠多少，以凭催索。后索到者，别书于《畸零簿》，至交代时，却入《总租簿》内通算。

第三类：行为礼仪类规范

条目 6：子孙入祠堂者，当正衣冠，即如祖考在上，不得嬉笑、对语、疾步。晨昏皆当致恭而退。

条目 66：子弟未冠者，学业未成，不听食肉，古有是法。非惟有资于勤苦，抑欲其识齑盐之味。

条目 68：子弟年十六以上，许行冠礼，须能暗记四书五经正文，讲说大义方可行之。

条目73：婚嫁必须择温良有家法者，不可慕富贵以亏择配之义。其豪强、逆乱、世有恶疾者，毋得与议。

条目79：女子议亲，须谋于众，其或父母于幼年妄自许人者，公堂不与妆奁。

条目111：子孙不得谑浪败度、免巾徒跣。凡诸举动，不宜掉臂跳足以陷轻儇。见宾客亦当肃行祗揖，不可参差错乱。

条目112：子孙不得目观非礼之书，其涉戏谑淫亵之语者，即焚毁之，妖幻符咒之属并同。

条目125：子孙不得惑于邪说，溺于淫祀，以邀福于鬼神。

条目145：诸妇必须安祥恭敬，奉舅姑以孝，事丈夫以礼，待娣姒以和。然无故不出中门，夜行以烛，无烛则止。如其淫狎，即宜屏放。若有妒忌长舌者，姑诲之；诲之不悛，则责之；责之不悛，则出之。

第四类：刑事类规范

条目18：子孙赌博无赖及一应违于礼法之事，家长度其不可容，会众罚拜以愧之。但长一年者，受三十拜；又不悛，则会众痛箠之；又不悛，则陈于官而放绝之。仍告于祠堂，于宗图上削其名，三年能改者复之。

条目119：子孙年十二，于正月朔则出就外傅。见灯不许入中门，入者箠之。

条目136：子孙不得私造饮馔，以徇口腹之欲，违者姑诲之；诲之不悛，则责之。产者、病者不拘。

第三编

司　法

第九章

宋元法学中的“活法”*

中国传统法学中的基本问题是刑罚的适用问题。最伟大法律思想家们最关注的，或者说引起过最深入学理探讨的都是这一问题。历代“律”的核心是如何适用刑罚，因为它们具体规定了对各种特定犯罪的处罚。历代法典很少涉及犯罪的本质或律起源一类的理论问题。尽管这些问题未被全然忽视，但大体上只是间接地或粗略地被提到而已。

本文运用宋元两代的一些文献，对刑罚适用这一法学基本问题进行了探讨。本文较长的第一部分考察宋代的《刑统赋》及元代的几种注本，第二部分则研究反映在11世纪一桩重大案件中的一些问题。我认为，充分理解刑罚适用在中国传统法律中的核心地位，将有助于深入地理解从唐代到清代的历代法律制度。中国传统的法律秩序之所以能够不断重建并得以延续，其部分原因即在于法典的延续性。

---

* 本文原载于 *Harvard Journal of Asiatic Studies*, 41.1（1981）：165－217。作者感谢宾格（Karl Bunger）博士、张伟仁先生，以及柯恩（Jerome A. Cohen）、约翰逊（Wallace Johnson）、卡尔（John Karl）、马伯良（Brian McKnight）、西韦恩（Nathan Sivin）、威斯特（Philip West）等教授，他们为本文的初稿提出了有益的意见。本文的第一部分曾提交1978年由 American Council of Learned Societies 举办的有关东亚传统法律与国家的学术会议，感谢会议的组织者马伯良教授允许我以现在的形式发表这一部分。在论文的修改中，我还吸收了许多与会者所提出的有益意见。当然，一切错误由我负责。

日本著名的中国法律史学家仁井田陞认为，中国法律的基点是“罪刑法定主义”。[1] 其基本含义是：详细规定刑罚，以防止人民犯法和官吏枉法。但是，传统法律是针对具体犯罪行为的类型制定刑法条文，因此古代中国人所面临的问题就是如何对法律没有预见到的犯罪适用刑罚。当孔子对那些主要依赖法律治理国家的统治者表示不信任的时候，他可能已经意识到了这一问题。[2] 然而，我们没有理由认为孔子要废除法律，他只是强调道德优先于其他的控制手段。这表明，现行的法律与无形的道德之间存在冲突。同时还表明，在孔子看来，选拔官员时道德的因素应占首位，只有那些道德上合格的人才能委以重任。但如果真是这样，法律制度禁止官吏违法的作用就在某种程度上被削弱了。谁来制约或怎样来制约官吏呢？这种对法律作用的削弱所带来的风险，可能是儒家设计的社会所愿意承担的。因为按照这一观点，官吏的品行不良可以通过其他的途径，主要是行政监督、司法复审及注重对官吏选择的监督来予以纠正。[3]

早在唐代，孔颖达就在他的《春秋左传注疏》中指出了成文法律的局限性：

> 法之设文有限，民之犯罪无穷，为法立文不能网罗诸

---

[1] 仁井田陞在许多论著中提出过这个论点。参见仁井田陞『中国法制史研究：刑法』（東京大学出版會，1959 年）172—175 頁。

[2] 参见《论语》卷十三《子路》。*The Analects of Confucius*, trans. by Arthur Waley, George Allen & Unwin, 1938, p. 88. 也可参见 *The Analects of Confucius*, trans. by Arthur Waley, p. 172。孔子认为，如果刑罚不当，人民就会“无所措手足”（也就是说，民众会感到恐慌）。

[3] Kung-chuan Hsiao, *Legalism and Autocracy in Traditional China*, 2 Tsing-hua Journal of Chinese, p. 108-121 (1964).

罪，民之所犯不必正与法同，自然有危疑之理。[1]

尽管有这类保留看法，历代统治者却从未放弃过使用成文法律。为了使成文法律更实用和更能适应不断变化的社会生活条件，各种灵活的措施融进了法律之中，这主要是针对孔颖达所说的情形。至少已有五种措施得到了确认，[2] 可概述如下：

（1）二罪从重；

（2）适用禁止违令条或君主临时所颁制、敕断罪；[3]

（3）合理解释；[4]

（4）比附；[5]

（5）不应得为。[6]

为了使这些规定以合法的形式发生功效，法律要求受过良好训练的、品德高尚的人充任法官。[7] 在这方面，中国法律与某种程度上基于普通法传统的现代美国法律并无不同。由于中国法律秩序明确地规定了司法裁量权的适用领域，防止官吏滥用职权的一个重

---

[1] 转引自戴炎辉：《唐律通论》，台湾“国立”编译馆1977年版，第11—12页。最早的材料参见孔颖达：《春秋左传注疏》，收入阮元校刻：《十三经注疏》卷四十三，嘉庆二十年刻本，日本京都，中文出版社1971年影印版，第18页上。

[2] 戴炎辉：《唐律通论》，台湾“国立”编译馆1977年版，第17—18页。

[3] 《唐律疏议》，第449款，“违令”。参见《唐律疏议》第四册，台湾商务印书馆1969年版。（条款编号参照 *The T'ang Code*, *Volume* 1, *General Principles*, trans. by Wallace Johnson, Princeton University Press, 1979, p. 275-291。）

[4] 《唐律疏议》，台湾商务印书馆1969年版，第50款，“断罪无正条”。*The T'ang Code*, Volume 1, General Principles, p. 254-256.

[5] 关于传统中国法律中比附的探讨，参见 Fu-mei Chang Chen, *On Analogy in Ch'ing Law*, 30 Harvard Journal of Asiatic Studies, p. 212 - 224 (1970)；以及 Derk Bodde & Clarence Morris, *Law in Imperial China*, *Exemplified by* 190 *Ch'ing Dynasty Cases* (*Translated from the Hsing-an Hui-lan*) *with Historical*, *Social*, *and Juridical Commentaries*, Harvard University Press, 1967, p. 517-530。

[6] 《唐律疏议》，台湾商务印书馆1969年版，第450款，“不应得为”。

[7] 参见戴炎辉：《唐律通论》，台湾“国立”编译馆1977年版，第18页。

要方式就是选择恰当的人担任法官。

中国很早就有比附律令的原则。有关这一原则的最早表述见于《荀子》，近来的一些翻译对《荀子》中的这一段话有曲解。研究法律的中国学者也经常引用荀子的这段话。例如，本文将要讨论的一本书的注中即说：

> 先王立法置条，皆备犯事之情也。然人之情无穷，而法之意有限，以有限之法御无穷之情，则法之所以不及人情也。荀子曰，有法者以法行，[1] 无法者以类举，此之谓欤?[2]

其要点是说，任何法律的条文，无论其数目多大，都不能穷尽各种可能的犯罪。但法律可以比附使用，这样，有限的法律就可以应付人类无穷无尽和变化多端的各种行为。

在中国历史上，历代的士大夫和统治者们，都致力于维持成文而有限的但又必不可少的正式法律与非成文的、抽象而超验的正义要求之间的平衡。在这方面，宋代做出了重大贡献，其中一些成就引起了女真和蒙古统治时代一些学者的极大兴趣。

一、傅霖的《刑统赋》

《刑统》是宋代的基本法典，它在整个宋代被经常引用，对刑

[1] 《荀子·王制》："其有法者以法行，无法者以类举，听之尽也。" 参见《荀子》卷九《王制》，四部丛刊版。Burton Watson 英译为："Where laws exist, to carry them out; where they do not exist, to act in the spirit of precedent and analogy, this is the best way to hear proposals." *Hsun Tzu: Basic Writings*, Columbia University Press, 1963, p. 35. Homer H. Dubs 英译为："He who when there is no law, decides according to the analogies of the case is doing the utmost possible in hearing court." *The Works of Hsüntze*, Arthur Probsthain, 1928, p. 123. 这一段落的最后四个字未被译出。

[2] 《别本刑统赋解》，载沈家本：《枕碧楼丛书》，沈仕刊本 1913 年版，第 13 页。此处是《刑统赋》的注解，见《枕碧楼丛书》第 173—176 页。

法和司法起着重要的指导作用。[1] 尽管各代皇帝颁布了许多特别的实体法和程序法，尽管许多特别的实体法和程序法取代了《刑统》中的一些条文，《刑统》仍然是宋代司法的基础。它颁布于公元963年，实际上是对后周颁布于958年的刑法典《刑律统类》的修订和扩展。后周的《刑律统类》是对后唐（923—946）颁布于924年的同名法典的修订，而后唐的《刑律统类》又源于737年的另一部同名法典。所有的这些《刑律统类》都来自《唐律疏议》（最后的文本颁布于737年），因而确切地说，《宋刑统》的基本法律观念源于《唐律》。[2]

《刑统赋》及其注疏本包含宋元两代有关法律和审判的重要观点。《刑统赋》可能是北宋的律学博士傅霖所撰，但傅霖生平不详。《刑统赋》是宋人对《宋刑统》主要条款的评述，很值得研究。[3] 现存的《刑统赋疏》发挥了傅霖的论点，也使人们能够更准确地理

[1] 参见沈家本：《历代律令》卷六，台湾商务印书馆1976年版。关于“律”在中国历史上的基本作用及重要地位。参见笔者所撰“Law Statecraft, and the Spring and Autumn Annals in Yüan Political Thought”。曾提交1978年在华盛顿的Issaquah由ACLS举办的有关元代思想的学术会议，并收入即将出版的由Theodore de Bary和Hok-Lam Chan编辑的专题论文集中。收入本书第一编。——编者注

[2] 有关《宋刑统》的论述，见仁井田陞=牧野巽「故唐律疏議製作年代考」上篇 東方學報1931第4卷；「故唐律疏議製作年代考」下篇 東方學報1931第12卷；又见瀧川政次郎：『支那法制史研究』（有斐阁，1940）221頁；徐道邻：《中国法制史论集》，志文出版社1975年版，第273—278页。

[3] 关于《刑统赋》的研究，见瀧川政次郎：『支那法制史研究』221—242頁；仁井田陞=牧野巽「故唐律疏議製作年代考」下篇 東方學報1931第12卷。沈家本根据《刑统赋》的一个注确认傅霖是律学博士；见《寄簃文存》卷七《刑统同解跋》，收入《沈寄簃先生遗书甲编》，文化出版社1964年版，第6页上至第7页上。原注见《刑统赋疏》，第6页下。仁井田陞和牧野巽在「故唐律疏議製作年代考」下篇列举宋元时代三个同名的人。《刑统赋》的作者极有可能是北宋人。本文中笔者引用的《刑统赋》内容来自沈家本的《刑统赋疏》，因此引文也会标注《刑统赋疏》的页码。“律学博士”的称谓出现在唐以前。更多的解释参见长孙无忌在《唐律疏议》序文以及注疏。参见《唐律疏议》，台湾商务印书馆1969年版，第16页。

解他的作品。

《刑统赋》的原文完整地保存于现存的《刑统赋疏》中。《刑统赋》的主旨是法律通过常与变的相互作用而发展。它对法律的看法是：法律必须以永恒不变的原则为基础，同时又必须具有足够的应付特殊情形的灵活性，法律必须在永恒不变的原则与变化无穷的人类生活之间保持平衡。

在常与变或一般与个别之间保持平衡，反映了中国哲学的基本思想。《易经》的一个基本观点是变中有常。正如卫德明（Hellmut Wilhelm）指出的那样，《易经》的独特思想是认为变与常是宇宙的本质。[1] 很有影响力的《春秋公羊传》也阐述了“经”（不变的行为准则）与“权”（非常规的、权宜之计的行为或决断）的观念。[2] 这些观念是中国古代文化的基本因素，因而，它们出现在有关法律制度和法律秩序的思想中，是一点也不奇怪的。

在《刑统赋》和《刑统赋疏》所体现的法哲学中，法律仍被描述为既是变化的又是不变的。法律包括一些永恒的基本原则，通过这些原则确定针对大多数一般犯罪的制裁，同时又包括一些使这类制裁多样化的程序，以便根据道德伦理的观念对特殊的、法律没有规定的犯罪提供恰当的制裁。道德伦理的观念则来自儒家的等级原则和等级关系。

大多数儒家思想家都认为等级制是正当的，甚至认为是人类生活的理想状态。当然，家庭被看作天生就是等级性的。除此之外，以皇帝为首的、文官组织与军事组织并存于其中的国家也是等级性的。传统的法律秩序含有等级的观念，对犯罪的处罚因每个人

[1] 参见 Hellmut Wilhelm, *Change: Eight Lectures on the I Ching*, trans. Cary F. Baynes, Princeton University Press, 1960, p. 20-22。

[2] 参见日原立国『春秋公羊伝の研究』（創文社，1976）216—234 頁。

社会身份的不同而不同。

《刑统赋》是中国古代关于法律的韵体作品之一。这类作品并不多见。[1] 有人曾把它与古代撒克森人的韵体法典《撒克森明镜》(Sachsenspiegel) 相比较。[2] 当然，《刑统赋》对于中国人来说远不如《撒克森明镜》对撒克逊人那样重要。“赋”的文体起源于汉代以前，但除了这部重要的《刑统赋》，还没有见到以这种文体传播法律知识的事例。[3]

傅霖《刑统赋》的目的是用易于记诵的诗句来转述《宋刑统》的基本规定，因而，它既是对基本法律哲学的介绍，又是一部帮助人们记忆法典的备忘录或一种记忆法。

法律教育在宋代很受重视，与此相应，官僚士大夫们可能掌握了详细的法律知识。[4] 古代的教育主要面向公职人员。在唐宋时代，一个人可以参加有关律学的科举考试，竞争傅霖曾获得过的律学博士头衔。不过，除了律学，所有参加进士科举考试的生员，也要掌握一定的法律知识，这自然包括有关《刑统》的知识。

傅霖显然认为，他的《刑统赋》的读者应该包括为官者和将要为官者，而且这些人肯定会参与狱讼。对于文化精英们来说，《刑统赋》是一部指导性读本。

傅霖作品的读者应包括政府中从事司法工作的官员，这在《刑

---

[1] 明代的胡文焕曾作有《读律歌》，见于《格致丛书》；清代的梁他山作有《读律琯朗》，见于《啸园丛书》。另两部关于法律的韵体作品，参见《中国法制史参考书目简介》，法律出版社 1957 年版，第 204 页。

[2] 泷川政次郎：《中国法制史研究》，第 221 页。

[3] 《续刑统赋》显然由宋代的杨渊所作，但已不存在。参见孙祖基：《中国历代法家著述考》，进学书局 1970 年版，第 35 页。

[4] 参见徐道邻：《中国唐宋时代之法律教育》和《宋朝的法律考试》：收入其《中国法制史全集》，志文出版社 1975 年版，第 178—229 页；关于北宋文学家苏轼对法律的了解，见徐道邻的论集中有关苏轼的文章，第 309—337 页。

统赋》结尾处有明确的表述：

> 噫！吏之于法也，知非艰而用维艰，宜尽心于议刑之际。[1]

根据这段话，人们一定会赞同日本的先驱法律史学家泷川政次郎所说的，《刑统赋》是未来法官的行为指南。[2] 傅霖在《刑统赋》的开头即暗示了这一点：

> 律意虽远，人性可推。能举纲而不紊，用断狱以何疑。[3]

《刑统赋疏》的作者在这段话的注中说："律：《尔雅》，法也；《释名》，缧也，拘缧人心不得放肆。"[4]

这样一来，以上的这些引文就阐释了一种专制主义的法律理论，即法律是束缚人民思想和行为的工具。这一看法与刑罚制裁仅仅用于犯罪已经发生之后的看法不同。上述引文中的法律观念与控制的观念是分不开的，而在这方面，它们又与荀子的政治思想极为相似。[5]

---

[1] 《刑统赋疏》，第131页下。

[2] 泷川政次郎：《中国法制史研究》，第233页。

[3] 《刑统赋疏》，第1页上至第2页上。

[4] 《刑统赋疏》，第1页上。在《尔雅》中，"法"被解释为有刑罚与规则的意味，参见《尔雅》卷二《释诂第二》，四部丛刊版。"缧"字有"律"的意思，参见《释名》卷六，四部丛刊版。

[5] 《荀子》中有"驭民"、"衔辔"、"鞭策"等词，参见《荀子》卷八、卷十七，四部丛刊版，第11页下、第16页上。这些都是管理民众的隐喻。这些词句也出现在《大戴礼记》中，"德法者御民之衔勒也，吏者辔也，刑者策也；天子，御者，内史、太史左右手也。古者以法为衔勒，以官为辔，以刑为策，以人为手，故御天下数百年而不懈堕"，参见《大戴礼记》卷六《盛德第六十六》，四部丛刊版。《大戴礼记》中的这个观念引起了宋元之际学者的极大兴趣。在元代早期学者马端临著《文献通考》中也对之加以引用。参见《文献通考》，商务印书馆1936年万有文库版，第1463页。作为社会控制的工具，法经常被以这种隐喻的方式加以表述。《荀子》的观点在学者之中也很流行，例如在《唐律疏议》中，《荀子》观点就被加以引用，参见《唐律疏议》，台湾商务印书馆1969年版，第12款。Wallace Johnson 的译本中，这部分内容并未翻译。

金元两代，大约产生了十种关于《刑统赋》的注本，其中的多数编成于元代。元人对《唐律》怀有极大的兴趣，这也许表明他们对于《刑统赋》怀有同样的兴趣。[1] 徐道邻曾推测，生活在女真和蒙古统治下的汉族学者，之所以对《刑统赋》有兴趣，一半是由于民族主义情感。根据他的观点，在这些非汉族统治的时期，由于异族统治者可能的猜忌，公开提及宋代的法典是有风险的。正如他所指出的：“在异族统治之下，汉人怎敢明目张胆地议论旧朝代的法典？而恰好有《刑统赋》这篇文章在那里，从名目上看来，好像是一篇文艺作品。因之为之作注，不至于犯朝廷之忌。”[2]

徐道邻的前提是假定蒙古人留意汉人是否研习了宋代的法典，并对研习了宋代法典的人进行迫害。但这是不可能的。吴澄（1249—1333）是元代初期最重要的学者之一，他在教授国子学生员的文章中提及过《宋刑统》。[3] 当然，蒙古人统治中国时期确实没有“律”，他们还在1272年废除了金朝的《泰和律》。元代是中国历史上唯一没有法典的主要王朝。元代的学者们之所以对唐宋两代的法典感兴趣，最重要的原因可能就在于此。徐道邻是在考察了那些传播唐宋两代法典知识的有关《刑统赋》的作品后才指出这种可能性的。金元两代学者对《刑统赋》的兴趣具有很重要的意义。

已知的十种有关《刑统赋》的注本，只有四种流传至今。这四种注本都是抄本，由沈家本收集，并于1913年印行。[4] 四种注本也都是元人的作品。它们是：

---

[1] 关于这一点的讨论，参见拙著：“Political Thought in Chin-hua under Mngol Rule”，in Langlois, ed., *China under Mongol Rule*, Princeton University Press, 1981, p. 137-185. 收入本书第一编。——编者注

[2] 徐道邻：《中国法制史论集》，志文出版社1975年版，第285页。

[3] 吴澄：《草庐吴文正公集》卷四十九《道学基统·学统》，乾隆二十一年刊本，第8页下。

[4] 全部收入《枕碧楼丛书》。

（1）《刑统赋疏》，沈仲纬撰，有1339年俞淖所撰的序，又有1341年杨维桢[1]（1296—1370）所撰的序。这是四种现存注本中最好的一种，因为在每一行“赋”之后都有“直解”，这等于是对原文清楚易懂的解释。在大多数情况下，直解之后又有说明性的“通例”，选自元代现行的断例。[2] 沈仲纬可能生活于元世祖忽必烈时期。[3]

（2）《刑统赋解》，共分三个部分：郄某所作的“解”；也是郡某所作的“歌”，是帮助记忆的解释“解”的四言韵句；王亮所作的“增注”。[4] 王亮可能就是《唐律纂例》和《唐律疏议释文》的作者王元亮。《刑统赋解》有著名画家赵孟頫（1254—1322）作于1316年的序。据仁井田陞和牧野巽的研究，赵序是为第一部分和第二部分（“解”和“歌”）作的，这两部分曾合在一起作为一部完整作品而刊行。第三部分可能产生于元代后期。增注中有许多有关法律的引文，出自金代的《泰和律》。[5]

（3）《粗解刑统赋》，孟奎撰。有孟奎作于1340年的序，又有沈维时作于1352年的序。仁井田陞和牧野巽认为，这个注本理应

[1] 杨维桢的传记参见 *Dictionary of Ming Biography*（1368－1644），eds.，L. C. Goodrich & C. Y. Fang，Columbia University Press，1976，p. 1547－1553。

[2] 沈家本《寄簃文存》卷七，《刑统赋疏跋》云：“其书于原赋逐句为之疏，并引《唐律疏义》以证明之。疏之后为直解，语较简质。有解后为通例，则引元代断例及案牍以相印证。”可作参照。——编者注

[3] 泷川政次郎：《中国法制史研究》，第239页。

[4] 此处作者可能有误。《刑统赋解》题宋傅霖撰，元东原郄某韵释（“歌”），元益都王亮增注，不说郄某“解”。又据《四库全书总目》提及赵孟頫、朱彝尊等的序跋，都说郄氏作韵释，而不说作“解”。有的则直说“解”为傅霖所作。如《铁琴铜剑楼藏书目录》：“其中解曰云云，出自傅氏自注，歌曰云云是郄氏韵释，增注曰云云出自王氏。”以上均见《枕碧楼丛书》。——编者注

[5] 仁井田陞=牧野巽「故唐律疏議製作年代考」下篇 東方學報1931年第12卷。

以“粗”名之，其中错误充斥且过于简略。[1]

（4）《别本刑统赋解》，作者佚名且内容不完整，头两韵已失。

法律与人情

傅霖的《刑统赋》及各种注本认为，如果不认真考虑与犯罪相关的因素，法律就不能确立绝对的适用准则。这反映了作者们在思索法律时的矛盾心理，这种心理在许多古文献中都可见到。这是一个悖论，法律被看作既是必要的，又是机能不健全的。杨维桢在他的《刑统赋》的序中即说：“刑定律有限，情博受无穷，世欲以有限之律律天下无穷之情，亦不难哉？”[2] 他认为，无论法律的数量有多少，也无论法律的规模有多大，都不足以覆盖所有的非法行为。只有通晓人情和法律两者之后，才能正确地运用法律。

同样，俞淖也在他所作的序中指出：“徒守其文在律之所已定者，不足以该其情也。”[3] 他接着说，傅霖就是为此而撰写《刑统赋》的，其目的就是“申公法”。此外，傅霖还要通过阐明“律之意”，以“敬民命于议刑之际”。换句话说，所谓“公正的法律”，是指处刑时不仅要参照法律条文，而且要充分参照和考虑人情的法律。

“情”的原有含义是“情感”或“自然之情”，但在法律文句中，它通常含有“事实”的意味。例如，说某个案子的“情”或

[1] 仁井田陞=牧野巽「故唐律疏議製作年代考」下篇 東方學報 1931 年第 12 卷。

[2] 收入《刑统赋疏》。但这个序不见于杨维桢现存的文集，而他为已经散佚的《刑统赋释义》所作的序却载于他的《东维子文集》卷一，参见《东维子文集》卷一，四部丛刊版，第 8 页下至第 9 页上。

[3] 《刑统赋疏》俞淖《序》，参见《刑统赋疏》，第 1 页上。

“事实”。包含于“情”之中的，既有案件中有形的事实，又有无形的诸如当事人之间关系一类的东西。当《刑统赋疏》说“情有万殊，事有万变”[1] 的时候，其含义是，人的行为的感情因素是人情的重要方面，而这种感情因素又使得人情难以预测。

“情”字不指罪犯实施犯罪时的心理或情感状态。中国法律一般不追究罪犯的心理状态。在美国刑法中，罪犯有时可以借精神错乱为由进行辩护。在这类案件中，法律必须确定被告在实施犯罪时是否精神错乱。在中国法律中，虽然精神病患者对他们的犯罪不负刑事责任[2]，但一时的精神错乱不能成为辩护的理由。调查一桩案子的“情”，并不包括评估罪犯实施犯罪时的心理状态，侧重点只在于他的行为。

在一桩案子中，“情”是很难评估的，因为在实际上它与犯罪行为的凶残程度或危险性有关。调查一桩犯罪的“情”，包括询问罪犯和受害者的身份，犯罪行凶的方式，犯罪的目的，等等。在一桩杀害父母的案子中，“情”的凶残性要远远重于过失杀害一个没有亲属关系的人。所以，“情”在意思上和具体使用上与犯罪行为这一词汇相似。

中华帝国的法律不是法家的法律。法家法律所要惩罚的犯罪，并不因为当事人之间的关系而有所改变。法家关于犯罪的定义与“情”的观念无关，因为犯罪是以非等级制的方式来界定的。而儒家化的法律则根据“情”而改变刑罚。[3] 据说，秦以后的法律

[1] 《刑统赋疏》，第 132 页。

[2] See Karl Bünger, “The Punishment of Lunatics and Negligents according to Classical Chinese Law”, 9. 2 *Studia Serica*, p. 1-16（1950）.

[3] 关于“法律的儒家化”，参见 T'ung-tsu Ch'ü（瞿同祖），*Law and Society in Traditional China*, Mouton & Co, 1965, p. 267-279。

由于儒家惯例和礼仪观念的强化而儒家化。法家的法律排斥“情”而儒家化的法律却包容了“情”。对于儒家来说，由于法律包容了“情”，才使得法律有了“活力”。按照儒家的观点，考虑刑事案件中的“情”，就使得法律与礼制紧密而恰当地结合起来，而礼制在中国的家庭生活和社会生活中又是极为重要的。法律考虑“情”的程度，也就是法律真正合法和符合正义的程度。

法律制度是通过经常性的改变刑罚的方式来考虑“情”的。历代的刑法典，包括《宋刑统》都确定了对某些特定犯罪（诸如杀人、抢劫）的处刑标准，而这些处罚又根据“情”而有所变化（加重或减轻）。

考察《刑统赋》及其注疏本的一些章节，将有助于说明这些法律程序。中国法律与美国法律一样，目的都是对犯罪适用刑罚。但人们可以认为，中国人的“犯罪”有可能是指“情”。本文所论述的文献指出：

> 古之制律，因字立法，缘情定罪，是以轻重得中。[1]

下面的这段话更能说明这一问题：

> 盖情有万殊，事有万变，法岂能尽情、人之事哉？执法之吏，知之虽不为难，而得之忧为难也。议刑之际，若能用古之法，续时之宜，量事之大小，推情之轻重，尽心而宜之，然后法无废而无失矣，事无失则刑不滥矣。[2]

上面是《刑统赋疏》结尾处的一段话，它向执法官吏概述了《刑统赋》的要旨，也概述了法官必须具有的思想态度和必须坚持

［1］《刑统赋疏》，第 19 页下。
［2］《刑统赋疏》，第 132 页上。

的价值观念。

犯罪的“情”意味着犯罪行为的凶残程度，下面的注疏有更进一步的具体说明：

> 圣人制理以分尊卑，制服以别亲疏，因服之亲疏以定刑之轻重，此立法之大意也。其有服轻而恩义深重，有胜于服者，苟犯于此，则罪不称情矣。凡此类者，又舍服而论恩义焉……由是观之，以服制亲疏定罪之轻重者，法之常；以恩义厚薄为罪之轻重者，法之变也。[1]

由于恰当地考虑案件中的“情”是判决的关键，所以法官应当努力，彻底了解每一桩案子中的“情”，并知道什么时候援引更合适的准则，以达到正义的目的。《刑统赋》的一个注释者认为“盖治狱之法，对鞫则情易得，偏听则辞难穷”。[2]

为了回到法律的灵活性这一问题上，我们可以认为，法官对案件“情”的认识应当影响他所做出的判决。法律包含司法自由裁量的内容，目的是矫正成文法律的内在缺陷。中国古代，人们经常为成文法律的缺陷而忧虑。根据法律“变”的理论，法典为某些犯罪规定的刑罚，法官可以根据他对犯罪发生时的情形的认识而加重或减轻，当然，法官行使这种自由裁量权有程度上的限制。此外，对这种权力的行使，还有非常重要的习惯上的限制。不过，《刑统赋》或其现存的所有注本都没有提及这些限制，只间接涉及这些限制。所以我们推断，这类对司法自由裁量权的限制，不是这些教本的中心议题。确实，这些教本主要阐述司法自由裁量权的创造

---

[1] 《刑统赋疏》，第78页。

[2] 《刑统赋疏》，第103页上。相似的词句也见于《别本刑统赋解》，第24页上。

性潜能，它们对法官的道德似乎想当然地抱有过于乐观的观点。但人们不应忘记法典中非常重要的，涉及官员渎职和贪污的那部分规定。

如前所述，法官的自由裁量权包括以比附的方式处断法典中没有明确规定的情形。这个问题在《刑统赋疏》中有一些详细叙述，值得简略地提及。允许法官运用比附引征法律，是假定法官和受法官判决影响的人们对犯罪的本质有完全一致的看法。

历代法典并不阐明它们所惩罚的犯罪的定义。犯罪定义存在于经典著作和社会规范中，而经典著作和社会规范又由精英人物确立或解释。正是这种“普通法”的犯罪定义使历代法典具有了针对“不应得为”的规定。《唐律疏议》有关这一规定的疏议（《宋刑统》逐字抄录）说：

> 其有在律在令无有正条，若不轻重相明，无文可以比附。临时处断，量情为罪，庶补遗阙，故立此条。[1]

法律教育中的一个难题即产生于对法律的这种态度之中，因为法官在判决罪犯时有很大的余地。德克·博德（Derk Bodde）把这一规定称为“catch-all”。[2] 虽然法律限定了触犯此条的杖刑数目，但如果施刑过于严酷，最高杖数的判决就可能致人死亡。[3] 这显然为司法官员的专断开了方便之门。而能够部分堵塞这一漏洞的重要途径就是重视对法官的教育和义理灌输。此外，有关程序的

---

[1] 《唐律疏议》，台湾商务印书馆1969年版，第450款，“不应得为”；《宋刑统》卷二十七《杂律》，“违令及不应得为而为”条，文海出版社1974年版，第950页。

[2] Derk Bodde & Clarence Morris, *Law in Imperial China, Exemplified by* 190 *Ch'ing Dynasty Cases Translated from the Hsing-an Hui-lan*, Harvard University Press, 1967, p. 159.

[3] 最高数目是杖八十，参见《唐律疏议》的《杂律》部分和《宋刑统》卷二十七《杂律》，文海出版社1974年版，第950页。

规定也有助于控制法官的任意专断，即法官的判决必须依据成文的法律。如果法官做出的裁决不是根据法典本身的规定，那就要依据经过正式编纂的、具有约束力的规则和皇帝的敕令。某些司法判决在执行之前还必须由上级官员复审。

法律的灵活性

《刑统赋》的价值即在于法律教育和灌输法律知识。实际上，它是司法上，尤其是法律“变”方面的入门书。正如傅霖所说：“（《宋刑统》）立万世之准绳，使民易避。撮诸条之机要，触类周知。”[1] 这是傅霖第一韵的结束语。当我们读到第二韵时，就触摸到了他的法律“变”的主题：“著而有定者，律之文；变而不穷者，法之意。”[2]

在傅霖看来，“法之意”是无法表达的。他好像是说法律的文字不能完全转达法律的意义。我们可以推断，这里的“法之意”是实现正义时法律的灵活性。

傅霖强调，法律面对人类行为的千变万化，应该具有灵活性，但他用以表述这一点的文字似乎是悖论性的。这些悖论成了理解法典中内在灵活性的线索。例如，他关于戏杀伤和过失杀伤的处罚说：“虽戏虽失，而不从戏失。”[3] 这句话提醒读者，法典中有对某几类罪犯宽大处刑的特别规定。几个注本都概述了这类规定，而这些注本本身又是《刑统赋》的重要附属品。

[1] 《刑统赋疏》，第3页下。

[2] 《刑统赋疏》，第4页下。

[3] 《刑统赋疏》，第109页上。Karl Bünger，“The Punishment of Lunatics and Negligents according to Classical Chinese Law”一文中，将“过失”翻译为“negligence”。

《刑统赋疏》通过引述《宋刑统》的有关条文解释了这一原则：

诸戏杀伤人者，减斗杀伤二等。[1]

这个注解释了减轻处罚的理由，即这里的伤害不是由当事人之间的恶意或敌意而引发的，而是当事人无意造成的。

诸过失杀伤人者，各依其状，以赎论。[2]

《刑统赋疏》引述律文的注解释了过失。[3] 这是法律的一般规定。《刑统赋疏》又说，此规定只适用于涉及“凡人”的案子。事实上，凡人是指非官员，“礼”或身份惯例与他们无关。这条规定也适用于相互间的丧服关系为大功以下的亲属。[4]

对期亲以上的尊长戏杀伤，所处的刑罚要重于法律规定的一般性刑罚。《刑统赋疏》解释隐含于这一规定之后的道理说：“盖事之道，当以恭敬为主。”[5] 换句话说，如果允许法律宽大戏杀伤期亲尊长的人，或者宽大没有预见与尊亲属相戏斗的后果的人，那就是错误的。可以用美国的术语说，due care（适当注意）的标准因丧服关系的不同而不同。

德克·博德在《中华帝国的法律》所撰写的章节中详细叙述了

[1] 《宋刑统》卷二十三《斗讼》，“戏杀伤”，文海出版社 1974 年版，第 761 页。《唐律疏议》，台湾商务印书馆 1969 年版，第 338 款，“戏杀伤人”内容相同。

[2] 《宋刑统》卷二十三《斗讼》，“过失杀伤”，文海出版社 1974 年版，第 764 页；《唐律疏议》，台湾商务印书馆 1969 年版，第 339 款，“过失杀伤人”。

[3] 参见 Karl Bünger, “The Punishment of Lunatics and Negligents According to Classical Chinese Law”一文的第 13 页中，对于《唐律疏议》中“过失”的界定。

[4] 《刑统赋疏》，第 109 页下：“其卑幼之于期亲以上尊长则又不同焉。”丧礼分为五种，参见 Derk Bodde & Clarence Morris, *Law in Imperial China, Exemplified by 190 Ch'ing Dynasty Cases Translated from the Hsing-an Hui-lan*, p. 38。

[5] 《刑统赋疏》，第 109 页下。

中国法律的这一侧面。他指出，许多在大家族中的犯罪，处罚因丧服关系中的尊长对卑幼或卑幼对尊长的不同而异。[1]

《刑统赋疏》说，根据上面所说的原则，卑幼戏杀伤期亲尊长、外祖父母，妻戏杀伤夫之祖父母，不得减轻处罚。也就是说正常的从轻处罚不适用于这种戏杀伤。所以，《宋刑统》规定，依据斗杀伤法论处，斗杀者处以绞刑。[2] 如果可以减轻处罚，那就是减二等流三千里。[3]

为了阐明这些规定，《刑统赋疏》用了元代的一个案子来说明法律推理的主要因素。案子发生于1280年。济南路向刑部申报一桩涉及一个名叫柳温的人的案子。柳温因疯病举发，指骂亲生母亲，又用一条木窗棂击打母亲的后脑，致其立即死亡。根据对案子事实的复审，刑部议决应处柳温死刑（斩首），引用的是犯恶逆律。[4] 恶逆是“十恶”之一，中国法律认为十恶是最严重的犯罪。[5] 在柳温一案中，如果他与受害者没有亲属关系，法官就会依据戏杀人的规定减轻二等处罚，或依据过失杀人以赎论的规定处

---

[1] Derk Bodde & Clarence Morris, *Law in Imperial China*, *Exemplified by* 190 *Ch'ing Dynasty Cases Translated from the Hsing-an Hui-lan*, p. 38.

[2] 《宋刑统》卷二十一《斗讼》中，“斗殴故殴故杀”说：“诸斗殴杀人者绞。”注意，附加上的外祖父母不是其亲。参见《宋刑统》卷二十一《斗讼》，文海出版社1974年版，第695页。

[3] 《宋刑统》卷一《名例》，“五刑”条，文海出版社1974年版，第5—6页。此处作者有误。按唐宋律的“二死、三流，各同为一减”的规定，绞刑减二等应为徒三年。参见《唐律疏议·名例》“称加减”；《宋刑统·名例》增条。——译者注

[4] 《刑统赋疏》，第110页。参见《唐律疏议》，台湾商务印书馆1969年版，第287款，“盗缌麻小功亲财物”。

[5] Derk Bodde & Clarence Morris, *Law in Imperial China*, *Exemplified by* 190 *Ch'ing Dynasty Cases Translated from the Hsing-an Hui-* lan, p. 286. *The T'ang Code*, *Volume* 1, *General Principles*, trans. by Wallace Johnson, p. 17-23, 64-65.

罚。[1] 柳温如果不是故意杀人，也会减轻处罚。但由于他犯恶逆，必须处以极刑。

《刑统赋》中的“虽戏虽失而不从戏失”，在《别本刑统赋解》中也有很好的论述：

> ……然卑幼之于尊长，犹卒兵之于将帅，胥吏之于官曹，宜事之以礼，奉之以敬，谨顺于未然之初，岂可以为戏乎？[2]

所以，在一桩杀伤案中，当受害者是期亲尊长时，过失或戏是不适用的。《别本刑统赋解》指出，法律在这方面的规定，具有保护家族中、政府中和军队中等级制的作用。

在美国法律中，被告不论与受害者的关系如何，都享有 due care（适当注意）理论的保护。但在中国古代法律中，这一理论是在等级制的背景中起作用的。一般说来，尊长对卑幼，对适当注意的要求程度要低于卑幼对尊长。父亲过失致儿子死亡，处刑要轻于儿子无意致父亲死亡。

法律依据“情”而“变”的可能性，体现在法官可以行使自由裁量权并应谨慎处刑的理论中。傅霖《刑统赋》及各种注本都把这一点视为法律的重要属性。《刑统赋疏》对此给予了很高的评价，并作了详细的论述。它认为，执法者必须根据法律和律之意来考量这种“变”。它指出，如果执法者不这样去做，就会使得法律“无用”。[3]

---

[1] 参见前文引用的《唐律疏议》第 338 款与第 339 款中，关于“戏杀伤人”与“过失杀伤人”的部分。

[2] 《别本刑统赋解》，第 26 页。

[3] 《刑统赋疏》，第 4 页下。

为了说明这些观点，《刑统赋疏》列举了法律中的“七杀”。[1] 它说，尽管按照《宋刑统》的一般规定杀人要处以斩首刑，但并非所有的杀人者都处以斩刑。这是因为，杀人之情在每个案子中都有不同。为了更清楚地说明其中的区别，《刑统赋疏》把散见于《宋刑统》中的七类杀人列在了一起：谋杀、[2] 故杀、[3] 劫杀、[4] 斗杀、[5] 误杀（要杀某人却错杀了人）、[6] 戏杀、[7] 过失杀。[8] 在确定一桩杀人属于哪一类的过程中，法官必须考虑案子的“情”。

《刑统赋疏》说，关于斗杀，《宋刑统》规定处以绞刑。绞刑轻于斩首，因为被处绞刑者尸体是完整的。对斗杀案适用绞刑，是由于犯罪者不是有心去杀人。不过，正如《刑统赋疏》所说，在斗杀的过程中，如果杀人者用了刀剑一类的兵器，而这类兵器又致受害者死亡，罪犯即使不是有意杀人，也要予以严惩（斩首）。《刑统赋疏》解释说：“谓其斗而用刃，即有害心，故又变而从重

[1] 《刑统赋疏》，第4页下至第7页上。

[2] 《唐律疏议》，台湾商务印书馆1969年版，第256款，“谋杀人”；《宋刑统》卷十七《贼盗》，“谋杀”，文海出版社1974年版，第581页。

[3] 《唐律疏议》，台湾商务印书馆1969年版，第306款，“殴杀人”；《宋刑统》卷二十一《斗讼》，“斗殴故殴故杀”，文海出版社1974年版，第695页。

[4] 《唐律疏议》，台湾商务印书馆1969年版，第257款，“劫囚”；《宋刑统》卷十七《贼盗》，“劫囚”，文海出版社1974年版，第583页。

[5] 《唐律疏议》，台湾商务印书馆1969年版，第306款，“殴杀人”；《宋刑统》卷二十一《斗讼》，“斗殴故殴故杀”，文海出版社1974年版，第695页。

[6] 《唐律疏议》，台湾商务印书馆1969年版，第336条，“斗殴误杀伤旁人”；《宋刑统》卷二十三《斗讼》，“误杀伤”，文海出版社1974年版，第757页。

[7] 《唐律疏议》，台湾商务印书馆1969年版，第338款，“戏杀伤人”；《宋刑统》卷二十三《斗讼》，“戏杀伤”，文海出版社1974年版，第761页。

[8] 《唐律疏议》，台湾商务印书馆1969年版，第339款，“过失杀伤人”；《宋刑统》卷二十三《斗讼》，“过失杀伤”，文海出版社1974年版，第764页。

也。”[1] 由此看来，这种杀人是被当作故杀来处断的。使用兵器是足以构成故意的证据，即使没有其他证据支持这一推断。

同样，《刑统赋疏》也解释了误杀案中处罚有“变”的原因。根据《宋刑统》，误杀旁人所处的刑罚与斗杀相同（绞刑）。尽管受害者是被误杀，杀人者也不是有心去杀他，但杀人者不得以过失或失误为由减轻处罚。所以案子有所变化，处以斩刑。《刑统赋疏》的作者说：“谓其原有害心，故法所以从重论也。”[2] 受害者是被疏忽杀死的事实并不重要。

上述引文意味着，法官必须谨慎考虑杀或伤的“情”，并确定他们是否有理由“变”或区别案子，以便根据法律规定的处罚加重或减轻。使用兵刃的事例仅仅表明，地方官员必须考虑如何对一个特定的犯罪处刑。

不过，按照法律的规定，关于奴婢对家长的犯罪，自由裁量权的余地却是很小的。法律规定，过失杀人，可以用钱赎罪。[3] 但《刑统赋疏》却费心地指出，这一规定不适用于部曲和奴婢。[4] 部曲、奴婢过失杀主，以杀人论罪，处以斩刑。[5] 赎显然被排除在外。对这种区别的解释是：

> 其奴婢于主，皆当致谨于事之未然，岂宜有思虑所以不

---

[1] 《刑统赋疏》，第5页下。

[2] 《刑统赋疏》，第6页上。

[3] 《宋刑统》卷二十三《斗讼》，“过失杀伤”，文海出版社1974年版，第764页。

[4] 杨仲一的《部曲沿革略考》一文中对“部曲”问题有所讨论，其英译文参见 *Chinese Social History*：*Translations of Selected Studies*，trans. by E-tu Zen Sun & John De Francis，Octagon Books，1972，p. 142-156。“部曲”与“奴婢”问题亦可参见浜口重国『唐王朝の賤人制度』（東洋史研究会，1966）400—529頁。仁井田陞『支那身份法史』（座右寶刊行會，1943）859—997頁。Mark Elvin，*The Pattern of the Chinese Past*，Stanford University Press，1973，p. 69-77.

[5] 《宋刑统》卷二十三《斗讼》，“误杀伤”，文海出版社1974年版，第759页。

> 到，耳目所不及之失哉？故又变而从重也。[1]

案子的这类“变”，在《刑统赋》第三韵的第一行中，有更明确的论述。它说：“首从之法，有正而有权。”[2] 首从之法是指，对于两人以上共同实施的犯罪行为，法律在他们之间分配应承担的刑事责任。一般来说，法律分配给首犯的刑罚重一些，分配给从犯的刑罚轻一些。但正如《刑统赋疏》表明的那样，其中又有一些微妙的地方。

《刑统赋疏》解释“正”说：“正者，常也，常行之正法。”[3] 我们可以把“正”解释为当一桩案子的“情”不需要“变”时，法律规定的一般处刑标准。

“权”在字面上是指天平或称，是称量东西的仪器。它用在这里隐喻做出裁决的微妙的技巧。[4] 《刑统赋疏》解释说：“权者，变也，权宜之变法。”[5] 换句话说，也许可以把“权”的理论比作法律上的便利甚或比作衡平。

《刑统赋疏》的评论有助于我们理解“权”的理论。

> 观其《刑统》首从之法，则知有常有变矣。盖天下之事，固非一端，犯法之情，亦无一定，先王以首从之一法不足以称人情之轻重，故例与法不得不为权变也。[6]

确定共犯中刑事责任的轻重，依赖于法官对各个罪犯的作用的

[1] 《刑统赋疏》，第6页下。
[2] 《刑统赋疏》，第34页上。
[3] 《刑统赋疏》，第34页上。
[4] 有关这个隐喻可参见拙作“Law，Statecraft，and the Spring and Autumn Annals in Yüan Political Thought”一文。
[5] 《刑统赋疏》，第34页上。
[6] 《刑统赋疏》，第34页上。

判定。《宋刑统》中有各种引导法官进行这种判定的规定。《刑统赋》及其不同注本也提醒人们注意这些规定，并由此而成了非常重要的教本。《刑统赋疏》特别指出，有八种重要的测试方法，可以用来确定一桩复杂案子中的首犯。[1] 在这些测试程序中，我们看到了可以称之为共犯中法律上的首犯的表述。法律上的首犯，有可能在事实上并非犯罪中的主要人物，但由于他的社会身份或由于其他原因，法律出于处刑的目的把他视为主犯。八种或八类用来评估共犯中个人责任的方法是：

（1）以造意为首。

（2）以所由为首。

（3）以唱之为始而为首。

（4）以成之为终而为首。

这是可以直接简单地分析的四种。除此之外，其余的四类中，有两种涉及较为复杂的区别表面上的首犯和法律上的首犯：

（5）元谋之首，变而为从。

（6）同谋之从，变而为首。

最后的两种涉及使用暴力：

（7）使殴击，以威力为首。

（8）同谋共殴伤人，以下手重者为首。

在列举了这八种方法后，《刑统赋疏》又引述了法典中有说明意义的材料，并解释了法典有关规定的意义。

（1）“以造意为首”。《刑统赋疏》引法典中《名例》的条文

[1]《刑统赋疏》，第34页。

说：“诸共犯罪者，以造意为首，随从者减一等。”[1] 根据《刑统赋疏》这一规定是“律之通例”。

“以非造意为首”。这与上面的情形相反，《刑统赋疏》用来说明依据对“情”的谨慎分析而分配主要刑事责任的重要性。它引述法典中的同一条文说：“即共监临主守为犯，虽造意，仍以监主为首，凡人以常从论。”[2] 《刑统赋疏》解释这种分配责任的道理说，控制犯罪行为的权力在监临官手中。

(2)“以所由为首”。《刑统赋疏》在这里引述的《名例》的条文不见于现存的《宋刑统》，这可能是由于现存版本不完全来自《唐律》。[3] 条文说：“同职犯公坐应连坐者，各以其所由为首、余皆节级减之。”《刑统赋疏》说，这也是“律之通例”。与前一种一样，第二种也有相反的说法。

“以非所由为首”。为了说明这个命题，《刑统赋疏》引述《户婚律》的条文说：“嫁娶违律，期亲尊长主婚者，虽事由男女，亦以尊长为首。”[4]《刑统赋疏》指出，本条的理由是主婚权操在尊长手中。

(3)“以唱之为始而为首”。《职制律》说：“漏泄大事机密者

---

[1] 《刑统赋疏》，第 34 页下；《唐律疏议》，台湾商务印书馆 1969 年版，第 42 款，“共犯罪造意为首”。*The T'ang Code*, *Volume* 1, *General Principles*, trans. by Wallace Johnson, p. 225.

[2] 《唐律疏议》，台湾商务印书馆 1969 年版，第 42 款，“共犯罪造意为首”条。*The T'ang Code*, *Volume* 1, *General Principles*, trans. by Wallace Johnson, p. 226.

[3] 仁井田陞=牧野巽「故唐律疏議製作年代考」上篇 東方學報 1931 第 4 卷。笔者感谢 Brian McKnight 提供这一资料。

[4] 《宋刑统》卷十四《户婚》，“违律为婚”条的文字与《刑统赋疏》中的文字有所不同，与《唐律疏议》第 195 款的“嫁娶违律”的内容相同。参见《宋刑统》卷十四《户婚》，文海出版社 1974 年版，第 478 页。

绞，仍以初传者为首。”[1] 其中的道理已很明白。

（4）“以成之为终而为首”。说明这一命题的是《斗讼律》的条文：“教令人告，事虚，应反坐；得实，应赏者，皆以告者为首，教令人为从”。[2] 告者是实施犯罪的人，所以应受严惩。

（5）“元谋之首，变而为从”。《刑统赋疏》引述《杂律》的条文（与《唐律》中的相应条文不同）说：“赌博财物，甲虽造意，及其输而计赃重，则依己分为从。”[3] 这样变化的理由可能是尽管在赌博中输了钱，但由于参加了非法的赌博活动，也要受到一定的处罚。

（6）“同谋之从，变而为首。”《贼盗律》有一条说：“共盗，并赃论。造意者不行，又不受分，即以行人专进止者为首。”[4]

（7）“使殴击，以威力为首。”《宋刑统·斗讼》的一个条文说：“即威力使人殴击而致死伤者，虽不下手，犹以威力为重罪，下手者减一等。”[5]

（8）“同谋共殴伤人，以下手重者为首”。《斗讼律》的一个条

[1]《宋刑统》卷九《职制》，“漏泄大事”条，文海出版社 1974 年版，第 321 页；《唐律疏议》，台湾商务印书馆 1969 年版，第 81 款，“漏泄大事”条。

[2]《宋刑统》卷二十四《斗讼》，“为人作辞牒”条，文海出版社 1974 年版，第 797 页；《唐律疏议》，台湾商务印书馆 1969 年版，第 357 款，“教令人告事虚”条。

[3]《刑统赋疏》，第 35 页上。《宋刑统》卷二十六《杂律》，“博戏赌财物”，文海出版社 1974 年版，第 883 页与《唐律疏议》，台湾商务印书馆 1969 年版，第 402 款，“博戏赌财物”文字有所不同。

[4]《宋刑统》卷二十《贼盗》，“共盗赃依首从”，文海出版社 1974 年版，第 673 页；《唐律疏议》，台湾商务印书馆 1969 年版，第 285 款，“恐吓取人财物”条下有“共盗并赃论”。

[5]《宋刑统》卷二十一《斗讼》，“斗殴故殴故杀”；文海出版社 1974 年版，第 700 页；《唐律疏议》，台湾商务印书馆 1969 年版，第 309 款，“威力制缚人”。

文说：“诸同谋共殴伤人者，各以下手重者为重罪，元谋减一等。”[1]《刑统赋疏》引述一规定说明，法律对于诸如残暴殴打这样的邪恶行为者予以严惩，从而与某些事例中的严惩幕后策划者的一般方针相反。

刑之加减

《刑统赋》及其注本探讨的另一个复杂的司法问题是刑罚的加减。正如《刑统赋解》的“增注”者王亮所说：“加减之法，随宜施行。”[2] 但什么是“宜”？这不容易回答，因为它取决于法官的判断。《刑统赋》说：“加减之例，或后而或先。”[3] 这主要是指《唐律》的第十条“减章”和其他规定变化刑罚的条文。[4]

在刑罚的加减方面，法官的选择可概述如下：一般说来，法典规定了对具体犯罪行为的刑罚，并且该犯罪所涉及的人没有亲属关系，其行为也不受身份或礼仪的影响；在很多情况下，犯罪涉及人有亲属关系，其行为受身份或礼仪影响，法律规定的刑罚就与一般处罚不同。

减轻刑罚的程序是很复杂的。正如我们所见的那样，许多案子援引减刑，从犯所受的处罚系比照主犯所受的处罚而机械地减等，不过，机械减等的程序本身又为法官的操纵和裁决留有了余

[1]《宋刑统》卷二十一《斗讼》，“斗殴故殴故杀”，文海出版社 1974 年版，第 700 页；《唐律疏议》，台湾商务印书馆 1969 年版，第 308 款，“同谋不同谋殴伤人”。

[2]《刑统赋解》，第 14 页下。

[3]《刑统赋疏》，第 35 页下。

[4]《唐律疏议》，第 10 款与第 56 款中有“七品以上之官”与“称加减”，英译本参见 *The T'ang Code*，*Volume* 1，*General Principles*，trans. by Wallace Johnson，p. 92，268。

地。因而，必须教给法官以正确的方法来执行它。《刑统赋疏》深入地探讨了这一问题。

一般来说，刑罚的加减是一次一等，一等是法典开头处概述的刑罚级数中的一级。刑罚的级数如下：

（1）笞刑：笞一十，笞二十，笞三十，笞四十，笞五十；

（2）杖刑：杖六十，杖七十，杖八十，杖九十，杖一百；

（3）徒刑：一年，一年半，二年，二年半，三年；

（4）流刑：二千里，二千五百里，三千里；

（5）死刑：绞，斩。[1]

法律解释了怎样适用减刑。[2] 当法定刑是死刑或流刑时，减一等一般是减轻一个种类的刑罚。因而，流二千里，二千五百里或三千里的刑罚，减一等就成了徒三年。斩首刑的减一等是流三千里。正是这一规定造成了减刑的复杂性，因为在某些案子中，可能有法律规定的减和加，或法官的正义观念所要求的减和加。增加一等仅指上表中的一级，诸如从杖八十至杖九十，从流三千里至绞刑。

刑罚的加减是司法上自由裁量权中的一个极其重要的问题。法官不仅要根据法律规定增减刑罚，而且要调整刑罚以保证罚当其罪。俞淖为《刑统赋疏》所作的序指出：“罪有轻重之情，加减之法，而不以律意参之，刑罚不中，而民无措手足矣。”[3]

加减之法是调整刑罚以达到正义目的的良好方法。由于减一等往往具有比加一等更大的影响，所以，需要加和减的处罚会因援引

---

[1] *The T'ang Code*, *Volume* 1, *General Principles*, trans. by Wallace Johnson, p. 14-15.

[2] 戴炎辉在《唐律通论》中描述了减刑的方法，参见戴炎辉：《唐律通论》，台湾“国立”编译馆 1977 年版，第 140—143、498—502 页。另参见《唐律疏议》，台湾商务印书馆 1969 年版，第 56 款，“称加减”；《宋刑统》卷六《名例》，“杂条”，文海出版社 1974 年版，第 222 页。

[3] 参见《刑统赋疏》的序言，也可参见《论语》卷九《子路》。

加减的顺序而产生不同的后果。怎样才能知道按哪个顺序呢？《刑统赋疏》提出了一些事例。

一个“先减后加”的事例：甲造意，和乙故殴九品丙，打断了丙的肋骨，怎样计算甲和乙的处刑呢？《宋刑统》说：

> 甲造意，共乙故殴九品丙折支，甲合流三千里，乙合流二千里。为先定凡人故折支罪，然后计殴九品，各从本品上加。[1]

《刑统赋疏》说，故意打断某人肢骨，当受害者是凡人（不是官员或其亲属），对甲的法定处罚是流二千里，对乙的法定处罚是减轻二等，徒二年半。[2]

如果受害者是品官，法律要求加刑二等。[3] 在我们假设的案子中，甲的刑罚容易计算。他的刑罚是从二千里简单地加二等，流三千里。但乙的刑罚的计算，或者从首犯的刑罚起算减二等，然后再加二等，或者先确定甲应处的刑罚，再减轻二等。结果不同，哪一个对呢？

第一种计算方法是，以甲的规定刑罚是流二千里，假定其殴伤品官，加二等为流三千里，然后又以流二千里减二等为乙的刑罚。结果，乙的处刑为徒二年半。

问题是，这一刑罚与他伤害凡人时所应处的刑罚一样，所以肯

[1] 《宋刑统》卷六《名例》，“杂条”，文海出版社 1974 年版，第 222 页。这个注不见于《唐律疏议》的“称加减”。《宋刑统》确定乙的刑罚是流二千五百里，但《刑统赋疏》第 35 页的计算更合逻辑，可能正确，从《刑统赋疏》。

[2] 参见《宋刑统》卷二十一《斗讼》，“斗殴故殴故杀”，文海出版社 1974 年版，第 701 页；《唐律疏议》，台湾商务印书馆 1969 年版，第 305 款，“殴人折跌肢体瞎目”。

[3] 《宋刑统》卷二十一《斗讼》，“殴皇亲”条，文海出版社 1974 年版，第 716 页；《唐律疏议》，台湾商务印书馆 1969 年版，第 316 款，“流外官以下殴议贵”。

定是错的。法律事实上要求处以与此不同的刑罚。这就引申出第二种计算方法。

第二种计算方法是，乙先按殴打凡人致伤处刑（徒二年半）。然后再加二等，结果是流二千里。这是正确的处刑。[1]

这个假设的事例是非常清楚的。任何人，只要承认受害者的身份可以影响适用于罪犯的刑罚，都很容易觉察第一种算法是不公正的。这作为一个指导性的事例是非常有用的。它引导人们留意刑罚加减的结果，因而有助于新就任的断案者在必须运用这些规定时明白如何加减。

关于“谋”罪的处罚

《宋刑统》及其原本《唐律》一般只处罚已经实施的犯罪行为。各国的刑法制度可能都是如此。但中国刑法也允许“变”法律，以惩罚某几类密谋，即处罚没有实际实施的行为。

《刑统赋》说：“语其常则皆重已然之后。”[2] 意思是说法律几乎总是只处罚那些完成了犯罪行为的人，这是法律的“常”。

但对那些密谋某些不轨行为的人，也有予以处罚的规定。《刑统赋疏》对此做了极明确的阐述：

> 先王之法，有常有变。诸犯罪已行为重，未行为轻者，法之常也；或不已行即论重者，法之变也。[3]

[1] 《刑统赋疏》的一个排版错误使事情变得令人困惑，在《刑统赋疏》第36页下中，页面底部的“加”字应当被改成“减”字，感谢张伟仁给的建议。——编者注

[2] 《刑统赋疏》，第57页下。

[3] 《刑统赋疏》，第57页下。

为了进一步予以说明，《刑统赋疏》引述了《宋刑统》疏议中的一个事例（《唐律》同）：

其有发心谋杀即皆斩者，同谋不行，不在减例。[1]

所以，意图谋杀也是犯罪行为。在法官惩处他们的时候，密谋者们不必真有实际行为。

不过，这个例子并不具有普遍意义，正如《刑统赋疏》所说明的那样，它只适用于谋杀诸如父母等期亲尊长的情形。立法者们显然认为，杀期亲尊长是最凶残的犯罪，[2] 即使密谋者没有实行，也可处以斩首刑。

其他几类“谋”也要受到严刑惩处，这包括谋反、谋叛、谋大逆。[3] 这些犯罪都涉及君权，所以要严加惩治。

《刑统赋疏》列举了某些官员为人说情曲法，即使“不行”“不许”也要处罚的法律。根据《宋刑统》和《唐律》，监临官和势要官为人说情，即使曲法的说情未被允许，也要处以杖一百的刑罚。[4] 在这里，假设的曲法请求是未许、未行，因而法官也不要求确有证据。处罚是很严厉的。

---

[1] 《刑统赋疏》，第 58 页上，其转引自《宋刑统》卷十七《贼盗》，“谋杀”，文海出版社 1974 年版，第 582 页以及《唐律疏议》，台湾商务印书馆 1969 年版，第 256 款，“谋杀人”。

[2] 《刑统赋疏》，第 58 页上，其转引自《宋刑统》卷十七《贼盗》，“谋杀”，文海出版社 1974 年版，第 582 页以及《唐律疏议》，台湾商务印书馆 1969 年版，第 256 款，“谋杀人”。

[3] 《唐律疏议》，台湾商务印书馆 1969 年版，第 248 款、第 251 款；《宋刑统》卷十七《贼盗》，文海出版社 1974 年版，第 565—576 页。

[4] 《宋刑统》卷十一《职制》，“请求公事”，文海出版社 1974 年版，第 361 页；《唐律疏议》，台湾商务印书馆 1969 年版，第 135 款，“有所请求”。《唐律疏议》，第 54 款中，对“监临”有所解释，*The T'ang Code*，*Volume* 1，*General Principles* 一书中将之英译成：“those who are in charge of offices or who investigate cases”，参见 *The T'ang Code*，*Volume* 1，*General Principles*，trans. by Wallace Johnson，p. 263。

《刑统赋疏》清楚地评注了对那些“未施行”的犯罪的处刑：

盖谋杀周亲尊长，情理深重，谋之于心，罪已不容于死。监临势要嘱请，主司既有挟势，彼且有惧从，纵未施行而有必行之势。此皆不待已行为重，法一变者也。执法之士，能知常知变者，其法自然无弊矣。[1]

其他自由裁量领域

尽管法律很重视维护丧服制度，并根据丧服关系处刑，但在施行时“义”是更为重要的。《刑统赋》指出：

义胜于服，则合服而论义。[2]

《刑统赋疏》对此举出的说明性例子摘自《宋刑统》。它说：“诸殴兄姊徒二年半……外祖父母，加一等。”[3] 按丧服制度的规定，外祖父母为小功亲，不是很亲近的亲属，殴打他们本不应加刑，但正如我们所看到的那样，却加重了处罚。《刑统赋疏》解释说，其原因是“义”超过了丧服关系。

《刑统赋》很注重对法典没有明确涉及的情形适用法律时的比附问题。它叙述比附的作用说：“条不必正也，举类而可明。”[4]《刑统赋疏》列举的几个事例有助于我们理解这一神秘的论断。一个例子涉及某个父死母再嫁的人。当再嫁的母亲死后，她与前夫生

[1]《刑统赋疏》，第58页。

[2]《刑统赋疏》，第78页上。

[3]《刑统赋疏》，第73页。《宋刑统》卷二十二《斗讼》，“夫妻妾媵相殴并杀”，文海出版社1974年版，第738页；《唐律疏议》，台湾商务印书馆1969年版，第328款，“殴兄姊等”。

[4]《刑统赋疏》，第69页。

的儿子偷盗该母亲的尸体，将其埋于自己父亲的坟中。《宋刑统》没有条文涉及这一行为，而该行为又被认为是犯罪。应该怎样处罚这个儿子呢？《刑统赋疏》告诉我们，法官可以引《贼盗》律中的一个条文进行比附。条文说：“诸盗佛像大尊供养者，杖一百。”[1]

《刑统赋疏》解释说，该母亲的尸骨不应与其前夫的尸骨埋在一起，因为她与前夫的恩义已由于她的再嫁而断绝，即已经“义绝”。另外，《刑统赋疏》又认为，偷盗尸骨的儿子所犯之“情”轻于那些偷盗佛像天尊者，所以应该对他减轻科罪。

这个例子所说明的比附原则，《刑统赋疏》描述为“举重以明轻”。《刑统赋疏》也举例说明了相反的引用法条比附的程序，其标题是“举轻以明重”。[2]

为了阐明后者，即举一较轻的犯罪说明一较重的法律没有明确规定的犯罪，《刑统赋疏》举了一个放火的例子。如果奴婢放火烧主人的房屋，法律没有关于这一犯罪的条文。《刑统赋疏》指出，法官可以引《斗讼律》的一条文。该条说：“奴婢詈主者流”。[3]《刑统赋疏》说，放火烧主人的房子，所犯之情远重于詈主人，所以应处死刑（绞）。

《刑统赋》描述了一幅严格的“低贱”等级即各种被视为最低

---

[1]　《宋刑统》卷十九《贼盗》，“盗毁天尊佛像”，文海出版社 1974 年版，第 627 页；《唐律疏议》，台湾商务印书馆 1969 年版，第 276 款，“盗毁天尊佛像”。

[2]　关于这两个原则，参见《唐律疏议》，台湾商务印书馆 1969 年版，第 50 款，“断罪无正条”；《宋刑统》卷六《名例》，“断罪本条别有制与例不同”，文海出版社 1974 年版，第 206—207 页。以及 *The T'ang Code*, *Volume* 1, *General Principles*, trans. by Wallace Johnson, p. 254-256。

[3]　《刑统赋疏》这里似乎有误，因为它给出的刑罚是绞而不是流，见第 70 页。笔者改为流的原因，见《宋刑统》卷二十二《斗讼》，“奴婢殴詈主并过失杀”，文海出版社 1974 年版，第 728 页；《唐律疏议》，台湾商务印书馆 1969 年版，第 323 款“部曲奴婢过失伤主”。

等的贱民的图式。因而它说：“称人不及于奴婢”。[1] 在法律看来，这些被奴役的等级几乎不是人。《刑统赋疏》对此说得非常清楚：

> 禀天地之气生而灵者，皆人也，何奴婢独不得称人耶？盖人之贱莫甚于奴婢。[2]

原文没有解释“贱”的含义。由于中国法律以差等的方式对待社会成员，贱的观念可能源于低等级的奴婢或其他团体。由于法律允许社会角色转换，所以奴婢能够转换为其他等级的、自由的人。尽管这个问题在中国法制史上极为重要，但在有关的研究资料中却没有论述。[3]

《刑统赋疏》尽力说明了奴婢的概念：

> 故先王立相犯之法，不得不异耳……奴婢虽亦人类，在律止当畜产财物……所以诸条之中，称杀人伤人之类，奴婢皆不与焉。[4]

根据《刑统赋疏》，这一规定只有一个重要例外，即在奴婢被盗遭受杀伤时，奴婢可以得到与自由人（良人）同等的保护。只有在这时奴婢才被视为人。[5]

在《刑统赋》及其各种注本中，人们看不到任何新的或独特的对中国传统法律本质的探讨。这些文献都信奉传统的观点，即在观

---

[1] 《刑统赋疏》，第90页，“称人不及于奴婢”。

[2] 《刑统赋疏》，第90页。

[3] 有关奴婢身份变化的论述，参见仁井田陞『支那身份法史』(座右寶刊行會，1943) 859—997頁，关于他们的解放，参见993—997頁。又参见仁井田陞『中国法制史研究：奴隶农奴法，家族村落法』(東京大学出版會，1962) 20—43頁，173—193頁。

[4] 《刑统赋疏》，第90页。

[5] 《刑统赋疏》，第90页。

念上君主用道德教化统治天下，法律只是辅助治理的工具。不过，这些文献也赞同法律是控制人民的工具的观点。《刑统赋疏》引述了元朝刑部1334年上给都省的一个呈状，大意是说刑为“驭民之衔辔”和“辅治之准绳”。[1]

尽管这些文献没有体现出中国法律思想上的新发展，但它们作为宋元时代的学者对某些重大法律问题认真思考的反映仍是很有价值的。这些文献对维护家族中、政府中和军事组织中的等级制度的强调，对依据案件之“情”而“变”法律的重要性的强调，都无疑反映了当时人们对这些问题的关心。确实，这都是十分重要的问题。前者是法律在确立和维护社会结构及价值体系中发挥作用的问题；后者是一整套成文的因而在某种意义上是“死”的规定，如何有助于控制一个活的，由独特个人构成的社会的问题。所以，孟奎在他的《粗解刑统赋》中，把《刑统赋》描述的法律称为“活法”。[2]

二、司法中的“活法”：阿云之狱

在影响一桩案子结果的诸种因素中，首先，及时地自首或坦白，可使罪犯减轻刑罚。与《唐律》一样，《宋刑统》也规定，对某些犯罪，罪犯只要在犯罪被发现之前向官府自首，可以免罪。其次，罪犯在审讯开始之前自首，也能减轻刑罚。[3] 最后，法律中的一个技术性规定，也使得罪犯在犯了暴力罪，诸如盗窃财物伤人

[1] 《刑统赋疏》，第3页下。
[2] 《粗解刑统赋》，第2页上。
[3] 关于自首的各种规定，参见《唐律疏议》，台湾商务印书馆1969年版，第37款，“犯罪未发自首”。

之后，通过及时的自首而减轻刑罚。这是因为，法律容许将某些犯罪行为分为两个部分。按照刚举过的例子，盗窃罪可以和伤害罪分开处刑。根据法律，罪犯杀伤人不能免刑，但他可以免除所谓“所因之罪”。在盗窃案中，罪犯及时自首，能豁免非法的盗窃行为，但要因故意伤害而受刑罚的惩处。

《刑统赋》没有详细论述这一问题，但在下面将要讨论的阿云案中，其他一些为朝廷大臣争论的问题却可以由《刑统赋》及其各种注本中的材料予以说明。这在“谋”是否可视为“所因之罪”的问题上尤其如此。

阿云仍在为母亲服丧时，由于我们所不知道的原因，她与一个叫韦阿大的男人订了婚。[1] 在服丧期内订婚是违反丧服制度的，如果她真要是与韦阿大成婚，就是违法了。她显然因韦阿大丑陋而厌恶他。一天，当韦阿大在田舍中睡觉时，阿云偷偷跑去用刀砍他，砍出了十余处伤，并砍断了韦阿大的一个手指。尽管韦阿大伤得很厉害，仍未被杀死。阿云逃走后，官府搜寻被认为是行凶者的强盗。当搜寻不得时，阿云被带去受审。由于一些不清楚的原因，她的未婚夫在本案中再也没有出现。阿云在讯问开始之前坦白了犯罪。显然，她是在即将受到拷打时才自首的（讯问往往在拷打

---

[1] 关于该案的史料，参见司马光：《温图文正司马光文集》卷三十八，四部丛刊版；黄以周：《续资治通鉴长编拾补》三上，光绪九年浙江书局本；马端临：《文献通考》卷一七〇，商务印书馆 1936 年万有文库版；《宋史》卷二〇一，《刑法志》，卷三三〇《许遵传》，中华书局 1977 年版，第 5006—5007、10627—10628 页；王称：《东都事略》卷一一二，文化出版社 1967 年版，第 112 页。李焘：《续资治通鉴长编》卷四一一，世界书局 1961 年版，第 411 页。沈家本在《寄簃文存》中记录了这个案件的许多材料。相关的现代研究，参见徐道邻：《中国法制史论略》，正中书局 1935 年版，第 73—79 页。Von Hellmut Wilhelm, “Der Prozess Der A Yün”, *Monumenta Serica*, Vol. 1（1935）. Albert I. Borowitz, “Strict Construction in Sung China：The Case of A Yün”, *American Bar Association Journal*, Vol. 63（1977）.

中进行)。阿云应处什么刑？

确定对她的处刑有两个关键性问题。首先，她的自首是否合于法律的要求。按照法律，在某些案件中，及时自首可以减轻刑罚。如果她的自首合乎这些要求，那么，法律特别规定的对谋杀罪或伤害罪减刑的规定是否有效？为了回答这些问题，并理解随后发生于宋朝宫廷中的争执，我们必须弄清法律。

法典在《名例》部分规定：

> 诸犯罪未发而自首者，原其罪。[1]

法典又规定：

> 其知人欲告及亡叛而自首者，减罪二等坐之。

以上规定的《唐律疏议》说：

> 犯罪之徒，知人欲告及案问欲举而自首陈；及逃亡之人并叛已上道，此类事发归首者，各得减罪二等坐之。[2]

就我们所知，上述条文是法典中有关自首和坦白要求的全部规定。

法典也指示了对自首者减刑的计算方法：

> 因犯杀伤而自首者，得免所因之罪，仍从故杀伤法。本应过失者，听从本。

这段文字的《唐律疏议》解释说：

---

[1] 《唐律疏议》，台湾商务印书馆 1969 年版，第 35 款，“犯罪未发自首”；《宋刑统》卷二《名例》，“犯罪已发未发自首”，文海出版社 1974 年版，第 149—150 条。*The T'ang Code*, *Volume* 1, *General Principles*, trans. by Wallace Johnson, p. 201.

[2] 《唐律疏议》，台湾商务印书馆 1969 年版，第 35 款，“犯罪未发自首”。*The T'ang Code*, *Volume* 1, *General Principles*, trans. by Wallace Johnson, p. 207.

> 假有因盗故杀伤人，或过失杀伤财主而自首者，盗罪得免，故杀伤罪仍科。若过失杀伤，仍从过失本法。[1]

在阿云案中，一种观点认为，她的自首无效，因为官府要拷打她，她是被迫自首。实际上，这是最不重要的一个问题。根据材料判断，提出这一问题的一方似乎也不太坚持自首是被迫的。

较为激烈的争论集中在，阿云对韦阿大行凶时，是否犯有“所因之罪”。如果她确实犯有这样的罪，法律规定她可以减轻刑罚。

如果直接对阿云按谋杀伤致人受伤而科刑，法律规定处她以绞刑。在后代，例如在明代，按照律意，她与韦阿大的订婚会被当作“已婚”，因而，她试图谋杀“丈夫”而致其受伤，应处斩首。[2]但这不是宋代的规定。

这样，有关阿云案的争论就围绕着“所因之罪”而展开。一个简单的例子是因盗窃而伤害了受害者，“因”或“所因之罪”就是盗窃。正如法典所告诉我们的，自首可免除罪犯因盗窃所处的刑罚，而对伤害则负全部责任。

关于这个案子的一派观点以王安石（1021—1086）为首，[3]他认为阿云应根据这些法律规定得到减免。这一派坚决主张，她的自首可使她免除“所因之罪”的刑罚。什么是“因”？“因”是“阴谋”去杀韦阿大。一旦她免除了所因之罪，就会只因故意伤害而受惩罚，并减刑二等。所以对她的处罚是流二千五百里。

---

[1]《唐律疏议》，台湾商务印书馆 1969 年版，第 35 款，“犯罪未发自首”。*The T'ang Code*, *Volume* 1, *General Principles*, trans. by Wallace Johnson, p. 207.

[2] 转引自丘濬《大学衍义补》卷一〇八的观点，参见丘濬：《大学衍义补》，四库全书珍本，台北，台湾商务印书馆 1971 年版，第 24 页上。

[3] 参见《宋史》卷三二七《王安石传》，中华书局 1977 年版，第 10541—10551 页；顾栋高（1679—1759）：《王荆公年谱》，求恕斋丛书版。

与王安石一派相反的观点以司马光（1019—1086）为首。[1]他认为，把阿云的犯罪行为分为“所因之罪”和主罪，完全是胡闹。他坚持，阿云应受严惩，律文不应被曲解。

这个案子是由登州（在今山东）知府许遵（死于1088年）审理的。他起先认为，阿云不应以妻子的身份，而应以凡人的身份论罪，他说，阿云仍在为母亲服丧，并未完婚。案子送往大理寺裁决，结果判决阿云应处绞刑。根据程序，大理寺将该案发回登州判决。大理寺为了说明自己的裁决，引述了“谋系已伤”的法律规定。[2]

许遵不同意大理寺的裁决，认为阿云的处刑应减轻两等，即正如上面所说的流二千五百里。他认为阿云的自首符合法律规定。

许遵提出的对阿云的处刑可以折合为决脊杖十八，配役一年。这一折合的方法见于《宋刑统》所附的图表中。[3]

由于许遵不同意大理寺的裁决，并将案子送回朝廷，皇帝将其转交刑部审议。刑部支持大理寺的裁决。然后，皇帝诏阿云以钱赎罪。根据法律，赎金是一百二十斤铜。[4]

神宗皇帝（1067—1085年在位）即位后，阿云案争论再起。许遵已转到京师判大理寺事，一位御史因此而弹效他，批评他对阿云案的处理，认为他没有资格判大理寺事。许遵则以攻击刑部作答。他指责刑部阻塞了所有的以自首为减刑手段的途径，所以破坏了鼓励罪犯及时自首的法律规定。他说这将败坏司法。因而他请求

---

[1] 参见《宋史》卷三三六《司马光传》，中华书局1977年版，第10757—10770页；顾栋高：《司马温公年谱》，求恕斋丛书版。

[2] 《宋刑统》卷十七《贼盗》，文海出版社1974年版，“谋杀”；《唐律疏议》，台湾商务印书馆1969年版，第256款，“谋杀人”。

[3] 《宋刑统》卷一《名例》，“五刑”条，文海出版社1974年版，第6页。

[4] 《宋刑统》卷一《名例》，“五刑”条，文海出版社1974年版，第9页。

皇帝将该案下“两制”讨论。皇帝根据他的请求诏令王安石和司马光议决。

事实上，王安石和司马光在每一个法律问题上都有分歧。他们关于法律作用的观点截然相反，这又决定了他们各自看待阿云案子的思路。王安石把法律看作提高公众道德水平的有力工具。所以他曾对神宗皇帝说：“变风俗，立法度，最方今之所急也。”[1] 相反，司马光在向神宗说明宰相作用的时候也表明了他对法律的看法。他说：“宰相以道佐人主，安用例？苟用例，则胥吏矣。”[2]

每个人都认为自己最懂得法的观念和法的本意。司马光认为法律从属于“道”，即更高的道德。“道”不可言传，但可以被文人们理解。王安石却认为，法律由君主主持制定并颁行天下，必须忠实地予以解释和执行。他认为，官吏的职责就是保证法律始终如一、完全彻底地得以实施，因为只有这样，人民才知道怎样去做。按照司马光的观点，人民根本用不着求助法律就能知道如何去做。事实上，法律表述了道德，但又不是道德的权威性表述方式。

由于两位翰林学士意见不一，他们分别上书神宗皇帝陈述了自己的看法。[3] 在考虑了两种观点后，皇帝赞同王安石的看法，并于熙宁元年七月颁布了一道诏令。无疑，他认为这会解决问题。诏曰：

> 谋杀已伤，按问欲举，自首，从谋杀减二等论。[4]

---

[1]《宋史》卷三二七《王安石传》，中华书局 1977 年版，第 10541—10551 页。

[2]《宋史》卷三三六《司马光传》，中华书局 1977 年版，第 10764 页。

[3] 司马光的奏疏见于其文集卷三十八。王安石的奏疏见于《文献通考》《寄簃文存》及其他史料中。

[4] 沈家本：《寄簃文存》卷四《宋阿云之狱》，沈家本：《沈寄簃先生遗书甲编》，文海出版社 1964 年版。

这道诏令在反对派官吏中引起了强烈不满，其中一些人要求立即罢免许遵。神宗于是诏翰林学士吕公著（1018—1089）[1] 和韩维（1017—1098）[2] 与知制诰钱公辅（1049 年进士）[3] 再议此案。他们得出结论认为，王安石的看法以及神宗的诏令都是正确的。但反对派仍然不满，甚至掀起了更大规模的抗议。

神宗希望结束这一争执，于熙宁二年二月颁布了一道折中的诏令：

自今谋杀已死，自首及按问欲举，并奏取敕裁。[4]

双方都反对这种折中，诏令被封还皇帝。当时的王安石在宫廷中握有较大的权力，他指责这道妥协性的诏令是不必要的。他在皇帝面前与唐介（1010—1069）[5] 争辩了自己的观点。性格柔顺的神宗再次赞同王安石的看法。他撤回了二月的诏令，并发布了另一道诏令，恢复了熙宁元年夏天的诏令。

这再次引起了反对的浪潮。由于反对者非常激烈，神宗又将此案交枢密院再议。双方仍然不分胜负。尽管当时刚刚就任宰相的富弼（1004—1083）[6] 试图说服王安石改变看法，但未达成妥协。富弼非常生气，辞了相职。

然后，神宗于八月传下诏令，要求官吏们依最早的元年夏天的诏令施行。这次，反对的声浪由于弹劾和贬职而得以避免。除了司

[1] 《宋史》卷三三六《吕公著传》，中华书局 1977 年版，第 10772—10777 页。

[2] 《宋史》卷三一五《韩维传》，中华书局 1977 年版，第 10305—10309 页。

[3] 《宋史》卷三二一《钱公辅传》，中华书局 1977 年版，第 10421—10422 页。

[4] 沈家本：《寄簃文存》卷四《宋阿云之狱》，沈家本：《沈寄簃先生遗书甲编》，文海出版社 1964 年版。

[5] 《宋史》卷三一六《唐介传》，中华书局 1977 年版，第 10326—10330 页。

[6] 《宋史》卷三一三《富弼传》，中华书局 1977 年版，第 10249—10257 页。

马光是个重要的例外，清洗几乎涉及了王安石所有的敌手。司马光再次上疏反对皇帝的决定，但未被理会。不过，他笑到了最后，因为在1085年，当他掌握权力而王安石失去权力时，一切又通过皇帝的诏令变了回来。[1]

关于这桩案子，大多数评论者都不赞同王安石。他们认为，他对法律的理解很浅薄，他完全是出于党派政治的原因才坚持自己的看法。明代的学者丘濬不同意王安石对法律的分析。现代学者徐道邻和清代的大史学家沈家本（1837—1910）同样不赞同王安石的观点。[2] 中国的大多数学者都赞同司马光的观点，即“道”高于法律，正义不应成为僵硬的法典的俘虏。

司马光的论点

司马光认为，根据《宋刑统》，有关自首的规定不适用于伤害的情形。法律允许免除某些案子中的“所因之罪”，但阿云的犯罪行为不在其中，因而，应按谋杀伤的规定科刑。他又指出，如果阿云是因窃盗而致伤韦阿大，并且及时自首，可以免除因窃盗处以的刑罚，然后依照故杀伤法科刑。他解释说，按故杀伤法科刑是十分公平和合理的，因为这是在谋杀伤和斗杀伤之间参酌其中。他说，之所以要参酌其中，是由于谋杀伤处刑重，斗杀伤处刑轻。对于司马光来说，这个结论是显而易见的。

司马光继续剖析许遵和王安石的论点。他说，许和王的观点是把阿云的犯罪分解为谋和伤两件事。他指出，这是讲不通的，而且

[1] 徐道邻：《中国法制史论略》，正中书局1953年版，第75页。

[2] 徐道邻的观点概述于他的《中国法制史论略》中。沈家本的观点将在下面详细讨论。

也显然会使谋杀和故杀并列起来。按照逻辑的要求，王安石和许遵应使用同样的方法分析故杀，这样，“故”，正如王和许坚持认为的“谋”一样，也成了所因之罪。司马光说，这表明他们的推理是荒谬可笑的。他问道，假定有一个人平静地坐在家里，谋划杀某人，他能自首什么“罪”？什么罪也没有。这是因为“谋”字只在实际的犯罪行为中才有意义，它自身不能构成一种罪。至于阿云，朝廷让她以钱赎死刑，已经是对她的宽恩。司马光说，许遵试图标新立异地处理此案，是“开奸凶之路，长贼杀之源”。

如我们所见，司马光的论点未能说服神宗，在进行了几次复审并颁布了几道诏令以后，司马光做了最后一次努力，但毫无用处。在这次努力中，他提出一个基于更高道德准则的论点：

> 夫执条据例者，有司之职也。原情制义者，君相之事也。分争辨讼，非礼不决，礼之所去，刑之所取也。阿云之事，陛下试以礼观之，岂难决之狱哉？彼谋杀为一事，为二事，谋为所因，不为所因，此苛察缴绕之论，乃文法俗吏之所争，岂明君贤相所当留意耶？今议论岁余而后成法，终为弃百代之常典，悖三纲之大意，使良善无告，奸凶得志，岂非间其枝叶，而忘其根本之所致耶！[1]

神宗甚至没有费心回答。

王安石的论点

王安石的论点集中于司马光认为有损君主威严的“枝叶”上。

[1] 这段引文参见《寄簃文存》卷四《宋阿云之狱》。

他的论点从讨论《宋刑统》中对杀伤罪的处理开始。他说，有七类杀伤罪带有“前因之罪”。这七类犯罪涉及以下的原因性行为：

（1）谋；[1]

（2）斗；[2]

（3）劫囚，窃囚；[3]

（4）略卖人；[4]

（5）被囚禁，拒捍官司而走；[5]

（6）强奸；[6]

（7）厌魅咒诅。[7]

上述所有犯罪行为，当它们导致了受害者死伤的后果时，都构成“前因之罪”，如果罪犯又按法律的规定自首，都可以原免。王安石说，只有故杀伤无所因之罪。他指出，这就是《宋刑统》规定当罪犯免除了致人杀伤的所因之罪后法官依据故杀伤的律文对其科刑的原因。

[1]《唐律疏议》台湾商务印书馆 1969 年版，第 256 款，“杀人”；《宋刑统》卷十七《贼盗》，“谋杀”，文海出版社 1974 年版，第 581 页。

[2]《唐律疏议》，台湾商务印书馆 1969 年版，第 306 款，“毁杀人”；《宋刑统》卷二十一《斗讼》，“斗殴故殴故杀”，文海出版社 1974 年版，第 695 页。

[3]《唐律疏议》，台湾商务印书馆 1969 年版，第 257 款，“劫囚”；《宋刑统》卷十七《贼盗》，“劫囚”，文海出版社 1974 年版，第 583 页。

[4]《唐律疏议》，台湾商务印书馆 1969 年版，第 292 款，“略人略卖人”；《宋刑统》卷二十《贼盗》，“略卖良贱”，文海出版社 1974 年版，第 660 页。

[5]《唐律疏议》，台湾商务印书馆 1969 年版，第 465 款，“被囚禁拒捍走”；《宋刑统》卷二十八《捕亡》，“被囚禁拒捍官司而走”，文海出版社 1974 年版，第 976 页。

[6]《唐律疏议》，台湾商务印书馆 1969 年版，第 410 款，“凡奸”，第 411 款，“奸缌麻以上亲及妻”条；《宋刑统》卷二十六《杂律》，“诸色犯奸”，文海出版社 1974 年版，第 894—895 页。

[7]《唐律疏议》，台湾商务印书馆 1969 年版，第 264 款，“憎恶造厌魅”；《宋刑统》卷十八《贼盗》，“造畜蛊毒”，文海出版社 1974 年版，第 599 页。

他指出，关于过失杀伤，《宋刑统》规定有专门的处刑条文。[1] 这是因为，如果过失杀伤也适用自首法，所因之罪（这里是过失行为）就不会受到惩罚，结果是罪犯据故伤法科刑。然而这却加重而不是减轻了刑罚，因为过失杀伤的科刑轻于故杀伤的科刑。王安石指出，这是荒谬的，同时也正是法律单独规定过失杀伤的原因。

至于斗杀伤，王安石说，所因之罪在这类案子中是轻罪，所以正如过失杀伤的情形一样，法律也有单独的规定。这样，只有所因的犯罪行为（诸如盗窃）严重的杀伤罪，当罪犯自首时，法律才允许免除所因之罪的刑罚。其结果则是减轻刑罚并在法律上鼓励自首。

王安石批评刑部错误地解释了法律。法律的规定是“因犯谋杀伤者”，刑部却将其理解为“别因有犯，遂致杀伤”。但正如王安石所说，法律只说了“因犯”，没有说“别因”。所以，显而易见，谋杀伤符合这一规定。刑部又认为，由于谋杀伤中的“谋”是专门为了杀伤人，所以不可能有所因之罪。王安石不同意这种解释，他通过认真研读法律论证了自己的观点。有关的法律规定：

诸谋杀人者，徒三年；已伤者，绞；已杀者，斩。[2]

通过仔细研读这个条文，可确认有三种单独的犯罪。谋杀伤是其中之一。由于“谋”位于杀或伤之前，所以它是所因之罪。[3]

---

[1] 《唐律疏议》，台湾商务印书馆 1969 年版，第 399 款，“过失杀伤人”；《宋刑统》卷二十三《斗讼》，“过失杀伤”，文海出版社 1974 年版，第 764 页。

[2] 《唐律疏议》，台湾商务印书馆 1969 年版，第 256 款，“谋杀人”；《宋刑统》卷十七《贼盗》，“谋杀”，文海出版社 1974 年版，第 581 页。

[3] 此处作者可能有误，上引条文和王安石的奏疏都只说谋杀，而不说谋杀伤。——译者注

“谋”既然是所因之罪，罪犯就可通过自首豁免。王安石认为，显然应该允许阿云以这种方式减轻刑罚。

为了使他的论点确凿无疑，王安石坚持认为他的敌手们误解了《名例》“犯罪未发自首”条的疏议（引文见前），他们把它错误地理解为谋杀伤不能与因盗杀伤相比。在王安石看来，“律疏假设条例，其于出罪，当举重以包轻”[1]。由于因盗伤人的处刑是斩，而谋伤的处刑是绞，所以谋伤可以免除所因之罪。他坚持认为，他的对手们不明白这一点，误解了法律。

作为致命的一击，王安石驳斥了司马光关于对阿云减轻刑罚会为奸凶不轨之徒开路的看法：

> 臣以为有司议罪，惟当守法，情理轻重，敕许奏裁。若有司辄得舍法以论罪，则法乱于下，人无所措手足矣！[2]

王安石和许遵的论点并不是依据对案情的细密分析，例如他们没有讨论阿云自首的效力。[3] 因而从这方面或许可以说他们的观点是无力的。[4] 但正如我们已经说过的，这一点在关于本案的争论中并不重要。阿云的自首是否及时，可能会对她的判决有有利或不利的影响，司马光可能认识到了这一点。[5]

争论的关键问题是，阿云的谋杀是否可分解为两个犯罪行为。王安石认为“谋”是单独的犯罪行为。他论证自己的观点说，法律

---

[1] 沈家本：《寄簃文存》卷四《宋阿云之狱》，沈家本：《沈寄簃先生遗书甲编》，文海出版社1964年版。

[2] 沈家本：《寄簃文存》卷四《宋阿云之狱》，其转引自《论语》卷十三《子路》。

[3] 司马光在他的奏疏中提出了这个问题。

[4] 笔者是从一个好打官司的社会的观点来看的。

[5] 法律只说自首应在调查（或审讯，这根据怎样读律文）之前。沈家本确信阿云的自首是非自愿的，她没有对自己的犯罪悔过。参见《寄簃文存》卷四。我们不能确定这一点，因为没有足够的证据。

在某些情况下把“谋”称为犯罪。正如我们所看到的那样，谋叛是犯罪。法律也规定，试图无籍入宫，即使未越门限也要予以惩处。[1] 但法律没有论述实质性的法官怎样才能知道某人试图进入皇宫而又没有进入的问题。支持王安石对法律的解释的最有力证据仍是法典中“谋”的概念。《名例》说：“称谋者，二人以上。”律文的注解释说：“谋状彰明、虽一人同二人之法。”[2] 也就是说，在谋状明显的案子中，即使只涉及一人，也以似有两人对待。

一位现代学者认为，上引的律注表明，“谋”的基本意思不指人数，而是指谋的行为本身。[3] 有关谋杀规定的疏议证实了这一点：

> “谋杀人者”，谓二人以上，若事已彰露，欲杀不虚，虽独一人，亦同二人谋法，徒三年。[4]

上述引文表明，谋存在于某些犯罪中。王安石和许遵的看法由这些引文得到了证实，表明王安石认定谋是阿云案中的所因之罪的看法可以成立。

司马光坚决主张，谋杀和故杀在本质上相似，把谋和杀分为二事毫无意义，正如把故和杀分为二事毫无意义一样。司马光的这一论调与“谋杀”“故杀”这两个词汇类似的语法结构有关。然而，如果我们注意到故杀只意味着“故意的杀人”，而谋杀既意味

[1] 参见《唐律疏议》，台湾商务印书馆 1969 年版，第 60 款，“阑入逾阈为限”条。对欲进入皇宫而又没有越过门限的处罚是杖八十。所要保护的是皇宫和皇帝尊严的神圣不可侵犯性。即使某人预期的行为未完成，法律也要对他处刑。

[2] 《唐律疏议》，台湾商务印书馆 1969 年版，第 35 款，“称日年及众谋”。*The T'ang Code*, *Volume* 1, *General Principles*, trans. by Wallace Johnson, p. 267-268.

[3] 戴炎辉：《中国法制史概要》，时代文化出版社 1966 年版，第 214 页。

[4] 《唐律疏议》，第 256 款，台湾商务印书馆 1969 年版，“谋杀人”；《宋刑统》卷十七《贼盗》，“谋杀”，文海出版社 1974 年版，第 582 页。

着“预先谋划的杀人”，也意味着“密谋去杀人”，那么，将二者并列就是模糊的。“故杀”不能曲解为“想要去杀人”。因而，有理由认为司马光的简单并列不过是巧辩而已。

如前所述，后代的学者赞同司马光而反对王安石。明代学者丘濬在他的《大学衍义补》中写道，对阿云不利的关键是她已许嫁韦阿大。在丘濬看来，她应被当作韦阿大的妻子，而妻子犯丈夫是极恶毒和不可饶恕的。清代学者沈家本在他收集的有关阿云案的资料中，以衷心赞同的态度引述了丘濬的看法。[1] 之后，沈家本又补加了六条理由，以说明他为什么认为王安石的看法是对法律的拙劣理解。

(1)“因”字的意思是“由”。换句话说，“因”在法律条文中的意思是犯罪行为的起因。在阿云案中，不能把“谋”当作犯罪行为的起因。因为它只是不可分的犯罪行为的一个阶段，而该犯罪行为又有自己的起因。

(2) 在故杀案中，王安石认为故杀不可能有“因”或起因，这是不对的。所有的杀人罪都有起因，它们都因这种或那种原因而发。

(3) 把“谋”当作杀的起因，同时又不把“故”当作杀的起因，这是不合逻辑的。“故”表明“谋”已经存在。按王安石提出的方法不能把谋杀和故杀区别开来。

(4) 司马光说斗杀中的“斗”如果是“因”，那么罪犯自首，依故杀处刑，反而会加重一等。这是对的，它强调指出了王安石论点的荒谬性。根据法律，斗杀（受害者死亡）处以绞刑。[2]

---

[1] 丘濬《大学衍义补》卷一〇八。丘濬关于阿云案的评述摘录于《寄簃文存》卷四中。
[2] 《唐律疏议》，台湾商务印书馆 1969 年版，第 305 款，“斗殴杀人”。

但如果王安石的看法正确，罪犯自首而依故杀法科刑，应处斩刑。[1] 为了消除自己论点中的这一明显缺陷，王安石声称，斗杀案从不按此方式处理，而依斗杀本法。但关于这一点他没有过硬的根据，因为那条律文中没有支持这种解读的论据。律文只说过失杀依本法科刑，没有提及斗杀。[2]

（5）有许多种行为导致杀人发生、包括拒捕、强奸、窃盗。杀人本身有谋、有故、有斗、有过失。不是把具体的强奸或盗窃当作所因之罪，而把诸如“谋”等因素当作所因之罪，这是荒谬的。

卫德明评论说，沈家本在这里是区别了“具体”的要素和“心理”的要素，卫德明说，沈家本的看法是，心理的诸如“谋”和“故”等因素不能看作所因之罪，只有具体的诸如盗窃等行为才能看作所因之罪。[3]

（6）王安石说，斗杀伤中的所因之罪比杀伤本身轻。他假定“斗”又有自身独特的因。但是，如果“斗”本身不能成为所因之罪，把谋认作所因之罪就说不通了。

沈家本的推论设计得很好，但推论的力度却值得怀疑。他试图精确地分析“因”或所因之罪的含义。法律本身没有解释“因”的实质，因而沈家本的解释并不比其他的解释更令人信服，那纯粹是基于他自己的逻辑而已。正如卫德明指出的那样，沈家本的分析有助于区别心理的或精神的因素与具体的行为。沈家本反对王安石的论点主要集中于这样一点，即允许以精神因素作为犯罪行为的“因”是站不住脚的。但为什么这样？他没有解释这一点，也没有

[1] 《唐律疏议》，台湾商务印书馆 1969 年版，第 305 款，“斗殴杀人”。
[2] 《唐律疏议》，台湾商务印书馆 1969 年版，第 339 款，“过失杀伤人”。
[3] Wilhelm，“Der Prozess der A Yün”，p. 351.

回答。他的观点所基于的理论可能是，法律只针对行为，而不针对思想，但王安石所引的法律条文，其大意是处罚“谋”，已经有力地驳斥了这一点。或许可以说，“谋”和“故”的区别在于，前者的性质是行为性的，而后者的性质则纯粹是精神性的。也就是说，人们可以认为“谋”是另一种形式的行为，而“故”则根本不是行为。不过，沈家本在自己的辩解中没有提出这一观点。由于法律把某几类“谋”当作犯罪，所以王安石毫不费力地把“谋”当作某些犯罪行为的“因”。

王安石法律观点的指导思想似乎是想鼓励罪犯们自首。他也许还有减轻严刑的动机。司马光指出，如果把王安石的逻辑运用于盗杀伤案，而罪犯又自首的话，其结果只能是刑罚不变。王安石则反驳说，法律不可能继续如此，因为法律的本意是仁慈地对待罪犯。他解释说，法律所要得出的结果是减轻对自首者的处罚。他相信，如果罪犯没有自首和改过的机会，他们就不能反省自身行为的罪过，他对法律的解释会鼓励罪犯们自首。而司马光则非常注重法律的威慑价值。他认为，法律应根据威慑人心、使其避免犯罪的需要予以解释。在他看来，这就需要刑罚严厉。他指出，王安石的态度太宽大了，这会为凶残的犯罪行为和对法律的轻视大开方便之门。

王安石与司马光之间的争执，可以看作价值观的冲突。法律能容纳他们相互冲突的看法，因为两种价值观——对法律的威慑作用的尊崇和对改造罪犯作用的尊崇，都深深地植根于传统的中国法学之中。

他们的争执也可以视为方法论的冲突。两人都想阻止人们犯罪。为了这个目的，两人都想恰当地使用刑罚。但司马光倾向于这样的观点，即君主的独裁权力和更高的“道”应凌驾于成文法典之上，只有当法官和皇帝以这种眼光来解释法律的时候，法律才获得最大的威慑力。虽然王安石也寻求对犯罪的威慑，但又不同于司马光。他认为，只有严格解释法律（即使这意味着放纵罪犯），人们才会知道如何控制自己。一句话，他们也会了解法律，也会由此而更少触犯法律。正如王安石所指出的那样，根据司马光的看法，人们将无所措手足。这是因为，除了专制权力的威吓，他们无法预见将要受到的处罚。在双方的争论中，主要的法律问题都是正确地适用刑罚。

第十章

王世贞父亲的死罪平反*

平　反

王世贞（1526—1590，1547 年进士）在史学界和文学界享有盛誉。在中年时期，他遭遇了一场足以在精神上压垮他的危机，他的父亲王忬（1508—1560，1541 年进士）因为军机事务获罪而被斩首。王世贞将此称为“家难”。在明世宗统治期间（1522—1567 年在位），1559 年的秋季，王忬以违反军机之罪被逮捕、拷问、判处死刑，并在第二年的十月被斩。王世贞无力挽救他父亲的命运。在随后的七年中，他与其弟王世懋（1536—1588，1559 年进士）作为被判死刑的罪人之子，活在流言蜚语中。1567 年，在新帝明穆宗（1567—1573 年在位）即位五个月之后，王世贞成功地让穆宗为其父亲平反。王氏家族方能过上常人的生活，王世贞和王世懋才能再次为朝廷效力。

本文聚焦王忬之死，以及王忬被平反的过程和意义。主要利用的材料包括王世贞为其父撰写的申诉，写给朝廷重臣的书信，上奏皇帝的奏疏，他父亲被平反之后写的传记，以及其他在王世贞文集

* 本文原载于 *Ming Studies* 53（2006）：72-98。在撰写本文的过程中，笔者得到了牟复礼（F. W. Mote）教授、宋汉理（Harriet T. Zurndofer）教授和吴艳红博士的建议和帮助。

《弇州山人四部稿》（1577）、《弇州续稿》（1578—1620）、《弇山堂别集》（1590）中出现的材料。而《明世宗实录》则提供了此案的官方叙述。这些丰富的资料让我们得以一窥明代的思想、历史以及法律运作方式。

在明代，平反用于被枉断的平民或者官员，意味着回归正义和公平，包括改正处断，恢复官员原有的职位、品级、名誉和地位，归还他的财产。平反有时发生在当事人死后，由当事人的亲属推动，也适用于当事人还活着的情况。申冤理枉的重要性，在《大明律》中有着正式的理想化的表述。

刘基（1311—1375）是明太祖的谋臣。《明史·刘基传》记载：“（吴元年，1367）大旱，（刘基）请决滞狱。（帝）即命基平反，雨随注。”[1] 这个故事展示了明代对冤枉的态度，以及平反的重要性。许多人都认为冤狱会损害自然秩序的和谐，会以干旱之类的灾害形式呈现，并且动摇政治根基。平反为上述问题提供了解决的方案。有明一代，平反之事时有发生。

对于有成员遭受枉断的家族而言，幸存者们的要务在于为其平反，平反不仅恢复了死者的名誉，也恢复了幸存家属的名誉。例如卷入“谋反”案件，家族财产会被没收，妻子儿女会被充作奴隶。平反则可以将家族成员从这样的终身苦难中解救出来。

平反也往往和孝道这一社会核心观念有关，王世贞认为自己不孝，他试图解救父亲于不公的处断，然而他失败了，其父被杀。王世贞为其父努力申冤，减轻失败的痛苦是他坚持要求平反的主要动机。

[1] 《明史》卷一二八《刘基传》，中华书局1974年版，第3779页。

王忬案

16 世纪中期，明廷长期无力解决对其政权构成的两大威胁，一是东南沿海迅速发展的海盗问题，二是比海盗更具威胁的中国北部边境的蒙古势力。

蒙古的领袖阿勒坦汗（1507—1582），[1] 明廷称为俺答汗，五十年来他一直在给帝国边防制造麻烦。1550 年 6 月，他袭击了大同要塞，破坏城墙，斩杀了两位总兵。明世宗起用之前被革职的将军仇鸾（1505—1552）。[2] 仇鸾在此前厚礼贿赂内阁大学士严嵩（1480—1655，1505 年进士）[3] 之子，得到兵部的任命。当仇鸾抵达前线时，他接受了下属的建议，贿赂俺答汗使其离开大同。俺答汗接受了贿赂并且许诺不再攻打大同，随即带领军队沿长城向东进军。8 月，俺答汗攻击宣府，不过未能突破此要塞。因此俺答汗继续东进，挥师蓟州。蓟州是北京北部和东北部长城上的第三要塞。当俺答汗距离古北口（北京以北 30 英里）还有 170 里时，仇鸾率兵防守在南边的居庸关一带。由于朝廷对俺答汗的动向侦察不力，兵部尚书向皇帝请示命令仇鸾返回大同防守，不要东进。[4] 这为俺答汗转向东南、进攻北京打开方便之门。这一结果造成俺答汗在北京长达 8 日的劫掠，王世贞称为“庚戌之变”。

---

[1] Henry Serruy, in Luther Carrington Goodrich and Fang Chao-ying, eds., *Dictionary of Ming Biography*（1368-1644）, Columbia University Press, 1976, p. 6-9. [Dictionary of Ming Biography（1368-1644），以下简称 DMB。——译者注]

[2] Lienche Tu Fang, in DMB, p. 252-255.

[3] Kwan-wai So, in DMB, p. 1586-1591. 另参见《明史》卷三〇八《严嵩传》，中华书局 1974 年版，第 7914 页。

[4] 夏燮：《明通鉴》卷五十九《世宗》，中华书局 1959 年版，第 2266 页。

庚戌之变暴露了帝国北部边防的缺陷，世宗朝廷震惧。王世贞写信给好友，内中称“祸似小轻，其势则大弱也”。[1] 这次事变导致世宗皇帝对于明军防卫极大的不信任，接下来的十年里，明军和蒙古人屡次交战，朝廷未能制定长期有效的边防战略。

王忬接受传统的儒学教育，1541 年中进士，在 16 世纪 50 年代成为负责军事的官员。[2] 在庚戌之变发生的 1550 年，王忬作为一名军事长官，驻守在位于北京东郊 15 英里之外的通州。在那里，他阻止了蒙古人登船渡河。[3] 在王世贞的《庚戌始末志》[4] 中，王忬被描绘成全情投入的长官，在王忬呈递皇帝的上疏中，写满了如何抵御俺答汗威胁的宝贵建议。

王忬在 1552 年被擢升为提督军务，巡视浙江省以及福建省福州、兴化、漳州、泉州沿海四府的军务，协助解决东南沿海的海盗问题。在两年的出色工作之后，1554 年，他得到世宗皇帝的提拔，将其调回与蒙古作战的前线，担任大同巡抚，兼赞理提督军务。不久，世宗皇帝授予他声望卓著的兵部右侍郎头衔，同时任命他为右都御史。在 1556 年 11 月，王忬由于涉及前线的军事挫败，被停俸三月。[5] 在 1557 年春季，王忬因未能尽职以及夸大战功之故被降职。[6] 同年 12 月，世宗撤销了王忬的降职处分。[7] 1558 年春季，世宗奖励王忬，恩荫他一个儿子为国子监学生。[8]

---

[1] 郑利华：《王世贞研究》，学林出版社 2002 年版，第 31 页。

[2] 《明史》卷二〇四《王忬传》，中华书局 1974 年版，第 5396—5399 页。

[3] 谈迁：《国榷》卷五十九“嘉靖二十九年八月”条，中华书局 1958 年版，第 3757 页。

[4] 王世贞：《弇州山人四部稿》卷七十九，万历五年刻本，伟文图书出版社 1976 年翻刻版，第 18 页上至第 24 页下。

[5] 《明世宗实录》卷四四一，台湾“中央”研究院历史语言研究所 1962 年版，第 7549 页。

[6] 《明世宗实录》卷四四六，台湾“中央”研究院历史语言研究所 1962 年版，第 7600 页。

[7] 《明世宗实录》卷四五四，台湾“中央”研究院历史语言研究所 1962 年版，第 7690 页。

[8] 《明世宗实录》卷四五六，台湾“中央”研究院历史语言研究所 1962 年版，第 7707 页。

仅仅几个月之后，王忬遭到山东巡按御史弹劾，理由是其对去年12月蒙古人的袭击没有事先预防。世宗皇帝对这一奏疏十分关注，虽然没有将王忬移交法办，但是给予王忬停俸三月的处罚。[1] 1558年7月，世宗将83名高级军事官员，以欺君罔上的罪名，交由刑部审理，这其中就有王忬的名字。[2] 世宗专门指责王忬在奏折中捏造功绩。王忬，时任蓟、辽最高指挥官，[3] 他上奏声称辖区内的关隘和河流都无法充当抵御侵略的天然屏障。他请求从其他辖区就近派遣部队。世宗回复说："一卒不练，每遇防秋，不过多调边兵，此岂远谋?"皇帝的回复带着讥讽的语调："幸虏不至!"[4] 同年，世宗命令唐顺之（1507—1560，1529年进士）前往蓟镇调查军队状况。[5] 唐顺之在1558年9月提交了他的第一份报告，[6] 内中指出蓟镇的防御力量远不能达到要求，王忬作为总督蓟辽侍郎掌管蓟镇，"但知番戍远调足办目前，不思蒐乘诘兵用图久计，一卒不练，圣鉴甚明"。[7] 唐顺之认为王忬和其他将领的所作所为损

[1] 《明世宗实录》卷四五八，台湾"中央"研究院历史语言研究所1962年版，第7757页。按照《明世宗实录》原文："山东巡按御史周斯盛奏，三十六年十二月虏入辽阳，杀虏数千人，畜产以万计；副总兵王重禄率众御之，无后援，亡其卒四百人；而总兵罗文豸、总督王忬闻警无备，宜与同罚。得旨，忬贯勿问，夺文豸俸三月，下重禄等于御史问。"王忬并没有遭到处罚，被罚俸三月的是罗文豸。——译者注

[2] 《明世宗实录》卷四六一，台湾"中央"研究院历史语言研究所1962年版，第7783页。

[3] 总督侍郎。

[4] 《明世宗实录》卷四六一，台湾"中央"研究院历史语言研究所1962年版，第7787页。

[5] 《明世宗实录》卷四六一，台湾"中央"研究院历史语言研究所1962年版，第7787页。唐顺之个人事迹参考Ray Huang，in DMB，p. 1252-1256；以及《明史》卷二〇五《唐顺之传》，中华书局1974年版，第5422页。

[6] 唐顺之：《北奉使集》卷一《复勘首疏》，《四库全书存目丛书》集部第90册，齐鲁书社1996年版，第1页上至第5页上。

[7] 唐顺之：《北奉使集》卷一《复勘首疏》，《四库全书存目丛书》集部第90册，齐鲁书社1996年版，第4页下。

害了帝国的防卫力量，应该以“旷职误事”受罚。[1]

兵部迅速提议王忬以及其他两位将领应该被降职和罚俸。世宗依照建议将王忬的职位降低两级，并且斥责道：“蓟镇兵马缺弱已极，而督抚不问，殊为负恩。”[2] 两个月之后，唐顺之又提交了两份报告，指出蓟镇防御中的诸多问题，意含对王忬的批评。

王忬仕宦生涯遭受的毁灭性打击发生在1559年。这年2月，蒙古首领把都儿率军穿过长城要塞潘家口，渡过滦河西进，劫掠了遵化、迁安、蓟州和玉田，在明帝国境内停留五日，京师大震。[3] 世宗盛怒，他指责王忬：“前奏调宣大各处兵马，入援数多，如何又令虏得入境”，“虏众乘虚深入，皆由总督等官探报不实、防御无谋所致”。[4] 世宗命令御史方辂（1526年进士）[5] 调查此次蒙古入侵的细节并上报。

方辂在1559年五月上疏弹劾王忬，内中列举王忬“三失策”“四可罪”。方辂指责王忬调度无策，“宜亟黜为民，别选才望代之”。[6] 收到方辂的弹劾后，世宗认定王忬“官久志怠，调度失宜，致贼深入畿辅，生灵被惨”，他随即命令锦衣卫逮捕王忬，将其带回北京审讯。[7]

---

[1] 《明世宗实录》卷四六四，台湾“中央”研究院历史语言研究所1962年版，第7829页。唐顺之提交两份奏疏《条陈蓟镇补兵足食事宜疏》和《条陈蓟镇练兵事宜疏》，只有前者被《实录》收入，然而没有一份奏疏提到了王忬之名。两份奏疏均可以在《皇明经世文编》卷二五九，珠玑书店1968年版，第2页下至第18页上中找到。

[2] 《明世宗实录》卷四六四，台湾“中央”研究院历史语言研究所1962年版，第7828页。

[3] 《明史》卷二〇四《王忬传》，中华书局1974年版，第5399页。

[4] 《明世宗实录》卷四六九，台湾“中央”研究院历史语言研究所1962年版，第7894页。

[5] 乾隆《浙江通志》卷一三六，四库全书本，第6页下。

[6] 《明世宗实录》卷四七二，台湾“中央”研究院历史语言研究所1962年版，第7926—7927页。

[7] 《明世宗实录》卷四七二，台湾“中央”研究院历史语言研究所1962年版，第7927页。

在审讯过程中，王忬被拷打，这种情况司空见惯。刑部建议以充军惩治王忬。世宗收到提议后亲自批复："诸将皆斩，主军令者顾得轻典耶?"世宗的批复威慑众人，刑部尚书郑晓（1499—1566，1523年进士）[1] 随即比附《大明律》"凡守边将帅……守备不设，为贼所掩袭，而失陷城寨"[2] 条对王忬定罪。《大明律》此条所定刑罚为斩刑。[3] 在狱中过了一年后，王忬在1560年闰十月初一被斩首。

申 冤

王世贞一听到父亲被逮捕的消息，就离开山东前往北京，当时他正在山东担任按察司副使。王世贞的母亲和弟弟也赶往北京，和他一起设法营救王忬。营救并不顺利，王世贞兄弟设法寻求朝廷中最有权势之人大学士严嵩的帮助，希望可以释放他们的父亲。二人到严府拜访，声泪俱下，万般恳求，然而遭到了严嵩的拒绝。他们又跪在京城大道上，乞求过往权贵的援手，但是没有人愿意、也没有人有能力帮助他们。[4] 对于王世贞而言，这是一段极度悲伤和痛苦的时光，他写了大量的诗作来表达"忧愤之极"的感受，并将

---

[1] Kwan-wai So, in DMB, p. 200-204. 另参见《明史》卷一九九《郑晓传》，中华书局1974年版，第5271页。

[2] Jiang Yonglin, *Great Ming Code* (Seattle: University of Washington Press, 2005), p. 131. 怀效锋编：《大明律》，法律出版社1999年版，第109—110页。

[3] 郑晓：《郑端简公奏议》卷十三《拟总督王忬等罪疏》，载《续修四库全书》史部第477册，上海古籍出版社2002年版，第72—74页；《弇州山人四部稿》卷一〇九《奏疏八道·恳乞天恩俯念先臣微功极冤特赐昭雪以明德意以伸公论疏》，第1页上至第4页下；《明史》卷二〇四《王忬传》，中华书局1974年版，第5399页。

[4]《明史》卷二八七《王世贞传》，中华书局1974年版，第7380页。

他们结集为《幽忧集》。[1]

1560年王忬被处决后，王世贞兄弟和他们的母亲带着父亲的遗骸返回家乡。[2] 王世贞为其父服丧三年，又像普通平民那样生活了七年。在此期间，尽管王世贞还是文坛领袖，身边不乏学生和仰慕者的环绕，家庭罹难仍然如乌云笼罩其生活。他写道：“吾兄弟生不肖，不能出先君子于穽。”他和他的弟弟都如“天地大罪人”般地活着。[3]

王世贞用“冤”字来描述他父亲之死。然而，在他正式上疏奏请申冤之前，他从来没有明确指出是谁或者是什么造成了他父亲的冤案。他在一首诗中暗示皇帝本人导致了这一结果。在写给友人的送别诗中他隐晦地提到了皇帝：“白日布高天，不照幽谷寒。”[4] 他还写道朝中奸臣当道，警示自己应当闭口不言，不可让他人知晓自己的言论。[5] 当他父亲还在狱中时，王世贞曾忧虑地表示“即吐一语，惧生得失”。[6]

王世贞一直等到世宗皇帝死后，才开始他替父申冤的过程。世宗在1567年1月23日驾崩。世宗30岁的儿子穆宗，在1567年2月4日登基，改年号为隆庆。在世宗去世之前，大学士徐阶

[1] 王世贞：《弇州山人四部稿》卷七十一《〈幽忧集〉序》，伟文图书出版社1976年版，第8页下。

[2] 王世贞：《弇州山人续稿》卷一四七《亡弟中顺大夫太常寺少卿敬美行状》，四库全书本翻印，上海古籍出版社1993年版，第1页上。

[3] 王世贞：《弇州山人四部稿》卷一〇五《哭亡妹王氏文》，伟文图书出版社1976年版，第15页下至第17页下。

[4] 王世贞：《弇州山人四部稿》卷十三《彰义门别舍弟作》，伟文图书出版社1976年版，第17页上。

[5] “豺虎卧中逵，狐狸为司藩。勖哉阅其口，毋乃令人传。”王世贞：《弇州山人四部稿》卷十三《彰义门别舍弟作》，伟文图书出版社1976年版，第17页上。

[6] 王世贞：《弇州山人四部稿》卷七十一《〈幽忧集〉序》，伟文图书出版社1976年版，第9页上。

(1503—1583)[1] 谋划撰写了世宗遗诏，其中世宗宣告："建言诸臣，存者召用，殁者恤录。"[2] 相似的表述也被徐阶写入新皇穆宗的即位诏书中，诏书颁布于他即位的那一天。徐阶意在通过这两份诏书挽回多年来世宗在严嵩影响下对于那些批评朝政和宠臣的官员实行严刑峻法所造成的伤害。

徐阶热情饱满地撰写这两份诏书，力图为众多亟待平反的官员制造一种氛围，他们曾经被严嵩假借世宗之名肃清或处决。即位诏书中列举了三类受害者，分别是被斩首而死的、被廷杖致死的以及被流放致死的，这些受害者都在死后被官复原职。[3]

对于王世贞兄弟而言，不幸的是，他们父亲王忬的名字并没有出现在诏书所列的平反人员名单中。然而这两份诏书带给王氏家族的影响是巨大的。穆宗登基后的第一个月，王世贞兄弟即前往北京开始为他们父亲的平反之旅。此时朝廷的政治氛围让王世贞对于他的计划感到乐观。[4]

王世贞兄弟住在北京郊外的一个寺庙里，从那里呈递了他们的奏请。他们等候了五个月才得到了穆宗皇帝的回复。在此期间，王世贞一直通过写信寻求帮助和支持，他几乎给所有的当朝权贵，包

[1] Chao-ying Fang and Lienche Tu Fang, in DMB, p. 570-576. 另参见《明史》卷二一三《徐阶传》，中华书局 1974 年版，第 5631 页。

[2] 王天有：《明朝十六帝》，紫禁城出版社 2002 年版，第 297 页；《明穆宗实录》卷一，台湾"中央"研究院历史语言研究所 1962 年版，第 10—22 页；姜德成：《徐阶与嘉隆政治》，天津古籍出版社 2002 年版，第 245—251 页。

[3] 姜德成：《徐阶与嘉隆政治》，天津古籍出版社 2002 年版，第 255 页。

[4] 郑利华：《王世贞年谱》，复旦大学出版社 1993 年版，第 161 页。

括几乎所有内阁成员写了信：[1] 给徐阶[2]写了两封，李春芳（1511—1585）[3] 一封，同时写给高拱（1512—1578）[4] 和陈以勤（1511—1586）[5] 的一封，张居正（1525—1582）[6] 一封。七卿官员中，他给其中四位写了信，[7] 包括给吏部尚书杨博（1509—1574）[8] 两封、兵部尚书赵炳然[9]一封、刑部尚书黄光昇[10]一封以及左都御史王廷[11]三封。

这些写给当朝要臣的信件形式和内容大同小异。每封信都以对收信人的赞誉开篇。在给徐阶的信中，开篇部分读起来基本就是阿谀奉承，王世贞高度赞颂了徐阶对于朝廷的贡献，称其“功在社

[1] 王世贞没有写信给郭朴（1511—1593）。

[2] 两封写给徐阶的书信见《弇州山人四部稿》卷一二三《书案十七首·上太师徐公》和《弇州山人四部稿》卷一二三《书案十七首·又上太师徐公》，伟文图书出版社1976年版，第1页上至第3页下。

[3] L. Carrington Goodrich and Yang Chin-yu, in DMB, p. 818-819；《明史》卷一九三《李春芳传》，中华书局1974年版，第5118页；写给李春芳的书信见《弇州山人四部稿》卷一二三《书案十七首·上太傅李公》，伟文图书出版社1976年版，第3页下至第5页下。

[4] 《明史》卷二一三《高拱传》，中华书局1974年版，第5638页。

[5] 《明史》卷一九三《陈以勤传》，中华书局1974年版，第5120页。写给陈以勤和高拱的书信见《弇州山人四部稿》卷一二三《书案十七首·上少保高陈二公》，伟文图书出版社1976年版，第5页下至第7页上。

[6] B. Crawford and L. Carrington Goodrich, in DMB, p. 53-61；《明史》卷三一二《张居正传》，中华书局1974年版，第5643页；写给张居正的书信见《弇州山人四部稿》卷一二三《书案十七首·上江陵张相公》，伟文图书出版社1976年版，第7页上至第8页上。

[7] 王世贞没有给礼部、户部和工部尚书写信。

[8] Angela Hsi and Chao-ying Fang, in DMB, p. 1525-1528；《明史》卷二一四《杨博传》，中华书局1974年版，第5655页；写给杨博的书信见《弇州山人四部稿》卷一二三《书案十七首·上太宰杨公》，伟文图书出版社1976年版，第8页上至第11页上。

[9] 《明史》卷二〇二《赵炳然传》，中华书局1974年版，第5348页。写给赵炳然的书信见《弇州山人四部稿》卷一二三《书案十七首·上司马赵公》，伟文图书出版社1976年版，第13页上至第13页下。

[10] 写给黄光昇的书信见《弇州山人四部稿》卷一二三《书案十七首·上司寇黄公》，伟文图书出版社1976年版，第11页上至第12页下。

[11] 《明史》卷二一四《王廷传》，中华书局1974年版，第5664页。写给王廷的书信见《弇州山人四部稿》卷一二三《书案十七首·上御史大夫南充王公》，伟文图书出版社1976年版，第13页下至第17页下。

稷，千古所无”。[1] 开篇之后，王世贞列举了他父亲的一连串军功，随即写道：“已未之役，失事甚轻。言官傅会，风旨法司。上憯天怒，律既牵比，情复径庭。此皆我相公所素悉也。严氏排毁之深，鄢某[2]网饵之巧，此则我相公所深赐悯者也。”[3]

上呈穆宗的奏疏，题为“恳乞天恩俯念先臣微功极冤特赐昭雪以明德意以伸公论疏”，[4] 疏中，王世贞引用了穆宗即位诏中鼓励通过申诉以拨乱反正的条款，王世贞赞颂了这些作为“圣主”举措的新政。

提起他父亲的案件，王世贞写道，十年间（1549—1559），王忬历任众多军事要职，“手披荆棘，躬冒矢石，艰关万死，不敢少懈，累蒙褒谕，超擢荫赏”，[5] 他指出其父在军事行动中表现优异，其忠诚和能力得到世宗皇帝的认可。王世贞解释为什么曾多次赞誉其父亲的世宗会将其父亲处决，他将世宗对其父亲看法的改变归罪于奸臣严嵩的影响和欺骗。此时，严嵩已经在凄凉中去世两年。王世贞详叙了严嵩如何构陷他的父亲：

> 祸因原任大学士权奸严嵩及伊男已处决逆犯严世蕃，虐焰滔天、法守扫地，每遇秋防，毕日恐吓贿谢，臣父无从措

---

[1] 王世贞：《弇州山人四部稿》卷一二三《书案十七首·又上太师徐公》，伟文图书出版社1976年版，第1页下。

[2] 鄢某即鄢懋卿。鄢懋卿（1541年进士）曾经被指控盐务腐败，in DMB，p，475，924。鄢懋卿被视为严嵩奸党人员之一，当严嵩在1562年倒台时，鄢懋卿随即失去权势，他在1565年被判有罪并被流放。鄢懋卿的传记被写入《明史·奸臣传》，附在严嵩之后，参见《明史》卷三〇八《严嵩传》，中华书局1974年版，第7924页。

[3] 王世贞：《弇州山人四部稿》卷一二三《书案十七首·上太师徐公》，伟文图书出版社1976年版，第1页下。

[4] 王世贞：《弇州山人四部稿》卷一〇九《奏疏八道·恳乞天恩俯念先臣微功极冤特赐昭雪以明德意以伸公论疏》，伟文图书出版社1976年版，第1页上至第6页下。

[5] 王世贞：《弇州山人四部稿》卷一〇九《奏疏八道·恳乞天恩俯念先臣微功极冤特赐昭雪以明德意以伸公论疏》，伟文图书出版社1976年版，第2页上至第2页下。

应，例当举劾之际，把持颠倒，臣父不敢曲从，以此节次记恨。

比时臣任刑部郎中，因见同年兵部员外郎杨继盛[1]为嵩父子屈陷，临当朝审，臣托所知以正言，劝嵩解释。继盛身死，臣不忍坐视，经纪其丧。臣父骤闻邸报，私切痛愤，弹指唾骂。

原任宣大总督杨顺为嵩报仇，曲杀经历沈炼。[2] 臣父不忿，复对众指斥其奸。嵩闻知，愈加切齿，因见臣父地任孤危，易生媒孽，每遇科道官查理边防钱粮差出，即便讽令捃拾臣父罪恶。而给事中袁汝是[3]、御史凌儒[4]等详核军情，忝酌物论，每于复勘疏内，极口荐扬臣父，至有“白首筹边，赤心报国”[5] 等语。嵩与世蕃益愧且恨，必欲致臣父死地。

嘉靖三十八年三月内，臣父谍知大虏全军压境，声势异常，具实奏报。嵩对众扬言：“王某又来恐吓朝廷，希图侵克行粮，不要采他。”

臣父擐甲野次，飞檄星驰，严督参将高延龄等拒险固守，而贼众我寡，一拥突入，臣父率万余乌合之众，当十万鸱

---

[1] Sun Yuen-king and L. Carrington Goodrich, in DMB, p. 1503-1505；《明史》卷二〇九《杨继盛传》，伟文图书出版社 1976 年版，中华书局 1974 年版，第 5535 页。

[2] 沈炼公开批评严嵩，严嵩使其降职。不久之后，严嵩指控沈炼涉及白莲教叛乱，并将其迫害致死。杨顺是严嵩党羽，沈炼曾经批评他在对抗蒙古俺答汗时，缺乏军事领袖的才干。参见《明史》卷二〇九《沈炼传》，中华书局 1974 年版，第 5534 页，沈炼事迹亦参见 Lienchu Tu Fang, in DMB, p. 1182-1185。

[3] 袁汝是 1550 年进士。

[4] 凌儒（1553 年进士），其事迹散见于《明史》卷二〇七《杨思忠传》，中华书局 1974 年版，第 5481—5482 页。

[5] 《明世宗实录》卷四六一，“中研院”史语所 1962 年校勘本，第 7783 页。袁汝是和凌儒二人，在上呈的关于边境防务的奏疏中，弹劾众多官员办事不力，耗费物资以及盗取军需。

张之虏，鼓舞将士，捣其肘腋。贼以故不敢久住抢掠，仓皇夜遁。我军尾击，获级百余。臣父荷蒙宪皇帝恩宥，戴罪防秋，止是暂令住俸，并无降责。嵩见不遂，复用心腹逆党副都御史鄢懋卿谋以堂官之势，主唆巡按御史方辂劾臣父“病悸不胜，恐误大计”。懋卿手为笔削，疏辞务触天怒。

下吏、兵二部议，令臣父回籍。嵩复鼓众胜谤，及潜说臣父不肯杀贼，致蒙拿送镇抚司打问。嵩子世蕃辄将该司问稿抹去功次，送法司议罪。原任尚书郑晓等深谙臣父无辜，比照先年侍郎张珩[1]例充军，盖以张珩功罪辨明，起自戍所，复登八座故也。嵩与世蕃愈怒，复驳该部，屈拟臣父比例“守边将帅守备不设因而失陷城寨，斩罪监候”。[2]

在奏疏接近结尾处，王世贞再次将矛头对准严嵩和严世蕃，认为此二人需要为致其父亲死亡的枉断担负全部责任：

严嵩误国之罪上通于天，纵子谋逆，情状显著，自当剖棺戮尸，阖门寸斩，以谢天下。

在给权要们的书信中，有时增加一些信息，除此之外，王世贞基本上重复了同样的说法。比如他在给杨博、李春芳的信件中，他列举了严氏父子痛恨他们王氏一家的原因，并最终陷害了他的父亲。[3]

---

[1] 张珩（1521 年进士），陕西总督，1547 年被捕入狱，几年后被流放戍边。王世贞：《弇山堂笔记》卷六十四，四库全书本，第 4 页下；雍正《山西通志》卷一一四，四库全书本，第 43 页下至第 44 页上。

[2] Jiang Yonglin, *Great Ming Code*, p. 131.《大明律》卷一四《兵律·军政》，第 109—110 页。

[3] 参见《弇州山人四部稿》卷一二三《书案十七首》中，《上太宰杨公》和《上太傅李公》这两份书信。

奏疏的最后部分，王世贞声明对其父亲的处断不公，请求皇帝为其父申冤平反。他以一种直接的、很有说服力的方式提出这一要求：

臣父止是提调文臣，原非守边将帅。大虏将入，预行奏报，及严督参将高延龄等防守，原非“守备不设”。虏贼止是扒墙进抢，不久退遁，并无“失陷城寨”。况先奉明旨，戴罪防秋，是先皇帝未尝欲杀臣父也。

御史方辂止劾臣父病悸，是御史未尝欲杀臣父也。

吏、兵二部复奏臣父回籍，是吏、兵二部未尝欲杀臣父也。

法司上熠威断，止拟臣父照张珩例充军，是法司未尝欲杀臣父也。

臣父下狱一年有余，节经科道部属勘核军饷、练兵事体，一言不及臣父，是中外公论未尝欲杀臣父也。

在给皇帝的奏疏中，王世贞比较了与其父类似的其他案件，来证明其父遭受的处断之不公：

查得先该三十七年内，臣父督发辽东总兵杨照等，大破达贼，斩首八百余级。行巡按御史核勘间，嵩父子因见臣父下狱，分付奏内将姓名削去，止是杨照升都督同知。[1] 切见成化年间（1465—1488）总督王越（1426—1499）[2] 威宁海子斩首四百五十，进封伯爵。及查各边大举，自永乐（1403—

[1] 都督同知是从一品官阶，是明朝最高级别的武官职位之一。不过，都督同知这个职位，也是一个烫手山芋。Charles O. Hucker, *A Dictionary of Official Titles in Imperial China* (Stanford: Stanford University Press, 1985), p. 534.

[2] Chao-ying Fang, in DMB, p. 1455-1460；威宁海子位于长城以北，距离长城有五日之距。

1425）以后，并无获级至八百者。嵩与世蕃欲重臣父之罪而遂没无前之功，欲没臣父之功而并轻杨照之赏。臣父失事既轻，获功复重。

如近年以来，福建连没郡县，提督止是罢官。陕西杀将覆军，总督仅令听勘，臣父不敢望威宁之封，独不可从二地之宥乎？

王世贞指出他父亲的案件与于谦（1398—1457）[1] 案类似，于谦这位忠心耿耿的官员作为替罪羊遭到处决，最终在死后得到平反：

查得先年，尚书王文（？—1457）、于谦因石亨（？—1460）[2] 等夺门，诬枉重罪，伊男王宗彝（？—1517）、于冕[3]奏辩，各复原职，钦赐祭葬赠谥。臣父事体委与相同。

最后，王世贞转而讨论其父所受刑罚是否合适这一法律问题，考虑父亲为帝国防卫做出的众多贡献，他恳求朝廷仔细复查该案，为其父申冤平反：

伏乞敕下吏部，将臣父王某被陷情节吊查法司原卷，逐一查访罪律有无相应。及行兵部备查南北劳绩及辽东斩获功次的确，照例将臣父前罪辩雪复官恤录。倘有一言涉虚，臣甘万死无任，哀恳激切，待命之至。

收到王世贞信件的官员热情地回应了他的要求。在他父亲的行

[1] Wolfgang Franke, in DMB, p. 1608–1612；《明史》卷一七〇《于谦传》，中华书局 1974 年版，第 4543 页。

[2] Wolfgang Franke, in DMB, p. 1202–1204；《明史》卷一七三《石亨传》，中华书局 1974 年版，第 4613 页。

[3] 《明史》卷一七〇《于谦传》，中华书局 1974 年版，第 4551 页。

状中，[1] 王世贞如下写道：“今少师徐公、少傅李公与诸公怜之，下吏部太宰杨公怜之，为行大司寇，报府君罪所坐枉。大司马报府君功当录。杨公尤慎之。行御史报，具如大司寇、大司马指。迺以闻。诏曰：王某准复原职。”[2]

穆宗隆庆元年八月，皇帝为王忬平反，恢复了其官职和头衔。《明穆宗实录》中对此记载寥寥，却不忘提及严嵩的罪行：

> 故总督蓟辽右都御史兼兵部左侍郎王忬子、原任山东按察司副使世贞上书讼父冤，言臣父皓首边廷，六遏大虏，不幸以事忤大学士严嵩，坐微文论死，伤尧舜知人之明，解豪杰任事之体，乞行辨雪以伸公论，诏复忬官。[3]

这一平反事件还有后续。二十年之后，1587 年 2 月，礼部上奏神宗皇帝（1573—1620 年在位），请求王忬对战蒙古和海盗，应予纪功。神宗准许，《明神宗实录》记载，礼部提出这一请求时，特意提到了王忬和严嵩之间的冲突[4]：

> 偶以虏众突入，阴触权奸，竟至刎身，死非其罪……若不破格优恤，非所以鼓效忠之心，振任事之气也。忬合照例祭二坛，造坟安葬。

按照中国算法，王世贞此时已经 62 岁，利用朝廷的善意，请求准许其母与父亲一并祭祀，并且追赠父亲官衔。王世贞的要求很

---

[1] 《弇州山人四部稿》卷九十八《行状一首 · 先考思质府君行状》，第 1 页上至第 23 页下。
[2] 《弇州山人四部稿》卷九十八《行状一首 · 先考思质府君行状》，第 22 页下。
[3] 《明穆宗实录》卷十一，“中研院”史语所 1962 年校勘本，第 296 页。
[4] 《明神宗实录》卷一八三，“中研院”史语所 1962 年校勘本，第 3407 页，转引自郑利华：《王世贞年谱》，复旦大学出版社 1993 年版，第 314—315 页。

快有了回应，并祭被许可，王忬被追赠为兵部尚书。[1]

在上书中，王世贞控诉严嵩是导致他父亲被杀的主要原因，这一点十分关键。它将焦点从世宗身上移开，也让世宗免于被指责。而且，揭露严嵩的恶行非常符合当道重臣的政治需求，正是这些重臣在世宗晚年将严嵩势力清理出朝堂。大学士徐阶，是清洗严嵩的朝臣领袖，他在《明世宗实录》中载入了众多反严嵩一党的事件。世宗死后的那两份诏书，特别指明了要为那些被严嵩迫害的人平反。

王世贞不可能直指世宗为杀父凶手。如果他这么做了，新任的穆宗很可能会反对。王世贞继续其仕宦生涯的愿望也会很难落实。王世贞顺势论证世宗当时并不知情，并非预谋杀害其父王忬。

在给徐阶的一份书信中，王世贞坦承世宗皇帝喜怒无常。王世贞向徐阶忆起，七年之前，彼时王忬尚在监狱等候判决，徐阶建议王世贞兄弟保持沉默，提醒他们试图向皇帝申诉只会让事情恶化，后果难以预测。[2] 王忬也有同样的说法："上怒方炽，是沃之膏也，毋速我死！"[3]

为了支持他的申诉，增强本案的影响力，王世贞在给皇帝的上书中，将自己父亲遭遇的不公和平反与于谦案进行类比。[4] 但是，如果我们仔细检视于谦案，很容易就能发现王忬的被杀和于谦

[1] 郑利华：《王世贞年谱》，复旦大学出版社1993年版，第316—317页。

[2] "谓当泯默，姑俟天定，不宜速激，更生不测。"王世贞：《弇州山人四部稿》卷一二三《书案十七首·上太师徐公》，伟文图书出版社1976年版，第2页上。

[3] 王世贞：《弇州山人续稿》卷一四〇《亡弟中顺大夫太常寺少卿敬美行状》，伟文图书出版社1976年版，第4页下，转引自郑利华：《王世贞年谱》，复旦大学出版社1993年版，第127页。

[4] 王世贞：《弇州山人四部稿》卷一〇九《奏疏八道·恳乞天恩俯念先臣微功极冤特赐昭雪以明德意以伸公论疏》，伟文图书出版社1976年版，第1页上至第4页下。

的情况大不相同。《明史·于谦传》记载了英宗的支持者们在1467年如何发动夺门之变，接回英宗将其再度送上宝座，于谦在毫无证据的情况下被指控谋反。《明史》的编修者写道，当于谦被处决时，“当时莫不称冤”。[1] 于谦从未因某项罪行而被审讯和宣判，他的案件没有经过司法程序。王忬案件不同，边境失守，按照《大明律》的规定，王忬确实有罪，并且经过了司法程序，王忬的问题在于情罪是否相当。

通过比较其父的案件和于谦案件，王世贞想让穆宗相信，王忬的冤情和于谦一样巨大，他理应获得和于谦一样的平反。王世贞随后为于谦撰写了一篇感人的传记，着重叙述了于谦对皇帝的忠贞不贰，以及他如何惨遭背叛，[2] 随后他用同样的赞誉口吻，为于谦撰写了墓志铭。[3]

王世贞对其父案件的描述饱受时人的质疑。徐学谟（1522—1594，1550年进士）是王世贞兄弟的密友，他并不赞同王世贞的分析。[4] 在他刊行于16世纪80年代有关世宗朝历史的《世庙识余录》[5] 中，徐学谟对王忬的问题有不同的看法。徐学谟认为王忬本人要为他的被杀担负主要责任。徐学谟指出，世宗起初支持王忬，让其在1550年快速晋升。徐学谟认为王忬的问题在于他的性格，他不是负责军事防务的合适人选，世宗最终意识到王忬的无

[1] 《明史》卷一七〇《于谦传》，中华书局1974年版，第4553页。

[2] 王世贞：《弇州山人续稿》卷八十五《于谦传》，伟文图书出版社1976年版，第11页下至第24页下，这篇传记有部分缺失，完整版可见陈书录：《王世贞文选》，苏州大学出版社2001年版，第248—258页。

[3] 王世贞：《弇州山人四部稿》卷一〇九《奏疏八道·议处于肃愍公谥号后裔修葺祠墓稿》，伟文图书出版社1976年版，第18页下至第21页下。

[4] Lienche Tu Fang, in DMB, p. 585-587.

[5] 徐学谟：《世庙识余录》，全国图书馆文献微缩复制中心1991年版。

能。用徐学谟的话说：

> 忬性慈良易直，故非军旅才，徒以上意所注，勉力经营，计不遗余力矣。比滦州大衂，诸中贵及官人家被伤者，日号泣上前，上已心动，谕严嵩曰："忬不忠，理不可宥，非朕用人之不终也。"时已有诛意。[1]

支大纶（1574年进士）在他完成于1596年的《世穆两朝编年史》中，认为是徐阶将王忬之死归罪于严嵩，但严嵩其实无辜。[2]同样，广受好评的史书《国榷》的作者，史学家谈迁（1594—1658）[3]也写道："王中丞坐疆事死，非死严氏也。"[4]

王世贞的说法符合当时的司法语境，这或许是王忬案成功平反所必需的，在给皇帝的上书中，王世贞正式请求："吊查法司原卷，逐一查访罪律有无相应。"[5]

这里我们面临一个中国法律史上的比附问题。因为特定的罪行经常缺乏相应的法律条文的规定，在这种情况下，法官需要通过比附相关律条，为犯罪确定适当的刑罚。王世贞争辩说法官在建议量刑时犯了明显的错误，引用了错误的法条，事实上，若比附合适的律条，王忬所得之处罚应为充军。

在上书中，王世贞也要求确认他父亲的军功。对于那些负责军务的文武官员而言，在其有罪而受到惩治时，军功可以影响司法的

---

[1] 徐学漠：《世庙识余录》卷十九，全国图书馆文献微缩复制中心1991年版，第14页下。

[2] 支大纶：《世穆两朝编年史》，转引自 Kwan-wai So，"Grand-Secretary Yan Song（1480-1566）：A New Appraisal"，p. 22。

[3] Chaoying Fang，in DMB，p. 1239-1242.

[4] 谈迁：《国榷》卷六十三，第3950页。转引自 Kwan-wai So，"Grand-Secretary Yan Song（1480-1566）：A New Appraisal"，p. 23。

[5] 王世贞：《弇州山人四部稿》卷一〇九《奏疏八道·恳乞天恩俯念先臣微功极冤特赐昭雪以明德意以伸公论疏》，伟文图书出版社1976年版，第6页下。

结果。《大明律》“从征违期”条规定，“若能立功赎罪者，从总兵官区处”。[1] 这样，当王世贞提出其父的军功问题时，他为父亲的平反提供了另一种理由。

王世贞为父平反成功，这不仅是一个明晰的法律程序的结果，政治变动和人脉关系在整个过程中是决定性的因素。

明代法律强调官员解决枉断的职责，他们有义务辩明冤枉。这一强调并不见于明代之前的律法。[2] 《大明律·刑律》“辩明冤枉”条规定官员们需要主动辨别发现冤抑。[3] 条文称：“凡监察御史、按察司辩明冤枉，须要开具所枉事迹，实封奏闻，委官追问得实，被诬之人，依律改正。”[4]

有明一代，对申冤的强调可见于各项法条和机构。登闻鼓这一明初太祖的创制，给予普通百姓利用法律制度申冤理枉的机会。[5] 《问刑条例》在1500年刊布并在1585年得到重修，也将发现和理枉这一积极的职掌作为法条收入。[6] 同样，《大明会典》给予“辩明冤枉”这一重要原则以极大的关注。[7] 明代通政司负责上行皇帝以及从皇帝下行的文书，通政司官员应留心百姓所遭受之冤

[1] 《大明律》卷十四《兵律·军政》，第109页。Jiang Yonglin, *Great Ming Code*, p. 130.

[2] 华友根：《薛允升的古律研究与改革》，上海社会科学院出版社1999年版，第198页。

[3] 《大明律》卷二十八《刑律·断狱》，第218页。Jiang Yonglin, *Great Ming Code*, p. 235.

[4] Jiang Yonglin, *Great Ming Code*, p. 235.

[5] 《大明会典》卷一七八，《续修四库全书》史部第792册，上海古籍出版社2002年版，第164页。

[6] 《问刑条例》，见怀效锋点校本《大明律》，第439页。

[7] “凡民间词讼，皆需自下而上，或府州县省官员及按察司官不为伸理，及有冤抑机密重情，许击登闻鼓，监察御史随即引奏。”《大明会典》卷一七八，《续修四库全书》史部第792册，上海古籍出版社2002年版，第164页。

抑，每一例案件都必须上奏，务必使皇帝知晓。[1] 法条规定了通过通政司申诉所需遵行的程序和形式。[2] 大理寺专门掌管对已有判决进行覆核，包括三法司的判决，对其中错误的判决予以驳回。[3]

上述明代法制方面的革新并没有在王忬生前给其提供庇护。在他死后，王世贞也是跳过上述的机构和途径来为其平反。兄弟二人给熟识的当道权贵们写信，乞求他们的支持和帮助。他们通过这些重臣呈递奏疏，而不是通过通政使司，当然也更不会去敲登闻鼓。

穆宗即位初年，朝中最有权势的官员中颇有几位与王世贞或者王氏家族关系密切。大学士徐阶，在世宗晚年以及穆宗初期权倾朝野，他是1547年王世贞中进士时的座师。张居正与王世贞为同年进士，穆宗时张居正为新晋内阁大学士。新任吏部尚书杨博是王世贞多年老友，也曾是王忬的上级。王世贞将平反之功归于徐阶和杨博。[4]

在为父平反的努力中，王世贞有意书写了一个戏剧性的、带有个人色彩的王忬案，回避了制度上的追责问题。在他身居高位的友人的帮助下，王世贞成功地为其父平反。通过对其父案件的模式化叙述，王世贞在平反过程中赢得了大众的支持。王世贞的文学才能和声望，将王忬案转化成为和于谦类似的、戏剧化的案件。而王世

[1] 《大明会典》卷二一二，《续修四库全书》史部第792册，上海古籍出版社2002年版，第519页。《明会典》记载洪武二十六年规定通政司官吏，凡有四方陈情建言，伸诉冤枉民间疾苦善恶等事，知必随即奏闻。

[2] 王天有：《明代国家机构研究》，北京大学出版社1992年版，第175—179页。

[3] 《明史》卷七十三《职官志》，中华书局1974年版，第1781页。亦参见《明史》卷九十四《刑法志》，中华书局1974年版，第2305页。

[4] 王世贞：《弇州山人四部稿》卷九十八《行状一首·先考思质府君行状》，伟文图书出版社1976年版，第23页下。

贞的政治交际和才能让他获得大量的政治支持，并使这一版本的王忬案得到了皇帝的认同。

王忬案凸显了明代司法中的固有问题，《大明律》针对具体的罪行都规定了相应的惩罚措施，但是得由司法官员决定所犯罪行与哪一律条的规定最为相应。王忬案件最初的审理者，刑部尚书、大学者郑晓完全受制于世宗，正是世宗本人决定王忬应当被处死。司法官员不得不重新考虑，并在《大明律》中寻找符合王忬罪行，并且是以斩刑而非充军处置的律条。只有等到世宗死后，官员们才能考虑为王忬平反，因为他们不能轻易地违背专制又善变的统治者的心意。新皇治下的官员们乐意支持王世贞的平反诉求，因为朝堂发生了巨变。严嵩以及他的儿子已经被赶走，严嵩气焰下的受害者们被免罪和复职。王世贞不仅拥有朝堂权贵的人脉关系，他还展示了高度的孝道，使得他的朋友们愿意伸出援手。

王世贞叙述的王忬案件和事实有所出入，然而它反映了明代申冤理枉的基本特点，并且展示了王世贞如何应付巨大的个人危机，寻求解决方法，尽管他的父亲已经不能回到他的身边。王世贞夸张地谴责严嵩是恶棍，以此来发泄他的痛苦和怨恨。通过他的记录，特别是他为父亲平反时的所作所为，我们可以看到在帝制晚期的中国，一位才智超群的知识分子，如何应对对其精英生涯造成巨大影响的灾难。

参考文献

一、中文文献

1. 《大戴礼记》，四部丛刊本。

2. 《大明会典》，正德六年刊本。

3. 《大明会典》，万历十三年重修本。

4. 《大明会典》，《续修四库全书》本，上海古籍出版社 2002 年版。

5. 《大元圣政国朝典章》，台北故宫博物院藏影印元刊本 1976 年版。

6. 《春秋繁露》，四部丛刊本。

7. 《读四书丛说》，四部丛刊本。

8. 《尔雅》，四部丛刊本。

9. 《管子》，四部丛刊本。

10. 《光绪浦江县志稿》，1916 年刻本。

11. 《韩非子》，四部丛刊本。

12. 《皇明条法事类纂》，古典研究会的重印本 1966 年版。

13. 《金华府志》，1909 年刻本。

14. 《金史》，中华书局 1975 年版。

15.《近思录》，四部备要本。

16.《六臣注文选》，四部丛刊本。

17.《孟子》，赵岐注解，四部丛刊本。

18.《孟子》，中华书局 2008 年版。

19.《名公书判清明集》，古典研究会 1964 年版。

20.《明朝开国文献》，台北，学生书局 1966 年版。

21.《明实录》，台北，“中央”研究院历史语言研究所 1962 年校勘本。

22.《明史》，中华书局 1974 年版。

23.《明史艺文志・补编・附编》，商务印书馆 1959 年版。

24.《钦定四库全书总目提要》，台北，艺文印书馆 1969 年版。

25.《清史》，台北，“国防”研究院 1968 年版。

26.《清史列传》，台北，中华书局 1962 年版。

27.《三国志》，中华书局 1973 年版。

28.《三台明律招判正宗》，东京大学文化研究所藏，原书无刊刻日期。

29.《尚书大传》，四部丛刊本。

30.《史记》，中华书局 1959 年版。

31.《释名》，四部丛刊本。

32.《四书集注》，四部备要本。

33.《宋史》，中华书局 1977 年版。

34.《宋史研究集》，台北，中华丛书编审委员会 1969 年版。

35.《宋刑统》，台北，文海出版社 1974 年版。

36.《唐律疏议》，台北，台湾商务印书馆 1969 年版。

37.《唐律疏议》，台北，西南书局 1973 年版。

38.《条例备考》，嘉靖刊本。

39.《通志堂经解》，康熙十五年刻本。

40.《新五代史》，中华书局 1974 年版。

41.《新元史》，退耕堂 1922 年版。

42.《续原教论》，光绪元年刻本。

43.《荀子》，四部丛刊本。

44.《御注道德真经》，《道藏》本，《中国子学名著集成》，台北，中国子学名著集成编印基金会 1978 年版。

45.《元史》，中华书局 1976 年版。

46.《周礼》，四部丛刊本。

47.《注释音辩唐柳先生集》，四部丛刊本。

48.《庄子》，四部丛刊本。

49. 毕沅：《续资治通鉴》，中华书局 1958 年版。

50. 陈邦瞻：《元史纪事本末》，台北，三民书局 1966 年版。

51. 陈旅：《安雅堂集》，《四库全书珍本》二集，台湾商务印书馆 1971 年版。

52. 陈庆新：《宋儒春秋尊王要义发微与其政治思想》，载《新亚学报》1971 年第 10 期。

53. 陈书录：《王世贞文选》，苏州大学出版社 2001 年版。

54. 陈子龙：《皇明经世文编》，香港，珠玑书店 1968 年版。

55. 承名世：《朱元璋的两通军令》，载《文物》1976 年第 7 期。

56. 程敏政：《宋遗民录》，《知不足斋丛书》本。

57. 程树德：《九朝律考》，台北，台湾商务印书馆 1973 年版。

58. 程元敏：《王柏之生平与学术》，台北，学海出版社 1975

年版。

59. 程元敏：《王柏之诗经学》，台北，嘉新水泥公司文化基金会 1968 年版。

60. 程元敏：《金履祥和他的遗著》，《宋史研究集》卷四，中华丛书编审委员会 1969 年版。

61. 戴炎辉：《唐律通论》，台北，台湾“国立”编译馆 1977 年版。

62. 戴炎辉：《中国法制史概要》，台北，时代文化出版社 1966 年版。

63. 邓之诚：《清诗纪事初编》，中华书局 1965 年版。

64. 丁易：《明代特务政治》，北京，中外出版社 1951 年版。

65. 方孝孺：《逊志斋集》，四部丛刊本。

66. 傅衣凌：《明代前期徽州土地买卖契约中的通货》，载《社会科学战线》1980 年第 3 期。

67. 高伯和：《浦阳艺文考》，台北，立志书局 1968 年版。

68. 高亨：《商君书注译》，中华书局 1974 年版。

69. 谷应泰：《明史纪事本末》，台北，三民书局 1966 年版。

70. 顾柏年：《秀野公刊书藏书略记》，载《浙江省立图书馆馆刊》1935 年第 6 期。

71. 顾栋高：《司马温公年谱》，求恕斋丛书版。

72. 顾栋高：《王荆公年谱》，求恕斋丛书版。

73. 顾嗣立：《闾丘先生自定年谱》，收入赵诒琛编：《丙子丛编》，1936 年版。

74. 顾嗣立：《春树闲钞》，载《明清史料汇编》第 6 册第 7 卷，台北，文化出版社 1969 年版。

75. 顾嗣立:《元诗选》,台北,世界书局 1967 年版。

76. 顾炎武:《日知录》,台北,世界书局 1972 年版。

77. 顾炎武:《亭林诗集》,四部丛刊本。

78. 郭庆藩:《校正庄子集释》,台北,世界书局 1962 年版。

79. 郭绍虞:《中国文学批评史》,台北,明伦出版社 1971 年版。

80. 海瑞:《海瑞集》,陈忠义校,中华书局 1962 年版。

81. 郝经:《郝文忠公陵川文集》,道光十六年刻本。

82. 何炳松:《浙东学派溯源》,商务印书馆 1933 年版。

83. 何乔远:《名山藏》,台北,成文书局 1971 年版。

84. 何淑贞:《金履祥的理学》,载《思与言》1975 年第 2 期。

85. 何休:《春秋公羊经传解诂》,四部丛刊本。

86. 侯方域:《壮悔堂遗稿》,四部丛刊本。

87. 胡怀琛:《月泉吟社及其他》,载《越风半月刊》1936 年第 6 期。

88. 胡祇遹:《紫山先生大全集》,河南官书局刻本 1924 年版。

89. 华友根:《薛允升的古律研究与改革》,上海社会科学院出版社 1999 年版。

90. 怀效锋:《嘉靖专制政治与法制》,湖南教育出版社 1989 年版。

91. 怀效锋点校:《大明律》,法律出版社 1999 年版。

92. 怀效锋点校:《大明律》,辽沈书社 1990 年版。

93. 黄溍:《金华黄先生文集》,四部丛刊本。

94. 黄以周:《续资治通鉴长编拾补》,光绪九年浙江书局本。

95. 黄彰健:《明代律例汇编》,台北,"中央"研究院历史语言研究所 1979 年版。

96. 黄彰健：《明清史研究丛稿》，台北，台湾商务印书馆 1977 年版。

97. 黄宗羲：《南雷文案》，四部丛刊本。

98. 黄宗羲：《宋元学案》，四部备要本。

99. 嵇文甫：《王船山学术论丛》，中华书局 1962 年版。

100. 揭傒斯：《揭安文公全集》，四部丛刊本。

101. 姜德成：《徐阶与嘉隆政治》，天津古籍出版社 2002 年版。

102. 金履祥：《仁山集》，国学基本丛书，台北，台湾商务印书馆 1968 年版。

103. 巨焕武：《明代巡按御史》，台北，“国立”政治大学研究所 1970 年博士学位论文。

104. 孔齐：《至正直记》，《粤雅堂丛书》本，同治元年刊本。

105. 孔颖达：《春秋左传注疏》，收入阮元校刻：《十三经注疏》，嘉庆二十年刻本，京都，中文出版社 1971 年影印版。

106. 劳延煊：《元初南方知识分子——诗中所反映出的片面》，载《香港中文大学中国文化研究所学报》1979 年第 10 卷上册。

107. 劳政武：《论唐明律对官人的优遇》，台北，万年青书店 1976 年版。

108. 李恒：《国朝耆献类征初编》，《清代传记丛刊》本，台北，明文书局 1985 年版。

109. 李思纯：《元史学》，台北，华世出版社 1974 年版。

110. 李焘：《续资治通鉴长编》，台北，世界书局 1961 年版。

111. 李元度:《国朝先正事略》，上海瑞文楼同治八年刊本。

112. 李贽:《藏书》，中华书局 1959 年版。

113. 李泽芬:《元史新讲》，台北，中华书局 1978 年版。

114. 刘伯骥:《宋代政教史》，台北，台湾中华书局 1971 年版。

115. 刘先枚:《船山政治思想论略》，载《王船山学术讨论集》，中华书局 1965 年版。

116. 刘兆祐:《〈心史〉的著者问题》，载《书目季刊》1969 年第 4 期。

117. 刘志远:《四川洪雅县明墓出土的银锭文字》，载《文物参考资料》1956 年第 5 期。

118. 刘重日、武新立:《研究封建社会的宝贵资料：明清抄本“粗底簿”两种》，载《文献》1980 年第 3 期。

119. 柳存仁:《道藏本三圣注道德经会笺》，载《和风堂读书记》，香港，龙门书店 1977 年版。

120. 柳存仁:《道藏本三圣注道德经之得失》，载《和风堂文集》，上海古籍出版社 1991 年版。

121. 柳贯:《柳待制集》，四部丛刊本。

122. 泷川龟太郎编:《史记会注考证》，台北，艺文印书馆 1972 年版。

123. 罗炳绵:《明太祖的文学统治术》，载《中国学人》1971 年第 3 期。

124. 罗大经:《鹤林玉露》，商务印书馆 1920 年版。

125. 吕留良:《吕晚村先生文集》，台北，中国文化出版社 1967 年版。

126. 马端临：《文献通考》，商务印书馆 1936 年万有文库版。

127. 蒙思明：《元代社会阶级制度》，载《燕京学报专号》1938 年第 16 号。

128. 缪荃孙：《烟画东堂小品》，1920 年江阴缪氏刊本。

129. 牟润孙：《两宋春秋学之主流》，载《大陆杂志》1952 年第 4—5 期。

130. 牟润孙：《注史斋丛稿》，香港，新亚研究院 1959 年版。

131. 欧阳玄：《圭斋文集》，四部丛刊本。

132. 彭信威：《中国货币史》，上海人民出版社 1958 年版。

133. 钱穆：《读明初开国诸臣诗文集》，载《新亚学报》1965 年第 2 期。

134. 钱穆：《孔子与春秋》，载钱穆：《两汉经学今古文平议》，台北，三民书局 1961 年版。

135. 钱穆：《中国近三百年学术史》，台北，台湾商务印书馆 1968 年版。

136. 钱谦益：《国初群雄事略》，台北，中华文史丛书 1966 年版。

137. 钱谦益：《牧斋初学集》，四部丛刊本。

138. 钱谦益：《牧斋有学集》，四部丛刊本。

139. 乾隆《浙江通志》，四库全书本。

140. 青山定雄：《中国历代地名概览》，台北，乐天书局 1975 年版。

141. 丘濬：《大学衍义补》，四库全书珍本，台北，台湾商务印书馆 1971 年版。

142. 丘濬：《丘文庄公丛书》，台北，丘文庄公丛书辑印委员会 1972 年版。

143. 全祖望：《鲒埼亭集外编》，四部丛刊本。

144. 容庚：《〈列朝诗集〉与〈明诗综〉》，载《岭南学报》1959 年第 1 期。

145. 容庚：《吕留良及其思想》，香港，中文书局 1974 年版。

146. 沈家本：《枕碧楼丛书》，沈仕刊本 1913 年。

147. 沈家本：《寄簃文存》，载沈家本：《沈寄簃先生遗书甲编》，台北，文海出版社 1964 年版。

148. 沈家本：《续原教论》，1875 年清刻本。

149. 司马光：《温图文正司马光文集》，四部丛刊本。

150. 宋濂：《觉原慧昙禅师诗略》，《金陵梵刹志》，天启七年本（1936 年重印本）。

151. 宋濂：《宋文宪公全集》，四部丛刊本。

152. 宋濂：《宋文宪公全集》，四部备要本。

153. 宋濂：《宋学士文集》，《国学基本丛书》本，商务印书馆 1935 年版。

154. 宋荦：《江左十五子诗选》，康熙二十四年宋氏宛委堂刻本。

155. 宋荦：《西陂类稿》，台北，台湾商务印书馆 1973 年版。

156. 苏伯衡：《苏平仲文集》，四部丛刊本。

157. 苏天爵：《国朝文类》，四部丛刊本。

158. 苏天爵：《滋溪文稿》，《适园丛书》本。

159. 孙克宽：《吴梅村北行前后诗》，载《中央图书馆馆刊》1974 年第 1 期。

160. 孙克宽：《元代汉文化之活动》，台北，台湾中华书局

1968 年版。

161. 孙克宽：《元代金华学述》，台中，东海大学出版社 1975 年版。

162. 孙克宽：《元代金华之学述评》，载《幼狮学志》1976 年第 3 期。

163. 孙克宽：《元儒刘静修学行述评》，氏：《蒙古汉军及汉文化研究》，台中，东海大学出版社 1970 年版，第 75—87 页。

164. 孙克宽：《元虞集与南方道教》，载《大陆杂志》1976 年第 6 期。

165. 孙星衍撰，陈抗、盛冬铃点校：《尚书今古文注疏》，中华书局 1986 年版。

166. 孙祖基：《中国历代法家著述考》，台北，进学书局 1970 年版。

167. 索予明：《明太祖御笔释例》，载《故宫季刊》1967 年第 1 期。

168. 谈迁：《国榷》，中华书局 1958 年版。

169. 唐顺之：《北奉使集》，《四库全书存目丛书》，齐鲁书社 1996 年版。

170. 陶宗仪：《辍耕录》，台北，世界书局 1963 年版。

171. 陶宗仪：《南村辍耕录》，四部丛刊续编本。

172. 屠寄：《蒙兀儿史记》，台北，世界书局 1962 年版。

173. 王称：《东都事略》，台北，文化出版社 1967 年版。

174. 王崇武：《明本纪校注》，香港，龙门书店 1967 年版。

175. 王圻：《续文献通考》，台北，文海出版社 1979 年版。

176. 王世贞：《王世贞文选》，苏州大学出版社 2001 年版。

177. 王世贞：《弇山堂笔记》，四库全书本。

178. 王世贞：《弇州山人四部稿》，万历五年刻本，台北，伟文图书出版社 1976 年翻刻版。

179. 王世贞：《弇州山人续稿》，四库全书本翻印，上海古籍出版社 1993 年版。

180. 王天有：《明朝十六帝》，紫禁城出版社 2002 年版。

181. 王天有：《明代国家机构研究》，北京大学出版社 1992 年版。

182. 王晳：《春秋皇纲论》，康熙十五年刻本。

183. 王祎：《王忠文公集》，《金华丛书》本。

184. 王恽：《秋涧先生大全文集》，四部丛刊本。

185. 王梓材：《宋元学案补遗》，台北，世界书局 1962 年版。

186. 魏青鈜：《元顺帝为宋裔考》，载周康燮编：《宋辽金元史论集》，崇文书店 1971 年版。

187. 吴澄：《草庐吴文正公集》，乾隆二十一年刊本。

188. 吴澄：《春秋纂言》，四库全书珍本。

189. 吴春山：《陈同甫的思想》，台北，台湾大学出版社 1971 年版。

190. 吴晗：《“社会贤达”钱牧斋》，吴晗：《读史劄记》，三联书店 1961 年版。

191. 吴晗：《朱元璋传》，三联出版社 1979 年版。

192. 吴莱：《渊颖集》，四部丛刊本。

193. 吴莱：《渊颖吴先生集》，四部丛刊本影印至正十三年本。

194. 吴师道：《敬乡录》，《适园丛书》本。

195. 吴渭：《月泉吟社稿》，金华丛书本。

196. 吴相湘编：《中国史学丛书初编》（第34辑），台北，台湾学生书局1966年版。

197. 夏燮：《明通鉴》，中华书局1959年版。

198. 萧公权：《中国传统的法制与专制》，载《清华学报》1964年第2期。

199. 萧公权：《中国政治思想史》，台北，中华文化出版事业委员会1954年版、1961年版。

200. 徐道邻：《中国法制史论略》，台北，正中书局1953年版。

201. 徐道邻：《中国法制史论集》，台北，志文出版社1975年版。

202. 徐学谟：《世庙识余录》，全国图书馆文献微缩复制中心1991年版。

203. 徐元瑞：《吏学指南》，台北，大华印书馆1969年版。

204. 薛允升：《唐明律合编》，台北，台湾商务印书馆1977年版。

205. 杨起元：《训行录》，明刻本。

206. 杨讷：《元代农村社制研究》，载《历史研究》1965年第4期。

207. 杨维桢：《东维子文集》，四部丛刊本。

208. 杨雪峰：《明代的审判制度》，台北，黎明文化事业公司1978年版。

209. 杨一凡：《洪武法律典籍考证》，法律出版社1992年版。

210. 杨一凡：《洪武三十年“大明律”考》，载《学习与思考》1981年第5期。

211. 杨一凡：《明大诰初探》，载《北京政法学院学报》1981年第1期。

212. 杨一凡：《明大诰研究》，江苏人民出版社1988年版。

213. 杨瑀：《山居新话》，《知不足斋丛书》本。

214. 姚从吾：《程钜夫与忽必烈汗平宋后的安定南人问题》，载《台湾大学文史哲学报》1968年第17期。

215. 姚从吾：《郑思肖生平与行事杂考》，载《食货月刊》1974年第1—2期。

216. 姚从吾：《郑思肖与“铁函心史”关系的推测》，载《庆祝蒋慰堂先生七十荣庆论文集》，台北，学生书局1968年版。

217. 姚觐元：《清代禁毁书目》，商务印书馆1957年版。

218. 叶恭绰：《清代学者像传》，商务印书馆1930年版。

219. 叶潜昭：《金律之研究》，台北，台湾商务印书馆1972年版。

220. 叶盛：《水东日记》，台北，学生书局1965年版。

221. 叶盛：《菉竹堂书目》，载严一萍选辑：《百部丛书集成》，台北，艺文印书馆1965年版。

222. 叶适：《水心先生文集》，四部丛刊本。

223. 雍正《山西通志》，四库全书本。

224. 余嘉锡：《四库提要辩证》，载《钦定四库全书总目》，台北，艺文印书馆1986年版。

225. 余英时：《方以智晚节考》，香港，新亚研究所1972年版。

226. 余英时：《历史与思想》，台北，联经出版事业公司1976年版。

227. 虞集：《道园学古录》，四部丛刊本。

228. 袁采：《袁氏世范》，《知不足斋丛书》本。

229. 袁国藩：《东平严实幕府人物与兴学初考》，载《大陆杂志》1961 年第 23 期。

230. 张钧衡：《适园丛书》，1916 年乌程张氏刊本。

231. 张卤编：《皇明制书》，古典研究会 1966—1967 年版。

232. 张维屏：《国朝诗人征略初编》，道光二十二年版。

233. 张养浩：《为政忠告》，文渊阁四库全书本，台北，艺文印书馆 1969 年版。

234. 张宇初：《岘泉集》，四库全书珍本。

235. 张载：《张子全书》，康熙五十五年刻本。

236. 章学诚：《章氏遗书外编》，1922 年吴兴刘氏嘉业堂刻本。

237. 赵鼎：《家训笔录》，《函海》本，光绪七年刊本。

238. 赵汸：《东山存稿》，四库全书本。

239. 赵诒琛：《丙子丛编》，1936 年版。

240. 郑方坤：《国朝诗钞小传》，杞菊轩咸丰十一年刊本。

241. 郑鹤声：《清儒对于元史学之研究》，载《史地学报》1924 年第 4 期以及 1925 年第 5 期。

242. 郑利华：《王世贞年谱》，复旦大学出版社 1993 年版。

243. 郑利华：《王世贞研究》，学林出版社 2002 年版。

244. 郑晓：《郑端简公奏议》，《续修四库全书》史部 477 册，上海古籍 2002 年版。

245. 朱熹：《周易本义》，刘氏傅经堂丛书本。

246. 朱熹：《朱子家礼》，洪氏公善堂从书本。

247. 朱倓：《明季南应社考》，载《国学季刊》1930 年第 3 期。

248. 朱彝尊：《经义考》，四部丛刊本。

249. 朱彝尊：《曝书亭集》，四部丛刊本。

250. 朱元璋：《高皇帝御制文集》，嘉靖十四年（1535 年）序刊本。

251. 朱元璋：《明太祖御制文集》，台北，学生书局 1965 年版。

252. 朱元璋：《明朝开国文献》，中国史学丛书初编本，台北，台湾学生书局 1966 年版。

253. 卓尔堪：《明遗民诗》，中华书局 1961 年版。

二、外文文献

1. Atwell, William S., "From Education to Politics: The Fu she"，从教育到政治：复社研究 in de Bary, ed., The Unfolding of Neo-Confacianism, 1975, p. 333-367。

2. Atwell, William S., "International Bullion Flows and the Chinese Economy circa 1530-1650"，国际金银的流通与 1530—1650 时期的中国经济 *Past & Present*, 95 (1982), p. 68-90。

3. Atwell, William S., "Ch'en Tzu - lung (1608 - 1647): A Scholar-Official of the Late Ming Dynasty"，陈子龙：晚明士大夫 Ph. D. diss, Princeton University, 1975。

4. Ayalon, David, "The Great Yāsa of Chingiz Khān, A Reexamination"，成吉思汗《大札撒》再探討 *Studia Islamica*, 33 (1971), p. 97 - 140; 34 (1971), p. 151 - 180; 36 (1972), p. 113 - 158; 38 (1973), p. 107-156。

5. Balazs，Etienne，*Le traité juridique du* “*Souei-chou*”，隋书刑法志 E. J. Brill，1954。

6. Balazs，Etienne，*Political Theory and Administrative Reality in Traditional China*，传统中国的政治理论与行政现实 University of London，School of Oriental and African Studies，1965。

7. Beattie，Hilary，“The Alternative to Resistance：The Case of T'ung-ch'eng，Anhwei”，抵抗的另类选择：以安徽桐城为例 in Jonathan D. Spence and John E. Wills，eds.，*From Ming to Ch'ing：Conquest，Region，and Continuity in Seventeenth-Century China*，从明到清：十七世纪中国的征服、区域与连续性 Yale University Press，1979，p. 239-278。

8. Berling，Judith A.，*The Syncretic Religion of Lin Chao-en*，林兆恩的三一教 Columbia University Press，1980。

9. Bernhard，Karlgren，trans.，*Book of Documents*，尚书 Stockholm：Museum of Far Eastern Antiquities，1950。

10. Bodde，Derk，and Clarence Morris，*Law in Imperial China*，中华帝国的法律 Harvard University Press，1967。

11. Bodde，Derk，*China's First Unifier*，中国第一个统一者 E. J. Brill，1938。

12. Borowitz，Albert I.，“Strict Construction in Sung China：The Case of A Yün”，宋朝的严格建构：阿云之狱 *American Bar Association Journal*，Vol. 63（1977），p. 522-528。

13. Bünger，Karl，“The Punishment of Lunatics and Negligents according to Classical Chinese Law”，中国古典法律对精神病人和过失罪犯的惩罚 *Studia Serica* 9. 2（1950）：1-16。

14. Burns, Ian. R., *Private Law in Traditional China (Sung Dynasty): Using as a Main Source of Information the Work Ming-kung shu-p'an Ch'ing-ming chi*, 传统中国（宋朝）的私法：以《名公书判清明集》为中心 University of Oxford, 1973。

15. Buxbaum, David C., and F. W. Mote, eds., *Transition and Permanence: Chinese History and Culture*, 变迁与永恒：中国的历史与文化 HK: Cathy Press, 1972。

16. Chan, Hok-lam, "Chinese Official Historiography at the Yüan Court: The Composition of the Liao, Chin, Sung Histories", 元朝的中国官方史学：辽、金、宋史的建构 in Langlois, ed., *China under Mongol Rule*, Princeton University Press, 1981, p. 56-106。

17. Chan, Hok-lam, "Liu Ping-chung (1216-1274): A Buddhist-Taoist Statesman at the Court of Khubilai Khan", 刘秉中：忽必烈汗时期的佛—道政治家 *T'oung Pao* 53 (1967): 98-146。

18. Chan, Hok-lam, "Yao Shu (1201-1278)", 姚枢 *Papers on Far Eastern History* 22 (1980): 17-50。

19. Chan, Hok-lam, *The Historiography of the Chin Dynasty: Three Studies*, 金朝史学三题 Franz Steiner, 1970。

20. Chan, Hok-lam, and Wm. T. de Bary, eds., *Yuan Thought: Chinese Thought and Religion under the Mongols*, 元代思想：蒙古统治下的中国思想与宗教 NY: Columbia University Press, 1982, p. 89-152。

21. Chan, Wing-tsit, *A Source Book in Chinese philosophy*, 中国哲学参考资料 Princeton University Press, 1963。

22. Chan, Wing-tsit, trans., *Reflections on Things at Hand: The*

Neo-Confucian Anthology Compiled by Chu Hsi and Lü Tsu-Ch'ien，近思录：朱熹与吕祖谦合编的理学合集 Columbia University Press，1967。

23. Chen，Fu-mei Chang，“On Analogy in Ch'ing Law，”清律中的比附 *Harvard Journal of Asiatic Studies* 30（1970）：212-224。

24. Ch'en，Kenneth K. S.，*Buddhism in China：A Historical Survey*，佛教在中国：一种史学考察 Princeton University Press，1964。

25. Ch'en，Paul H. C.，*Chinese Legal Tradition under the Mongols：The Code of 1291 as Reconstructed*，蒙古统治下的中国法律传统：重辑 1291 年法典 Princeton：Princeton University Press，1979。

26. Ch'en Yüan，*Western and Central Asians in China under the Mongols：Their Transformation into Chinese*，元西域人华化考 trans. by Ch'ien Hsing-hai and L. C. Goodrich，Monumenta Serica，1966。

27. Ch'ü T'ung-tsu，*Law and Society in Traditional China*，中国法律与中国社会 Mouton & Co，1965。

28. Ch'ü T'ung-tsu，Local Government in China under the Ch'ing，清代地方政府 Harvard University Asia Center，1962。

29. Cleaves，Francis W.，“The Fifteen ‘Palace Poems’ by K'o Chiu-ssu”，柯九思“宫词十五首” *Harvard Journal of Asiatic Studies* 20. 3/4（1957）：391-479。

30. Cleaves，Francis W.，“The Lingji of Arugh of 1340”，阿鲁 1340 年令旨 *Harvard Journal of Asiatic Studies* 25（1964-1965）：31-79。

31. Creel，H. G.，*Shen Pu-hai：A Chinese Political Philosopher of the Fourth Century B. C*，申不害：中国古代的政治哲学家 Universi-

ty of Chicago Press，1974。

32. Creel，H. G.，“The Meaning of *Hsing-ming*”，刑名的意义 in H. G. Creel，*What Is Taoism? and Other Studies in Chinese Cultural History*，Chicago：University of Chicago Press，1970，p. 79-91。

33. Creel，H. G.，*What Is Taoism?：and Other Studies in Chinese Cultural History*，何为道家：以及中国文化史的其他论述 Chicago University Press，1970。

34. Cua，Antonio S. “The Concept of Paradigmatic Individuals in the Ethics of Confucius，” 孔子伦理中的典范个体概念 in Arne Naess and Alastair Hannay，eds.，*Invitation to Chinese Philosophy*，Oslo：Universitets for laget，1972，p. 50-57。

35. D. C. Lau，trans.，*Mencius*，孟子 Penguin Books，1970。

36. Dardess，John W.，“Ming T'ai - tsu on the Yüan：An Autocrat's Assessment of the Mongol Dynasty”，明太祖论元朝：一位独裁者对蒙古王朝的评价 *Bulletin of Sung and Yüan Studies* 14 (1978)：6-11。

37. Dardess，John W.，“The Cheng Communal Family：Social Organization and Neo - Confucianism in Yüan and Early Ming China”，郑氏家族：元代与明初的社会组织与理学 *Harvard Journal of Asiatic Studies* 34（1974）：7-52。

38. Dardess，John W.，“The Transformations of Messianic Revolt and the Founding of the Ming Dynasty”，弥赛亚式叛乱的转变与明朝的建立 *The Journal of Asian Studies* 29. 3（1970）：539-558。

39. Dardess，John W.，*Conquerors and Confucians：Aspects of Political Change in Late Yuan China*，征服者与儒士：元朝末年中国政

治变革之面面观 Columbia University Press，1973。

40. de Bary，Wm. T.，“Individualism and Humanitarianism in Late Ming Thought”，晚明思想中的个人主义与人道主义 in de Bary, ed.，*Self and Society in Ming Thought*，Columbia University Press，1970，p. 145-247。

41. de Bary，Wm. T.，“Li Chih：A Chinese Individualist”，李贽：一位中国个人主义者 *Asia* 14（1969），51-68。

42. de Bary，Wm. T.，“Neo-Confucian Cultivation and the Seventeenth-Century ‘Enlightenment’ ”，理学的教化与十七世纪的启蒙 in de Bary，ed.，*The Unfolding of Neo-Confucianism*，理学的演变 Columbia University Press，1975，p. 141-216。

43. de Bary，Wm. T.，“The Rise of Neo-Confucian Orthodoxy in Yuan China”，元朝中国理学正统思想的兴起 paper presented at University Seminar in Neo-Confucian Studies，Columbia University，November 1979。

44. de Bary，Wm. T.，“*A Plan for the Prince*”，明夷待访录 Ph. D. diss，Columbia University，1953。

45. de Bary，Wm. T.，and Irene Bloom，eds.，*Sources of Chinese Tradition*，中国传统资料选编 Columbia University Press，1964。

46. de Bary，Wm. T.，ed.，*Self and Society in Ming Thought*，明代思想中的个人与社会 Columbia University Press，1970。

47. de Bary，Wm. T.，*Neo-Confucian Orthodoxy and Learning of the Heart-and-Mind*，道学与心学 Columbia University Press，1981。

48. de Rachewiltz，Igor，“Yeh-lü Ch’u-ts’ai（1189-1243）：Buddhist Idealist and Confucian Statesman”，耶律楚材：佛教理想主义

者与儒学政治家 in Arther Wright and Denis Twitchett, eds. , *Confucian Personalities*, Stanford University Press, 1962, p. 189-201。

49. de Rachewiltz, lgor, "Some Remarks on the Ideological Foundations of Chingis Khan's Empire", 论成吉思汗帝国的意识形态基础 *Papers on Far Eastern History* 7 (1973): 21-36。

50. Dubs, Homer H. , *The Works of Hsüntze*, 荀子 Arthur Probsthain, 1928。

51. Duyvendak, J. J. L. , trans. , *The Book of Lord Shang*, 商君书 University of Chicago Press, 1963。

52. Eikemeier, Dieter, and Herbert Franke, eds. , *State and Law in East Asia*: *Festschrift Karl Bünger*, 东亚的国家与法律：卡尔·宾格尔纪念文集 Wiesbaden: OHarrassowitz, 1981。

53. Elvin, Mark, The Pattern of the Chinese past 中国历史的规律 Stanford University press, 1973。

54. Fairbank, John K. , Edwin O. Reischauer, and Albert M. Craig, *East Asia*: *Tradition and Transformation*, 东亚：传统与变迁 Houghton Mifflin, 1973。

55. Farmer, Edward, "The Despot as lawgiver: The Codes of the Founding Ming Emperor", 暴君与立法者：明太祖颁布的律法 paper presented at Association for Asian studies Annual Meeting, 1993。

56. Farmer, Edward, Zhu yuanzhang & Early Ming Legislation: The Reordering of Chinese Society Following the Era of Mongol Rule: E. J. Brill. 1995.

57. Farquhar, David, "The Official Seals and Ciphers of Yuan Period", 元代的官印与密码 *Monumenta Serica* 25 (1966): 362-393。

58. Fincher, John, “China as a Race, Culture and Nation: Notes on Fang Hsiao-ju’s Discussion of Dynastic Legitimacy”，中国之作为民族、文化和国家：关于方孝儒有关朝代合法性的讨论，in David C. Buxbaum and F. W. Mote, eds., *Transition and Permanence: Chinese History and Culture*，变迁与永恒 · 中国的历史与文化 HK: Cathy Press, 1972, p. 59-69。

59. Fisher, Thomas S., “Accommodation and Loyalism: The Life of Lü Liu-liang (1629-1683)”，调和与忠诚：吕留良的一生 *Papers on Far Eastern History*, “Dissident Intellectuals and the Early Ch’ing State”，异议知识分子与清初国家 15 (1977): 97-104; “Lü Liu-liang’ s Early Years,” 吕留良的早年生活 16 (1977): 107-146; “The Later Years”，晚年 18 (1978): 1-42。

60. Fisher, Thomas S., “Lü Liu-liang (1629-1683) and the Tseng Ching Case (1728-1733)”，吕留良与曾静案 Ph. D, diss, Princeton University, 1974。

61. Fletcher, Joseph, “Bloody Tanistry: Authority and Succession in the Ottoman, Indian Muslim, and Later Chinese Empires”，血腥的统治：奥斯曼帝国、印度穆斯林，中国晚期帝国的权威和继承 paper represented at the Conference on the Theory of Democracy and Popular Participation, September, 1978。

62. Franke, Herbert, ed., *Sung Biographies*，宋代名人传 Franz Steiner, 1976。

63. Franke, Herbert, ed., *Sung Biographies: Painters*，宋代名人传：绘画家 Franz Steiner, 1976。

64. Franke, Herbert, *From Tribal Chieftain to Universal Emperor*

and God：*The Legitimation of the Yüan Dynasty*，从部落酋长到世界皇帝和神：元朝统治的合法化 Verlag der Baerischen Akademie der Wissenschaften，1978。

65. Franke，Wolfgang，*An Introduction to the Sources of Ming History*，明代史籍汇考 University of Malaya Press，1968。

66. Fung，Yu-lan，*A History of Chinese Philosophy*，中国哲学史 trans. by Derk Bodde，Princeton University Press，1952。

67. Gedalecia，David，"Wu Ch'eng：A Neo-Confucian of the Yuan"，吴澄：元代理学家 Ph. D，diss，Harvard University，1971。

68. Giles，Herbert Allen，trans.，"The 'Hsi Yuan Lu' or Instructions to Coroners"，洗冤录 *China Review* 3（1874-1875）：30-38，92-99，159-172。

69. Goodrich，L. C.，*The Literary Inquisition of Ch'ien-lung*，乾隆朝文字狱 Waverly Press，1935。

70. Goodrich，L. C.，and Chao-Ying Fang，eds.，*Dictionary of Ming Biography*（1368-1644），明代名人传 Columbia University Press，1976。

71. Graham，A. C.，trans.，*The Book of Lieh-tzu*，列子 John Murray，1960。

72. Grousset，Rene，*The Empire of the Steppes*：*A History of Central Asia*，草原帝国：中亚史 trans. by Naomi Walford，Rutgers University Press，1970。

73. Haeger，John W.，ed.，*Crisis and Prosperity in Sung China*，宋代中国的危机与繁荣 Tucson：University of Arizona Press，1975。

74. Hartwell，Robert，“Historical Analogism，Public Policy and Social Science in Eleventh-and Twelfth-Century China”，11—12 世纪中国的历史类比、公共政策与社会科学 *The American Historical Review* 76. 3（1971）：690-727。

75. Hightower，James R.，“The Fu of T’ao Ch’ien”，陶潜的赋 *Harvard Journal of Asiatic Studies* 17. 1（1954）：169-230。

76. Hightower，James R.，“The wen-hsüan and Genre Theory”，《文选》与类型理论 in John L. Bishop，ed.，Studies in Chinese literature. Cambridge：Harvard University press，1965。

77. Ho，Wai-kam，“Chinese under the Mongols”，蒙古中国 in Sherman Lee & Wai-kam Ho，eds.，*Chinese Art under the Mongols*：*The Yüan Dynasty*（1279-1368），蒙元时期的中国艺术 Cleveland Museum of Art，1968。

78. Hsiao，Kung-chüan，“Legalism and Autocracy in Traditional China”，传统中国的法家与专制 *Tsing-hua Journal of Chinese Studies* 4. 2（1964）：108-121。

79. Hsiao，Kung-chüan，*History of Chinese Political Thought*，*volume* 1：*From the Beginnings to the Sixth Century*，*A. D*. 中国政治思想史，第一卷，起源至六世纪 trans. by F. W. Mote，Princeton University Press，1979。

80. Huang，Ray，1587，*A Year of No Significance*：*The Ming dynasty in Decline*，万历十五年 Yale University Press，1981。

81. Hucker，Charles O.，“Governmental Organization of The Ming Dynasty”，明代的政府组织 *Harvard Journal of Asiatic Studies* 21（1958）：1-66。

82. Hucker, Charles O. , Censorial System of Ming China, 明代的监察制度 Stanford University Press, 1966。

83. Hucker, Charles O. , *A Dictionary of Official Titles in Imperial China*, 中国古代官名辞典 Stanford University Press, 1985。

84. Hulsewé, A. F. P. , *Remnants of Han Law*, *vol.* 1, 汉律辑轶 E. J. Brill, 1955。

85. Hummel, Arthur W. , ed. , *Eminent Chinese of the Ch'ing Period*, 清代名人传略 U. S. Government Printing Office, 1943-1944。

86. James R. Hightower, "The Wen-hsüan and Genre Theory", 文选与文体理论 in John L. Bishop, ed. , *Studies in Chinese Literature*, 中国文学研究 Harvard University Press, 1965, p. 45-107。

87. Jiang Yonglin, trans. , *The Great Ming Code*, 大明律 University of Washington Press, 2005。

88. Johnson, Wallace, trans. , *The T'ang Code*, 唐律 Princeton University Press, 1979。

89. Jones, William C. , trans. , *The Great Qing Code*, 大清律 Clarendon Press, 1944。

90. Karlgren, Bernhard, trans. , *The Book of Documents*, 尚书 Stockholm: Museum of Far Eastern Antiquities, 1950。

91. Kessler, Lawrence D. , *K'ang-hsi and the Consolidation of Ch'ing Rule*, 1661-1684, 康熙帝与清政权的巩固 Chicago university Press, 1976。

92. Langlois, Jr. , John D. , "Chin-hua Confucianism under the Mongols, 1279-1368", 蒙元统治下的金华儒学 Ph. D. Diss, Princeton University, 1974。

93. Langlois, Jr. , John D. , “Yü Chi and His Mongol Sovereign: The Scholar as Apologist”，虞集与他的蒙古统治者：士大夫之为辩护者 *Journal of Asian Studies*, 38. 1（1978）：98-116。

94. Langlois, Jr. , John D. , “Chinese Culturalism and the Yüan Analogy: Seventeenth-Century Perspectives”，汉文化主义与元代的类比：十七世纪的视角 *Harvrad Journal of Asiatic Studies* 40. 2（1980）：355-398。

95. Langlois, Jr. , John D. , “‘Living Law’ in Sung and Yuan Jurisprudence”，宋元法学中的“活法” Harvard Journal of Asiatic Studies 41. 1（1981）：165-217。

96. Langlois, Jr. , John D. , “Political Thought in Chin-hua under Mongol Rule”，蒙古统治下金华儒士的政治思想 in Langlois, ed. , *China under Mongol Rule*, Princeton University Press, 1981, p. 137-185。

97. Langlois, Jr. , John D. , “Authority in Family Legislation: *The Cheng Family Rules*（Cheng-shih kuei-fan）”，家法中的权威：《郑氏规范》 Dieter Eikemeier and Herbert Franke, eds. , *State and Law in East Asia: Festschrift Karl Bünger*, Wiesbaden: O. Harrassowitz, 1981, p. 272-299。

98. Langlois, Jr. , John D. , “Law, Statecraft, and the Spring and Autumn Annals in Yuan Political Thought”，元代政治思想中的律法、经世与《春秋》学 in Hok-lam Chan and Wm. T. de Bary, eds. , *Yüan Thought: Chinese Thought and Religion under the Mongols*, Columbia University Press, 1982, p. 89-152。

99. Langlois, Jr. , John D. , “The *Code* and ad hoc Legislation in

Ming Law",《大明律》与明代的权宜立法 *Asia Major*, 3rd ser. 6. 2 (1993): 85-112。

100. Langlois, Jr. , John D. , "Ming Law", 明代的法律 in Frederick W. Mote and Denis Twitchett (eds.), *The Cambridge History of China*, 剑桥中国史 Vol. 8, 1998, p. 172-220。

101. Langlois, Jr. , John D. , "The Reversal of the Death Verdict against Wang Shizhen's Father", 王世贞父亲的死罪平反 *Ming Studies* 53 (2006): 72-98。

102. Langlois, Jr. , John D. , and Sun K'o - K'uan, "Three Teachings Syncretism and the Thought of Ming T'ai-tsu", 三教合一与明太祖的思想 *Harvard Journal of Asiatic Studies* 43: 1 (1983): 97-139。

103. Langlois, Jr. , John D. , ed. , *China under Mongol Rule*, 蒙元统治下的中国 Princeton University Press, 1981。

104. Lau, D. C. , *Lao Tzu: Tao Te Ching*, 老子: 道德经 Penguin, 1963。

105. Legge, James, *The Ch'un Ts'ew with The Tso Chuen*, 春秋左传 Southern Materials Center, 1985。

106. Legge, James, trans. , *The Chinese Classics*, 中国经典文献 Hong Kong University Press, 5 vols. , 1960。

107. Legge, James, trans. , *The Li Ki*, 礼记 Oxford: Clarendon Press, 1885。

108. Legge, James, trans. , *The She King*, 诗经 Hong Kong University Press, 1970。

109. Levenson, Joseph, *Confucian China and Its Modern Fate: A*

Trilogy，儒教中国及其现代命运 California university Press，1968。

110. Lin Yutang，*The Wisdom of China and India*，中国印度之智慧 Random House，1942。

111. Liu Yiqing，*Shih-shuo Hsin-yü*，*A New Account of Tales of the World*，世说新语 trans. Richard B. Mather，Minnesota University Press，1976。

112. Liu，Hui - chen Wang，*The Traditional Chinese Clan Rules*，中国传统宗法 J. J. Augustin Press，1959。

113. Liu，James J. Y.，*Chinese Theories of Literature*，中国文学理论 Chicago University Press，1979。

114. Liu，James T. C.，“How Did a Neo-Confucian School Become the State Orthodoxy?”，理学如何成为官方正统学说 *Philosophy East and West* 23.4（1973）：483-505。

115. Lu Gwei-Djen，“The Inner Elixir（Nei Tan：China's Physiological Alchemy”，内丹：中国生理炼金术 in Mikulas Teich and Robert Young，eds.，*Changing Perspectives in the History of Science*：*Essays in Honor of Joseph Needham*，科技史中的变革视角：李约瑟纪念文集 Dordrecht：D. Reidel，1973，p. 68-84。

116. Lynn，Richard John，“Orthodoxy and Enlightenment：Wang Shih-chen's Theory of Poetry and Its Antecedents”，正统与启蒙：王世贞的诗学理论及其渊源 in de Bary，ed.，*The Unfolding of Neo-Confucianism*，Columbia University Press，1975。

117. Lynn，Richard John，“Tradition and the Individual：Ming and Ch'ing views of Yüan Poetry”，传统与个人：明清时期的元诗观 *Journal of Oriental Studies* 15.1（1977）：1-19。

118. MacCormack, Geoffrey, "The T'ang and Ming law of Homicide", 唐明律中的杀人罪 *Revue Internationale des Droits de l'Antiquité* 35 (1988): 27-78。

119. MacCormack, Geoffrey, *Traditional Chinese Penal Law*, 传统中国刑事法 Edinburgh University Press, 1990。

120. Mather, Richard B. trans. Shih - shuo Hsin - yu: A New Account of Tales of the World, 《世说新语》 Minnesota University Press. 1976。

121. Major, John S. , "Review of *Pacing the Void*: *T'ang Approaches to the Stars* by Edward H. Schafer", 对薛爱华《空中漫步: 唐人对星系的探究》的评论 *Harvard Journal of Asiatic Studies* 40. 1 (1980): 278-285。

122. Margoulies, Georges, *Le Kou - wen Chinois*: *Recueil de Textes avec Introduction et Notes*, 中国古文选: 包括导言与注释的文本集 Paris: Librairie Orientaliste Paul Geuthner, 1926。

123. McKnight, Brian E. , *The Quality of Mercy*: *Amnesties and Traditional Chinese Justice*, 仁慈的质量: 恩赦与传统中国司法 University Press of Hawaii, 1981。

124. McKnight, Brian E. trans. The Washing Away of Wrongs: Forensic Madicine in Thirteenth - Century China, 洗冤录 University of Michigan Center for Chinese Studies, 1981。

125. Mote, Frederick W. , "Confucian Eremitism in the Yuan Period", 元代儒士的隐逸主义 in Arthur F. Wright, ed. , *The Confucian Persuasion*, Stanford University Press, 1960, p. 202-240。

126. Mote, Frederick W. , "Yüan and Ming", 元与明 in

K. C. Chang, ed., *Food in Chinese Culture: Anthropological and Historical Perspectives*，中国文化中的饮食：人类学和历史学的视角 Yale University Press，1977，p. 193-257。

127. Muller，F. Max，ed.，*Buddhist Mahayana Texts*，大乘佛教经文 New York：Dover，1969。

128. Murck，Christian，“Chu Yun-ming（1461-1527）and Cultural Commitment in Su-chou”，祝允明在苏州的文化贡献 Ph. D. Diss，Princeton University，1978。

129. Naquin，Susan，*Millenarian Rebellion in China：The Eight Trigrams Uprising of* 1813，千年末世之乱：1813 年八卦教起义 Yale University Press，1976。

130. Needham，Joseph，*Science and Civilisation in China*，vol. 4，中国科学技术史，第四册 Cambridge University Press，1976。

131. Overmyer，Daniel L.，*Folk Buddhist Religion：Dissenting Sects in Late Traditional China*，民间佛教：传统中国晚期的异教教派 Harvard University Press，1976。

132. Pelliot，Paul，*Notes on Marco Polo*，*vol. I*，马可波罗行记诠释，第一册 Adrien-Maisonneuve，1959。

133. Peterson，Willard J.，“Fang I-chih：Western Learning and the ‘Investigation of Things’”，方以智：西学与“格物” in de Bary，ed.，*The Unfolding of Neo-Confucianism*，Columbia University Press，1975，p. 369-411。

134. Pokora T.，“The Canon of Laws by Li K’uei：A Double Falsification”，李悝的《法经》：双层伪造 *Archiv Orientalru* 27（1959）：96-121。

135. Ratchnevsky, Paul, *Un Code des Yüan*, 元律 Librairie Ernest Leroux, 4 Vols., 1937-1985。

136. Rickett, W. Allyn, *Kuan-tzu*: *A Repository of Early Chinese Thought*, 《管子》: 早期中国思想的宝库 University of Hong Kong Press, 1965。

137. Rosenfield, John M., "The Unity of the Three Creeds: A Theme in Japanese Ink Painting of the Fifteen Century", 三教合一: 十五世纪日本水墨画的主题 in John W. Hall, and Toyoda Takeshi, eds., *Japan in the Muromachi Age*, 室町时代的日本 University of California Press, 1977, p. 205-225。

138. Roy, David T., *Kuo Mo-jo*: *The Early Years*, 郭沫若的早年岁月 Harvard University Press, 1971。

139. Rubin, Vitali, "Shen Tao and Fa-hia", 慎到与法家 *Journal of the American Oriental Society* 94.3 (1974): 337-346。

140. Schafer, Edward H., *The Divine Woman*: *Dragon Ladies and Rain Maidens in T'ang Literature*, 神女: 唐文学中的龙女与雨女 University of California Press, 1973。

141. Schafer, Edward, *The Vermilion Bird*: *T'ang Images of the South*, 朱雀: 唐代的南方意象 University of California Press, 1967。

142. Schafer, Edward, *Pacing the Void*: *T'ang Approaches to the Stars*, 空中漫步: 唐人对星系的探究 Berkeley and Los Angeles: University of California Press, 1977。

143. Schirokauer, Conrad, "Neo-Confucians under Attack: The Condemnation of Wei-hsüeh", 受到攻击的理学: 谴责伪学 in John W. Haeger, ed., *Crisis and Prosperity in Sung China*, Arizona Univer-

sity Press，1975，p. 163-198。

144. Sensabaugh，David A.，“Life at Jade Mountain：Notes on the Life of the Man of Letters in Fourteenth-Century Wu Society”，玉山生活：十四世纪吴地文人的生活诠释，载「鈴木先生還曆記念中國繪畫史論集」（吉川弘文館，1981 年）。

145. Shiga Shuzo，*Criminal Procedure in the Ch'ing Dynasty*：*With Emphasis on its Administrative Character and Some Allusion to its Historical Antecedents*，清代的刑事审判：兼及其行政特质及相关沿革 Memoirs of the Research Department of the Toyo Bunko，no. 32（1974）：1-45；no. 33（1975）：115-38。

146. Shih，Chung-wen，*Injustice to Tou O*（*Tou O yuan*）：*A Study and Translation*，《窦娥冤》：研究与翻译 Cambridge University Press，1973。

147. Spence，Jonathan D.，*Ts'ao Yin and the K'ang-hsi Emperor*，曹寅与康熙帝 Yale University Press，1966。

148. Sun K'o-k'uan，“Yü Chi and Southern Taoism during the Yuan Period”，虞集与元代南方道教 in Langlois，ed.，*China under Mongol Rule*，Princeton University Press，1981，p. 212-253。

149. Sun，E-tu Zen，and John De Francis，*Chinese Social History*：*Translations of Selected Studies*，中国社会史论著选译 Octagon Books，1972。

150. *Sung Tz'u*，*The Washing Away of Wrongs*：*Forensic Medicine in Thirteenth-Century China*，《洗冤录》：十三世纪中国的法医学 trans. Brian E. McKnight，University of Michigan Center for Chinese Studies，1981。

151. Taylor, Romeyn, "Ming T'ai-tsu and the Gods of the Walls and Moats", 明太祖与城隍神 *Ming Studies* 4 (1977): 31-49。

152. Tillman, Hoyt Cleveland, "Divergent Philosophic Orientations Toward Values: The Debate Between Chu His (1130-1200) and Ch'en Liang (1143-1194)", 对价值观的不同哲学取向：朱熹与陈亮的争论 *Journal of Chinese Philosophy* 5 (1978): 363-389。

153. Twitchett, Denis C., "Documents on Clan Administration I: The Rules of Administration of the Charitable Estate of the Fan Clan", 宗族管理资料：范氏宗族义庄管理规范 *Asia Major*, 3rd ser. 8. 1 (1960-1961): 1-35。

154. Twitchett, Denis C., "The Fan Clan's Charitable Estate, 1050-1760", in David S. Nivison & Wright Arthur F., eds., *Confucianism in Action*, 行动中的儒教 Stanford University Press, 1959, p. 97-133。

155. Waley, Arthur, trans., *The Analects of Confucius*, 孔子：论语 George Allen & Unwin, 1938。

156. Waley, Arthur, trans., *The Book of Songs*, 诗经 George Allen & Unwin, 1937。

157. Waltham, Clae, *Shu Ching: Book of History*. 书经 Henry Regnery, 1971。

158. Watson, Burton, *Early Chinese Literature*, 早期中国文学 Columbia University Press, 1962。

159. Watson, Burton, *Ssu-ma Ch'ien: Grand Historian of China*, 司马迁：中国的太史公 Columbia University Press, 1958。

160. Watson, Burton, *The Complete Works of Chuang Tzu*, 庄子

全译 Columbia University Press，1968。

161. Watson，Burton，*Han Fei Tzu*：*Basic Writings*，韩非子：基础读本 Columbia University Press，1964。

162. Watson，Burton，*Hsün Tzu*：*Basic* Writings，荀子：基础读本 Columbia University Press，1963。

163. Watt，John R.，*The District Magistrate in Late Imperial China*，中华帝国晚期之县官 Columbia University Press，1972。

164. Wechsler，Howard J.，*Mirror to the Son of Heaven*：*Wei Cheng at the Court of T'ang T'ai-tsung*，天子的镜子：唐太宗朝的魏征 Yale University Press，1975。

165. Wilhelm，Hellmut，“The Heresies of Ch'en Liang（1143-1194）”，陈亮的异端学说 *Asiatische Studien* 11（1957-1958）：102-112。

166. Wilhelm，Hellmut，*Change*：*Eight Lectures on the I Ching*，trans. 易变：《易经》八讲 Cary F. Baynes，Princeton University Press，1960。

167. Wilhelm，Richard，and Cary Baynes，*The I Ching or Book of Changes*，易经 Pantheon Books，1950。

168. Wilhelm，Von Hellmut，“Der Prozess Der a Yün”，阿云之狱 *Monumenta Serica* 1（1935）。

169. Wittfogel，Karl A.，and Feng Chia-sheng，*History of Chinese Society*：*Liao*，中国辽代社会史 American Philosophical Society，1949。

170. Wixted，J. Timothy，“The Literary Criticism of Yuan Hao-wen（1190-1257）”，元好文的文学批评 Ph. D，diss，Oxford Uni-

versity，1976。

171. Wright，Arthur，and Denis Twitchett，eds.，*Confucian Personalities*，儒家信念 Stanford University Press，1962。

172. Yang，L. S.，“Historical Notes on the Chinese World Order”，中国世界秩序的历史评判 in John K. Fairbank，ed.，*The Chinese World Order*，中国的世界秩序 Harvard University Press，1968，p. 20-33。

173. Zurcher，Erik，“Buddhist Influence on Early Taoism：A Survey of Scriptural Evidence”，佛教对早期道教的影响：经文的证据 *T'oung Pao* 66. 1-3（1980）：84-147。

三、日文文献

1. 本田治「宋代婺州の水利開発——陂塘を中心に」社会経済史学 1975 年第 3 号。

2. 邊土名朝邦『春秋公羊学派の「権」説について』九州中国学会報 1975 年第 20 卷。

3. 浜口重国『唐王朝の賤人制度』（東洋史研究会，1966 年）。

4. 日原立国『春秋公羊伝の研究』（創文社，1976 年）。

5. 牧田諦亮「『皇明文海』方外部の佛教史料について」印度学仏教学研究 1957 年第 10 号。

6. 牧野巽『近世中国宗族研究』（日光書院，1949 年）。

7. 牧野巽『中国家族研究』（御茶の水書房，1980 年）。

8. 大田彌一郎「元代社制の性格」東洋學集刊第 23 辑。

9. 荻生徂徠著，内田智雄、日原利国校訂『律例対照 定本明律国字解』(創文社，1966 年)。

10. 天野元之助「关于元司农司农桑辑要」东方学 30 辑（1965 年)。

11. 天野元之助『亚细亚历史词典』(平凡社，1959—1962 年)

12. 藤岛建树元「元順帝和他的时代」大谷学报 49 卷 4 号 (1970 年)。

13. 田村実造『アジア歴史事典』(平凡社，1975 年)。

14. 内藤乾吉『中国法制史考証』(有斐閣，1963 年)。

15. 内藤湖南『内藤湖南全集』卷十一（筑摩書房，1969 年)。

16. 岡本敬二『通制条格の研究訳註』第二册（国書刊行会，1975 年)。

17. 岡本敬二『通制条格の研究訳註』第三册（国書刊行会，1976 年)。

18. 冈本敬二『通制条格の研究译注』第 1 辑（國書刊行會，1972 年)。

19. 冈本敬二『通制条格の研究译注』第 2 辑（國書刊行會，1975 年)。

20. 宮崎市定「宋元時代の法制と裁判機構」『アジア史研究』(東洋史研究会，1964 年)。

21. 荒木见悟「思想家としての宋濂」『目加田誠博士還曆紀念中國學論集』(大安，1964 年)。

22. 荒木见悟『明代思想研究』(創文社，1972 年)。

23. 吉川幸次郎「元代的文学」『吉川幸次郎全集』（筑摩书房，1969 年)。

24. 酒井忠夫『中国善書の研究』(弘文堂，1960 年)。

25. 間野潛龍『明代文化史研究』(同朋舍，1979 年)。

26. 箭内亘『蒙古史研究』(弘文堂，1930 年)。

27. 井崎隆興「元代社制の政治考察」東洋史研究 15 卷 1 期。

28. 清水盛光『中國族產制度考』(岩波書店，1949 年)。

29. 小林茂樹「李悝法經考」東方學報 1934 年第 4 期。

30. 小林高四郎=岡本敬二『通制条格の研究訳註』第一册（中国刑法志研究会，1964)。

31. 小野和子「細川護立氏藏『皇明文海』」東方學報 1964 年第 34 号。

32. 植松正「彙輯『至元新格』並びに解説」東洋史研究 1972 年第三十四卷第四号。

33. 周藤吉之『中国土地制度史研究』(東京大学出版会，1954 年)。

34. 周藤吉之『宋代经济史研究』(东京大学出版会，1962 年)。

35. 諸橋轍次『諸橋轍次著作集』(大修館書店，1975 年)。

36. 中田薰「唐宋時代の家族共産制」『法制史論集』第三卷(岩波書店，1943 年)。

37. 神田喜一郎「『皇明文海』について」『東洋學文獻叢說』(二玄社，1969 年)。

38. 神田信夫「清朝の國史列傳と貳臣傳」『東方学會創立二十五周年記念東方学論集』(東方学會，1972 年)。

39. 仁井田陞『中国法制史研究：奴隶农奴法，家族村落法』(東京大学出版会，1962 年)。

40. 仁井田陞『中国法制史：刑法』（東京大学出版会，1959 年)。

41. 仁井田陞『中國法制史』（岩波書店，1952 年）。

42. 仁井田陞『中國法制史研究：法と慣習・法と道德』（東京大學東洋文化研究所，1964 年）。

43. 仁井田陞=牧野巽「故唐律疏議製作年代考」下篇 東方學報 1931 第 12 卷。

44. 仁井田陞=牧野巽「故唐律疏議製作年代考」上篇 東方學報 1931 第 4 卷。

45. 滋贺秀三『中國家族法の原理』（創文社，1967 年）。

46. 曾我部静雄『中國律令史の研究』（弘文书馆，1971 年）。

47. 斯波义信「宋代徽州の地域開発」山本達郎編『東洋史論叢：山本博士還曆記念』（山川出版社，1972 年）。

48. 三田村泰助『黄土を拓いた人びと』（河出書房新社，1976 年）。

49. 松本善海「元代に於ける社制の创立」東洋學報 11 編 1 号。

50. 安部健夫「『大元通制』解説—新刊本『通制條格』の紹介に代へて」東方學報 1931 年第 1 冊。

51. 安部健夫『元代史の研究』（創文社，1972 年）。

52. 岩村忍『モンゴル社会経済史の研究』（京都大学人文科学研究所，1968 年）。

53. 驹井善成『关于起輂谷』東洋史研究 6 卷 2 期（1941 年）。

编后记

本书收入蓝德彰先生（John D. Langlois，JR.）研讨宋、元、明法律文化的十篇论文。论文发表的时间从1978年到2006年，跨度近三十年。我们在翻译、编辑的过程中，尽量保持了论文的原貌。这样，一方面，可以比较完整地体现作者对相关问题的思考，反映作者整体的学术思想和成就；另一方面，这也是美国学者对中国法制史研究的阶段性成果，是这一学术史的重要反映。

为了方便对本书的利用，我们在文后排列了中、西、日文参考文献，并对其中的西文论著题目进行了翻译。文内的韦氏拼音（Wade-Giles）格式保持原样，西文脚注未做翻译。原作有个别参考文献难以找到原版本的，我们参考了国内利用较多的版本。此外，本书作为论文集，征引文献存在不同版本的情况。《参考文献》部分一一予以了罗列。

本书收入的十篇论文中，《宋元法学中的"活法"》之前已经由李明德、李涵两位先生翻译，收入高道蕴等主编《美国学者论中国法律传统》（中国政法大学出版社1994年）；《明代的法律》一篇已经有杨品泉先生翻译，收入《剑桥中国明代史》下卷（中国社会科学出版社2006年）。感谢以上三位译者慷慨应允对其译作的引用，《宋元法学中的"活法"》一文除了格式和个别地方进行了修改之外，我们在本书中直接利用了以上译者的成果。《明代的法律》在原译的基础上，我们对引文进行了还原，结合明代法律制度，对部分内容进行了修改。

浙江大学历史系杨紫东博士翻译了本书第一编的第一篇和第二篇，宁波大学教师奚丽芳博士翻译了第一编的第三篇，浙江水利水电学院教师江略博士翻译了本书第二编的第一篇、第四篇；本书第三编的第二篇。浙江大学历史系沈蕾博士，美国博懋大学（Bryn Mawr College）邱可心、郑葆玲、苏展等同学参与了本文集的部分翻译和资料准备工作。浙江大学历史系吴艳红教授、博懋大学东亚语言文化系姜永琳教授主持了论文选编、翻译、统校的工作。

感谢中国艺术研究院中国文化研究所研究员、浙江大学法学院兼职教授梁治平先生将本书纳入“法律文化研究文丛”。感谢法律出版社编校人员为本书出版付出的辛勤工作。

编校者：吴艳红、姜永琳

2020 年 11 月 20 日

法律文化研究文丛

第一辑

（中国政法大学出版社出版）

清代习惯法：社会与国家　梁治平 著
法律多元：从日本法律文化迈向一般理论　［日］千叶正士 著　强世功 等译
乡土社会的秩序、公正与权威　王铭铭　［英］王斯福 主编
中国法律教育之路　贺卫方 编
欧洲法学史导论　［葡］叶士朋 著　吕平义　苏　健 译
法治、启蒙与现代法的精神　陈弘毅 著
明清公牍秘本　郭成伟　田　涛 点校整理
清代法制导论：从社会学角度加以分析　［英］S.斯普林克尔 著　张守东 译
法治在中国：制度、话语与实践　梁治平 编
儒家伦理与法律文化：社会学观点的探索　林　端 著
法辨：中国法的过去、现在与未来　梁治平 著
寻求自然秩序中的和谐：中国传统法律文化研究　梁治平 著
法制与治理：国家转型中的法律　强世功 著
法理学的世界　陈弘毅 著
法律与宗教　［美］哈罗德·J.伯尔曼 著　梁治平 译
法治及其本土资源　苏　力 著
东西方之间的法律哲学：吴经熊早期法律哲学思想之比较研究　［奥］田默迪 著
论当代中国的普通法教育　何美欢 著

论私力救济 徐昕 著

法治与文明秩序 於兴中 著

日本法与日本社会 [日]六本佳平 著 刘银良 译

韦伯论中国传统法律：韦伯比较社会学的批判 林端 著

第二辑

（广西师范大学出版社出版）

满地江湖吾尚在：章太炎与近代中国（1895—1916） 孙德鹏 著

迷信与暴力：历史中的宣誓、决斗、神判与酷刑 [美]亨利·查尔斯·李 著 X.Li 译

明清法律运作中的权力与文化 邱澎生 陈熙远 编

沈家本传（修订本） 李贵连 著

动物社群：一种政治的动物权利理论 [加]苏·唐纳森、威尔·金里卡 著 王珀 译

第三辑

（法律出版社出版）

明清法律与社会变迁 邱澎生 何志辉 编

眼睛就是一切："法"的语词与源流辨析 金敏 著

案例、故事与明清时期的司法文化（修订版） 徐忠明 著

明清时期的民事审判与民间契约 王亚新 梁治平 赵晶 编

"活法"：宋元明法律文化研究 蓝德彰 著 吴艳红 姜永琳 编校

法学知识的壮游：近代中法法学交流史 朱明哲 著

图书在版编目（CIP）数据

“活法”：宋元明法律文化研究 /（美）蓝德彰著
. -- 北京：法律出版社，2023
（法律文化研究文丛 / 梁治平主编）
ISBN 978-7-5197-7774-6

Ⅰ. ①活… Ⅱ. ①蓝… Ⅲ. ①法律－文化研究－中国
－宋代－明代 Ⅳ. ①D909.247

中国国家版本馆CIP数据核字（2023）第057206号

“活法”：宋元明法律文化研究
“HUOFA”：SONG YUAN MING FALÜ WENHUA YANJIU

作　　者：［美］蓝德彰（John D. Langlois, Jr.）
编 校 者：吴艳红　姜永琳
责任编辑：韩满春
装帧设计：贾丹丹
出版发行：法律出版社
编辑统筹：学术·对外出版分社
责任校对：王　丰　李景美
责任印制：陶　松
经　　销：新华书店
开　　本：A5
印　　张：14.25
字　　数：311千
版　　本：2023年6月第1版
印　　次：2023年6月第1次印刷
印　　刷：天津嘉恒印务有限公司
书　　号：ISBN 978-7-5197-7774-6
定　　价：98.00元

销售电话：010-83938349　客服电话：010-83938350　咨询电话：010-63939796
地　　址：北京市丰台区莲花池西里7号(100073)
网　　址：www.lawpress.com.cn
投稿邮箱：info@lawpress.com.cn
举报盗版邮箱：jbwq@lawpress.com.cn
凡购买本社图书，如有印装错误，我社负责退换。电话：010-83938349